Guam

1 THEME BOOK | 테마북

김승남 · 김수정 지음

무작정 따라하기 괌
The Cakewalk Series-GUAM

초판 발행 · 2018년 1월 5일
초판 4쇄 발행 · 2019년 1월 10일
개정판 발행 · 2019년 5월 27일
개정판 2쇄 발행 · 2019년 8월 8일
개정2판 발행 · 2023년 3월 10일
개정2판 2쇄 발행 · 2023년 10월 6일

지은이 · 김승남 · 김수정
발행인 · 이종원
발행처 · (주)도서출판 길벗
출판사 등록일 · 1990년 12월 24일
주소 · 서울시 마포구 월드컵로 10길 56 (서교동)
대표전화 · 02)332-0931 | **팩스** · 02)323-0586
홈페이지 · www.gilbut.co.kr | **이메일** · gilbut@gilbut.co.kr

기획 및 책임편집 · 민보람, 방혜수(hyesu@gilbut.co.kr) | **표지 디자인** · 강은경 | **제작** · 이준호, 김우식
영업마케팅 · 한준희 | **웹마케팅** · 류효정, 김선영 | **영업관리** · 김명자 | **독자지원** · 윤정아

진행 · 김소영 | **본문 디자인** · 별디자인 | **교정교열** · 추지영 | **일러스트** · 민들레 | **지도** · 팀맵핑
CTP 출력 · 인쇄 · 제본 · 상지사

- 잘못 만든 책은 구입한 서점에서 바꿔 드립니다.
- 이 책은 저작권법에 따라 보호받는 저작물이므로 무단전재와 무단복제를 금합니다.
  이 책의 전부 또는 일부를 이용하려면 반드시 사전에 저작권자와 출판사 이름의 서면 동의를 받아야 합니다.

ⓒ 김승남 · 김수정

ISBN 979-11-407-0339-5(13980)
(길벗 도서번호 020229)

정가 19,800원

독자의 1초까지 아껴주는 길벗출판사

(주)도서출판 길벗 | IT교육서, IT단행본, 경제경영서, 어학&실용서, 인문교양서, 자녀교육서 www.gilbut.co.kr
길벗스쿨 | 국어학습, 수학학습, 어린이교양, 주니어 어학학습, 학습단행본 www.gilbutschool.co.kr

INSTRUCTIONS
무작정 따라하기 일러두기

이 책은 전문 여행작가가 괌 전 지역을 누비며 찾아낸 관광 명소와 함께,
독자 여러분의 소중한 여행이 완성될 수 있도록 테마별, 지역별 정보와 다양한 여행 코스를 소개합니다.
이 책에 수록된 관광지, 맛집, 숙소, 교통 등의 여행 정보는 2023년 9월 기준이며 최대한 정확한 정보를 싣고자 노력했습니다.
하지만 출판 후 또는 독자의 여행 시점과 동선에 따라 변동될 수 있으므로 주의하실 필요가 있습니다.

1권 테마북

1권은 괌의 다양한 여행 주제를 소개합니다. 자신의 취향에 맞는 테마를 찾은 후
2권 페이지 연동 표시를 참고, 2권의 지역과 지도에 체크하며 여행 계획을 세우세요.

1권은 괌의 다양한 여행 주제를 볼거리, 음식, 쇼핑, 체험, 호텔 & 리조트 순서로 소개합니다.

- 볼거리
- 음식
- 쇼핑
- 체험
- 호텔 & 리조트

이 책의 영어 지명과 상호 등의 명칭은 외래어 표기법을 따랐습니다. 스페인어와 차모로어에서 유래한 지명과 도로명 등은 현지 발음에 따라 표기했습니다.

찾아가기 각 지역의 대표 랜드마크 기준의 가장 효율적인 동선으로 찾아갈 수 있는 방법을 설명합니다.

전화 대표 번호 또는 각 지점의 번호를 안내합니다.

시간 해당 장소가 운영하는 시간을 알려줍니다.

휴무 모든 여행 장소에 휴무일을 표기했으며 드물지만 특정한 쉬는 날이 없는 곳들은 부정기로 표기했습니다.

| 작가소개 |

김승남

스물넷, 하릴없이 홀로 떠난 첫 여행에서 그 매력에 폭 빠졌고, 그 여행이 처음이자 끝일 것이라 생각하며 돌아왔지만, 이미 불붙은 방랑벽이 자꾸만 등을 떠밀어 점심값을 아껴가며 스물네 곳의 나라를 여행해왔다. '건축'이라는 어린 시절의 꿈을 업으로 삼은 행복한 사람이지만, 꿈과 현실은 다르다는 것을 알아 여행만큼은 꿈으로 남아주길 바라며 살고 있다. 홀로 하는 여행의 즐거움에 더해, 이제는 사랑하는 사람과 함께하는 여행의 따뜻함을 매일 경험하는 중이다. 저서로는 《무작정 따라하기 홍콩 마카오》, 《무작정 따라하기 호치민 나트랑(냐짱) 푸꾸옥》, 《아이와 함께 호캉스》가 있다.

- blog.naver.com/ksn333111
- @sn_kimmm, @wish_to_fly_
- ksn333111@naver.com

김수정

여행을 마치고 돌아오는 비행기 안에서부터 또 다른 여행을 꿈꾸고 계획하는 여행 중독자. 대학에서 정보통신을 전공하고, 웹 기획자와 마케터로 일하며 틈만 나면 짐을 싸 들고 세계 곳곳을 여행해 왔다. 여행지에서의 다양한 에피소드와 사진들을 담은 이야기를 블로그에 소개하며 네이버 여행 파워 블로거가 되었고, '고고씽'이라는 이름으로 TV나 라디오 출연은 물론 각종 잡지에 여행 관련 칼럼을 기고했다. 저서로는 《무작정 따라하기 홍콩 마카오》, 《아이와 함께 해외여행 고고씽》, 《아이와 함께 호캉스》, 《후쿠오카 셀프트래블》 등이 있다.

- blog.naver.com/wkwmd81
- @gogosujung
- wkwmd81@naver.com

2권 코스북

2권은 괌의 주요 도시를 세부적으로 나눠 지도와 여행 코스를 함께 소개합니다.
여행코스는 지역별, 일정별, 테마별 등 다양하게 제시합니다. 1권 어떤 테마에 소개된 곳인지
페이지 연동 표시가 되어 있으니, 참고해 알찬 여행 계획을 세우세요.

지역 페이지
각 지역마다 인기도, 관광, 쇼핑, 식도락,
나이트라이프 등의 테마별로 별점을 매겨
지역의 특징을 한눈에 보여줍니다.

괌 교통편 한눈에 보기
괌 국제공항 도착부터 시내
들어가기까지 이동하는 방법을 사진과
함께 단계별로 소개하여 쉽고 빠르게
이해할 수 있게 도와줍니다.
또한 괌 여행 시 꼭 필요한 렌터카
정보도 상세하게 다뤄 헤매지 않는
여행이 되도록 해줍니다.

아주 친절한 실측 여행 지도
세부 지역별로 소개하는 볼거리, 음식점,
쇼핑숍, 체험 장소, 숙소 위치를 실측 지도로
자세하게 소개합니다. 지도에는 한글 표기와
영어, 소개된 본문 페이지 표시가 함께
구성되어 길 찾기가 편리합니다.

코스 무작정 따라하기
지역마다 완벽하게 여행할 수 있는
다양한 시간별, 테마별 코스를 지도와
함께 소개합니다. 여행 포인트, 운영
시간 및 가격, 그다음 장소를 찾아가는
방법, 드라이브 팁 등 여행 시
꼭 필요한 정보를 소개합니다.

가격
입장료, 체험료,
메뉴 가격 등을
소개합니다.

홈페이지
해당 지역이나
장소의 공식
홈페이지를
기준으로 합니다.

MAP
해당 스폿이
소개된 2권의
지도 페이지를
안내합니다.

INFO
1권일 경우 2권의
해당되는 지역에서
소개되는 페이지를
명시, 여행 동선을
짤 때 참고하세요!
2권일 경우 1권의
관련 페이지를 연동
표시했습니다.

여행 핵심 정보
여행 핵심 정보 페이지에는
볼거리, 맛집, 쇼핑, 체험 등의 여행 장소를
각 지역의 여행 패턴에 맞춰
동선 또는 여행 중요도 순서로 소개합니다.

CONTENTS

1권 테마북

STORY

Part. 1
SIGHT SEEING

Part. 2
EATING

014 괌 여행 캘린더	040 **MANUAL 01** 해변	112 **MANUAL 06** 스테이크 & 파인다이닝
016 유래	062 **MANUAL 02** 전망대 & 뷰 포인트	120 **MANUAL 07** 바비큐 & 데판야키
018 역사 & 정치	082 **MANUAL 03** 공연	126 **MANUAL 08** 수제 버거
019 경제	090 **MANUAL 04** 역사 기행	130 **MANUAL 09** 패밀리 레스토랑
020 언어	100 **MANUAL 05** 남부 투어	140 **MANUAL 10** 차모로 & 로컬 푸드
021 음식 & 쇼핑		148 **MANUAL 11** 카페
022 괌 한 달 살기		
024 괌 HOT&NEW		
026 괌에서 꼭 봐야 할 볼거리 베스트 9		
030 괌 인생샷 명소 베스트 7		
032 괌에서 꼭 먹어봐야 할 음식 베스트 9		
034 괌에서 꼭 사야 할 쇼핑 베스트 9		
036 괌에서 꼭 해봐야 할 체험 베스트 5		

Part. 3
SHOPPING

Part. 4
EXPERIENCE

Part. 5
HOTEL & RESORT

158	**MANUAL 12**	쇼핑몰
166	**MANUAL 13**	아웃렛
170	**MANUAL 14**	마트
178	**MANUAL 15**	야시장
180	**MANUAL 16**	선물 & 기념품

186	**MANUAL 17**	해양 액티비티 & 투어
196	**MANUAL 18**	지상 액티비티 & 투어
210	**MANUAL 19**	마사지 & 스파
212	**MANUAL 20**	골프

222	**MANUAL 21**	럭셔리 & 로맨틱 호텔/리조트
238	**MANUAL 22**	패밀리 프렌들리 호텔/리조트
248	**MANUAL 23**	가성비 & 실속형 호텔/리조트

INTRO

008	작가의 말
010	괌 정보
012	괌 지역 한눈에 보기

OUTRO

256	디데이별 여행 준비
259	INDEX

PROLOGUE
작가의 말

'여행'이라는 짧은 단어가 주는
떨림과 울림을 독자들과 함께 나누고 싶습니다.

괌에 첫발을 내디뎠던 때는 새벽 1시, 새카만 밤이었습니다. 서늘하고 상쾌한 새벽 공기를 기대했지만, 괌에서 들이켠 첫 숨에는 남국의 열기가 가득했지요. 열 손가락과 발가락 사이까지 파고드는 짙은 습기 또한 밤이라고 예외는 아니었습니다. 낯선 나라, 낯선 땅과의 첫 교감은 그런 기억으로 제 뇌리 속에 남아 있습니다. 그렇게 시작된 괌과의 인연, 이어지는 취재 여행은 저에게 꿈 같은 축복의 시간이었습니다. 경험하지 않고는 책에 담지 말자는 다짐을 지키기 위해, 수천 미터 하늘 위에서 맨몸으로 뛰어내리기도 하고, 커다란 산소통을 메고 수십 미터 바닷속을 헤엄치기도 했지요. 그렇게 다섯 가지 감각을 곤두세워 괌의 매력을 한가득 느끼고 만끽했던 여행 속 취재의 시간은 꿈이자 축복이었습니다. 괌의 매력을 독자에게 알리기 위해 떠난 여행이었는데, 외려 제가 그 매력에 폭 빠져버린 거였지요. 취재를 핑계 삼아 연달아 괌을 찾다 보니 입국 심사관조차 제 행적이 의심스러웠는지 저를 향해 날 선 질문들을 던지기도 했습니다. 몇 달 전에 왔는데 왜 또 왔는지, 왜 이렇게 짧게 머무는지 캐묻는 그 앞에서, 여행과 취재의 경계에 있는 저의 일정에 대해 구구절절 설명해야 하기도 했지요.

"남국의 풍요로움과 넉넉한 여유로움." 괌이 왜 좋은지 누군가 물어본다면, 저는 이렇게 이야기하겠습니다. 찬란한 햇살, 수천 가지 빛깔의 바다가 주는 그 풍요로움과 여유로움을 독자 여러분도 오롯이 만끽하시길 바랍니다. 여행 작가라는 거창한 타이틀보다는 여러분보다 조금 먼저 괌의 이곳저곳을 누빈 선배 여행자로서 괌이라는 매력적인 여행지를 강력 추천합니다. 새로운 여행 가이드북 《무작정 따라하기 괌》과 함께 더 멋진 괌을 발견하게 되길 응원합니다. 끝으로 취재와 집필, 끝도 없는 마감을 오롯이 함께하며 응원해 준 저의 첫 독자 홍지혜 님께도 따뜻한 감사의 마음을 전합니다.

2023년 3월 김승남

Special Thanks to

멋진 책을 기획하고 이끌어주신 길벗 민보람 차장님, 진행을 맡아주신 김소영 님, 꼼꼼하게 교정을 봐주신 추지영 님,
그리고 페이지 하나하나 예쁘게 디자인해 주신 디자인팀과 지도제작팀에게 감사드립니다.
괌 구석구석에 대한 취재 협조와 여행 정보, 사진 제공에 큰 도움을 주신 괌관광청 정은경 님, 함지원 님, 라이브괌 최동신 대표님,
조은렌트카 인수진 대표님, 메리어트 인터내셔널 배순억 상무님, PHR코리아 홍이경 님, 박정민 님,
두짓타니 리조트 Sureerat Sudpairak 님, 하얏트 리전시 Esther Kim 님, 아웃리거 리조트 김주희 님,

눈부시게 아름다운 풍경들,
늘 환하게 웃어주던 사람들,
고이 아껴두었던 저만의 '괌'을 소개합니다.

2012년 5월, 저의 첫 괌 여행을 아직도 생생하게 기억합니다. 하루하루가 새로웠습니다. 즐거웠습니다. 그리고 행복했습니다. 해안도로를 따라 시원하게 드라이브를 즐기고 끼니마다 맛있는 음식으로 배를 채우며 언제든 활짝 열려 있는 해변과 수영장에서 시간을 보냈습니다. 수많은 쇼핑몰을 돌아보며 쇼핑을 즐기기도 했습니다. 빠르게 흘러가는 시간을 열심히 붙잡아가며 짧은 3박 5일 동안 괌 구석구석을 돌아보았습니다. 휴양과 관광 그리고 쇼핑까지. 이 모든 걸 동시에 마음껏 누릴 수 있는 괌의 매력에 저는 점점 더 빠져들 수밖에 없었습니다. 아마도 이때부터 저와 괌의 인연이 시작되었나 봅니다.

그 뒤로도 몇 번이나 다시 괌에 발을 디뎠습니다. 때론 여행으로 때론 취재로. 괌 구석구석을 빠짐없이 돌아보며 열심히 사진을 찍고 글을 써 내려갔습니다. 덕분에 자칭 타칭 길치인 제 머릿속에 괌 구석구석의 모든 도로가 또렷하게 그려질 정도가 되었지요. 그리고 드디어 이 모든 이야기들을 ≪무작정 따라하기 괌≫을 통해 많은 분들에게 전할 수 있게 되었습니다.

괌은 연인과, 친구와, 어린아이와, 부모님과 누구하고든 여행하기 좋은 곳입니다. 때 묻지 않은 자연, 친절한 사람들 그리고 맛있는 음식과 럭셔리 쇼핑몰까지. ≪무작정 따라하기 괌≫과 함께 그저 휴양만 하는, 그저 쇼핑만 하는, 그저 그런 '괌' 말고 숨겨진 괌의 다양한 매력을 찾게 되시길, 진짜 '괌'을 여행해 보시길 바랍니다. 마지막으로 늘 함께 여행하며 큰 힘이 되어 주시는 강정훈 님께 감사드립니다.

2023년 3월 김수정

롯데 호텔 Elisha Lee 님, 리프 & 올리브 리조트 Ayano Dawley 님, 온워드 리조트 이정우 님, 괌 플라자 리조트 문정아 님, 로열 오키드 호텔 Keiko Hirao 님, 레드 구아한 셔틀 김지예 님, 레아레아 트롤리 Toru Matsunaga 님, 비지투어즈 주애니 님, 발디가 그룹 오태준 부장님, 스타샌드 이의종 대표님, 강진아 님, 한진현 님, 김장희 님, 이경아 님, 윤지혜 님, 하늘을 나는 멋진 경험을 하게 해주신 스카이다이브 괌 Scarlett, Jeannie 님께 깊은 감사의 마음을 표합니다. 그리고 멋진 모델이 되어준 강민아, 하윤빈, 김준희, 김찬희 어린이에게도 감사 인사를 전합니다.

INTRO
무작정 따라하기 | 괌 정보

544 km²

4시간 15분 ~ 55분

공식 명칭
미국령 괌 준주
United States island territory of Guam

미국의 50개 주(states)에 포함되지는 않지만 미국이 관리하고 있는 13개의 해외 영토 중 한 곳이다. 서태평양 마리아나제도에 위치하고 있으며, 1950년 미국 자치령으로 공식 편입되었다. 외교, 국방, 이민(출입국 관리) 업무는 미 연방 정부가 관장하고, 세관과 일반 행정 업무는 괌 정부가 자치적으로 운영한다. 흥미로운 사실 하나! 괌 주민들은 미국 여권과 시민권을 가지고 있지만 미국 대통령 선거의 투표권을 행사하지는 못한다.

국기
1917년부터 독립적인 국기를 사용해 왔으며 1948년 공식적으로 승인되었다. 태평양을 상징하는 진한 파란색 바탕에 야자수와 바다를 항해하는 범선 그리고 사랑의 절벽이라 불리는 푼탄 도스 아만테스(Puntan Dos Amantes)가 그려진 엠블럼이 중앙에 자리 잡고 있다. 가장자리의 붉은색 선은 제2차세계대전과 스페인 점령 시대에 희생된 차모로인들의 피를 상징 한다.

지리
태평양 북서부 마리아나제도 최남단에 자리 잡고 있다. 서쪽으로는 필리핀해, 동쪽으로는 태평양과 맞닿아 있다. 아시아와 인접해 군사적으로 전략적인 위치이며, 실제로 미국의 해군 및 공군 기지가 있다.

인구와 면적
총면적: 544㎢
인구: 170,534명(2021년 기준)
서울특별시(605.21㎢)와 비슷한 면적이며 남북으로 기다란 모양을 하고 있다. 총인구는 170,534명으로 차모로인이 가장 많은 37.3%를 차지하고, 필리핀인 26.3%, 백인 7.1%이다. 한국인은 2.2%로 3,700명 정도 거주한다. 인구 대부분이 섬의 중부와 북부에 모여 있다.

비자와 여권
괌에서 돌아오는 날짜를 기준으로 여권 만료일이 6개월 이상 남아 있어야 한다. 대한민국 여권을 소지하고 있다면 미국 비자나 ESTA 없이 무비자로 45일까지 체류할 수 있다. ESTA 혹은 미국 비자를 소지하고 있다면 작성해야 하는 서류도 간편하고 별도의 입국 심사대에서 조금 더 빠르게 수속 가능하다.

거리와 시차
비행시간 : 4시간 15분~55분
시차 : +1시간
인천국제공항에서 괌 국제공항까지 거리는 3,244.99km, 비행시간은 항공기에 따라 조금씩 다르다. 기류의 영향으로 인천에서 괌으로 갈 때보다 괌에서 인천으로 돌아올 때 30분 정도 더 소요된다. 시차는 한국보다 1시간 빠르다.

언어
공식 언어는 영어와 차모로어이지만 관광지에서는 대부분 영어가 통용된다. 주요 관광지에는 한국어 안내문이 비치되어 있으며, 한국어 메뉴판이 비치된 레스토랑이나 카페도 많다.
TIP : 차모로인을 만나면 '헬로(Hello)' 대신 '안녕하세요'라는 뜻의 차모로어 '하파 데이(Håfa Adai)'라고 인사를 건네보자.

화폐

미국 달러(USD)가 통용된다. 지폐는 1, 2, 5, 10, 20, 50, 100달러가 있고 알아보기 쉽도록 숫자가 크게 쓰여 있다. 하지만 동전의 경우 불리는 이름이 각기 다르고 아라비아 숫자 대신 영문으로 표기되어 있어 구분하기가 조금 어렵다. 1달러의 경우 지폐와 동전 둘 다 사용된다.

페니 Penny
(1센트=1/100달러)

니켈 Nickel
(5센트=1/20달러)

다임 Dime
(10센트=1/10달러)

쿼터 Quarter
(25센트=1/4달러)

환전

1달러 = 1,321(2023년 9월 기준)

대부분의 시중은행에서 어렵지 않게 환전할 수 있다. 각 은행에서 제공하는 환율 우대 쿠폰을 이용하거나 스마트폰 앱(토스, 신한은행 SOL 등)을 통해 환전 수수료를 줄일 수 있으며, 최대 90%까지 우대를 받을 수 있다. 1달러짜리 지폐가 많이 사용되니 넉넉하게 준비하는 것이 좋다. 공항이나 괌 현지에서도 환전이 가능하다.

신용카드

비자(VISA), 마스터카드(MasterCard), 아메리칸 익스프레스(AMEX) 등 해외 신용카드는 대부분 사용할 수 있다. 간혹 카드마다 해외 사용 제한 설정이 되어 있는 경우가 있으니, 출국 전 미리 확인하는 것이 좋다.

전압

110V, 60Hz. 220V를 사용하는 우리나라와 전압은 다르지만 카메라, 스마트폰 등 대부분의 전자제품은 프리볼트이므로 11자 모양의 플러그만 있으면 사용할 수 있다. 호텔에서 멀티플러그를 대여해 주기도 한다.

와이파이

주요 호텔과 쇼핑몰, 레스토랑 등은 무료로 와이파이를 이용할 수 있는 곳이 많다. 하지만 남부나 북부 지역을 여행할 경우 심카드 구입을 추천한다. 심카드는 주요 쇼핑몰과 괌 국제공항에서 구입 가능하다.

가격 $20(4일 동안 전화, 문자, 4G 데이터 무제한 이용)

교통수단

투몬 & 타무닝, 북부 일부는 트롤리 버스로 어렵지 않게 이동 가능하다. 하루에 3회 이상 탑승할 경우에는 1일권을 구입하는 것이 더 경제적이다. 남부, 하갓냐, 리티디안 비치 등으로 이동할 경우에는 렌터카 이용이 필수. 투어 프로그램은 대부분 픽업 & 드롭오프 서비스가 포함되어 있으니 렌터카는 여행 일정 중 1~2일 정도만 이용할 것을 추천한다.

주차

거의 모든 호텔, 쇼핑몰, 레스토랑 그리고 관광지에 주차장이 마련되어 있으며 대부분 무료로 이용할 수 있다. 단, 장애인 전용 주차 구역이나 예약(Reserved Parking) 표지판이 있는 곳에는 주차하지 않도록 주의한다.

친절도

관광객을 상대로 일하는 사람들은 물론 현지인들도 환한 웃음으로 먼저 인사를 건네는 경우가 많다. 미국의 다른 관광지에 비해 소매치기나 각종 범죄율도 낮은 편이니 안심하고 여행을 즐기자.

팁

한국에서는 익숙하지 않은 팁을 줘야 한다는 것 자체가 부담될 수 있겠지만 서비스를 제공받았다면 적당한 팁을 건네야 한다는 것을 잊지 말자.

호텔:짐 운반/보관 $1~$2,
객실 청소 $2~$3,
레스토랑:식사 비용의 15~22%
택시:요금의 10%

INTRO

무작정 따라하기
괌 지역 한눈에 보기

행정구역이 따로 나눠져 있는 것은 아니지만 여행자들의 편의를 위해 투몬 & 타무닝, 하갓냐, 남부, 북부 네 지역으로 나눠 소개했다. 각 지역 간의 이동은 트롤리 버스, 렌터카, 택시 등을 이용할 수 있다.

북부 2권 P.80

NORTH GUAM

투몬 & 타무닝 2권 P.28

TUMON & TAMUNING

괌 국제공항
Antonio B. Won Pat International Airport

남부 2권 P.72

HAGATNA

하갓냐 2권 P.54

SOUTH GUAM

0 2km

AREA 1 투몬 & 타무닝 TUMON & TAMUNING

- 관광 ★★★★☆
- 식도락 ★★★★★
- 쇼핑 ★★★★★
- 대표 관광지 투몬 비치, 건 비치

괌 여행의 시작이자 끝. 괌이 왜 동남아시아의 휴양지와 클래스가 다른지 단번에 알 수 있는 지역이다. 화려한 볼거리와 아름다운 비치는 물론 저렴한 기념품부터 명품까지 투몬 & 타무닝에서 한 번에 쇼핑을 즐길 수 있다. 거기에 입이 즐거운 다채로운 먹거리도 가득하다.

✓ BUCKET LIST TOP3
- 괌을 대표하는 **투몬 비치**에서 자유롭게 수영하기 ☐
- 차모로 전통 춤과 불 쇼가 함께하는 **차모로 전통 공연** 관람하기 ☐
- 명품 매장부터 **아웃렛**까지 두루 쇼핑하기 ☐

AREA 2 하갓냐 HAGATNA

- 관광 ★★★★★
- 식도락 ★★★☆☆
- 쇼핑 ★★☆☆☆
- 대표 관광지 아가나 대성당, 차모로 빌리지

지역 전체가 하나의 박물관. 괌의 주인이었던 차모로족의 흔적을 가장 많이 간직한 지역이다. 발길 닿는 곳마다 수천 년의 세월을 고스란히 품은 다양한 문화유산이 가득하다. 국가 등록 유산 9곳이 포함된 총 17곳의 역사 명소를 돌아보는 하갓냐 헤리티지 워킹 트레일 코스가 있다.

✓ BUCKET LIST TOP3
- 매주 수요일 밤 열리는 **차모로 야시장**에서 현지인처럼 즐겨보기 ☐
- **헤리티지 워킹 트레일**을 따라 괌의 과거로 떠나보기 ☐
- 현지인들 사이에서 유명한 **메스클라**에서 차모로 퓨전 음식 맛보기 ☐

AREA 3 남부 SOUTH GUAM

- 관광 ★★★★☆
- 식도락 ★★☆☆☆
- 쇼핑 ☆☆☆☆☆
- 대표 관광지 우마탁 마을, 이나라한 자연 풀장

발길 닿는 곳마다 포토 스팟. 대중교통이 없기 때문에 렌터카 또는 택시로 이동할 수밖에 없지만 괌 여행에서 빼놓을 수 없는 필수 지역이다. 막힘 없이 뻥 뚫린 해안도로를 달리며 마음 내키는 곳 어디든 차를 세우면 어김없이 멋진 전망대와 포토 스팟이 등장한다.

✓ BUCKET LIST TOP3
- 자연이 만들어낸 **이나라한 자연 풀장**에서 여유롭게 수영하기 ☐
- 해적 마크가 새겨진 **제프스 파이러츠 코브**의 버거 맛보기 ☐
- 환상적인 전망을 자랑하는 **세티 베이 전망대**에 올라 인생 사진 남기기 ☐

AREA 4 북부 NORTH GUAM

- 관광 ★★★☆☆
- 식도락 ★☆☆☆☆
- 쇼핑 ★★★★☆
- 대표 관광지 사랑의 절벽, 리티디안 비치

괌 최고의 비치, 괌 최고의 전망대. 크기에 비해 볼거리가 많은 지역은 아니지만 괌에서 가장 아름다운 비치와 가장 아름다운 전망대가 바로 북부에 있다. 다른 세 지역보다 여행자들이 적은 편이나 훼손되지 않은 자연 그대로의 풍경을 가장 많이 마주할 수 있는 곳이다.

✓ BUCKET LIST TOP3
- 슬픈 사랑 이야기를 간직한 **사랑의 절벽**에 올라 투몬 풍경 감상하기 ☐
- 색색의 열대어들이 가득한 **리티디안 비치**에서 스노클링 즐기기 ☐
- 괌에서 가장 큰 규모를 자랑하는 **마이크로네시아 몰**에서 쇼핑하기 ☐

STORY

무작정 따라하기 괌 여행 캘린더

Jan　Feb　Mar　Apr　May　Jun

SUMM
ER

12월~2월 겨울
스콜도 잦아들고 태풍 또한 잠잠해져 여행을 떠나기 좋은 시즌. 그래도 한 달의 절반 정도는 이따금씩 비가 내리는 날이 있다. 해가 짧고, 아침과 밤 공기는 쌀쌀한 편이니 얇은 긴소매 옷을 준비하자.

3월~5월 봄
강수량이 적고 기온도 상대적으로 낮은 괌 여행의 최적기. 한 달의 절반 이상 맑은 날씨가 이어지지만 5월경부터는 태풍이 잦아지니 주의하자.

시즌 포인트!
주말에 하루 이틀 연차를 더해 짧게 괌 여행을 다녀오기에 더없이 좋다. 날씨가 좋은 만큼 뮤직 페스티벌이나 마라톤 대회 등 다양한 이벤트가 펼쳐져 여행의 풍성함이 가득한 시기이다.

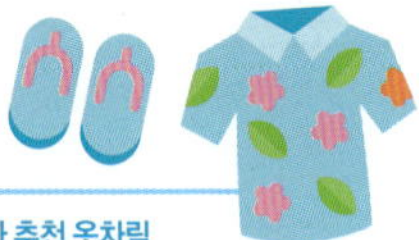

시즌 포인트!
날씨만 좋은 것이 아니다! 각종 페스티벌과 연말 세일이 겹쳐 쇼핑을 즐기기에도 더없이 좋다. 12월에 괌을 찾는다면 비키니를 입은 루돌프와 산타를 만나게 될지도 모른다.

SPRING

여자 추천 옷차림
하늘하늘한 원피스나 대담한 꽃무늬의 롱드레스, 시원한 민소매 티셔츠에 핫팬츠. 소중한 피부를 보호하기 위한 선글라스와 챙 넓은 왕골 플로피 햇, 플립플랍과 샌들로 휴양지 분위기를 연출하자. 단, 실내에서는 냉방을 세게 가동하니 가디건 등을 준비할 것.

남자 추천 옷차림
버뮤다 팬츠, 스윔 팬츠, 래시가드, 커다란 꽃무늬 하와이언 셔츠나 깔끔한 민소매 티셔츠 등 더위를 견딜 수 있는 가벼운 옷차림, 샌들이나 조끼, 플립플랍과 선글라스는 필수! 휴양지에서도 '패피'임을 포기할 수 없다면, 파나마 햇 하나쯤 무심한 듯 써주는 센스! 고급 레스토랑에 갈 때는 깃 있는 셔츠나 폴로 셔츠, 긴 바지에 발가락이 보이지 않는 신을 신자.

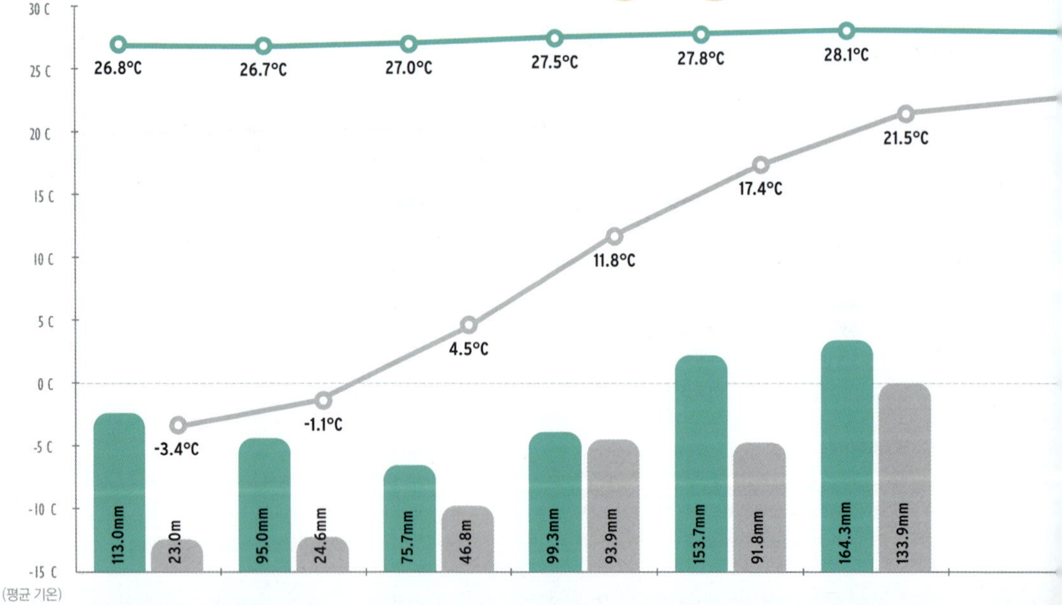

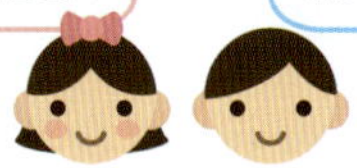

● 괌
● 서울

26.8°C	26.7°C	27.0°C	27.5°C	27.8°C	28.1°C	
			4.5°C	11.8°C	17.4°C	21.5°C
-3.4°C	-1.1°C					
113.0mm	95.0mm	75.7mm	99.3mm	153.7mm	164.3mm	
23.0m	24.6mm	46.8m	93.9mm	91.8mm	133.9mm	

(평균 기온)

북마리아나제도 최남단에 위치한 괌은 우리나라보다 위도가 낮고, 태평양 한가운데 자리 잡고 있어 연중 고온 다습한 열대 해양성 기후를 띤다. 봄, 여름, 가을, 겨울 사계절은 있지만 연중 일평균 기온 26~28도를 유지한다. 1년 365일 여행하기에 무리는 없지만, 8월부터 10월까지는 우기로 비 오는 날이 많고 습도가 높으니 이 시기는 피하는 것이 좋다. 다만 우리나라의 장마처럼 하루 종일 비가 내리지는 않고, 한낮에 잠시 열대성 스콜이 쏟아진다. 늦여름부터 초가을까지 우리나라에도 큰 피해를 입히는 태풍이 대부분 괌 근해에서 발생한다. 이 시기에는 괌에도 태풍 피해가 잦으니 여행에 주의를 기울이는 것이 좋다.

Jul Aug Sep Oct Nov Dec

ER

FALL

WINT

6월~8월 여름

7월부터는 강수량이 급증해 우리나라의 장마철만큼이나 많은 비가 내린다. 거의 매일 스콜이 쏟아지지만 그 시간이 길지는 않아 여행에 큰 장애가 되지는 않는다. 매우 습하고 무더운 날씨가 이어지니 여행 중 건강에 유의하자.

시즌 포인트!

여름 휴가를 맞아 괌으로 떠나는 여행자들이 급증하는 시기. 괌 바비큐 블록 파티, 독립기념일 카니발 등 볼거리가 풍성한 축제가 연이어 치러진다.

9월~11월 가을

우기로 비 내리는 날이 잦다. 한 달 중 20일 이상 비가 내리며 고온 다습한 날씨가 이어진다. 다만 비 온 뒤에는 청명한 하늘이 기다리고 있으니, 그 어느 때보다 멋진 괌의 하늘을 만나볼 수 있는 계절이기도 하다.

시즌 포인트!

어쩔 수 없이 이 시기에 괌 여행을 떠난다 해도 큰 걱정은 하지 말자. 비가 내릴 때는 쇼핑을 즐기고, 비가 잦아들면 마음껏 괌의 바다를 만끽할 수 있다.

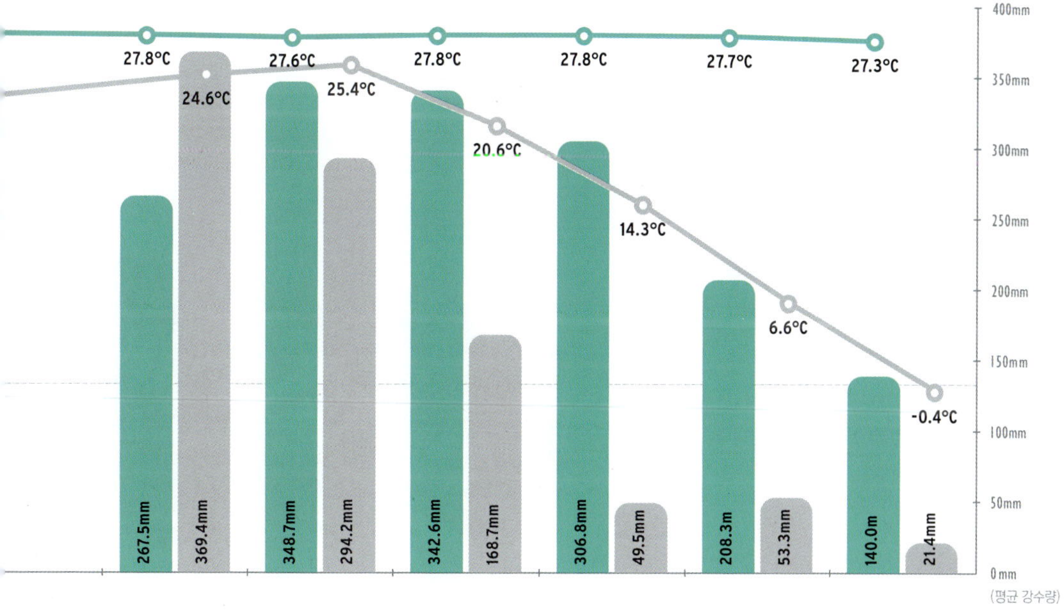

27.8°C
27.6°C
27.8°C
27.8°C
27.7°C
27.3°C
24.6°C
25.4°C
20.6°C
14.3°C
6.6°C
-0.4°C
267.5mm
369.4mm
348.7mm
294.2mm
342.6mm
168.7mm
306.8mm
49.5mm
208.3m
53.3mm
140.0m
21.4mm
400mm
350mm
300mm
250mm
200mm
150mm
100mm
50mm
0mm
(평균 강수량)

STORY
무작정 따라하기 괌 스토리

휴양지로 떠나는 여행, 오로지 쉼만을 기대하는 당신. 역사, 정치, 경제라면 머리가 지끈거리는 당신. 하지만 여기서 잠깐, 괌의 이야기를 짚고 넘어가자. 글로 배운 괌보다 몸으로 부대끼며 느끼는 괌이 훨씬 소중하겠지만, 아는 만큼 보이고 아는 만큼 깊이를 더하는 것이 여행! 당신의 여행을 풍성하게 만들어줄 소소한 이야기를 통해 잠시 워밍업을 하는 마음으로 괌을 파헤쳐 보자.
무엇이든 자세히 보아야 예쁜 법이다.

유래 ORIGIN

Q1. '괌(Guam)'은 무슨 뜻일까?

괌이라는 이름은 수천 년 전부터 이곳에 정착해 살아온 차모로(Chamorro)인들의 말 '구아한(Guåhan)'에서 유래한 것으로, 'What we have' 즉, '우리가 소유한 것'이라는 뜻이다. 구아한은 고어이기는 하지만 지금도 괌 여행 중 차모로 레스토랑이나 '레드 구아한'과 같은 트롤리 버스 이름에서 종종 마주치는 말이다.

Q2. 괌에는 언제부터 사람이 살았을까?

이 자그마한 외딴섬에 사람이 살기 시작한 것은 지금으로부터 약 4천 년 전이다. 고고학자들의 연구에 따르면 동남아시아 어딘가에서 뗏목을 타고 해류를 따라 이곳 북마리아나제도까지 발을 들였다고 한다. 이들이 바로 괌의 원주민 차모로인들의 조상이다.

Q3. 괌의 깃발에는 어떤 의미가 담겨 있을까?

분명 미국 땅의 일부이지만 1918년부터 이들만의 이야기와 자부심을 담은 어엿한 기(旗, flag)를 사용하고 있다. 가장 먼저 눈에 띄는 것은 푸른 바탕 한가운데 놓인 차모로 전통 방패 모양의 문장(emblem)이다. 하갓냐 강과 모래사장, 코코넛 야자수는 차모로인들의 삶의 터전과 그들의 강인한 의지를 표현하며, 푸른 바다 위에 떠 있는 흰 돛의 범선은 드넓은 대양과 맞서는 그들의 기술과 민첩함을 뜻한다. 바다 뒤로는 옛 차모로 연인의 슬픈 전설이 서린 사랑의 절벽이 그려져 있다. 오늘날의 기에는 푸른 바탕을 둘러싼 붉은 테두리가 더해졌는데, 이는 수많은 전쟁에서 흘린 선조들의 피를 상징한다.

Q4. 괌을 대표하는 새와 꽃이 있다고?

매년 가을이 되면 괌 전체를 뜨겁게 달구는 축제가 있으니, 괌 코코 하프 마라톤이 그것이다. 괌과 로타(Rota) 섬에 고작 1백여 마리밖에 남지 않은 멸종 위기종 괌 뜸부기. 그의 차모로 이름 코코(Ko'ko'). 코코 로드 레이스는 코코의 멸종 위기 의식을 고취하기 위해 매년 개최되는 마라톤이다. 실제로도 코코는 귀여운 생김새와 앙증맞은 크기로 괌 사람들에게 사랑받고 있다.

이외에도 괌 사람들의 사랑을 독차지하는 꽃이 있으니, 바로 플루메리아(Plumeria)이다. 하와이의 꽃목걸이나 괌의 꽃 머리띠 등에 장식용으로 사용되는 다섯 잎의 꽃으로 괌의 정원에서 종종 볼 수 있다. 플루메리아는 소담스런 모양새와 뽀얀 색깔 때문에 휴양지풍의 액세서리로 많이 사용되고 있다. 하지만 정작 괌을 대표하는 공식 꽃은 부겐빌레아(Bougainvillea)이다.

역사 HISTORY & 정치 POLITICS

Q5. 괌의 주인 차모로 사람들은 누구인가?

오늘날 괌의 인구는 약 16만 명. 그 3명 중 1명은 옛 원주민 차모로인의 후예들이다. 지금으로부터 약 4천 년 전 동남 아에서 이주해 온 그들은 검은 머리와 검은 눈동자, 구릿 빛 피부를 가졌다. 16세기 스페인 군대의 유입과 함께 온 갖 살육과 전염병의 창궐로 많은 차모로인이 목숨을 잃고, 다양한 인종과 섞이면서 오늘날 순수한 차모로의 핏줄은 거의 찾아볼 수 없다.

물놀이를 즐기고 있는 차모로 어린이들

Q6. 괌과 마젤란, 그리고 괌은 어떻게 미국 땅이 되었나?

괌에 첫발을 들인 서양인은 스페인의 항해사 페르디난드 마젤란(Ferdinand Magellan)이다. 1521년 3월 스페인 국왕의 명을 받아 서태평양 항해를 이어가던 마젤란의 배가 괌 연안에 접어들자 차모로인들의 아웃리거 카누 수백 척이 그들을 향해 몰려들었다. 그 광경이 꽤 인상 깊었던 마젤란은 괌을 '항해의 섬'이라고 불렀다. 하지만 가까이 다가온 그들은 마젤란의 배에서 온갖 항해 도구들을 잡히는 대로 떼어내 달아났다. 그래서 괌을 '도둑들의 섬'이라 부르기도 했다.

마젤란이 다녀간 이후로도 한동안 괌은 차모로인들의 평화로운 삶의 터전이었다. 그러나 1565년부터 필리핀과 남미 대륙을 오가는 서구 열강 무역선들의 '휴게소' 역할을 하게 되면서 1668년 스페인의 실효적 지배 아래 들어가게 되었다. 괌을 호령하던 원주민 차모로인들은 이때부터 수백 년 동안 전쟁과 전염병 등으로 고통받는 삶을 살았다.

괌이 처음으로 미국의 손에 들어간 것은 1898년. 약 2백 년간 괌을 지배했던 스페인과의 전쟁에서 승리한 후 파리조약에 따라 미국이 괌을 지배하게 되었고, 이와 함께 미국은 태평양의 패권국이 되었다. 제2차세계대전과 태평양전쟁 시기에는 잠시 일본군이 괌을 점령하기도 했다. 일본군은 차모로인들에게 강제노동을 시키고 전쟁 위안부로 삼기도 했는데, 그들의 치밀한 잔혹함은 괌 사람들에게도 많은 상처를 남겼다. 1944년 이후 괌은 줄곧 미국의 영향력 아래 머물며 오늘날에 이르렀다. 괌 기본법(Guam Organic Act)에 의해 입법, 사법, 행정부가 미국으로부터 독립된 자치 정부이기에 미국 대통령 선거권을 가지지도 않고, 50개 주에 포함되지도 않는 독특한 정부 형태를 지닌다.

하갓냐의 남쪽 언덕 위에 자리 잡은 산타 아구에다 요새. 스페인 사람들에게는 지배의 장소였고, 차모로 사람들에게는 억압의 장소였다.

Q7. 괌을 사이에 둔 치열한 전쟁, 그들은 괌의 무엇에 열광했을까?

수백 년 동안 괌은 열강들이 앞다퉈 차지하고자 했던 땅이었다. 1668년부터 스페인, 1898년부터는 미국, 1941년 일본에게 점령되었다가 3년 만에 다시 미국 땅이 되었다. 열강들이 그토록 많은 피를 흘려가면서 괌을 차지하려고 혈안이 되었던 이유는 괌이 가진 지리적 이점 때문이다. 서태평양 한가운데 자리 잡은 괌을 병참 기지로 삼으면 좁게는 필리핀해에서 넓게는 서태평양 일대에 이르기까지 전략적으로 손을 뻗치기에 유리하기 때문. 오늘날 미국은 괌에 공군과 해군 병력을 주둔시키고 서태평양 일대와 넓게는 동아시아까지 막대한 영향력을 미치고 있다.

괌에 주둔하고 있는 B-1B 폭격기. '죽음의 백조'라는 무시무시한 애칭처럼 뜨기만 해도 북한이 벌벌 떠는 것으로 유명하다.

Q8. 북한은 왜 괌에 집착할까?

2017년 가을 북한의 괌 미사일 위협 소식은 전 세계의 이목을 집중시켰다. 무엇 때문에 북한은 괌에 집착하는 것일까? 앞서 말했듯이 미국은 괌을 차지함과 동시에 서태평양의 패권을 거머쥐었다. 미 공군과 해군의 막대한 병력은 그 이후로 줄곧 괌에 주둔해 서태평양과 동아시아의 '경찰' 역할을 자처해 왔다. 핵무장 폭격기, 스텔스 전투기, 핵잠수함 등과 함께 최근 화두가 된 사드 포대 또한 괌에 있으니, 북한으로서는 신경이 쓰이지 않을 수가 없었을 터. 북한의 미사일 기술과 사거리가 증대됨에 따라 처음으로 그 사거리 안에 들어온 미국령 괌! 하지만 도발은 도발일 뿐, 그 이상의 사태는 있어서도 안 되고, 있을 수도 없을 것 같다.

경제 ECONOMY

Q9. 괌의 경제는 무엇으로 움직이나?

한때 괌 내에서는 미국으로부터의 독립을 논의한 적이 있었다. 미국 정부는 정치적, 경제적 자립도가 낮은 괌의 독립은 미국과 괌 모두에게 득 될 것이 없다며 강한 거절 의사를 표명했다. 실제로 괌의 1인당 GDP는 3만 달러에 달하지만, 재정 수입의 대부분을 관광 수입과 괌 주둔 미군 병력의 소비에 의존하고 있다.

내로라하는 호텔과 리조트가 늘어선 투몬 비치 풍경. 연간 150만 명의 여행자들이 괌을 찾는다.

Q10. 괌의 물가는 어느 정도일까?

태평양의 대표적인 여행지이자 휴양지이지만 물가가 높은 편은 아니다. 특별한 레스토랑이 아닌 이상 우리나라에서 식사하는 비용과 크게 다르지 않으며, 호텔 뷔페 레스토랑이나 스테이크하우스의 경우 오히려 우리나라보다 저렴한 편이다. 택시 요금 등 교통비는 조금 비싸지만, 식료품이나 공산품, 의류 등 쇼핑 품목은 우리나라와 비슷한 수준이다. 다만 식당이나 택시, 상점 등 어느 곳이든 표시 금액 외에 별도의 봉사료(팁)와 세금이 부과된다는 점을 잊어서는 안 된다.

언어 LANGUAGE

Q11. 괌 사람들은 어떻게 인사할까?

괌 국제공항에 들어서면 맨 먼저 'Welcome to Guam!'이 여행자들을 맞이한다. 어느 나라에서나 볼 수 있는 '이곳에 온 것을 환영한다'는 평범한 문장과 함께, 어떻게 읽어야 할지 모를 짧은 문장이 함께 눈에 들어온다.
'Hafa Adai!'
'하파 데이!'라고 하는 차모로 사람들의 인사말이다. 레스토랑이나 상점, 호텔 등 괌 어느 곳이든 하와이의 '알로하'처럼 '하파 데이'라고 인사를 건넨다. 주먹을 쥔 상태에서 엄지와 새끼손가락만 펴고 흔들면서 '하파 데이'라고 하면 더없이 완벽한 차모로식 인사가 된다.

Q12. 영어? 스페인어? 차모로어? 괌의 공식 언어는 뭘까?

괌은 공식적으로 영어와 차모로어를 함께 사용한다. 차모로인의 비율이 많기 때문이지만, 여행자들이 찾는 대부분의 장소에서는 영어로 모든 의사소통을 할 수 있다. 2백 년이 넘는 긴 세월 동안 스페인의 지배를 받기도 했기에 지명이나 도로명 등에서는 스페인어의 잔재를 종종 발견할 수 있다. '호텔 로드'로 불리는 투몬의 Pale San Vitores Road도 스페인어이며, 괌의 수도 하갓냐(Hagatna) 또한 과거 스페인어 '아가나(Agana)'를 차모로어 발음으로 바꾼 것이다.

음식 FOOD

Q13. 괌 사람들의 평범한 식탁은 어떨까?

괌이라고 해서 우리와 다를 게 뭐가 있으랴. 구하기 쉬운 먹거리를 가지고 그들만의 방식으로 조리해 가족과 함께 먹고 마시는 것은 전 세계 어디에서나 접할 수 있는 평범한 식탁의 모습이다. 바다로 둘러싸인 만큼 연근해에서 갓 잡아 올린 해산물, 레드 라이스와 판싯(잡채와 유사한 면 요리) 등 대표적인 차모로 음식들은 그들의 식탁에서 자주 볼 수 있는 단골 메뉴이다. 주말이나 휴일에는 공원이나 해변에 삼삼오오 모여 바비큐를 즐기는 모습 또한 자주 목격할 수 있다.

Q14. 꼭 먹어봐야 할 차모로 음식은 무엇일까?

육해공, 어떤 것을 선택해도 후회하지 않을 만큼 대부분의 차모로 음식이 입맛에 잘 맞고 만족스럽다. 대표적인 차모로 레스토랑에서 맛볼 수 있는 신선하고 다양한 해산물은 언제나 옳다. 주머니가 가볍다면 차모로 야시장으로 향하자. 단돈 몇 달러로 기가 막힌 불맛을 자랑하는 바비큐 꼬치와 든든한 레드 라이스 도시락을 맛볼 수 있다.

쇼핑 SHOPPING

Q15. 괌 쇼핑의 매력은 무엇일까?

괌이 쇼핑 천국으로 불리는 이유는 바로 섬 전체가 면세 지역이기 때문이다. 굳이 면세점을 찾아 다닐 필요도, 번거롭게 택스 리펀드(Tax Refund) 절차를 거칠 필요도 없이 편리하고 알뜰하게 쇼핑을 즐길 수 있다.

또 하나의 매력이 있다면 바로 다양함이다. 괌은 사이판과 함께 우리나라에서 가장 가까운 미국령이다. 고급스러운 유럽 명품 브랜드와 함께 합리적인 미국 브랜드를 괌의 쇼핑몰과 백화점에서 쉽게 만나볼 수 있다. 특히 온갖 종류의 소형 공산품이나 의류, 패션 소품과 육아용품 등을 구매하기 위해 일부러 미국 본토를 찾는 이들도 많은데, 이처럼 가까운 위치와 다양한 제품은 괌의 쇼핑을 더욱 매력 넘치게 만들어준다.

1년 365일 세일, 세일, 세일!
합리적이고 알뜰한 쇼핑을 할 수 있는
괌 프리미어 아웃렛

괌 한 달 살기 Living in Guam for a month

많은 장기 여행자들이 선택하는 알루팡 비치 타워 콘도. 바로 옆에는 프라이빗 비치 클럽이 위치해 항상 활기가 넘친다.

Q16. 한 달 살기 열풍, 왜 괌일까?

해외 여행지에서 한 달쯤 살아보는 것. 어느 여행자에겐 막연한 꿈 같은 이야기일 수도 있고, 어느 가족에게는 일생일대의 버킷 리스트일지도 모른다. 괌은 한 달 살기를 꿈꾸는 이들 중에서도 특히 가족 여행자들에게 인기가 높다. 미국령이어서 언어가 잘 통하는 데다 아이들의 영어 교육을 위한 기관들이 여럿 존재하고, 치안도 비교적 안정적이며 한인들도 많이 거주하고 있어 심리적 거리가 가깝기 때문. 편도 네 시간 남짓으로 비행 시간도 짧은 만큼 오고 가는 비용이 많이 들지 않는다는 점 또한 많은 이들이 괌 한 달 살기를 꿈꾸는 이유일 것이다.

Q17. 출발 전 먼저 준비해야 할 것, 숙소와 학원은 어떻게 정해야 할까?

한 달 살기는 그저 긴 여행이 아니다. 물론 여느 여행처럼 호텔을 잡고 푹 쉬다 올 수도 있겠지만, 현지에서의 일정과 라이프 스타일, 예산을 고려해 적절한 숙소를 정하는 것은 한 달 살기의 시작과도 같다. 어떤 종류의 숙소를 선택하든 큰 상관이 없지만, 치안이 좋고 근린생활권이 괜찮은 곳을 찾는 것이 중요하다. 레오팔레스 리조트(LeoPalace Resort), 알루팡 비치 타워(Alupang Beach Tower), 가든 빌라 호텔(Garden Villa Hotel) 등은 일반 여행자들도 많이 찾지만 괌에 장기 거주하는 군인들이나 장기 여행자들에게 특히 인기가 많은 편이다. 에어비앤비를 통해 게스트하우스를 구하는 것도 '가성비' 측면에서 나쁘지 않지만, 무허가 숙소는 아닌지 필히 확인할 것.

Q18. 현지에서 유용한 정보, 더 있을까요?

안전하고 여유로운 일상만 누리다 돌아올 수 있다면 더할 나위가 없겠다. 전반적으로는 치안이 좋은 편이지만, 긴장이 풀리고 나면 이내 사고가 나기 일쑤. 긴급하게 연락할 수 있는 연락처는 미리 숙지해 두고, 도움을 청할 곳도 한두 곳 정도는 마련해 두는 편이 좋다.

그리고 괌은 외딴 섬이어서 생활 물가가 비싼 편이다. 육류는 저렴하지만 채소류는 매우 비싸다. 한국 식재료를 구하는 일도 쉽지는 않으니, 직접 요리해 먹을 예정이라면 고춧가루나 조미료 등을 소분해서 가져가는 것도 좋다. 우리나

라만큼 위생이 좋지는 않아 바퀴벌레도 자주 출몰하니 퇴치제를 챙기는 것도 잊지 말자. 의약품은 약국에서 쉽게 구할 수 있지만, 내복약이나 조제약은 처방 받아 복용하기까지 꽤 번거로운 과정들을 거쳐야 하므로 한국에서 미리 여유롭게 준비하면 좋다. 아이들과 함께라면 벌레, 알러지, 피부질환 등 관련 의약품을 꼭 챙기자.

부대시설이 따로 없는 게스트하우스에서 머물 예정이라면, 힐튼 괌 리조트(Hilton Guam Resort) 등 5성급 호텔의 피트니스와 수영장을 한 달 간 이용할 수 있는 멤버십을 찾아 보자. 생각보다 저렴한 이용 금액으로 멤버십에 가입해 여유롭고 럭셔리한 데일리 라이프를 즐기다 올 수 있다.

Q19. 비자와 입국이 까다롭지는 않을까?

한 달 살기라면 무비자(최대 45일)로 충분히 머물다 올 수 있는 기간이지만, 코로나 등 대내외 적인 불확실성을 고려해 전자여행허가제도인 ESTA(최대 90일)를 발급 받아 두는 것이 좋다. 물론 ESTA가 있다고 해도 괌 입국이 보장되는 것은 아님을 다시 한 번 명심할 것. 입국 심사 시에도 목적과 일정에 대해 거짓 없이 차분하게만 대답하면 큰 문제는 없다. 숙소의 종류와 상관 없이 실제 머물 숙소를 기입하고, 대략적인 일정 계획도 머릿속에 담아두어야 갑작스러운 질문에 답할 수 있다. 스쿨링 계획이 있다면, 학원이나 캠프 이름을 이야기하면 된다.

GUAM
News Letter
2023 - 2024

Hafa Adai, Welcome to Guam

3년이 넘어가는 코로나 팬데믹 기간 동안 여행자들의 발길이 뚝 끊겼던 괌. 이전의 여행 정보들은 모두 오래된 정보가 되어 버렸고, 간간히 눈에 보이는 정보들마저 맞는지 틀리는지 확인할 수 없는 것이 현실이다. 그래서 업데이트된 괌의 소식들과 코로나 이후 괌의 분위기까지 파악할 수 있는 정보들을 모두 모아 소개한다.

---

1 | 코로나는 아직 끝나지 않았다, 코로나19 여행지침

New Post CO-vid 19 Era

'엔데믹'이라는 단어가 이제서야 실감이 날지도 모른다. 올해 초까지만 해도 출입국 비행기에서는 마스크를 써야 했고, 괌 입국 시에도 미국 질병예방통제센터 CDC의 서약서와 백신 접종(2차) 완료 증명서를 필수로 제출해야 했다. 하지만 이제 모든 명목 상의 방역 지침은 해제되었으니, 당신의 여행도 더욱 자유로워졌다. 다만, 다수의 인원이 밀집된 쇼핑몰이나 식당, 리조트 내에서는 어느 정도 조심하는 것도 좋다. 어디까지나 안전이 제일이니까.

---

2 | 괌의 새로운 여행 슬로건

Color of Guam!

괌 관광청은 지난 수 년간 이어온 슬로건 "Guam Again"에 이어 새로운 슬로건 "Color of Guam"을 발표하며, 괌을 찾는 여행자들에게 섬의 다채로운 색깔을 보여줄 준비를 하고 있다. 새로운 슬로건을 통한 홍보가 진행됨에 따라, 투몬(Tumon) 지역에 집중되어 있던 주요 관광지들 이외에 지금까지 알려지지 않은 지역 내의 숨은 여행지들이 새로이 발굴될 것으로 기대하고 있다. 무분별한 여행 자원 개발이 아닌 여행객의 편의와 지역 사회의 발전, 전통문화의 보존 등 주요 가치가 선순환할 수 있는 여행상품 개발에 중점을 두고 있어 이제까지와는 완전히 다른 괌 여행을 하게 될지도 모르겠다.

©guamvisitorsbureau

3 미리하고 빠르게 입국하는, 괌 전자 세관신고

Electronic Declaration Form

괌으로 향하는 기내 또는 공항 입국장에서 작성하던 기존의 서면 세관신고 외에도 2021년 봄부터는 인터넷을 활용하여 미리 작성, 신고할 수 있는 전자 세관신고가 가능하다. 괌 입국 72시간 이전부터 작성이 가능하다. 경우에 따라 괌 입국 시 소요되는 시간을 단축할 수 있으니, 성수기에 괌을 찾는 여행자라면 아래 링크를 통해 미리 신고를 해두자.

괌 전자 세관신고 바로가기

4 럭셔리 절대강자 '더 츠바키 타워' 오픈

The Tsubaki Tower

오랜 시간 동안 최고의 럭셔리 리조트로 꼽히던 '두짓타니 괌 리조트'를 무너뜨릴 신흥 강자가 나타났다. 일본계 럭셔리 호텔 '더 츠바키 타워(The Tsubaki Tower)'가 바로 그곳. 비공식이긴 하지만, 6성급 시설과 서비스를 갖춘 '더 츠바키 타워'의 개관으로 괌으로의 호캉스 여행이 더욱 럭셔리해졌다. '두짓 비치 리조트(옛 아웃리거 괌)', '리가 로얄 라구나 괌 리조트(옛 쉐라톤 라구나 괌)', '더 크라운 플라자 리조트(옛 피에스타 리조트)' 등은 명칭 변경과 함께 일부 시설을 리노베이션 했다. 그 외에도 많은 곳이 객실 컨디션 개선을 위해 노력했다고 하니, 노후화한 호텔과 리조트 때문에 괌 여행을 꺼려왔던 여행자들에게 이보다 더 좋은 소식은 없을 것 같다.

5 괌, 대마초(마리화나) 합법화

No Smoking weed

2019년 괌 의회는 성인의 대마초(마리화나) 흡입을 합법화하는 법안을 통과시켰고, 2020년부터 누구든 괌 섬 전역에서 대마초를 피울 수 있게 되었다. 최근에는 일상적으로 대마초를 흡입하는 사람이 고용주로부터 차별받지 않도록 하는 '책임 있는 대마초 사용자 고용 보호법'도 발의되어 논의 중인 상황이다. 해가 지면, 해변이나 공원 등에서 삼삼오오 모여 낄낄대고 있는 로컬들을 쉽게 발견할 수 있는데, 그들 중 누군가는 대마초를 피우고 있는 것일지도 모르니 주의가 필요하다. 흥미로운 제안에 이끌려 대마초를 입에 댔다가는 큰일이 날 수 있다. 괌에서는 합법일지라도 우리나라는 '속인주의'를 따르기 때문에, 여행을 마치고 입국 시 언제든 누구든 처벌받을 수 있다.

Guam Sightseeing
BEST 9

괌에서 꼭 봐야 할 볼거리 베스트 9

○ [TUMON & TAMUNING]
투몬 비치의 쪽빛 바다
Tumon Beach
1

괌에 도착하자마자 당신이 해야 할 일!
괌의 첫 바다로 손꼽히는 투몬 비치로 달려가
태평양과 인사 나누기

○ [SOUTH GUAM]
피티 베이 비치의 바닷속 풍경
Piti Bay Beach
2

괌에서 가장 생동감 넘치는
바닷속으로 들어가
수백 마리 '니모'를 찾아보기

[NORTH GUAM]
옛 전설의 서글픔이
담긴 사랑의 절벽
Two Lover's Point
깎아지른 바위 절벽 위,
바다를 향해 고개를 내민
전망대에서 옛 전설에
귀기울여 보기

[NORTH GUAM]
리티디안 비치의 투명함
Ritidian Beach
괌 섬의 북쪽 끝!
바닷속이 훤히 들여다보이는
투명한 바다 빛깔의 매력 발견하기

[TUMON & TAMUNING]
건 비치의 석양
Gun Beach
하루 일과를 마친 태양과의 조우
건 비치에서 붉게 물드는 서쪽 하늘과
바다 풍경 만끽하기

6

[HAGATNA]
**괌이 간직한 어제의 모습,
아가나 대성당
& 스페인 광장**
Agana Cathedral
& Plaza de España
수백 년의 역사가 고스란히 담긴
옛 성당과 고즈넉한 정원에서
여유로운 오후 보내기

7

[SOUTH GUAM]
**신이 빚은 천연 수영장이 여기에!
이나라한 자연 풀장**
Inarajan Natural Pool
수천 년의 시간이 빚어낸 총천연색 풀장에서 다이빙 즐기기

8

[HAGATNA]
차모로 전통 가옥의 주춧돌, 라테 스톤
Latte Stone
차모로인들의 옛 모습을 상상할 수 있는
버섯 모양의 라테 스톤 앞에서 '인증 샷' 남기기

9

[SOUTH GUAM]
세티 베이 전망대의 파노라믹한 풍경
Cetti Bay Lookout
앞으로는 드넓은 바다, 뒤로는 험준한 람람 산,
괌의 태곳적 풍경을 한눈에 담기

Guam Photo Spot
BEST 5
괌 인생샷 명소 베스트 5

[HAGATNA]
스페인 광장 괌 조형물
GUAM Sign at Plaza de España

괌에 온 것을 만천하에 알려 보자! 색색의 괌 조형물 사이사이에 서서 괌과 하나 되어 보기. 괌 여행은 여기서 시작이다!

[SOUTH GUAM]
메리조 부두
Merizo Pier

괌 사진을 찾아 본 사람이라면 한 번쯤은 보았을 장소. 바로 섬의 남쪽 끝자락에 위치한 메리조 부두다. 다행히 목재 데크가 두 개나 설치되어 있다고.

[TUMON & TAMUNING]
투몬 트레이드 센터
Tumon Trade Center
'핑크 러버'라면 놓칠 수 없는 곳. 무엇보다 투몬 한가운데에서 만나볼 수 있으니 더없이 좋다고. 화이트나 진한 블루의 셔츠나 원피스를 갖춰 입는다면 완성!

[SOUTH GUAM]
에메랄드 밸리
Emerald Valley
라군과 필리핀 해를 잇는 좁은 물길. 이름처럼 쪽빛 물빛이 더할 나위 없이 아름다운 곳이다. 따로 주차장이나 편의시설이 없으니 인적이 드문 시간은 피해 멋진 사진을 남기자!

[TUMON & TAMUNING]
이파오 비치 괌 조형물
GUAM Sign at Ypao Beach
투몬과 이어진 이파오 비치에서도 멋진 괌 인증 샷을 남길 수 있다는 사실. 북쪽으로 바다와 하늘을 마주하고 있어서, 그 어느 곳보다 푸르고 푸른 하늘 빛을 함께 담아낼 수 있다.

1. 차모로 음식
Chamorro Food
현지인처럼 즐겨볼까?
융합을 중시하는
괌의 역사를 빼닮은
차모로 음식

2. 차모로 야시장의 길거리 음식
Night Market Food
'가성비' 최고의 한 끼 식사!
야시장에서 즐기는 차모로 길거리 음식

Guam Eating
BEST 9

괌에서 꼭 먹어봐야 할
음식 베스트 9

3. 수제 버거
Homemade Burger
이보다
더 든든할
수는 없다!
육즙 가득
수제 버거

4. 해산물
Seafood
태평양에서 갓 잡아 올린 신선하고 다양한 해산물

스테이크
Steak
스테이크의 본고장에서 즐기는 두툼한 '진짜배기' 스테이크

5

6

바비큐 & 데판야키
BBQ & Teppanyaki
그릴 위도, 철판 위도 좋다! 여행 기분을 한껏 '업'해 줄 바비큐와 데판야키

괌 맥주
Guam Local Beer
괌의 무더위를 날려줄 청량감! 다양한 맛과 향을 자랑하는 괌 맥주

7

트로피컬 아이스크림
Tropical Ice Cream
내 맘대로 골라 먹어볼까? 열대 과일의 달콤함과 상큼함을 듬뿍 담은 트로피컬 아이스크림

칼라만시 쿨러
Calamansi Cooler
짜릿한 상큼함이 일품! 칼라만시로 만든 시원한 차모로 전통 음료

8

9

Guam Shopping
BEST 9

괌에서 꼭 사야 할 쇼핑 베스트 9

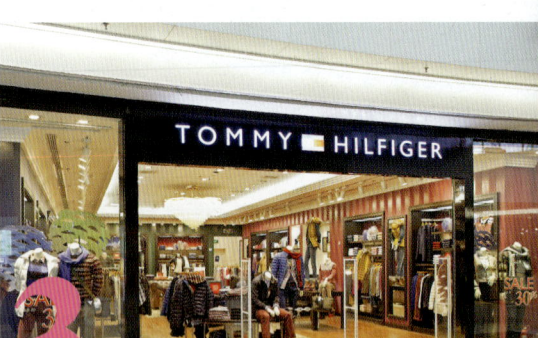

◆ 스노클링 장비
Snorkels
완벽한 여행은 완벽한 준비로부터!
괌의 바다를 즐기기 위한 필수 아이템 스노클링 장비

2

1

◆ 휴양지 스타일 패션 아이템
Tropical Fashion Items
플라워 패턴 원피스부터 형형색색 플립플랍까지,
여행 분위기를 북돋울 휴양지 스타일 패션 아이템

3

◆ 미국 브랜드 의류 **American Apparel**
폴로 랄프 로렌, 캘빈 클라인, 타미 힐피거 등
저렴하게 구입할 수 있는 미국 브랜드 의류

4

◆ 오가닉 보디 용품
Organic Body Products
피부에 좋은 것은 기본, 달콤한 향까지
가득 담았다! 열대 식물로 만든 보디 용품

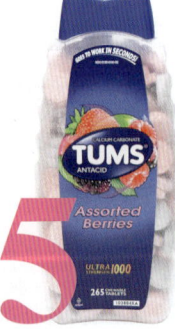 

◆ 영양제
Nutritional Supplement
'가성비' 좋은
비타민부터
천연 소화제까지,
선물로도 좋은
다양한 영양제와 약품

5

육아용품
Baby Goods

아기들의 옷과 신발은 물론 젖병과 장난감까지! 다양한 육아용품을 좀더 저렴하게 '득템'하자!

6

식료품
Groceries

다양함의 '끝판왕'! 우리나라에서는 결코 볼 수 없는 신기하고 다채로운 식료품 또한 괌 쇼핑의 '잇' 아이템!

7

8

괌 대표 기념품
Guam Souvenirs

괌에서 보낸 시간들을 추억하게 해줄 소소한 기념품

9

액세서리
Accessories

팔찌 하나, 헤어 밴드 하나로 휴양지 분위기를 북돋우는 패션 센스를 발휘해 보자!

Guam Experiencing
BEST 5

괌에서 꼭 해봐야 할 체험 베스트 5

1

◆ 스노클링
Snorkeling
괌의 바다를 제대로 마주하는 방법. 스노클 장비만 있으면 준비 끝. 이제 괌 바다의 푸르름을 마주해 보자.

2

◆ 시 워커
Sea Walker
태평양 바닷속을 걸으며 수백 마리 '니모'들과 친구하는 시간. 특수 제작 헬멧을 쓰고 편안하게 바닷속 세상과 조우하자.

3

트롤리 버스
Trolley

시원한 바닷바람 맞으며 괌을 마주하는 시간. 빨간 트롤리 버스를 타고 투몬의 중심 '호텔 로드'를 마음껏 누비자!

4

렌터카 남부 투어
Rent-a-car Tour

바다 전망대, 수백 년 전의 요새, 곰 바위와 천연 풀장까지! 괌 섬의 남쪽 끝까지 달려가 보자!

5

돌핀 크루즈
Dolphin Watching Cruise

돌고래와 인사하며 크루즈와 스노클링까지 함께 즐기는 시간! 아이들과 함께라면 더없이 좋은 돌핀 크루즈

040	**MANUAL 01**	해변
062	**MANUAL 02**	전망대 & 뷰포인트
082	**MANUAL 03**	공연
090	**MANUAL 04**	역사 기행
100	**MANUAL 05**	남부 투어

MANUAL 01
해변

에메랄드 빛 바다를 만끽하자!

괌 하면 가장 먼저 떠오르는 것은 끝도 없이 펼쳐진 푸른 바다와 드넓은 모래밭이리라. 서쪽으로는 필리핀해, 동쪽으로는 북태평양과 맞닿아 어디로 차를 달리든 아름다운 해변을 만날 수 있다. 적지 않은 돈과 시간을 들여 찾아간 여행지에서 그곳을 대표하는 해변 한두 곳을 방문하는 것은 여행의 기본 중에 기본. 괌을 대표하는 투몬 비치부터 별 모양의 모래를 만날 수 있는 리티디안 비치 그리고 아름다운 일몰을 볼 수 있는 건 비치까지. 다양한 개성을 가진 괌 해변의 모든 것이 궁금한 여행자들에게 소개하는 괌 최고의 해변 BEST 5.

Beaches in GUAM

'첫 번째'라는 꾸밈말은 아무 데나 쉬이 붙이지 않는다.
투몬의 바다는 특별하고 유일무이하다.

괌에서 가장 유명한 투몬 비치는 괌을 다녀가는 사람들이 반드시 들르는 곳이다. 유명 호텔들이 모여 있는 괌 중심 '플레저 아일랜드'에 위치하고 있는 것이 가장 큰 장점. 하얏트 리젠시 괌, 두짓타니 괌 리조트, 아웃리거 괌 비치 리조트, 더 웨스틴 리조트 괌 등의 호텔에서 문만 열면 바로 투몬 비치다. 해변을 따라 호텔 투숙객 전용 파라솔과 선베드가 놓여 있다. 그렇다고 호텔 투숙객만 비치를 이용할 수 있는 것은 아니다. 투몬 비치는 누구에게나 열려 있는 퍼블릭 비치로 호텔에서 비치해 둔 선베드와 파라솔을 제외하고는 호텔 투숙객이 아니더라도 자유롭게 이용 가능하다.

045

MANUAL 01 | 해변

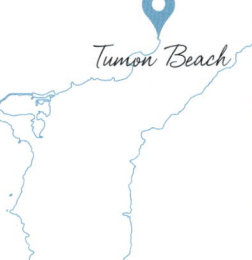

Tumon Beach

가장 먼저, 그리고 맨 마지막까지 열려 있는 비치.
그 누구에게도 언제나 최선의 풍경을 내어준다.

수심이 얕고 물살도 세지 않아 수영이 서툰 초보자들도 비교적 안전하게 물놀이를 즐길 수 있으며, 모래가 곱고 부드러워 어린아이를 동반한 가족 여행객들에게 전폭적인 사랑을 받는다. 해변 곳곳에 스노클링 장비, 패들보드, 카약, 무동력 보트 등을 대여해 주는 업체가 자리 잡고 있다. 최근 관광객이 급증하면서 예전 같지 않다는 소리가 왕왕 들려오지만 아직도 물속을 들여다보면 화려한 무늬를 뽐내는 수십 가지의 다양한 물고기들을 만날 수 있다. 무엇보다 위치가 좋으니 여행 중간 잠깐씩 들러 가볍게 산책하거나 늦은 밤 해변 풍경을 감상해 보는 것도 추천한다.

TUMON & TAMUNING 2권 MAP P.32A INFO P.38

Ritidian Beach

투명한 바다 빛깔이 당신을 유혹하는 곳,
#리티디안 비치

오래도록 비밀스럽게 숨겨져 있었기에 더없이 맑고 투명한,
괌의 북쪽 끝 바다.
달려가 안기고 싶은 리티디안 비치.

괌에서 꼭 가봐야 하는 비치
괌에서 가장 아름다운 비치
괌에서 가장 가기 힘든 비치
이 모든 수식어가 가리키는 곳이
바로 리티디안 비치.

모든 아름다운 것들은 쉽게 그 마음을 열지 않는 법. 괌의 가장 북쪽에 있는 리티디안 비치로 가는 도로 위에는 수십 개의 움푹 팬 웅덩이가 줄줄이 이어진다. 이런 도로 사정 때문에 타이어 펑크는 물론이고 크고 작은 사고들이 자주 일어나니 제아무리 운전 고수라 해도 혀를 내두를 정도이다. 일부 렌터카 업체의 경우 리티디안 비치로 가는 길에 사고가 나면 보험이 안 된다고 처음부터 못을 박는 경우도 있으니 더욱 조심해야 한다. 그런데도 많은 사람들이 꼭 가보라고 추천하는 이유는 리티디안 비치에 도착한 순간 알 수 있다. 아무리 화려한 미사여구도 직접 그 풍경을 마주했을 때의 감흥을 제대로 표현하지 못한다. 괌에서 가장 아름다운 비치가 궁금하다면 조심스럽게 도전해 보자.

비치라면 응당 있어야 하는 샤워 시설은 물론 그 흔한 상점 하나도 없다. 오로지 끝없이 펼쳐진 에메랄드 빛 바다와 새하얀 모래밭이 전부이지만 가만히 서 있어도 바닷속을 헤엄치는 형형색색의 물고기들이 훤히 들여다보일 정도다. 하지만 깊은 바다로 들어가는 것은 금물. 리티디안 비치는 상주하는 인명구조요원이 없고 급변하는 파도에 휩쓸리는 사고도 종종 일어나니 주의하는 것이 좋다. 워낙 인적이 드문 곳이라 주차장에 세워둔 차에서 도난 사고가 종종 일어나기도 하니 중요한 물건은 밖에서 보이지 않도록 트렁크에 넣어두거나 아예 가져가지 않는 것이 좋다.

Ritidian Beach

PLUS TIP
정해진 휴무일이 있지만 날씨가 흐리거나 비가 오는 경우에는 임의로 폐장하는 경우도 종종 있으니 일기예보 확인은 필수! 되도록 맑고 화창한 날 방문하자.

NORTH GUAM
2권 MAP P.91A INFO P.94
개방시간 수~일요일 07:30~16:00 휴무 월·화요일, 미국 법정 공휴일

Coco Palm Garden Beach

쉼, 오롯이 쉼!
#코코팜 가든 비치

※코로나로 운영 중단 중

쉴 새 없이 달려온 일상에서 벗어나
오롯한 쉼을 위해 떠나온 여행이라면
코코팜 가든 비치가 제격.

두 손 가벼이 방문해 무엇이든 누릴 수 있는 곳.
이곳에서만큼은 모든 것이 포함된
올인크루시브 리조트가 부럽지 않다.

괌의 북쪽 끝 리티디안 비치에서 남쪽으로 이어진 바닷가의 코코팜 가든 비치는 리티디안 비치만큼이나 아름다운 해변이다. 맑고 깨끗한 바다에는 아름다운 산호와 색색의 물고기들이 가득하고 넓은 모래밭은 쓰레기를 찾아보기 힘들 정도로 관리가 잘되어 있다. 하지만 개방된 시간에는 누구나 무료로 이용할 수 있는 리티디안 비치와 달리 개인 소유의 프라이빗 비치인 코코팜 가든 비치에 들어가려면 일정 비용을 지불하는 투어 프로그램을 이용해야 한다. 해변에서 물놀이를 즐기는 데 비용을 지불하라니 조금 황당하겠지만 코코팜 가든 비치에 갖춰진 편의 시설을 살펴보면 그 비용이 꼭 비싼 것만은 아니라는 생각이 든다.

코코팜 가든 비치
엿보기!

1년 365일 깨끗하게 관리되는 비치와 상주하는 인명구조요원이 있고 해변 곳곳에 마련된 파라솔과 비치 의자, 구명조끼와 스노클링 장비, 아쿠아 슈즈, 아이들을 위한 모래놀이 장난감까지 무료로 대여해 준다. 샤워실과 화장실은 물론 개인 물품 보관함, 식사를 할 수 있는 식당과 간이 매점도 있다. 추가 요금을 지불하면 ATV나 낚시, 카약 등을 즐길 수도 있다.

PLUS TIP
주로 일본인들이 이용하기 때문에 일본어로 오리엔테이션이 이뤄지지만 영어가 가능한 스태프가 있으니 의사소통에 큰 문제가 없다.

Coco Palm Garden Beach

투몬에 위치한 대부분의 호텔에서 픽업 & 드롭오프 서비스를 받을 수 있으니 울퉁불퉁한 도로를 달리다 타이어 펑크가 날까 봐 전전긍긍하지 않아도 된다. 투어 프로그램은 총 3가지인데 점심 식사, 비치 타월 대여, 카바나 이용 여부 등에 따라 가격이 조금씩 다르다. 영문 홈페이지에서 꼼꼼하게 확인하고 자신에게 맞는 프로그램을 예약하자.

📖 **NORTH GUAM** 2권 🅞 **MAP** P.91C 🅑 **INFO** P.94
⏰ **픽업 시간** 08:40~09:10(호텔마다 다름) ⏰ **이용시간** 월~토요일 10:00~15:00(코로나로 운영중단 중)
🚫 **휴무** 일요일 💰 **가격** 성인 $65~, 아동(3~11세) $30~
🌐 **홈페이지** cocopalm-guam.com/request_kr.php

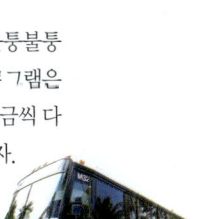

	성인 (12세 이상)	아동 (3~11세)	바비큐 점심	웰컴 드링크	비치 타월 대여	물고기 먹이	프라이빗 카바나
프리미엄	$250	$125	포함	포함	포함	포함	포함
투어 A	$95	$45	포함	포함	포함	포함	불포함
투어 B	$65	$30	불포함	포함	불포함	포함	불포함

건 비치가 가장 아름다운 시간은 하루 동안 열심히 일한
태양이 수평선 너머로 내려갈 즈음이다.

MANUAL 01 해변

Gun Beach

PLUS TIP
수시로 다양한 이벤트와 프로모션을 진행한다. 미리 홈페이지 확인은 필수.

투몬 비치에서 북쪽으로 1킬로미터쯤 이동하면 만나게 되는 건 비치. 항상 관광객들로 북적거리는 투몬 비치보다 한적하고 여유로운 편이라 조용히 휴식을 취하고 싶은 여행객들에게 적합하다. 호텔 닛코 괌 바로 앞에 있어 닛코 괌의 프라이빗 비치로 알고 있는 사람들이 많은데 건 비치는 누구나 이용 가능한 퍼블릭 비치다. 투몬 비치와 마찬가지로 물살이 세지 않고 수심이 얕은 편이지만 갑자기 수심이 깊어지는 구간이 있으니 너무 먼 바다에 들어가지 않도록 주의하자.

제2차세계대전 당시 일본군이 사용하던 대포가 해변에 그대로 남아 있다고 해서 건 비치라는 이름이 붙여졌다. 절벽 쪽으로 이동하면 세월의 흔적을 담고 있는 녹슨 대포를 만날 수 있다. 보물찾기하듯 숨겨진 대포를 찾아 건 비치를 산책해보는 것도 좋다.

또한 건 비치는 괌의 수많은 해변 중에 일몰이 가장 아름답기로 유명해 석양이 질 무렵이면 관광객들뿐만 아니라 현지인들도 모여든다. 비치 바에 앉아 일몰을 바라보며 연인과 로맨틱한 시간을 보내는 것은 어떨까.

건 비치를 더 로맨틱하게 즐길 수 있도록 특별히 마련된 더 비치 레스토랑 & 바(The Beach Restaurant & Bar)는 다양한 식사 메뉴는 물론 간단한 음료와 칵테일을 갖추고 있다. 낮에는 어린아이와 함께 가족이 즐기기 좋고, 저녁에는 환상적인 일몰과 함께 멋진 라이브 밴드의 연주를 감상하며 로맨틱한 분위기를 만끽할 수 있다.

TUMON & TAMUNING
2권 MAP P.33C INFO P.38

Piti Bay Beach

별세상, 또 하나의 수중 도시
#피티 베이 비치

마치 폭탄이 떨어진 듯 움푹 팬 바닷속 또 하나의 바다.
온갖 해양 생물들의 삶터가 된 또 하나의 수중 도시.

MANUAL 01 | 해변

여행객들 사이에 유명한 해변들은 수심이 얕은 편이라 스노클링을 즐기기 안성맞춤이지만 바다 수영을 즐기기는 조금 아쉬운 단점도 있다. 열심히 갈고닦은 수영 실력을 제대로 뽐내고 싶은 여행자들이라면 피티 베이 비치로 향하자. 괌 정부에서 보호하는 5개의 해양 공원 중 하나로 지정된 피티 베이 비치는 투몬 중심 플레저 아일랜드에서 렌터카로 1번 도로를 따라 남쪽으로 20여 분쯤 달리면 도착한다. 아름다운 산호와 200여 종이 넘는 열대 물고기를 포함해 다양한 해양 생물들이 서식하는 곳으로 괌 현지의 다이버들 사이에 스쿠버다이빙 포인트로 인기를 끌고 있다. 피티 베이 비치 바로 앞에 해중 전망대로 유명한 피시 아이 마린 파크가 있어서 입장료를 내고 들어가야 하는 것으로 알고 있는 사람들이 많다. 그러나 피티 베이 비치는 누구나 무료로 이용할 수 있는 퍼블릭 비치다.

잠시 머물다 가는 여행자들보다
괌에서 살아가는 현지인에게 더 사랑받는 비치.
이곳에서만큼은 여행자라는
신분은 잠시 접어두자.

모래밭이 그리 넓지 않은 편이라 해변 풍경이 아름다운 것은 아니다. 바닷속으로 직접 들어가 볼 수 있는 수영이나 스킨다이빙을 추천한다. 피시 아이 마린 파크에서 운영하는 프로그램을 통해 스노클링, 돌핀 워칭 크루즈 등 다양한 해양 레포츠를 즐겨볼 수도 있다.

SOUTH GUAM
2권 ◉ MAP P.75A ⓘ INFO P.82

Piti Bay Beach

PLUS TIP
구명조끼나 스노클링 장비를 빌려주는 곳이 따로 없으니 미리 챙겨 가자.

뭐니 뭐니 해도
찾아가기 쉬워야지!
난 무조건
가까운 해변으로
갈 거야!

투몬 중심에 위치한
#투몬 비치

사람들
북적거리는 건
딱 질색!
**한적하고 숨겨진
해변**이 좋아!

여유롭고 한적한
#리티디안 비치

Best Beaches
나에게 맞는 해변 찾기!

이것저것
챙기기 귀찮은데.
나를 위해 모든 것이
준비된 해변은
없을까?

스노쿨링부터 ATV까지!
#코코팜 가든 비치

수영보다
해변 풍경이 더 좋아!
보는 것만으로
힐링이 되는
그런 곳 말이야!

아름다운 석양을 볼 수 있는
#건 비치

갈고닦은
수영 실력을 제대로
보여줘야지!
기회가 된다면
스킨다이빙을
해보고 싶어!

열대 물고기들이 헤엄치는
#피티 베이 비치

내 목숨은 내가 지킨다!
튜브 또는 구명조끼

해변마다 인명구조요원이 있기 마련이지만 한적한 해변에는 없는 경우도 많다. 특히 바닷물이 빠르게 빠져나가는 이안류가 자주 발생하는 북쪽 해변에서는 더욱 주의해야 한다. 되도록 깊은 곳까지 나가지 않는 것이 좋고 구명조끼 또는 튜브 사용은 필수.

커다란
비치 타월

모래밭에 펼쳐두고 옷가지를 올려놓거나 젖은 몸을 간단히 닦을 때 유용하다. 대부분의 괌 호텔에서 비치 타월을 무료로 대여해 준다. 타월은 호텔마다 각기 색상이 다르다. 사용 후 호텔에 반납하는 것은 필수!

해변을 마음껏 거닐게 해주는
아쿠아 슈즈

괌의 바다는 특히 아름다운 산호로 유명하다. 보기에는 예쁘지만 가볍게 스치기만 해도 충격은 상상 그 이상. 바닥이 탄탄한 아쿠아 슈즈는 뜨거운 태양에 달궈진 모래 위를 거닐 때도 유용하다.

Beach Items
괌 해변을 즐기기 위한 준비물

선글라스, 선블록, 여벌 옷 등 기본적인 것은 제외하고, 가방을 꾸릴 때는 번거롭지만 막상 해변에 가면 유용하고 특별한 준비물을 모았다.

스노클링을 즐기기 위한
마스크와 스노클

괌의 해변들은 대부분 스노클링이 가능하다. 같은 해변이라도 물 밖에서 보는 풍경과 물속에서 보는 풍경은 천지 차이! 마스크와 스노클을 대여해 주는 곳도 있지만 대부분 비용을 지불해야 한다. 대여 숍이 없는 해변도 있으니 미리 준비하는 것이 좋다. K마트에서 $10이면 구입 가능하다.

시원한
생수와 음료수 또는 맥주

신 나는 물놀이를 하고 나면 시원한 맥주나 음료수가 절실하게 마련. 렌터카로 여행한다면 작은 아이스박스에 음료수나 맥주를 넣어두는 것이 좋다. 커다란 생수를 넉넉히 준비하면 샤워 시설이 없는 비치에서 짠 바닷물을 씻어낼 때 유용하다.

해변에서 즐기는
피크닉 도시락!

한 번쯤 끝없이 펼쳐진 해변에 앉아 여유로운 피크닉을 즐기는 상상을 해보았다면 가까운 ABC 스토어에 들러 도시락과 간식 거리를 준비하자. 그 어떤 유명 레스토랑에서 먹는 값비싼 스테이크보다 7달러짜리 도시락 하나가 더 맛있게 느껴지는 특별한 경험을 할 수 있다.

TIP 해변 즐기기 전 Check Check!

괌은 밀물과 썰물의 차가 큰 편이라 같은 해변이라도 시간에 따라 전혀 다른 모습을 보여준다. 물이 빠지는 썰물 시간에는 바닷속 산호가 그대로 드러나 스노클링을 하기도 힘들고 해변 풍경도 볼품없다. 괌의 해변을 제대로 즐기고 싶다면 밀물과 썰물 시간을 확인하는 치밀함을 잊지 말자.

밀물 썰물 시간 확인
바로가기

MANUAL 02
전망대 & 뷰 포인트

BEST VIEW OF GUAM

괌의 A컷은 모두 모여라!
포토제닉한 괌 풍경을 담을 수 있는
전망대와 뷰 포인트 완전정복!

그렇다! 당신은 분명 바다를 즐기기 위해 태평양의 보물 같은 섬을 찾았을 것이다.
비행기에서 내리는 순간에도, 호텔에서 짐을 푸는 그 순간에도,
당신의 머릿속에는 에메랄드 빛 투몬 비치만이 가득했을 터.
백사장 한가운데서 바다 풍경만 바라보고 있는 당신. 괌 해변의 매력에 빠져 허우적거리고 있을 당신.
이제 바다에서 조금 떨어져 보물처럼 숨겨진 괌의 풍경을 마주하자.
'드라마틱'하고 '파노라믹'한 괌의 풍경을 선사할 최고의 전망대와 뷰 포인트들을 모두 모았으니,
'나무만 보지 말고 숲을 보라'는 옛말처럼 조금 멀리 서서 가까이에서는 볼 수 없었던
더 넓고 멋들어진 괌의 풍경을 마주하자. 이제 '나무'가 아닌 '숲'을 보러 떠나야 할 시간이다!

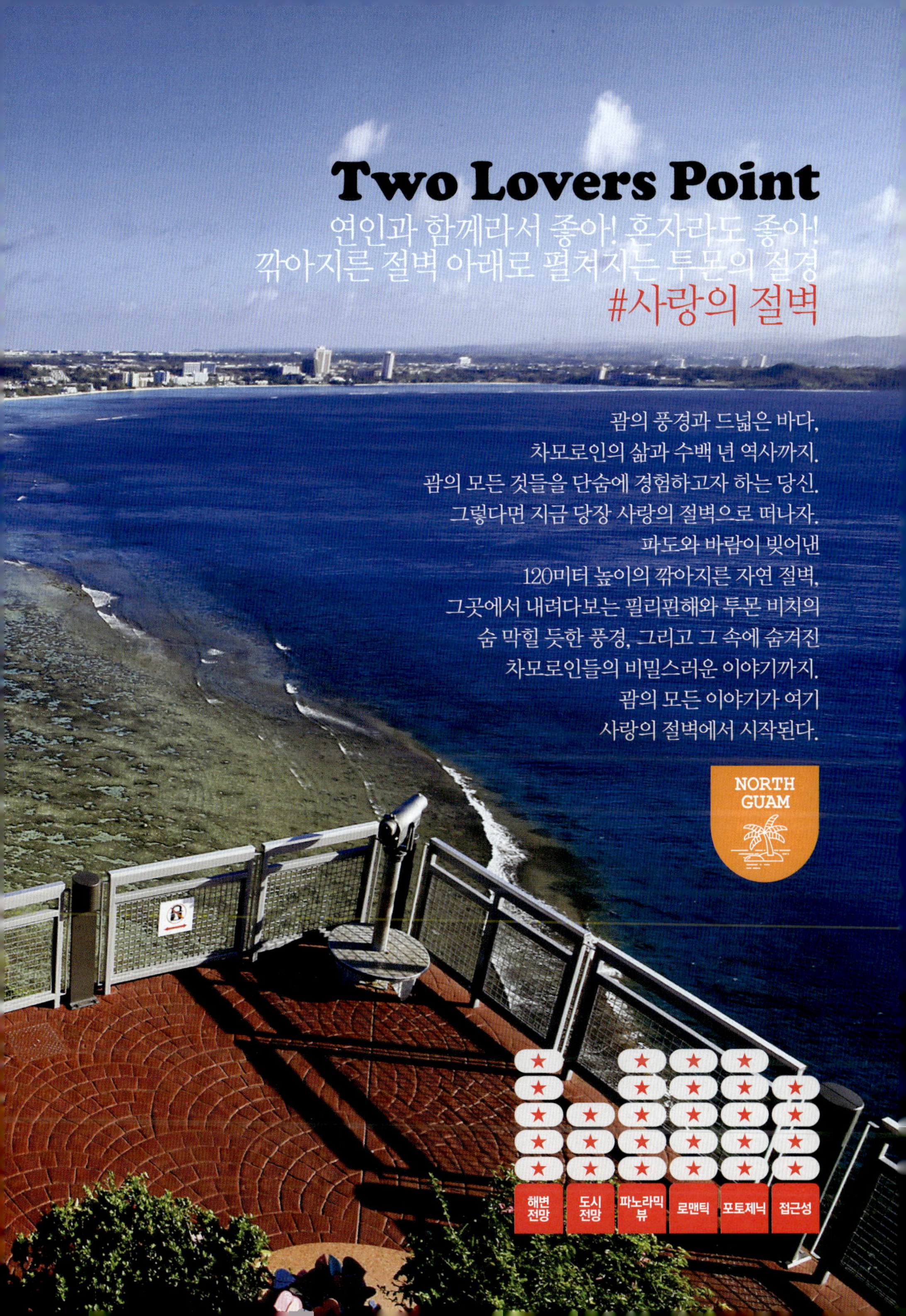

Two Lovers Point

연인과 함께라서 좋아! 혼자라도 좋아!
깎아지른 절벽 아래로 펼쳐지는 투몬의 절경
#사랑의 절벽

괌의 풍경과 드넓은 바다,
차모로인의 삶과 수백 년 역사까지.
괌의 모든 것들을 단숨에 경험하고자 하는 당신.
그렇다면 지금 당장 사랑의 절벽으로 떠나자.
파도와 바람이 빚어낸
120미터 높이의 깎아지른 자연 절벽,
그곳에서 내려다보는 필리핀해와 투몬 비치의
숨 막힐 듯한 풍경, 그리고 그 속에 숨겨진
차모로인들의 비밀스러운 이야기까지.
괌의 모든 이야기가 여기
사랑의 절벽에서 시작된다.

NORTH GUAM

해변 전망	도시 전망	파노라믹 뷰	로맨틱	포토제닉	접근성
★★★	★★	★★★★	★★★	★★★★	★★★

PLUS TIP
눈부심을 피하고 싶다면 이른 아침에, 조금 더 로맨틱한 사랑의 절벽을 마주하고 싶다면 해넘이 전후로 방문하자. 괌의 일출 일몰 시각 확인은 www.sunrisesunsetmap.com

괌 제1경이라고 할 만큼 드라마틱한 풍경을 자랑하는 사랑의 절벽. 이토록 숨 막힐 듯 아름다운 풍경을 여행자들만 아끼고 사랑했을 리 만무하다. 이곳 괌에서 수백 년을 살아온 차모로인들 또한 이곳을 사랑하고 아껴왔으니, 멋진 풍경이 있는 곳에 노래와 전설이 함께하는 것은 어쩌면 당연한 일. 이곳에도 옛 차모로인의 전설이 숨겨져 있다고 하는데, 과연 어떤 이야기일까.

사랑의 절벽에 깃든 비극적인 사랑 이야기는 350여 년 전으로 거슬러 올라간다. 스페인이 괌 전역을 지배하던 시대, 스페인 귀족 출신 아버지와 차모로 족장의 딸인 어머니 사이에서 태어난 한 여인. 투몬 비치처럼 맑고 아름다운 그녀는 많은 이들에게 사랑을 받았다. 아버지는 혼기가 찬 딸을 용맹한 스페인 장교와 결혼시키기로 마음먹었다. 그러나 그녀는 사랑하지 않는 이와 결혼하는 불행을 택하고 싶지 않았다. 자신의 처지를 한탄하며 절벽 위를 거닐던 그녀 앞에, 그녀만큼이나 맑고 바다의 푸르름을 지닌 차모로 청년이 운명처럼 나타났다. 혼담이 오가는 스페인 장교만큼의 '스펙'은 없었지만, 용맹하면서도 부드러운 매력을 지닌 그에게 그녀는 푹 빠져버렸고, 두 사람은 불길처럼 서로를 사랑하게 되었다. 하지만 세상의 모든 사랑 이야기가 그러하듯, 둘 사이의 평온한 시간은 그리 오래가지 못했다. 두 사람의 사랑을 탐탁지 않게 여기던 그녀의 아버지와 스페인 장교는 그들을 떼어놓기 위해 수십 명의 군인들을 거느리고 절벽 위에 서 있는 두 사람을 포위하게 되는데…

사랑의 절벽,
전설의 주인공
(2023년 태풍으로
동상 보수 중)

주렁주렁 매달린 연인들의 자물쇠.
남산타워의 자물쇠는 저리 가라 할 정도!

120미터 절벽 위, 벼랑 끝에 선 연인. 가슴 찢어지는 이별이 그들의 선택지에는 없었다. 비록 이 생에서는 이룰 수 없지만, 그들은 영원히 사랑하기로 맹세했다. 두 사람은 죽어서도 결코 이별하지 않겠다는 의미로, 서로의 머리칼을 하나로 묶은 채 수백 미터 아래 바다로 함께 몸을 던졌다. 영원한 사랑을 맹세한 비련의 한 쌍. 그들의 슬픈 이야기는 그렇게 끝이 났다. 하지만 그들의 사랑은 전설로 남아 수백 년 동안 사람들의 입에서 입으로 전해졌고, 지금까지도 수많은 여행자들과 연인들이 '사랑의 절벽'을 찾아온다. 절벽 바로 위, 2층 전망대에 올라서면 해안선을 따라 늘어선 투몬의 화려한 호텔들과 쪽빛의 드넓은 필리핀해가 내려다보인다. 그 주변으로는 전 세계에서 모여든 연인들이 사랑을 약속하며 매달아 놓은 수백 수천 개의 자물쇠들이 가득해 이곳이 과연 사랑의 절벽임을 실감케 한다. 전망대 앞의 잔디 광장과 두 연인의 동상은 멋진 사진을 찍기에 좋은 곳이니 놓치지 말자.

120미터 높이에 달하는 절벽. 그 위에 올라보지 않고서는 쉬이 가늠하기 힘들다.

NORTH GUAM 2권 MAP P.91E INFO P.94
시간 10:00~19:00 휴무 연중무휴 가격 입장료 성인 $3(6세 이하 무료) 홈페이지 www.puntandosamantes.com

Paseo de Susana Park
자유의 여신상과 함께 태평양의 노을을 만끽하자
#파세오 데 수사나 공원

HAGATNA

1950년대 세워진 괌 자유의 여신상으로 이미 예순이 넘은 '할머니 여신'이다.

미국의 심장부 뉴욕의 상징 자유의 여신상이 괌에도 있다? 없다? 정답은 있다! 바로 하갓냐의 중심에 위치한 파세오 데 수사나 공원에 또 하나의 자유의 여신상이 있다.

공원은 차모로 빌리지와 함께 제2차세계대전의 잔해물을 매립해 생긴 작은 반도 끝자락에 자리 잡고 있다. 땅이 바다 쪽으로 돌출되어 180도가 넘는 파노라믹한 바다 풍경을 만끽하기에 더없이 좋은 곳이다. 반도 끝자락, 공원 한가운데 위치한 '미니' 자유의 여신상. 뉴욕의 그것에 비할 바 아니지만, 바다를 향해 서 있는 늠름한 모습은 뉴욕의 '언니' 여신에 뒤지지 않는다.

해변 전망	도시 전망	파노라믹 뷰	로맨틱	포토제닉	접근성
★		★	★	★	★
★	★	★	★	★	★
		★	★	★	★
				★	★
					★

'매직 아워'의 파세오 데 수사나 공원. 물론 마법의 풍경이 매일 찾아오는 것은 결코 아니다.

PLUS TIP

공원 바로 앞 차모로 빌리지 (1권 P.94/2권 P.66)의 야시장이 활기를 띠는 시간은 대략 일몰 직후부터이다. 차모로 빌리지까지 도보 약 5분 거리이니, 자유의 여신과 함께 일몰을 즐긴 후 차모로 빌리지 야시장으로 넘어가는 것이 효율적이다(차모로 야시장은 매주 수요일에 열린다).

스페인어로 '산책(paseo)'이라는 뜻의 공원 이름처럼 해변을 따라 잔디 정원과 휴식을 위한 정자, 아기자기한 산책로가 조성되어 있다. 야구장과 넓은 주차장 등 편의 시설도 갖춰져 있어 여행자들과 현지인들 모두에게 사랑받는다. 높은 곳에서 내려다보는 전망은 없지만, 다른 전망대에 비해 접근성이 좋고 특히 하갓냐 중심에서 걸어갈 수 있어 더 없이 좋은 곳이다. 파세오 데 수사나 공원에서 필리핀해를 마주한 자유의 여신과 함께 하갓냐 베이의 로맨틱한 일몰 풍경을 즐겨보자.

📍 HAGATNA　2권　◉ MAP P.59G　ⓘ INFO P.67　⏱ 시간 24시간　휴무 연중무휴　₩ 가격 무료

HAGATNA

MANUAL 02 전망대 & 뷰 포인트

절벽 위에 우뚝 선 거대한 라테 스톤! 하갓냐 베이에서 바라본 풍경이다.

Latte of Freedom

괌에서 가장 큰 라테 스톤 안에 전망대가 있다?
#자유의 라테 전망대

괌을 여행하다 보면 어디선가
한 번쯤 마주하게 마련인 괌의 상징 라테 스톤.
그 라테 스톤을 본떠 만든
아파트 10층 높이의 전망대가 있다.
아델럽 곶(Adelup Point)에 위치해
하갓냐 베이의 멋진 바다를 마주할 수 있는
자유의 라테 전망대가 바로 그곳이다.

(Latte Stone, 차모로 전통 가옥의 기초 역할을 하던 절구 모양의 석재 기둥)

해변 전망	도시 전망	파노라믹 뷰	로맨틱	포토제닉	접근성
★		★	★	★	★
★		★	★	★	★
★				★	★
★					

리카르도 보르달로 주지사 동상
라테 스톤 전망대
리카르도 보르달로 주 정부 청사

천 년 전부터 이 섬의 주인이었던 차모로인들의 문화유산인 라테 스톤 모양의 전망대는 과연 어떻게 생겨났을까? 아델럽 곶 끄트머리, 괌 주 정부 청사와 어깨를 맞대고 있는 이 전망대의 건설 계획은 1976년 당시 주지사였던 리카르도 보르달로의 머릿속에서 시작되었다. 미국의 동쪽 끝 뉴욕에 독립 100주년을 기념하는 자유의 여신상이 세워져 있으니, 미국의 서쪽 끝 괌에도 자유의 상을 세우면 어떨까 하는 애국심이 그 시발점이었다. 1976년은 때마침 미국 독립 200주년을 맞는 해였으므로 드넓은 영토의 동쪽과 서쪽 끝에서 자유의 여신상과 자유의 라테가 한 쌍이 되어 미국의 독립과 자유를 지키도록 한 것이다. 그런 거창한 계획 때문이었을까. 당초 계획은 약 60미터(아파트 25층) 높이의 전망대를 사랑의 절벽 근처에 세우는 것이었다. 하지만 2500만 달러에 달하는 막대한 공사비가 그 모든 일을 가로막았다. 수십 년간 아이디어로만 남았던 자유의 라테 전망대는 2004년이 되어서야 부활할 기회를 얻었지만 높이를 24미터까지 낮추어야 했다. 그 결과 지금의 이 거대하면서도 소박한(?) 전망대가 탄생하게 된 것.

전망대 앞쪽으로는 이 모든 계획의 청사진을 제시했던 리카르도 보르달로의 이름을 딴 이국적인 모습의 옛 주 정부 청사가 자리 잡고 있다. 다목적 문화 센터와 주지사의 방을 보여주는 전시관도 함께 있다. 전망대 앞 자그마한 알림판에는 헌정문이 씌어 있는데, 오늘날의 전망대를 있게 한 괌 초등학생들의 '코 묻은' 기부금 3만 7천 달러에 대해 감사와 고마움을 표하고 있다.

진짜 라테 스톤과 라테 스톤을 본떠 만든 전망대

HAGATNA 2권 MAP P.58E INFO P.69
시간 코로나로 임시 휴관 휴무 부정기
가격 성인 $3, 어린이(6~12세) $1

Special
3곳의 전망대에서 즐기는 3개의 다른 풍경

#아산 베이
#셀라 베이
#세티 베이

푸른빛 태평양이 둘러싸고 있는 보물 같은 섬. 125킬로미터에 달하는 해안선을 따라 어디서든 수만 가지 보석 같은 풍경을 마주할 수 있다. 다른 듯 같은, 또 같은 듯 다른 풍경을 보여주는 3곳의 해안 전망대는 화려하지 않지만 평화로운 필리핀해와 짙푸른 괌의 숲을 함께 바라볼 수 있는 곳이다. 이제 조금 더 높은 언덕 위로 올라가 더 넓게, 더 멀리 괌의 풍경을 내려다보자. 탁 트인 전망과 함께 탁 트이는 기분은 물론 '공짜'다!

아산 베이 전망대는 니미츠 힐(Nimitz Hill) 언저리에 자리 잡은 전망대로 태평양전쟁 국립역사공원(War in the Pacific National Historical Park)에 속하는 곳이다. 태평양전쟁 당시 미군과 일본군의 지리한 전투로 수천 명이 죽고 수만 명이 고통을 당한 아픔을 지닌 장소이다. 특히 우리에게도 이곳의 이름이 낯설지 않은 것은 1997년 대한항공 추락 사고 현장이기 때문이다. 그렇기에 이곳 아산 베이를 찾는 마음이 아주 가볍지는 않을 듯하다.

SOUTH GUAM

Asan Bay Overlook

전쟁과 참사의 아픔이 서린
#아산 베이 전망대

전망대 계단을 오르다 보면 누군가의 이름이 빼곡히 새겨진 기다란 기념비를 마주하게 된다. '더 메모리얼 월 오브 네임(The Memorial Wall of Names)'이라 불리는 벽에는 이곳에서 희생된 미군 전사자 1880명, 민간인 사망자 1170명, 그리고 5년간의 전투로 인해 고통받은 1만 4721명의 이름이 적혀 있다. 이는 2008년까지 수십 년의 길고 긴 조사 과정을 거쳐 집계한 피해자 명단을 빠짐없이 모두 기록한 것이다. 육군 장군이나 해군 제독과 같은 전쟁 영웅만을 기념한 것이 아니라 전쟁의 상처로 쓰러져 간 일반 병사들과 민간인들의 죽음을 하나하나 기억하고 있다는 점이 가슴을 울린다.

이 기념비는 원래 동판으로 제작되었는데, 2002년 큰 태풍으로 파손되고, 2007년 괌 독립기념일 즈음에는 일부 동판이 도둑맞아 고물상에 팔리는 수모를 겪기도 했다. 동판에 쓰여진 이름의 주인공들만큼이나 동판의 삶도 험난했던 것.

태평양전쟁 피해자
1만 7771명의 이름이 하나하나
빠짐없이 적혀 있는 기념비

기념비를 뒤로하고 조금 더 언덕을 오르면 그제야 괌 서쪽 바다의 탁 트인 풍경을 마주하게 된다. 왼편으로는 스쿠버 다이빙과 스노클링 포인트로 유명한 피티 밤 홀(Piti Bomb Holes), 오른편으로는 하갓냐 베이의 풍경이 파노라마처럼 펼쳐진다. 전쟁과 참사의 아픔은 잠시 내려두고 괌의 바다 풍경으로 무거워진 마음을 위로해 보자.

SOUTH GUAM 2권 MAP P.75B INFO P.82
시간 24시간 휴무 연중무휴 가격 무료
홈페이지 www.nps.gov/wapa/planyourvisit/asan-bay-overlook.htm

자세히 보아야 예쁘다! 날것 그대로의
풍경을 보여주는 셀라 베이 전망대

SOUTH GUAM

Sella Bay & Cetti Bay Overlook

드라이브하다 마주친 그림 같은 풍경
#셀라 베이 전망대 #세티 베이 전망대

북적이고 부대끼는 것은 질색, 오롯이 탁 트인 풍경만을 찾는다면 외딴곳의 두 전망대를 꼭 기억하자. 괌 남쪽, 람람 산(Mount Lamlam) 어귀에 위치한 셀라 베이 전망대와 세티 베이 전망대가 바로 그곳이다.

괌 여행의 중심지 투몬(2권 P.28)에서 자동차로 40분은 달려야 마주할 수 있는 곳. 그만큼 그 누구의 방해도 받지 않고 여유롭게 괌의 풍경을 즐길 수 있는 곳이다. 게다가 괌 최고봉으로 406미터 높이를 자랑하는 람람 산이 바로 뒤에 떡 버티고, 눈앞 100여 미터 아래로 광대한 바다가 거칠 것 없이 펼쳐져 있다. 화려하지는 않아도 있는 그대로의 매력을 발산하는 풍경에 둘러싸여 한없이 여유로움을 만끽하기에 더없이 좋다. 주변으로는 적당한 난이도와 길이의 트레일 코스도 이어져 있으니, 여유가 있다면 조금 더 깊이 괌의 자연 속으로 들어가 보자. 셀라 베이 전망대와 세티 베이 전망대에 대한 자세한 정보는 1권 MANUAL 05 남부 투어(P.100) 참고.

SOUTH GUAM 셀라 베이 전망대 2권 MAP P.75C INFO P.83
시간 24시간 휴무 연중무휴 가격 무료
세티 베이 전망대 2권 MAP P.75C INFO P.83
시간 24시간 휴무 연중무휴 가격 무료

해변 전망	도시 전망	파노라믹 뷰	로맨틱	포토제닉	접근성
★	★	★★★	★★	★★	★★
★	★★	★	★	★	★
★	★				

산도 바다도 내 발 아래 있소이다.
남부 최고의 경관을 선사하는 세티 베이 전망대

Special
역사와 풍경 두 마리 토끼를 잡아볼까?

#산타 아구에다 요새
#솔레다드 요새

평화로운 언덕 위에서만 괌의 A컷을 마주할 수 있는 것은 아니다. 그 옛날 지축을 뒤흔드는 포 소리가 울리던 곳, 무시무시한 역사의 흔적들이 곳곳에 남아 있는 옛 요새에서 멋진 전망을 감상하자. 적의 동태를 파악하기 위해 만든 요새이니 탁 트인 전망은 떼려야 뗄 수 없는 것. 포 소리는 모두 역사 속으로 사라졌지만, 파노라믹한 괌의 풍경만큼은 변함없이 당신을 기다리고 있다.

아푸간 언덕에 자리 잡고 있어 아푸간 요새(Fort Apugan)로 더 유명한 산타 아구에다 요새는 1800년 스페인 점령 시대에 하갓냐 베이를 방어하기 위한 목적으로 건설된 곳이다. 아이러니하게도 '산타 아구에다'라는 우아한 이름은 당시 주지사 마누엘 무로(Manuel Muro)의 아내 이름을 딴 것이다.

수백 년의 세월을 고스란히 담고 있는 산타 아구에다 요새의 포

| 해변 전망 | 도시 전망 | 파노라믹 뷰 | 로맨틱 | 포토제닉 | 접근성 |

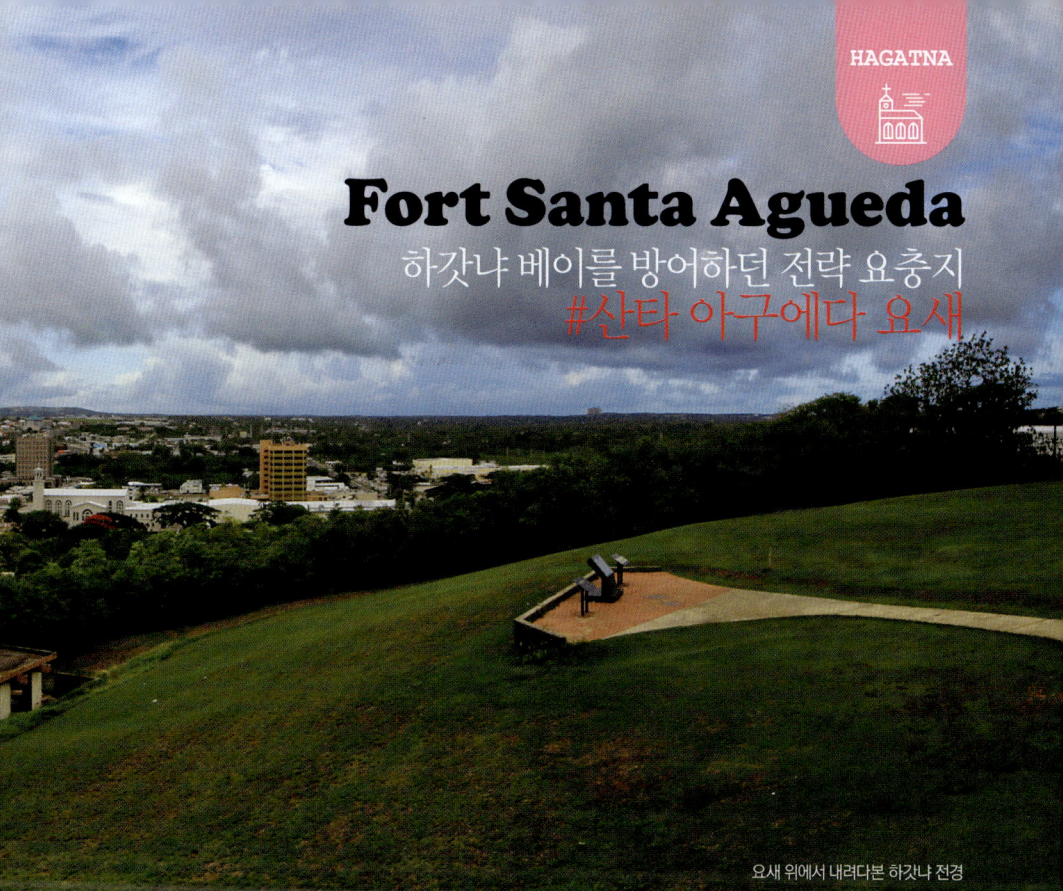

Fort Santa Agueda
하갓냐 베이를 방어하던 전략 요충지
#산타 아구에다 요새

요새 위에서 내려다본 하갓냐 전경

당시 괌은 태평양을 횡단하는 스페인 무역선의 기항지였고, 이곳 요새는 다른 나라의 무역선이나 해적선으로부터 자국의 무역선을 보호하기 위해 세워진 곳이다. 그러니 하갓냐 베이의 드넓은 바다와 시가지 풍경을 한눈에 담을 수 있는 아푸간 언덕에 요새를 세운 것은 당연한 선택이었을 것이다. 그렇게 영원히 세상을 호령할 것 같던 무적함대의 나라 스페인. 그러나 1815년 또 다른 식민지 멕시코에서 일어난 혁명으로 인해 스페인의 호시절은 끝나고, 이곳 요새도 오랜 세월 별다른 쓰임 없이 폐허처럼 남게 되었다. 제2차세계대전 시기 괌에 주둔했던 일본군에 의해 전략 요새로 사용되다가, 괌이 미국령이 된 후에야 일반에게 공원으로 개방되어 현재의 모습을 갖추게 되었다.

지금도 언덕 위에는 3기의 포가 자리를 지키고 있는데, 벌겋게 녹슨 포신과 한껏 갈라져 터져버린 나무틀이 세월의 무상함을 여실히 보여준다. 무엇보다 이곳에도 옛 차모로 사람들의 아픔이 스며 있음을 잊지 말자. 스페인 입장에서는 자국민을 보호하기 위한 곳이었지만, 괌의 원래 주인이었던 차모로인들에게는 탄압에 대한 저항과 아픔의 역사가 고스란히 서린 곳이니까.

HAGATNA | 2권 | MAP P.59K | INFO P.66 | 시간 24시간 | 휴무 연중무휴 | 가격 무료

080

MANUAL 02 | 전망대 & 뷰 포인트

SOUTH GUAM

해변 전망	도시 전망	파노라믹 뷰	로맨틱	포토제닉	접근성
★★★	★★	★★★	★★★	★★★	★★★

절벽 아래 해적선을 감시하던 견고한 옛 요새. 세월이 흘러 이제는 해적도 경비병도 사라졌지만, 옛 풍경만큼은 그대로 남아 그 시간을 떠올리게 한다.

괌 중심부에 산타 아구에다 요새가 있다면 괌 남쪽에는 솔레다드 요새가 있다. 괌의 남쪽 끝을 향해 달리다 보면 '고독한 성녀'라는 이름처럼 고즈넉한 우마탁 마을(1권 P.105/2권 P.83)을 마주한 평화로운 언덕 위에 소박하게 자리 잡은 요새를 볼 수 있다. 접근성이 좋지는 않지만, 산타 아구에다 요새와 달리 바다 앞 45미터 절벽 위에 자리 잡은 만큼 푸른 바다와 함께 구불거리는 해안선을 따라 이어지는 멋스런 풍경을 마주하기에 더없이 좋은 곳이다. 솔레다드 요새에 대한 자세한 정보는 1권 MANUAL 05 남부 투어(P.100) 참고.

SOUTH GUAM 2권 MAP P.75E INFO P.84 시간 24시간 휴무 연중무휴 가격 무료

Fort Nuestra Senora de la Soledad

괌 남부의 풍경은 내 손 안에 있소이다
#솔레다드 요새

솔레다드 요새에 올라서서 마주한 풍경. 거침없고 다이내믹한 해안선 풍광이 당신의 시선을 사로잡는다.

Check List

전망대와 뷰 포인트를 찾는 이유는 백이면 백, 멋진 풍경을 눈에 담고 싶기 때문이다. 물론 멋진 곳에서 바라보는 괌의 풍경이야 하루 24시간, 1년 365일 언제든지 매력이 넘치겠지만, 조금 더 멋지고 드라마틱한 풍경을 보고 싶다면 다음 몇 가지를 꼭 기억하자.

✔ 한낮은 피하자!

괌의 태양이 뜨겁기도 하지만, 일사량이 많아 풍경을 제대로 쳐다보기 어렵다. 빛을 너무 받아 허옇게 떠버린 사진을 생각하면 이해하기 쉬울 것이다. 세상 모든 일은 과유불급! 빛도 넘치면 오히려 방해가 된다는 점을 잊지 말자.

✔ 해돋이와 해넘이 무렵이 아니라면 해를 마주하지 말자!

태양빛이 따뜻한 붉은 기운을 띠는 '매직 아워(Magic Hour, 일출과 일몰 전후 30분을 일컫는 말로 세상 모든 풍경을 아름답게 만드는 마법의 시간을 뜻함)'라면 멋진 실루엣과 함께 극적인 풍경을 볼 수 있지만, 그 외의 시간에는 어떤 풍경도 마법을 발휘하지 못한다. 특히 시리도록 파란 하늘 또한 태양을 등져야 마주할 수 있음을 잊지 말자.

✔ 사람이 많은 시간은 피하자!

멋진 풍경을 제대로 즐기는 법은 누가 뭐래도 여유를 가지고 오롯이 그 풍경을 만끽하는 것이다. 엄청난 집중력의 소유자가 아닌 이상, 단체 여행객이 북적거리는 곳에서 그러기란 쉽지 않다. 그들의 스케줄을 꿰고 있을 수는 없으니 이것만은 기억하자! 은행 영업 시간만큼은 피할 것!

MANUAL 03
공연

수천 년 전의 괌으로 돌아가서 즐기는 차모로족 전통 춤과 노래! 차모로 공연

TIP 커다란 눈, 까무잡잡한 피부에 덩치가 큰 차모로족 후손들을 만나면 반갑게 인사를 건네보자! '하파~데이!' (차모로어로 '안녕하세요'라는 의미)

CHAMORRO SHOW

1521년 마젤란의 발견으로 괌의 존재가 세상에 드러나기 훨씬 전부터 차모로족은 이곳의 주인이었다. 동남아시아에서 태평양을 거쳐 괌으로 이주해 왔을 것으로 추정되는 차모로족은 무려 4천 년이 훌쩍 넘는 시간 동안 괌을 지켜왔다. 긴 세월이 흐르면서 자연스럽게 그들만의 문화와 전통이 쌓여갔고, 기본적인 생활 방식은 물론 노래와 춤까지 수천 년 동안 계승되었다.

하지만 안타깝게도 서구의 문화와 접촉하기 시작하면서 차모로족의 수는 급격히 감소하기 시작했다. 1668년 초반 5만 명이던 차모로족의 수는 점차 줄어들어 스페인 점령 시대, 태평양전쟁 등 커다란 사건을 겪으면서 순수 혈통의 차모로

인은 이제 더 이상 찾아볼 수 없다. 하지만 다행히 아직까지 괌 곳곳에서 차모로어를 사용하는 원주민 후손들이 차모로 문화를 계승하기 위해 다양한 노력을 하고 있다. 덕분에 수천 년이 지난 지금도 괌을 방문한 여행자들은 차모로족의 전통 춤과 노래를 듣고, 그들이 만든 다양한 공예품을 구입하며, 차모로족의 전통 음식을 맛볼 수 있다.

그중 수천 년 전의 괌으로 돌아가 그들이 살아왔던 환경과 문화를 간접적으로 경험할 수 있는 차모로 공연은 괌을 제대로 알고 싶은 여행자라면 절대 놓치지 말아야 할 필수 코스이다. 차모로족의 역동적이고 활기찬 공연을 감상하다 보면 나도 모르게 흥에 겨워 무대 위로 뛰어 올라갈지도 모른다!

차모로 공연과 함께 즐기는 선셋 바비큐
오후 6시, 뜨겁게 내리쬐던 태양이 필리핀해로 넘어가기 시작하면 투몬 베이를 따라 늘어선 주요 호텔들의 비치는 바빠지기 시작한다. 해변에 펼쳐져 있던 빈 테이블이 하나둘 채워지고 푸짐한 저녁 메뉴가 차려진다. 유쾌한 차모로족들의 전통 춤과 공연, 화려한 불 쇼를 함께 즐길 수 있는 특별한 저녁 식사. 이 모든 것은 괌에서만 즐길 수 있는 이색적인 경험이니 꼭 하루쯤은 차모로족이 되어 제대로 즐겨보자.

괌에서 가장 큰 규모의 차모로 공연

타오타오 타시 at 더 비치 바 & 그릴

공연	음식	음료/주류	연인	가족	가격
★★★★★	★★★	별도 주문	★★★★★	★★★★	★★

괌에서 규모가 가장 크고 인기 있는 차모로 전통 공연으로 건 비치에 위치한 더 비치 바 & 그릴 옆에 마련된 야외 공연장에서 열린다. 500여 명이 한꺼번에 관람할 수 있는 큰 규모의 공연장은 건 비치를 배경으로 마련되어 있는데, 아름다운 석양도 놓치면 안 될 볼거리다. 타오타오 타시 공연은 특별히 훈련된 30여 명이 넘는 출연진이 등장해 태평양 섬으로 떠나는 차모로족의 여정을 그린 한 편의 뮤지컬 같은 공연이다. 화려한 의상을 뽐내며 등장하는 연기자들은 차모로 전통 춤과 사모안 댄스, 파이어 댄스까지 선보이며 좌중을 압도하는데 1시간이 순식간에 지나갈 정도로 한순간도 시선을 뗄 수 없다. 대사가 따로 없기 때문에 영어를 못 알아들어도 공연을 보는 데 무리가 없다. 공연 중간 관객들을 무대로 초대해 함께 참여하는 특별한 이벤트가 즐거움을 더한다. 본격적인 공연이 시작되기 45분 전부터 뷔페 메뉴를 즐길 수 있다. 새끼 돼지가 통째로 구워 나오는 바비큐, 즉석에서 구워주는 다양한 그릴 요리, 신선한 채소와 차모로 전통 쌀밥 레드 라이스에 한국인의 필수 반찬 김치까지 준비되어 있다. 가격에 따라 차모로 뷔페를 제외한 공연만 즐길 수 있는 티켓도 있지만 공연 전용 티켓은 좌석이 무대 뒤쪽으로 배정될 뿐 아니라 호텔 픽업 & 드롭오프 서비스가 제공되지 않으니 식사가 포함된 패키지를 추천한다.

TUMON & TAMUNING 2권 MAP P.33C INFO p.49

시간 월·화·목·금·토요일 바비큐 4~8월 18:10~, 9~3월 17:30~ / 공연 4~8월 19:10~20:10, 9~3월 18:45~19:45 휴무 수·일요일 가격 바비큐+공연 성인 $120, 어린이(6~11세) $45, 공연(식사 및 픽업 & 드롭오프 제외) 성인 $80, 어린이(6~11세) $25 홈페이지·예약 http://bestguamtours.kr/shows/taotao-tasi

별다른 대사 없이 연기자들의 춤과 표정만으로 스토리를 이끌어나간다.

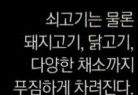

쇠고기는 물론 돼지고기, 닭고기, 다양한 채소까지 푸짐하게 차려진다.

TAOTAO TASI

TIP 1 어린아이는 물론 부모님과 함께 관람해도 좋다. 예약은 필수!

TIP 2 투몬의 호텔에 묵는다면 무료로 픽업 & 드롭오프 서비스를 이용할 수 있다.

타오타오 타시 공연 엿보기!

BREEZES SUNSET BBQ

맛있는 음식과 함께 제대로 즐겨보자

브리지스 선셋 바비큐 at 하얏트 리전시 괌

※코로나로 임시 휴업 중

공연	음식	음료/주류	연인	가족	가격
★★★	★★★★★	포함	★★★	★★★★★	★★★★

TIP 드레스 코드는 캐주얼 (수영복과 탱크톱은 입장 불가)

하얏트 리전시 괌의 메인 수영장 옆에서 진행되며 한국인 직원이 상주하고 있어 편하게 이용할 수 있다. 브리지스 선셋 바비큐는 차모로 공연뿐 아니라 음식이 맛있기로 더 유명하다. 하얏트 리전시 괌의 셰프가 직접 구워주는 다양한 종류의 고기와 생선, 신선한 연어회, 참치회까지 준비되어 있다. 거기에 다양한 채소는 물론 밥, 국, 김치까지 나오니 이보다 더 좋을 수 없다. 만 5세까지는 무료로 이용할 수 있어 어린아이와 함께하는 가족들에게 추천할 만하다. 오픈 시간인 6시에 맞춰 입장해 공연이 시작되기 전 황홀한 일몰을 바라보며 든든하게 배를 채운 다음 7시 30분부터 차모로 공연을 즐기면 된다. 공연이 끝나도 선셋 바비큐 뷔페는 9시에 마감하니 공연을 관람하면서 소비했던 칼로리를 다시 채울 수 있다.

수영장 바로 옆에 좌석이 마련되어 멋진 야경을 함께 즐길 수 있다.

전문 셰프가 즉석에서 만들어주는 푸짐한 뷔페 메뉴

TUMON & TAMUNING 2권 **MAP** P.32E **시간** 바비큐 18:00~21:00, 공연 19:30~20:15 **휴무** 연중무휴 **가격** 성인 $85+10%, 어린이(6~12세) $42.5+10%
홈페이지·예약 https://www.hyatt.com/ko-KR/hotel/micronesia/hyatt-regency-guam/guamh/dining

공연 중간 관객들을 무대 위로 초대하는 특별한 이벤트를 선보인다.

아름다운 해변을 배경으로 펼쳐지는 로맨틱한 공연 ※코로나로 임시 휴업 중

닛코 선셋 비치 바비큐 at 호텔 닛코 괌

공연	음식	음료/주류	연인	가족	가격
★★★★	★★★	무제한(일부 메뉴)	★★★★	★★★	★★★

건 비치의 아름다운 석양을 바라보며 즐기는 공연으로 무대가 따로 마련된 큰 공연장은 아니지만 오히려 더 가까이서 볼 수 있다. 맨 앞자리에 앉으면 손이 닿을 만한 거리에서 연기자들의 댄스를 감상할 수 있으니 서둘러서 미리 예약할수록 좋다. 차모로 전통 춤을 시작으로 화려한 불 쇼가 이어지고 공연 막바지에는 관람객들에게 차모로 전통 춤을 가르쳐주기도 한다. 뒤이어 작은 댄스 콘테스트도 펼쳐지며 공연이 끝나면 기념 촬영 시간도 가진다. 음료 및 맥주 포함 여부와 고기 종류에 따라 3가지 메뉴가 준비되어 있으며, 1인당 1메뉴를 주문하는 것이 원칙이다. 고기는 테이블에 마련된 그릴에 직접 구워 먹어야 한다. 그릴 메뉴 외에는 따로 마련된 뷔페 코너에서 국수, 밥, 채소와 과일 등을 무제한 가져다 먹을 수 있다.

공연의 하이라이트인 불 쇼를 코앞에서 볼 수 있다.

◎ TUMON & TAMUNING 2권 ⓞ MAP P.33C ⓛ 시간 바비큐 18:30~20:30, 공연 19:30~20:10 ⊖ 휴무 연중무휴 ⓖ 가격 성인 $60+10%~, 어린이(4~11세) $33+10%
◎ 홈페이지·예약 www.nikkoguam.co.kr/bbs/board.php?bo_table=restaurant&wr_id=7

TIP 홈페이지에서 예약할 경우 무료 호텔 픽업 & 드롭오프 서비스를 함께 신청할 수 있다(쉐라톤 라구나 괌 리조트 기준 17:30 출발).

NIKKO SUNSET BEACH BBQ

MENU

1. 트로피칼 TROPICAL
$60+10%
쇠고기 등심(립아이), LA갈비, 새우, 생선, 치킨, 소시지, 채소
(음료 및 맥주 불포함)

2. 파라다이스 PARADISE
$72+10%
쇠고기 등심(립아이), LA갈비, 새우, 생선, 치킨, 소시지, 채소
(음료 및 맥주 무제한)

3. 서프라이즈 SURPRISE
$85+10%
쇠고기 안심(텐더로인), LA갈비, 로브스터 테일, 치킨, 가리비, 소시지, 채소
(음료 및 맥주 무제한)

* 어린이 메뉴(4~11세)
$33+10%
미니 스테이크, 치킨, 새우, 소시지, 채소

원하는 굽기만큼 직접 구워 먹는 재미가 있다.

ISLAND DINNER SHOW

노천극장에서 관객과 호흡하며 즐기는 전통 공연
아일랜드 디너쇼 at 피시 아이

TIP 전통 의상을 입고 기념사진을 찍을 수 있는 프로그램도 있다(유료).

공연	음식	음료/주류	연인	가족	가격
★★★★	★★★★	별도 주문	★★★★	★★★★★	★★★

바닷속 풍경을 볼 수 있는 해중전망대로 유명한 피시 아이 마린파크에서 운영하는 차모로 공연이다. 투몬 중심에서 조금 떨어져 있어, 낮 시간에는 해중전망대를 저녁시간에는 식사와 함께 디너쇼를 관람하는 반나절 코스를 추천한다. 본격적인 공연이 시작되기 전 차모로 전통 음식이 포함된 디너 뷔페가 제공된다. 종류가 많은 편은 아니지만 한국인의 입맛에 잘 맞는 메뉴들로 가득 채워져 남녀노소 누구나 맛있게 즐길 수 있다. 경쾌한 라이브 음악이 시작되면 본격적으로 흥겨운 공연이 시작된다. 괌, 마이크로네시아, 하와이, 타이티, 뉴질랜드 등이 포함된 남태평양의 전통 노래와 춤으로 구성되어 있다. 옴니버스 형식의 짧은 공연들이 끊임없이 이어지는 구성으로 1시간 30분의 공연시간이 지루할 틈 없이 없는 게 큰 장점이다. 소극장 규모의 아담한 공연장이라 연기자들의 생생한 표정과 눈빛을 볼 수 있는 것도 인기 비결이다.

SOUTH GUAM 2권 MAP P.75A
- **시간** 화·목~일요일 디너 뷔페 18:10~ 공연 19:20~ (시즌마다 상이) **휴무** 월·수요일
- **가격** 뷔페+공연+픽업: 성인 $102 어린이(6~11세) $51, 뷔페+공연+해중전망대+픽업: 성인 $112 어린이(6~11세) $56 **홈페이지·예약** https://ko.fisheyeguamtours.com/activities/fish-eye-island-cultural-dinner-show

공중에서 펼쳐지는 스릴 넘치는 서커스 공연
슈퍼 아메리칸 서커스 at PIC괌 리조트

공연	음식	음료/주류	연인	가족	가격
★★★★★	스낵 별도 주문	별도 주문	★★★★★	★★★★★	★★★★★

2022년 7월 새롭게 오픈한 정통 아메리칸 서커스 공연으로 스릴 넘치는 공중 곡예와 아찔한 오토바이 퍼포먼스 등 다채로운 볼거리가 가득하다. 공중에 매달린 가느다란 줄 위를 오토바이로 달리기도 하고 빠르게 회전하는 거대한 그네 위에서 점프를 하는 등 손에 땀을 쥐게 만드는 아찔한 무대가 계속된다. 공연 중간 우스꽝스러운 피에로가 등장해 관객들에게 유쾌한 웃음을 선사하는 시간도 있어 아이들과 함께 관람하는 것도 추천한다. 슈퍼 아메리칸 서커스 만을 위해 제작된 특별한 파빌리온은 총 944석 규모로 VIP, 링사이드, 일반석으로 구분되어 있다. PIC괌 골드카드 소지자는 사전 예약을 통해 무료로 관람이 가능하며 실버, 브론즈 카드를 소지한 투숙객은 요금 할인을 받을 수 있다. 별도의 식사는 포함되어 있지 않지만 공연장 내부에서 팝콘, 핫도그 등의 스낵을 판매한다. 공연시간은 총 90분으로 15분의 휴식시간이 포함된다.

TIP 꼭 PIC괌 투숙객이 아니더라도 공식 홈페이지를 통해 티켓을 구입할 수 있다. 최근 괌에서 가장 인기 있는 공연으로 적어도 2~3일 전에 미리 예약하는 것을 추천한다.

TUMON & TAMUNING 2권 MAP P.33G INFO p.50
시간 목~화요일 19:30~ 휴무 수요일 가격 성인 $66~ 어린이(3~12세) $33~
홈페이지 · 예약 https://www.superamericancircus.com/guam-kor

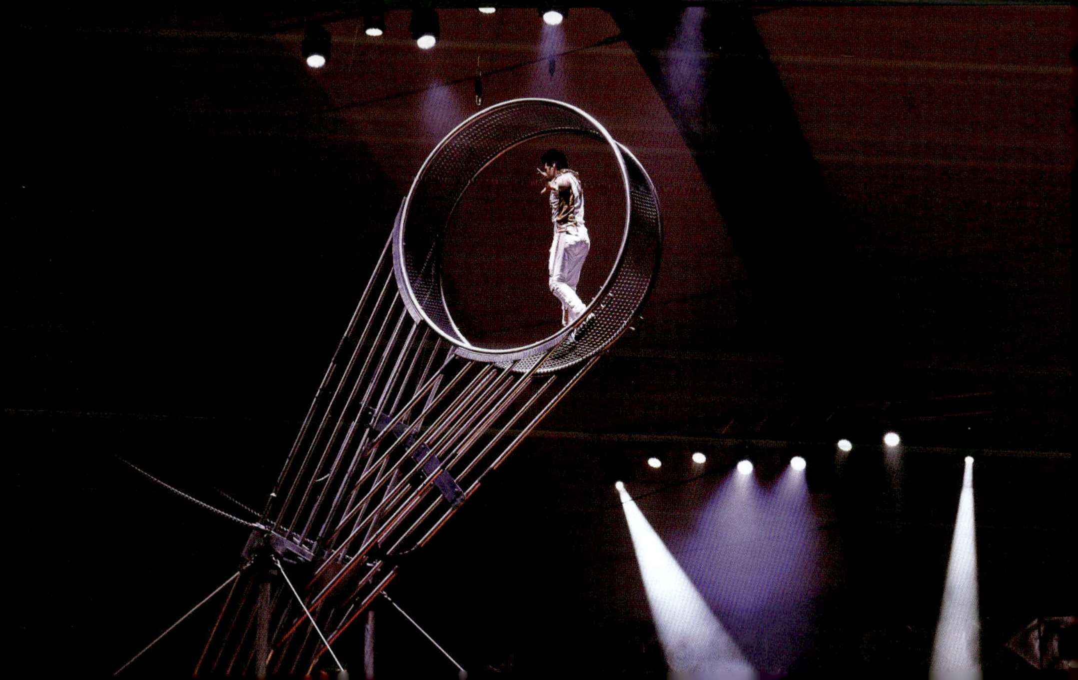

MANUAL 04
역사 기행

Hagatna Heritage Walking Trail

살아 숨 쉬는 역사를 마주하자!
하갓냐 역사 문화 산책

푸른 태평양이 둘러싸고 늘 흥겨움이 넘치는 괌. 여유롭고 풍요로운 휴양지이지만
섬의 이곳저곳을 조금만 깊이 들여다보면 비밀스런 옛이야기가 꼭꼭 숨겨져 있다.
어제를 알고 나면 오늘 이 순간이 조금 더 소중해지는 법!
옛 차모로 원주민들의 문화유산부터 스페인 점령 시대,
태평양전쟁 시대를 지나 오늘의 괌이 있기까지 수백 년의 시간을 아우르는
하갓냐(Hagatna) 지역으로 떠나보자. 반나절의 짧은 시간 여행을 하고 나면
어느새 괌의 역사 전문가가 되어 있는 당신을 발견하게 될지도 모른다.

양한 역사문화 유산들이 곳곳에 숨어 있는 것은 어찌 보면 당연한 일. 2004년부터 조성되기 시작한 '하갓냐 헤리티지 워킹 트레일(Hagatna Heritage Walking Trail)'은 국가 등록 유산 9곳을 포함해 총 17곳의 역사적 장소들을 한 번에 돌아볼 수 있는 총 길이 약 3킬로미터에 달하는 산책 코스이다. 수백 년의 시간을 담고 있는 라테 스톤과 옛 전쟁의 산물인 요새와 대포들은 물론 현대의 유산들까지 한꺼번에 만나볼 수 있다. 미국의 국가 등록 유산은 물론 그 모든 이야기를 아우르는 괌 박물관까지 당신을 위해 준비했다. 이제 무작정 따라 나서기만 하면 끝! 괌의 역사 속으로 지금 들어가 보자.

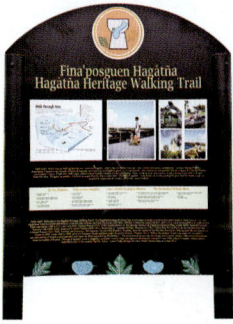

조금 더 깊이 알아보는 하갓냐 헤리티지 워킹 트레일

How much?
조성 사업비 총 140만 달러!

How long?
산타 아구에다 요새부터
미 해군 묘지까지 총 3킬로미터!

When?
2004년부터 협의를 시작해
2010년에 오픈!

How do we find the trail?
붉은 벽돌 표시만 따라가면 끝!

하갓냐 헤리티지 워킹 트레일을 따라 걸어보자!

지금은 투몬의 '호텔 로드' 주변을 괌 최고의 번화가로 꼽지만, 예로부터 괌 정치와 문화의 중심은 바로 하갓냐 지역이었다. 약 3천 년 전 차모로인들이 섬을 호령하던 시대에도 그들의 중심 마을은 하갓냐 지역에 자리 잡고 있었고, 스페인 점령 시대에는 전략적 요충지였으며, 제1차·제2차 세계대전과 태평양전쟁 시기에는 이곳에서 온갖 전투가 벌어졌다. 그만큼 세대와 시대를 아우르는 다

고즈넉함 속에 숨겨진 전쟁의 상흔, **미 해군 묘지**

US Naval Cemetery

햇살 좋은 아침 9시. 평화로움과 아픔이 공존하는 미 해군 묘지에서 하갓냐 역사 기행을 시작해 보자. 이곳에는 1902년부터 1955년까지 벌어졌던 스페인과 미국의 전쟁, 제1차·제2차 세계대전과 태평양전쟁, 그리고 아픈 우리의 역사인 한국전쟁 희생자까지 모두 254명이 묻혀 있다. 대부분은 미 해군 병사들의 무덤이지만, 태평양전쟁 당시 희생된 독일 선원, 차모로 출신 군무원들과 함께 몇몇 아이들의 무덤도 있다. 해변 옆으로 푸른 잔디가 펼쳐져 있어 옛 전쟁의 상처가 고스란히 전해지지는 않지만, 254명이라는 적지 않은 전쟁 피해자가 잠든 곳이니 예의를 갖추고 방문하자.

HAGATNA 2권 MAP P.59H INFO P.69

COURSE 1

시간 **10:00**

시대
제1차·제2차 세계대전
& 태평양전쟁

중요도
★★

이렇게 이동하세요!
미 해군 묘지 바로 옆, 해변을 등지고 오른쪽으로 도보 1분
→ 파드레 팔로모 공원

푸른 잔디 아래로 254명의 넋이 잠든 고즈넉한 묘지. 자유롭게 뛰놀 수 있는 공원이 아니니 경거망동은 금물!

제1차 세계대전 중 미국과 독일의 첫 충돌이 벌어진 괌! 오벨리스크는 당시 독일 선원들의 희생을 기리기 위한 것이다.

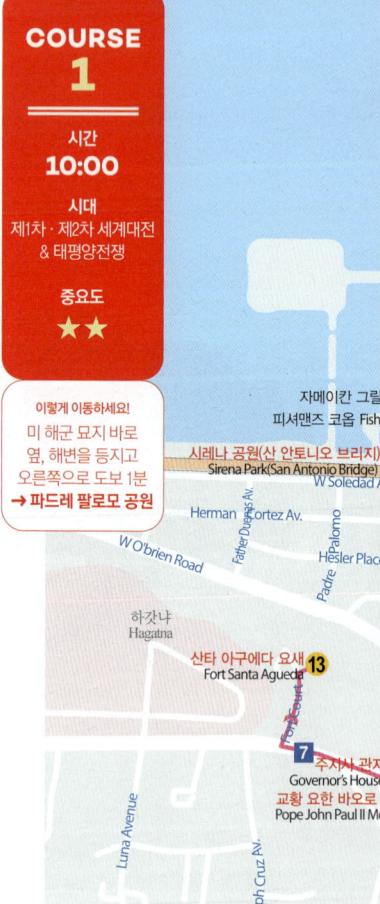

작은 공원에 숨겨진 옛이야기,
파드레 팔로모 공원

Padre Palomo Park

COURSE 2

시간 **10:10**

시대
스페인
점령 시대

중요도
★

이렇게 이동하세요!
공원을 나와 미 해군 묘지 반대 방향으로 약 350m, 도보 4분
→ 추장 키푸하 동상

미 해군 묘지와 나란히 붙은 이곳은 차모로인 최초의 가톨릭 신부 파드레 돈 호세 팔로모(Padre Don Jose Palomo)의 이름을 본뜬 공원이다. 눈에 띄는 표식 하나 없는 작고 소박한 공원의 겉모습만 보고 그를 판단하지 말 것. 그는 100년이 넘도록 차모로인들에게 존경과 사랑을 받아온 인물이니까. 일생을 바쳐 차모로인의 교육과 복지 증진을 위해 노력했던 파드레 돈 호세 팔로모는 초인간적인 공로를 인정받아 교황청 직속 관리로 위촉되기도 했다. 공원 내에서 그의 흔적이나 뿌리를 찾을 수는 없지만, 존경받는 지도자의 이름을 잠시나마 기억해 보는 것은 어떨까.

HAGATNA 2권 MAP P.59H INFO P.69
시간 07:00~20:00

하갓냐를 지키는 대추장의 위엄! 추장 키푸하 동상
Chief Quipuha Statue

괌을 동서로 있는 1번 도로(Marine Corps Drive)와 남북으로 잇는 4번 도로가 만나는 원형 로터리 한가운데 우뚝 선 추장 키푸하 동상. 8등신 비율에 넓은 가슴 근육과 '빨래판' 복근까지, 모든 것이 완벽한 이 남자는 바로 차모로족을 대표했던 키푸하 추장이다. 차모로인 최초로 가톨릭 세례를 받은 그는 1668년 최초로 괌에 발을 디딘 스페인 예수회 선교사들을 기꺼이 받아들이고, 마리아나제도 최초의 가톨릭 성당을 짓는 데 필요한 넓은 땅을 무상으로 내놓았다. 이후로도 스페인과 원만한 관계를 유지하며 오랜 스페인 점령 시대를 연 인물이다. 언뜻 보면 스페인 제국의 무력에 굴복한 것처럼 보이겠지만, 그는 평화적인 방식으로 괌과 차모로인들을 지켜냈고, 그 공로를 인정받아 대추장의 징호을 얻었다. 그는 죽은 뒤 가톨릭 방식으로 매장되었는데, 당시 많은 차모로인들은 추장이었던 그가 차모로 전통 방식으로 매장되어야 한다고 주장하기도 했다. 이 일로 2년간 크고 작은 다툼이 일기도 했으니, 그에 대한 차모로인들과 스페인 사람들의 애정이 어느 정도였는지 짐작할 만하다. 20세기 후반 괌의 주지사를 지냈던 리카르도 보르달로가 이곳에서 권총 자살한 사건 또한 유명하다. 주지사 시절 뇌물죄 혐의로 유죄 판결이 확정된 그는 교도소로 호송되기 3시간 전, 키푸하 동상에 자신의 몸을 사슬로 묶고, 괌의 깃발을 두른 채 삶을 마감했다. 그의 곁에서 '괌을 위해 헌신할 나의 삶이 하나뿐인 것이 한탄스럽다'는 현수막이 발견되기도 했다.

COURSE 3
시간 10:25
시대 차모 시대 & 스페인 점령 시대
중요도 ★★★

이렇게 이동하세요!
추장 키푸하 동상 뒤쪽으로 파세오 루프 따라 약 550m, 도보 6분
→ 파세오 데 수사나 공원

HAGATNA | 2권 | MAP P.59G | INFO P.67

COURSE 4

시간 **10:40**
시대 제2차 세계대전 & 전후 시대
중요도 ★★

제2차세계대전의 잔해물이 공원으로,
파세오 데 수사나 공원

Paseo de Susana Park

하갓냐 지역에서 북쪽으로 필리핀해를 향해 툭 튀어나온, 차모로 빌리지와 추장 키푸하 동상이 그 입구를 지키고 있는 반도의 끝자락에 화려하지는 않지만 멋진 바다를 조망할 수 있는 고즈넉한 파세오 데 수사나 공원이 자리 잡고 있다. 이 작은 곳은 제2차 세계대전 이후 복구 과정에서 불도저를 이용해 전쟁 잔해물들을 바다 쪽으로 밀어내고 매립해 생겨난 땅이다. 이제는 전쟁의 참혹함을 보여주는 잔해물 대신 평화로움만이 가득하다. 뉴욕의 그것과 쌍둥이지만 규모는 훨씬 작은 자유의 여신상과 함께 푸른 바다를 보고 싶다면 잠시 들러보는 것도 좋다.

🚩 HAGATNA   2권 📍 MAP P.59G ℹ️ INFO P.67

이렇게 이동하세요!
공원에서 다시 남쪽 하갓냐 시가지 방향으로 도보 6분
→ 차모로 빌리지

차모로 사람들과 오감을 공유할 수 있는 곳! **차모로 빌리지**

Chamorro Village

차모로 빌리지는 1991년에 조성된 차모로 전통 시장으로, 휴양지 괌의 분위기가 물씬 풍기는 아기자기한 건물들, 다양한 이벤트가 열리는 광장, 차모로 전통 가옥의 형태를 본떠 만든 파빌리온 등이 옹기종기 모여 차모로 문화를 궁금해하는 여행자들을 기다리고 있다. 주로 만나볼 수 있는 품목은 차모로 전통 의상, 수공예품과 장식품, 괌의 특산물과 기념품이며, 저렴한 가격의 차모로 음식을 다양하게 맛볼 수도 있다. 매일 낮 시간에도 차모로 빌리지의 문은 열려 있지만, 이곳의 진면목을 발견하고 싶다면 매주 수요일 저녁에 열리는 차모로 빌리지 야시장(Chamorro Village Night Market)을 주목하자. 이 시간이 되면 기다렸다는 듯이 현지인들과 여행자들이 몰려드는데, 차모로인들의 밴드 라이브 공연과 이벤트가 곳곳에서 열려 흥겨운 분위기를 더한다. 마을 한가운데서 단돈 1~5달러짜리 바비큐와 바나나 튀김 등 차모로 길거리 음식을 맛볼 수도 있는데, '착한' 가격뿐 아니라 맛도 좋아서 현지인과 여행자들이 수십 미터씩 줄을 서는 진풍경이 벌어지기도 한다.

🚩 HAGATNA   2권 📍 MAP P.59G ℹ️ INFO P.66
🕐 시간 월~토요일 10:00~18:00, 일요일 10:00~15:00(상점마다 다름), 야시장 수요일 17:30~21:30   휴무 부정기

COURSE 5

시간 **11:10**
시대 차모로 시대
중요도 ★★★★

이렇게 이동하세요!
차모로 빌리지를 등지고 Marine Corps Dr 따라 오른쪽 방향으로 마을 끝까지 이동하면 길 건너편 시레나 공원(Sirena Park) 내에 위치
→ 산 안토니오 브리지

차모로 야시장에서 가장 인기 있는 품목은 바비큐 꼬치! 단돈 1~5달러면 맛볼 수 있다.

드림캐처, 전통 의상 등 이색적인 품목들이 가득!

차모로 전통 가옥을 본뜬 파빌리온

COURSE 6

시간 **12:00**

시대
스페인 점령 시대 &
태평양전쟁

중요도
★★

이렇게 이동하세요!
시레나 공원에서 나와
West Soledad Ave
따라 오른쪽으로
도보 3분
→ 스키너 광장

1백 살이 훌쩍 넘은 돌다리에서 인증 샷!
산 안토니오 브리지

San Antonio Bridge

이제 하갓냐의 중심지로 들어와 본격적으로 옛 역사를 마주해 보자. 소박하고 아기자기한 시레나 공원에 자리 잡은 산 안토니오 브리지는 1800년대 완성된 석조 아치교(사다리꼴 석재가 서로 맞물려 상부를 지지하며 반원형의 하부가 특징)로, 1974년 미국의 국가 등록 유산에 등재되었다. 이 다리를 차모로 사람들은 '돌다리'라는 뜻의 '톨라이 아초(Tollai Acho)'라고 불렀다. 물고기라곤 찾아볼 수 없는 공원 한가운데 다리만 덩그러니 남아 있는데, 1944년 일본군의 폭격에 의해 파괴된 것을 1966년에 재건한 것이다. 원래 다리는 하갓냐 강 위에 놓여 있었는데, 재건 당시 강의 물줄기를 다른 곳으로 돌려놓았기에 외딴섬처럼 홀로 남게 된 것. 1백 살이 훌쩍 넘은 산 안토니오 브리지도 가끔은 외로울 터이니, 잠시 들러 200년 전의 역사를 기억해 보는 것은 어떨까. 다리 바로 옆으로는 인어로 변한 차모로 소녀 '시레나'의 동상도 만나볼 수 있다. 물고기와 함께 노는 것을 너무 좋아한 시레나에게, '그러다간 물고기가 될지도 모른다'고 타박하며 던진 어머니의 농담 섞인 저주에 인어로 변한 시레나의 '무시무시한' 전설이 있다.

HAGATNA 2권 MAP P.59G INFO P.69

COURSE 7

시간 **12:20**

시대
세계대전 &
전후 시대

중요도
★★

이렇게 이동하세요!
스키너 광장 남쪽
끝으로 도보 이동
→ 괌 박물관

괌 최초의 주지사는 누굴까? 스키너 광장(괌 골드스타 패밀리스 메모리얼)

Skinner Plaza (Guam Gold Star Families Memorial)

스키너 광장은 괌의 마지막 해군 출신 주지사이자 첫 민간 주지사였던 칼튼 스키너(Carlton Skinner)를 기리기 위해 1961년 조성된 광장으로 하갓냐 한가운데 남북으로 길쭉하게 자리 잡고 있다. 길이는 자그마치 240미터에 달하며 남쪽 끝에 괌 박물관이 들어서 있다. 칼튼 스키너는 전후 혼란기를 잘 수습한 것으로 유명한데, 괌 최초의 대학인 괌 대학교(University of Guam)를 세우고, 괌 주 정부 헌법의 기틀을 다진 것으로도 존경받는 인물이다. 광장 한쪽에는 그를 기리는 헌정문이 있는데, 세계대전 당시 그와 함께 항상 근무를 했던 미국의 입체파 화가 제이콥 로렌스(Jacob Lawrence)는 "스키너와 함께 배에서 근무했던 것이 내 민주주의의 최고의 경험이었다"고 고백하고 있다. 광장에서는 괌 박물관과 연계해 다양한 축제와 이벤트가 종종 열리는데, 이때 방문하면 조금 더 새롭고 흥미로운 하갓냐의 모습을 발견하게 된다.

HAGATNA 2권 MAP P.59G INFO P.68

COURSE 8

시간 **12:30**
시대 모든 시대
중요도 ★★★

괌의 역사를 한눈에 훑어보자! **괌 박물관**

Guam Museum

스키너 광장 남쪽 끝자락에 자리 잡은 괌 박물관은 2016년 11월 문을 연 박물관이다. 최근 지어진 멋스런 외관이 먼저 눈길을 끄는데, 구멍이 송송 뚫린 부드러운 아치 형태의 지붕 아래로 널찍한 테라스가 관람객들을 환영하듯 열려 있다. 비와 햇빛은 피하고 바람은 통하도록 설계된 이 공간은 괌의 전통 건축물에서 흔히 찾아볼 수 있는 양식을 괌 출신의 건축가가 현대적으로 재해석한 것이다. 특히 앞으로 스키너 광장이 인접해 탁 트인 푸른 전망을 덤으로 감상할 수 있다. 전시실에는 선사시대의 유물부터 차모로 시대의 생활양식을 엿볼 수 있는 차모로 유물과 태평양전쟁 시기의 자료들까지 괌의 모든 시대를 아우르는 다양한 볼거리들이 기다리고 있다. 때때로 박물관 앞 광장에서 '무비 인 더 플라자(Movie in the Plaza)'라는 프로그램으로 영화를 상영하기도 한다. 입장료도 없고 괌의 여유로운 밤을 즐기기에도 좋으니, 시간 여유가 있다면 한 번쯤 찾아볼 만하다.

HAGATNA 2권 **MAP** P.59G **INFO** P.68

시간 매일 10:00, 11:00, 12:00, 13:00, 14:00 사전 예약자에 한해 입장 **휴무** 부활절, 추수감사절, 성탄절 **가격** 입장료 성인 $3, 5~17세 $2, 5세 미만, 55세 이상 무료
홈페이지 www.guammuseumfoundation.com/Museum

이렇게 이동하세요!
괌 박물관 정문 앞 → 교황 요한 바오로 2세 동상

COURSE 9

시간 **13:20**
시대 20세기
중요도 ★★

'신의 육상 선수' 교황을 만나보자, **교황 요한 바오로 2세 동상**

Pope John Paul II Monument

교황청 역사에서 처음으로 괌을 방문한 교황 요한 바오로 2세의 동상은 스키너 광장 남쪽 끝자락과 스페인 광장 북쪽 끝자락이 맞닿은 거리 한가운데 자리 잡고 있다. 거리 이름은 찰란 산토 파파 후안 파블로 도스(Chalan Santo Papa Juan Pablo Dos), 교황의 이름을 스페인어로 표현한 것이다. 교황의 동상은 1981년 그의 괌 방문을 기념하기 위해 세워진 것인데, 그해 2월 바로 이 자리에서 그가 야외 미사를 집전했다. 교황의 동상은 원래 12시간에 한 바퀴씩 회전하도록 설계되었는데 안타깝게도 전기 모터의 수명이 다해 어느 순간 회전이 멈추고 한쪽 방향을 바라보게 된 것이다. '신의 육상 선수'라는 별칭을 얻을 정도로 많은 나라와 도시를 방문해 사랑을 전했던 교황 요한 바오로 2세. 동상 아래의 모터는 멈췄지만, 낮은 자세로 임한 사랑의 행보는 여기 그대로 배어 있는 듯하다.

HAGATNA 2권 **MAP** P.59G **INFO** P.68

이렇게 이동하세요!
교황 요한 바오로 2세 동상이 바라보는 방향으로 도보 1분 → 아가냐 대성당

인자하고 자비로운 표정과 환영하는 듯한 몸짓까지, 우리가 기억하는 모습 그대로 만나볼 수 있다.

하갓냐의 푸른 하늘과 잘 어울리는 하얀 성당,
아가나 대성당

Dulce Nombre de Maria Cathedral —Basilica

하갓냐에서 가장 포토제닉한 풍경을 선사하는 아가나 대성당은 괌을 포함한 마리아나제도 최초의 로마 가톨릭 성당이다. 하갓냐의 옛 이름을 붙여 아가나 대성당이라고 불리지만, 'Iglesia de Dulce Nombre de Maria'의 이름으로 헌정된 만큼 정식 이름은 Dulce Nombre de Maria Cathedral-Basilica이다. 차모로인 최초로 세례를 받은 키푸하 추장이 성당 건축을 위해 이 넓은 땅을 스페인 예수회에 제공했다. 1670년 이 자리에 지어진 첫 성당은 제2차세계대전까지 그 모습을 유지하고 있었지만, 이후 미국의 재공습 때 파괴되어 이제 옛 모습은 볼 수 없게 되었다. 지금의 성당은 1959년 전후 다시 세운 것이다. 로마 가톨릭 양식에 따라 세로로 긴 십자가 형태로 만들어진 예배당은 남국의 분위기를 물씬 풍기는 목재 천장과 휘황하고도 정교한 스테인드글라스가 분위기를 압도한다. 성당에 딸린 자그마한 박물관에는 괌과 마리아나제도의 가톨릭 역사에 대한 자료들이 전시되어 있으며, 비극이 있을 때마다 눈물을 흘리듯 신비로운 비밀의 물이 배어 나온다는 마리아 상도 만나볼 수 있다.

HAGATNA 2권 ⓜ MAP P.59G ⓘ INFO P.66
ⓢ 시간 08:00~12:00, 13:30~16:00(일요일 미사 전후 입장 제한)
ⓒ 휴무 부정기 ⓟ 가격 입장료(기부금) 성인 $3
ⓗ 홈페이지 www.aganacathedral.org

COURSE 10
시간 **13:30**
시대 스페인 점령 시대 & 20세기
중요도 ★★★★★

이렇게 이동하세요!
아가나 대성당을 나오면 왼쪽에 위치
→ 스페인 광장

성모 마리아와 예수의 일생을 표현한 남측 스테인드글라스

스페인 점령 시대의 풍경을 상상해 볼 수 있는 곳, **스페인 광장**

Plaza de España

스페인 광장은 과거 스페인 통치 시절 총독 관저가 있던 곳에 자리 잡은 넓은 광장이다. 옛 관저의 위용 넘치는 모습은 찾아보기 힘들 정도로 대부분 파괴되었지만, 그래도 여전히 남아 있는 몇몇 유산들을 통해 옛 통치 시대의 풍경과 스페인의 문화를 조금이나마 상상해 볼 수 있다. 넓은 잔디밭과 아름드리 고목, 과거에 음악을 연주했던 키오스크(Kiosk)가 있는 광장의 북쪽은 여유롭게 산책하며 아가냐 대성당의 모습을 바라보기에 좋다. 푸른 잔디밭을 지나 광장 남쪽으로 가면 조금 더 옛 시절을 상기할 수 있는 유물들을 만날 수 있다. 가장 먼저 마주하는 것은 옛 스페인 점령 시대의 대포가 엄호하고 있는 알마센의 아치(Arches of the Almacen)로 알마센은 '무기고'를 뜻하는 스페인어이다. 이곳은 옛 총독 관저 무기고의 정문 격인 곳이다. 아치를 지나 안쪽으로 들어가면 옛 스페인 총독과 미 해군 제독이 연이어 머물렀던 관저(Governor's House) 일부가 남아 있다. 1898년 미국과 스페인의 전쟁에서 미국이 승리함에 따라 괌에 대한 실효적 지배자가 스페인에서 미국으로 바뀌었는데, 지배자는 달라도 그 저택만큼은 계속 사용된 점이 흥미롭다. 태평양전쟁 시기에 일본군의 지배를 받다가 1944년 해방될 즈음에는 거의 폐허로 남아 있던 스페인 광장은 1974년 국가 등록 유산에 이름을 올린 후 1980년대 대대적인 복원 사업을 거쳐 지금의 아름답고 평화로운 모습을 갖추게 되었다. 스페인의 이국적이고 화려한 문화와 생활양식을 살펴볼 수 있는 소중한 유산이지만, 300년이 넘는 시간 동안 삶의 터전을 빼앗겨야 했던, 광장의 화려함 뒤에 숨겨진 차모로 사람들의 아픔을 결코 잊어서는 안 될 것이다.

HAGATNA 2권 MAP P.59C INFO P.67

COURSE 11

시간 **13:50**

시대 스페인 점령 시대

중요도 ★★★★★

이렇게 이동하세요!
스페인 광장 남쪽 끝, 주차장 지나면 West O'brien Dr 건너편에 위치
→ 라테 스톤 공원

무기고의 정문 격인 알마센의 아치와 이를 엄호하는 대포!

광장 한쪽에 자리 잡은 괌 치안 경비대 기념비 (Guam Insular Force Guard Monument)가 그들의 업적을 기리고 있다.

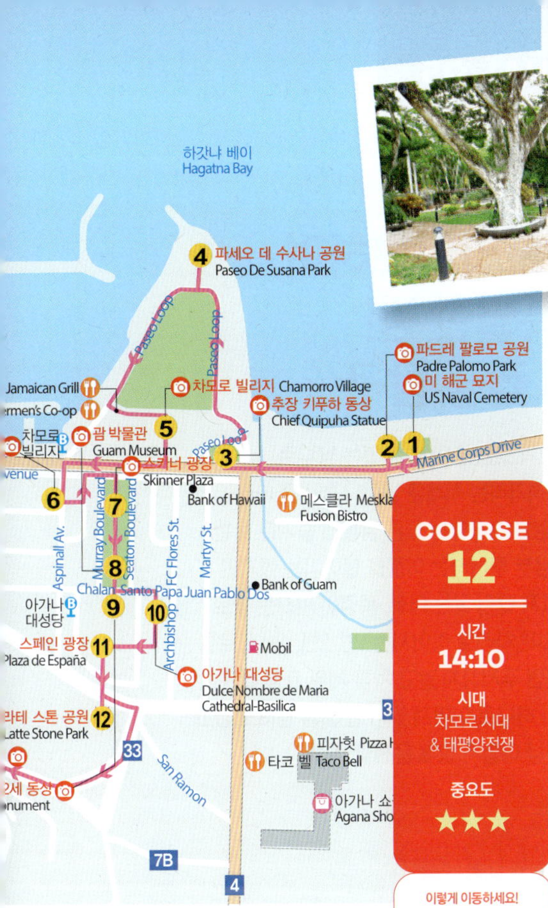

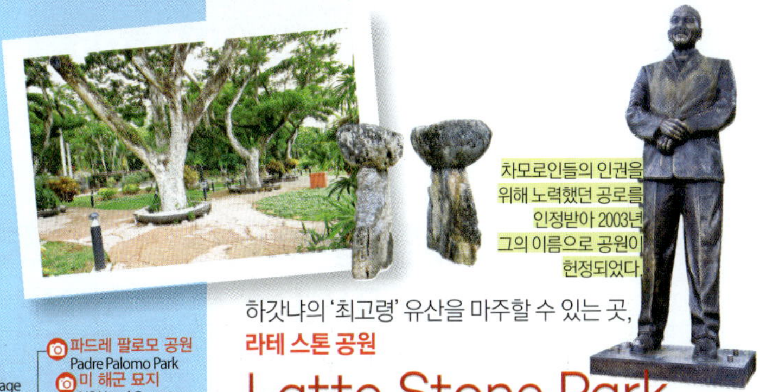

차모로인들의 인권을 위해 노력했던 공로를 인정받아 2003년 그의 이름으로 공원이 헌정되었다.

하갓냐의 '최고령' 유산을 마주할 수 있는 곳,
라테 스톤 공원

Latte Stone Park

COURSE 12

시간
14:10

시대
차모로 시대 & 태평양전쟁

중요도
★★★

이렇게 이동하세요!
라테 스톤 공원을 나와 오른쪽 33번 도로, 7번 도로 따라 850m 이동
→ 산타 아구에다 요새

차모로의 가장 중요한 문화유산이 무엇이냐고 하면 주저 없이 '라테 스톤'을 첫손에 꼽을 것이다. 이리 보면 버섯이요, 저리 보면 절구통 같은 독특한 모양의 라테 스톤. 차모로 주거 문화의 상징과도 같은 이 돌기둥들은 1200년 전인 800년 즈음부터 나타나기 시작해 약 300년 전까지만 해도 여전히 그들 삶의 일부였던 차모로의 대표적 문화유산이다. 나뭇대와 건초 등을 엮어 만든 가파른 지붕을 받치는 기초 역할을 했던 라테 스톤은 기둥부인 '할리지(haligi)'와 주두부인 '타사(tasa)'로 이루어져 있는데, '할리지'는 위로 올라갈수록 좁아지는 긴 형태를 띤 반면, '타사'는 기둥 위에 올려놓은 밥그릇 같은 반구 형태를 띠고 있어, 얼핏 거대한 버섯이나 절구통처럼 보인다. 보통 60센티미터에서 2미터까지 그 높이가 다양한데, 대개 6~10개로 하나의 지붕을 받친다. 하갓냐의 남쪽 끝에서 이러한 라테 스톤을 직접 만나볼 수 있는데, '세나토 안겔 레온 게레로 산토스 라테 스톤 메모리얼 파크(Senator Angel Leon Guerrero Santos Latte Stone Memorial Park)'라는 긴 이름을 가진 라테 스톤 공원이 바로 그곳이다. 위용을 뽐내고 있는 네 쌍의 라테 스톤은 원래 이곳에 있었던 것이 아니다. 괌 남부의 차모로 마을 유적지에서 발견된 것으로 원래 있던 자리에 미군 부대가 들어서면서 1955년 이곳으로 옮긴 것이다. 덕분에 하갓냐 여행을 하면서 자연스럽게 천 년 전 문화유산을 돌아볼 수 있게 되었다.

HAGATNA 2권 MAP P.59K INFO P.58

COURSE 13

시간
14:30

시대
스페인 점령 시대 & 태평양전쟁

중요도
★★

빈나절 시간 여행이 끝을 맺는 언덕에 올라볼까, **산타 아구에다 요새**

Fort Santa Agueda

하갓냐의 역사 속으로 떠났던 반나절의 시간 여행도 끝자락에 다다랐으니, 이제 하갓냐의 남쪽 언덕에 올라 하갓냐의 모습을 한눈에 담아보는 것은 어떨까? 스페인 점령 시대인 1800년에 건설되어 하갓냐 베이를 방어하는 역할을 했던 산타 아구에다 요새. 이 섬의 원래 주인이었던 차모로인들에게는 탄압의 장소이며, 이 요새를 세운 스페인 사람들에게는 정복의 장소, 또 태평양전쟁 시기에는 몇몇 나라의 숨 막히는 각축전이 벌어졌던 곳. 탁 트인 하갓냐의 전경을 바라보며 평화롭지만은 않았던 괌의 어제를 되새겨보는 것으로 하갓냐의 시간 여행을 마무리하자.

HAGATNA 2권 MAP P.59K INFO P.66

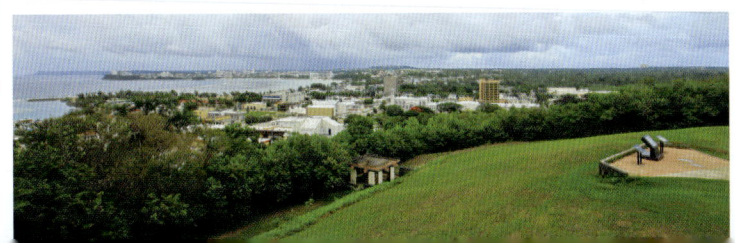

MANUAL 05
남부 투어

해변을 따라 드라이브하며 만나는 특별한 괌! 남부 투어 집중 탐구

하루 정도는 때 묻지 않은 괌의 모습을 만날 수 있는 남부로 발길을 돌려보자. 관광객들이 북적거리는 시내를 벗어나 해변을 따라 아름다운 언덕을 넘나들다 보면 다양한 전망대는 물론 남몰래 숨겨둔 듯한 비경과 마주할 수 있다. 거창하게 남부 투어라는 이름을 붙이기는 했지만 정해진 코스가 있는 것은 아니다. 그저 발길 닿는 대로, 풍경이 이끄는 대로 자유롭게 즐기는 것이 남부 투어의 묘미! 차례로 이어지는 1번, 2번, 4번 도로를 달리다 마음에 드는 포인트가 보이면 주저하지 말고 차를 세워 그림 같은 풍경 속으로 직접 들어가 보자. 도로가 하나로 이어져 있어 길 잃을 염려도 없고 규정 속도만 잘 지키면 누구나 어렵지 않게 운전할 수 있다.

괌에서 렌터카 이용 무작정 따라하기

항공권을 예약한 여행자들이 호텔 다음으로 고민을 많이 하는 것이 바로 렌터카 예약이다. 그리 넓지도 않은 데다 수시로 오가는 클래식한 빨간 버스를 떠올리면 괌에서 렌터카 예약을 한다는 것 자체가 부질없어 보이기도 하다. 하지만 드넓은 필리핀해를 옆에 두고 신나게 달리다 보면 알게 된다.
중요한 점은 렌터카 예약을 하느냐가 아니라 과연 며칠간 예약할까 하는 것임을!

렌터카 예약하기

허츠(Hertz)나 알라모(Alamo) 등 대형 렌터카 업체들은 물론 한국인이 운영하는 소규모 렌터카 업체들도 많다. 대형 렌터카 업체의 경우 다양한 차종을 보유하고 있어 선택의 폭이 넓고 공항에서 바로 대여와 반납이 가능하다. 하지만 한국인 스태프가 없는 것이 단점이다.
반면 한인 렌터카는 한국인 스태프가 있기 때문에 영어를 잘하지 못해도 편하게 이용할 수 있다. 또한 예기치 못한 사고가 발생했을 경우 한국어로 도움을 받을 수 있고, 카시트, 돗자리, 아이스박스 등을 무료로 대여해 주기도 한다.

	외국계 대형 렌터카	한인 렌터카
1일 대여 요금	$55~(소형 24시간 기준)	$55~(소형 24시간 기준)
장점	① 공항에서 대여 및 반납 가능 ② 대여와 반납 시간 제한 없음 ③ 다양한 차종	① 한국인 스태프 있음 ② 카시트, 돗자리, 아이스박스 등 무료 대여
단점	① 카시트, 돗자리 등 추가시 요금 발생 ② 한국인 스태프 없음	① 대여와 반납 시간 제한 ② 공항 픽업 불가능
추천 업체	허츠 : www.hertz.co.kr 알라모 : www.alamo.co.kr	조은렌트카 : www.guamrentcar.co.kr 괌 블루 렌트카 : www.guambluecar.com

Q&A 괌에서 렌터카 이용! 이것이 궁금하다!

Q 국제운전면허증이 꼭 있어야 하나요?

NO! 30일 이내 단기 여행자의 경우 국제운전면허증 없이 국내 운전면허증만으로도 렌터카를 이용할 수 있다. 운전자의 여권, 운전면허증, 예약 확인증과 해외에서 사용 가능한 본인 소유의 신용카드만 있으면 오케이! 단, 30일 이상 렌터카를 이용할 경우 국제운전면허증 필수.

Q 운전을 잘 못해도 괜찮을까요?

YES! 괌은 도로가 단순하고 교통체증이 거의 없다. 비보호 좌회전 방식을 제외하면 교통법규도 한국과 거의 비슷하다. 괌에서 운전할 때 주의할 점은 'STOP' 사인과 규정 속도. 빨간색 'STOP' 표지판이 보이면 일단 무조건 정지하고 주변 차량을 살핀 다음 주행한다. 규정 속도는 마일로 표시되어 있는데 1마일은 대략 1.6킬로미터이다. 시내의 경우 보통 시속 25마일(약 40Km), 외곽의 경우 시속 35마일(약 56Km)로 제한된다.

Q 4박 5일 여행을 계획하고 있는데, 렌터카는 며칠 정도 빌려야 할까요?

투문 시내 중심의 호텔에 묵는다면 하루만 렌터카를 빌려 남부 투어를 해도 큰 불편함이 없다. 여행 일정을 고려해 미리 원하는 날짜에 예약하는 것이 포인트. 단, 어린아이나 부모님과 함께하는 여행의 경우 더운 날씨에 걷거나 버스를 기다리기 조금 불편할 수 있으니 전 일정을 렌터카로 움직이는 것이 좋다. 렌터카 업체별로 2~3일 이상 대여 시 추가 할인을 해주기도 하니 꼼꼼하게 비교해 보자.

Q 사고가 나면 어떻게 해야 하나요?

911로 전화를 걸어 경찰에 신고하고, 렌터카 회사에 알려 도움을 받는 것이 가장 빠르고 안전하다. 영어로 말하기가 쉽지 않다면 미리 가입해 둔 여행자 보험 회사에 연락해 긴급 통역 서비스를 받는다. 사고 현장을 지키고 있어야 하며 현장 사진이나 동영상을 남기는 것도 도움이 된다.

Q 내비게이션을 꼭 빌려야 할까요?

괌은 도로가 복잡하지 않아 내비게이션 없이 지도와 표지판만으로 충분히 운전 가능하다. 그리고 한인 렌터카를 이용할 경우 한국어 지원이 가능한 내비게이션을 무료로 대여해 준다.

Q 주차는 어디에 해야 하나요?

호텔 주차장은 물론 주요 관광지와 쇼핑몰도 무료 주차가 가능하다. 장애인 주차 구역은 피하고, 주차 시 차 안에 소지품을 두지 않는 것이 좋다. 짐이 많아 어쩔 수 없다면 트렁크에 넣어둔다.

Q 어린아이가 있을 경우 카시트가 필수인가요?

YES! 괌에서는 만 4세 미만 유아는 반드시 카시트를 이용해야 하고, 4~7세 혹은 18.2킬로그램 이하의 아동은 부스터시트를 사용하도록 법으로 규정하고 있다. 따라서 아이와 함께하는 여행이라면 렌터카 예약 시 카시트도 함께 대여해야 한다. 1일 카시트 대여 비용은 $11 정도이다. 하지만 한인 렌터카를 이용하면 카시트를 무료로 대여해 준다. K마트에서 합리적인 가격에 카시트를 구입해 사용하고 한국으로 가져와도 된다. 햇빛 가리개나 아이를 덮어줄 얇은 이불을 챙겨 가면 유용하다.

Q 주유는 어떻게 해야 하나요?

렌터카 대여 시 대부분 가득(Full) 채워져 있으니, 다시 가득(Full) 채워서 반납하면 된다. 시내 곳곳은 물론 공항 주변에도 주유소가 있으니, 대여 업체 주변의 주유소를 미리 체크해 두면 좋다. 괌의 주유소는 대부분 셀프로 운영되는데 가솔린 차량의 경우 '87'이라고 쓰여진 노즐을 사용하면 된다. 비어 있는 주유기 앞에 주차 후 사무실로 들어가 주유기 번호와 원하는 비용을 말하고 결제 후 주유하면 된다.

Q 보험 가입은 어떻게 해야 하나요?

업체에 따라 조금씩 차이가 있지만 일반적으로 자기 부담금이 $500 정도인 대인, 대물, 자차 보험이 포함되어 있다. 자기 부담금이 0원인 완전면책보험(1일 $10~20 정도)이 가능한 업체들도 있으니 예약 시 미리 확인하자. 완전면책보험은 차량의 모든 파손에 대한 자차, 대인, 대물 보험에 적용되나 음주 과실이나 법규 위반에 따른 사고는 보장하지 않으니 주의한다.

남부 투어를 시작하기 전 Check!

하나, 추천한 모든 스팟들을 다 둘러볼 필요는 없다. 일정과 취향에 따라 나만의 여행을 즐겨보자 (모든 스팟을 둘러보는 데 6시간 이상 소요).

둘, 코스 중간에는 마땅한 식당이나 상점이 거의 없으니 출발 전에 배를 든든히 채우고 간단한 간식을 준비하는 것이 좋다. 물과 음료수는 아이스박스에 챙겨 갈 것을 추천한다.

셋, 수영을 즐길 계획이라면 스노클링 장비와 수영복, 튜브, 타월, 돗자리 등을 챙겨 가는 것도 유용하다.

괌 최고의 드라이브 코스! 남부 투어 추천 스폿

\ 08:00 /

 피시 아이 마린 파크
Fish Eye Marine Park

아슬아슬한 다리 끝에 만들어진 괌 유일의 해중 전망대를 기념사진으로 남기려는 관광객들로 늘 북적거린다. 300미터 길이의 좁고 기다란 다리를 건너가면 피시 아이 마린 파크의 자랑인 바닷속 전망대가 등장한다. 나선형 계단을 내려가면 사방 24개의 창을 통해 아름다운 해양 생물들을 관찰할 수 있어 물에 직접 들어가기 힘든 부모님이나 어린아이들과 함께 오면 좋다. 창 앞에 물고기 먹이통이 있기 때문에 다양한 종류의 물고기들이 몰려와 바로 눈앞에서 볼 수 있고, 운이 좋으면 다이버들의 퍼포먼스를 감상할 수도 있다. 바다 위를 걷는 듯한 300미터 길이의 다리 위에서 인증 샷을 찍는 것도 필수!

2권 ◎ MAP P.75A ⓘ INFO p.82
🕐 시간 09:00~16:00 💲 가격 성인 $14, 어린이(6~11세) $7

TIP 1 렌터카를 이용해 개별적으로 방문할 경우 입장료를 할인받을 수 있다.
TIP 2 시간 여유가 있다면 먼바다로 나가 바닷속에서 자유롭게 헤엄치는 돌고래를 만날 수 있는 돌핀 워칭 크루즈 상품을 이용해 보는 것도 추천한다.

\ 08:40 /

 **에메랄드 밸리**
Emerald Valley

이름처럼 에메랄드 빛의 아름다운 물색을 가지고 있는 작은 계곡이다. 이곳에서 찍은 사진이 SNS에서 큰 인기를 끌면서 괌에서 꼭 가봐야 하는 인생 사진 명소로 유명해졌다. 주차장도 협소하고 길이 좁은 편이라 여유롭게 사진을 남기고 싶다면 이른 오전에 방문하는 것을 추천한다.

2권 ◎ MAP P.75A ⓘ INFO p.82

\ 09:20 /

 세티 베이 전망대
Cetti Bay Overlook

괌 남부 투어에서 빼놓을 수 없는 필수 스폿으로 가파른 계단을 열심히 올라가면 탁 트인 전망이 눈앞에 펼쳐진다. 날씨가 좋으면 괌 남쪽 끝에 자리 잡은 아름다운 코코스 섬까지 보인다. 정상에는 편하게 쉴 수 있는 벤치와 포토존이 마련되어 있으니 멋진 기념사진을 찍어보자. 전망대 건너편에는 람람 산 정상으로 향하는 트레일이 있는데 30분 정도면 오를 수 있다. 가장 높은 곳에서 바라보는 괌의 풍경은 상상 그 이상!

2권 ◎ MAP P.75C ⓘ INFO p.83

2.5km 2분   **18.2km** 18분

Course 1 — 피시 아이 마린 파크
Course 2 — 에메랄드 밸리

\ 10:20 /

Course 6   솔레다드 요새
Fort Nuestra Senora de la Soledad

우마탁 마을 끝자락에 자리 잡은 솔레다드 요새는 스페인 점령 시대가 끝날 무렵인 19세기에 세워졌다. 괌에 접근하는 해적이나 영국 함대를 감시할 목적으로 만들어졌지만 지금은 바다를 향해 총구를 겨누고 있는 3기의 대포와 작은 초소가 무색하리만큼 평화로운 풍경에 많은 관광객들이 찾는다. 침입자를 감시할 목적으로 지어진 요새이니만큼 사방으로 탁 트여 웬만한 전망대보다 멋진 경치를 자랑한다.

2권 ⓜ MAP P.75E ⓘ INFO p.84

TIP 운이 좋으면 저 멀리 바다를 헤엄치는 돌고래를 발견할 수도 있다.

\ 09:50 /

Course 4   파라 이 라라히타 기념공원
Para I Lalahi Ta Park

우마탁 마을이 한눈에 내려다보이는 이 작은 공원은 1971년 베트남전쟁에서 목숨을 잃은 괌의 군인들을 추모하기 위해 만들어졌다. 바다와 함께 어우러진 우마탁 마을은 이곳에서만 볼 수 있다. 중앙에 돌기둥을 세워 만든 작은 정자가 마련되어 있으니 잠시 휴식을 취해도 좋다.

2권 ⓜ MAP P.75E ⓘ INFO p.83

\ 10:00 /

Course 5   우마탁 마을
Umatac Village

우마탁 베이를 끼고 자리 잡은 작은 마을이다. 괌을 발견해 처음 세상에 알린 것은 포르투갈의 탐험가 마젤란이다. 스페인의 후원으로 세계 일주를 하던 중 1521년 3월 6일 배를 수리하기 위해 우마탁 마을에 정박해 3일 동안 긴 여정에 지친 몸을 편하게 쉬었다고 전해진다. 마을에는 마젤란이 처음 우마탁 마을을 발견한 것을 기념하는 마젤란 상륙 기념비가 있다. 우마탁 마을 곳곳에서 스페인 점령 시대(1565~1898)의 다양한 흔적을 찾아볼 수 있다. 대표적인 건축물은 산 디오니시오 성당과 우마탁 다리. 지금도 괌 원주민 차모로족의 후손들이 살아가고 있는 우마탁 마을에서 현지인의 삶을 경험할 수 있다.

2권 ⓜ MAP P.75E ⓘ INFO p.83

마젤란 상륙 기념비 매년 3월 21일 마젤란 일행이 우마탁 마을에 도착하는 모습을 재현하는 퍼레이드가 열린다.
우마탁 다리 우마탁 마을의 대표적인 건축물로 스페인 건축 양식으로 지어졌다.
산 디오니시오 성당 스페인 점령 시대에 건축되었던 교회 중 유일하게 남아 있는 것으로 스페인 선교단이 지었다.

	3.6km	1.8km	900m	3.9km
	5분	3분	2분	7분

Course 3	Course 4	Course 5	Course 6
세티 베이 전망대	파라 이 라라히타 기념공원	우마탁 마을	솔레다드 요새

MANUAL 05 | 남부 투어

\ 10:50 /

Course 7 메리조 마을
Merizo Village

코코스 섬으로 가는 배를 타는 선착장으로 많이 알려져 있지만 실제로는 괌 현지인들의 나들이 장소로 인기 있는 곳이다. 지금의 평온한 분위기와는 달리 메리조 마을은 가슴 아픈 과거를 간직하고 있다. 제2차세계대전 당시 일본에게서 괌 통치권을 되찾기 위해 1944년 미국이 메리조에 접근하기 시작했다. 이를 알게 된 일본군이 차모로족 46명을 무차별 학살했고, 마을 사람들이 대반란을 일으켜 결국 자유를 되찾았다. 지금도 매년 메리조 마을에서는 괌의 자유를 위해 희생한 사람들을 기리는 추모 행사가 열린다.

2권 ⓜ MAP P.75E ⓘ INFO p.84

코코스 섬 오염되지 않은 자연 그대로 간직한 해변이다. 메리조 부두에서 매일 4~5회 페리가 운항된다.
산타 마리안 카말렌 공원 괌의 수호성인 카말렌을 기리는 공원. 여기에 있는 카말렌 성모상은 모조품이고, 진품은 아가냐 대성당에 보관되어 있다.
메리조 콘벤토 1858년 스페인과 북아프리카 양식으로 지어진 괌에서 가장 오래된 건물이다.

\ 11:30 /

Course 8 곰 바위
Bear Rock

이름 그대로 곰 모양 바위로 메리조 마을에서 이나라한 자연 풀장으로 가는 길에 발견할 수 있다. 표지판은 따로 없지만 북태평양을 바라보며 서 있는 거대한 곰의 모습은 멀리서도 눈에 들어올 정도로 인상적이어서 그냥 지나치기 어렵다. 사람이 깎아놓은 것이 아닌가 싶을 정도로 절묘한 곰 모습에 많은 사람들이 주차장에 차를 세우고 바라보는 진풍경이 펼쳐진다.

2권 ⓜ MAP P.75F ⓘ INFO p.84

\ 11:40 /

Course 9 이나라한 자연 풀장
Inarajan Natural Pool

괌 남부 투어의 하이라이트이자 최고의 관광 명소이다. 화산활동으로 생성된 용암에 의해 바닷물이 막혀 자연적으로 만들어진 풀장이다. 비교적 높은 파도가 넘실거리는 먼바다와 달리 잔잔한 호수 같다. 수영은 물론 스노클링을 즐기기 좋아 현지인들에게도 인기 많은 곳이며, 한국에서는 드라마 〈그저 바라보다〉 촬영지로 알려지기 시작했다. 비교적 수심이 깊은 오른쪽 메인 풀장과 달리 왼쪽에 종아리 높이의 잔잔한 풀장이 하나 더 있으니 어린아이와 함께 놀기도 좋다. 메인 풀 오른편 계단을 오르면 이나라한 자연 풀장과 북태평양을 한눈에 바라볼 수 있다. 풀장을 바라보고 왼쪽 언덕을 조금 오르면 무료 샤워 시설과 화장실이 있다.

2권 ⓜ MAP P.75F ⓘ INFO p.84

TIP 풀장 맞은편에 한국인이 운영하는 이나라한 마켓이 있어 간단한 먹거리를 구입할 때 이용하면 편리하다.

| 10.8km 14분 | 1.6km 4분 | 9.2km 13분 |

Course 7 메리조 마을 — **Course 8** 곰 바위 — **Course 9** 이나라한 자연 풀장 — **Course 10** 탈로포포 폭포 & 요코이 동굴

\ 13:00 /

Course 10 탈로포포 폭포 & 요코이 동굴
Talofofo Falls & Yokoi's Cave

괌에서 유일하게 케이블카를 탈 수 있는 곳이다. 귀신의 집, 범퍼카, 미니 기차 등 놀이 시설이 있고, 케이블카를 타고 내려가면 정글 속에 숨겨진 2개의 폭포를 만날 수 있다. 제2폭포 옆쪽으로는 2.5미터 깊이의 요코이 동굴이 있다. 제2차세계대전 당시 일본군 요코이는 미군의 추격을 피해 정글로 피신했다가 전쟁이 끝난 줄도 모르고 무려 28년이나 홀로 숨어 지내다 1972년 마을 주민에 의해 발견되었다. 요코이는 1985년 이곳을 다시 찾기도 했다. 다양한 볼거리가 있긴 하지만 노후된 시설과 비싼 입장료가 조금 아쉬운 곳이다.

2권 MAP P.75D INFO p.84 시간 금~일요일 09:00~17:00 휴무 월~목요일 가격 성인 $20, 어린이(4~11세) $8

\ 14:30 /

Course 11 이판 비치파크
Ipan Beach Park

아직은 관광객들에게 많이 알려지지 않아 비교적 한적한 편이지만 현지인들의 주말 나들이 장소로 사랑받는 해변이다. 파도가 잔잔하고 수심이 얕아 스노클링을 즐기기 좋으며 바비큐 시설과 화장실 등 편의 시설도 잘 갖춰져 있다. 이판 비치는 괌 맛집으로 유명한 제프스 파이러츠 코브까지 연결되어 자연스럽게 맛집과 해변을 같이 즐길 수 있다.

2권 MAP P.75D INFO p.85

\ 15:30 /

Course 13 파고 베이 전망대
Pago Bay Overlook

표지판은 고사하고 전망대라고 하기에도 멋쩍은, 작은 학교 운동장에 세워진 교단 같은 전망대이다. 도로 한편에 덩그러니 놓여 있어 그냥 지나치기 쉽지만 바닷속 산호까지 들여다보이는 북태평양 맑은 바닷빛을 한눈에 담을 수 있다.

2권 MAP P.75B INFO p.85

Check! 파고 베이 전망대에서 투몬 중심까지 찾아가기!! 4번 도로를 따라 9.2km 이동 후 1번 도로와 만나는 지점에서 우회전, 오른쪽에 K마트가 보이면 왼쪽 14A 도로로 한 블록 이동 후 북쪽 방향으로 직진. 약 25분 소요.

\ 14:40 /

Course 12 제프스 파이러츠 코브
Jeff's Pirates Cove

해적 제프 아저씨가 운영하는 독특한 콘셉트의 레스토랑으로 이곳의 명당은 이판 비치를 바라보는 야외 테이블이다. 시원한 바닷바람과 해적 도장이 찍힌 두툼한 패티의 수제 치즈버거 한입이면 해수욕과 운전으로 지친 몸이 한 번에 업(Up)되는 놀라운 경험을 하게 된다.

2권 MAP P.75D INFO p.85 시간 월~목요일 10:00~18:00, 금~일요일 09:00~19:00 휴무 연중무휴

TIP 기념품 숍은 가격이 조금 비싼 편이니 쇼핑은 추천하지 않는다.
Check! 관광객들이 많이 찾는 곳인 만큼 친절한 서비스는 기대하지 않는 것이 좋다.

제프스 페이머스 홈메이드 하프 파운드 치즈버거
(Jeff's Famous Homemade 1/2 lb Cheeseburger $18+10%)

17.7km 20분 | 450m 1분 | 7.7km 8분

Course 11 이판 비치파크 — Course 12 제프스 파이러츠 코브 — Course 13 파고 베이 전망대

EATING

112	**MANUAL 06** 스테이크 & 파인다이닝
120	**MANUAL 07** 바비큐 & 데판야키
126	**MANUAL 08** 수제 버거
130	**MANUAL 09** 패밀리 레스토랑
140	**MANUAL 10** 차모로 & 로컬 푸드
148	**MANUAL 11** 카페

Food

괌에서 '인생 사진' 한 컷을 남기기 위해 떠나기 전날까지 다이어트에 열을 올리던 당신! 자, 이제 고생 끝! 힘들었던 시간들은 뒤로하고 괌의 맛있는 음식들을 섭렵할 시간. 그런데 뭘 먹고 뭘 마셔야 후회 없는 괌 여행이 될 수 있을지 도무지 모르겠다. 그렇다면 맛있는 괌 여행을 위해 잠시 예습의 시간을 가져보는 것은 어떨까? '맛있게 먹으면 0칼로리'라고 했던가. 이제 다이어트를 끝내고 괌의 맛집을 찾아 짧은 여행을 떠나보자. 당신의 행복한 '먹부림'은 이제 시작이다.

맛있는 괌 여행, 무얼 먹을까

휴양지, 섬, 태평양, 미국, 미크로네시아. 괌을 설명하는 수많은 단어들이 당신에게 힌트를 던져준다.

PICK 1 태평양 한가운데의 섬! 늘 신선하고 다양한 해산물 요리

섬의 동서남북을 푸른 대양이 에워싸고 있으니 갓 잡아 올린 해산물의 신선도는 두말할 나위 없다. 해수의 온도가 높은 만큼 다양한 어종과 생소한 해산물도 만나볼 수 있다. 하지만 모든 해산물이 연근해산은 아니며, 종류에 따라 원양 냉동 해산물도 많다는 점을 미리 알아두자. 해산물 뷔페나 전문 레스토랑에서는 근사한 식사를 우리나라보다 저렴하게 할 수 있다.

PICK 2 휴양지라면 결코 빠질 수 없는, 고기, 고기, 고기

사람이 육식동물이라고 믿는 여행자들에게 괌은 천국이나 마찬가지! 미국 본토의 영향을 받아 스테이크뿐 아니라 온갖 다양한 방법으로 즐길 수 있는 그릴과 바비큐 메뉴도 많다. 대부분의 스테이크하우스에서 상상 초월의 크기와 맛을 자랑하는 스테이크를 합리적인 가격으로 만나볼 수 있고 차모로의 공연과 함께 바비큐를 즐길 수 있는 프로그램도 다양하게 선보인다. MANUAL 06 스테이크 & 파인다이닝(P.112), 07 바비큐 & 데판야키(P.120) 참고.

PICK 3 미국령 괌! 아메리칸 스타일의 메뉴

사이판과 함께 우리나라에서 가장 가까운 미국령 괌. 그런 만큼 태평양 망망대해를 건너온 본토 스타일의 메뉴와 프랜차이즈 레스토랑을 어렵지 않게 찾아볼 수 있다. 육즙 가득한 특대 사이즈 수제 버거 전문점이나 미국 로컬 프랜차이즈 패밀리 레스토랑은 본토의 맛과 분위기를 간접 경험하기에 더없이 좋은 곳! 우리 입맛에도 잘 맞고 남녀노소 누구에게나 익숙한 메뉴들로 '아메리칸 소울'을 경험해 보자. MANUAL 08 수제 버거(P.126), 09 패밀리 레스토랑(P.130) 참고.

PICK 4 놓쳐서는 안 될 로컬 푸드! 차모로 음식

현지의 음식을 맛보아야 진짜 여행이 완성된다. 오래전부터 이곳에 터전을 잡고 살아온 괌의 원주민 차모로 사람들의 이색적이지만 친숙한, 그리고 또 넉넉한 인심이 밴 차모로 로컬 푸드를 경험해 보자. 그들의 삶처럼, 다양한 문화와 풍습을 고스란히 덧입혀 지금의 이색적인 모습을 갖게 된 차모로 음식들은 차모로 퓨전 레스토랑에서 정찬으로 즐겨도 좋고, 야시장에서 가볍고 흥겹게 즐기기에도 좋다. MANUAL 10 차모로 & 로컬 푸드(P.140) 참고.

맛있는 괌 여행, 어떻게 먹을까
아무것도 모르는 당신을 위해 준비한 소소한 팁, 팁, 팁!

시간을 절약하기 위해, 또 더욱 즐거운 식사를 위해 예약은 선택이 아닌 필수!

아주 인기 많은 식당이어도 평수기라면 별도의 예약이 필요 없는 경우가 많다. 잠깐의 대기만으로도 금세 자기 차례가 돌아오기 때문이다. 하지만 밥을 '먹느냐 못 먹느냐'보다 '잘 먹느냐 잘 못 먹느냐'는 관점에서 본다면 식사 예약을 가볍게 여길 수 없다. 예약이라는 것은 단순히 원하는 시간에 테이블을 잡는 것이 아니라 더 좋은 환경과 분위기를 선점하는 것이기 때문이다. 창가 쪽이나 조용한 좌석 등은 미리 예약한 사람만의 특권! 함께 여행하는 동행자를 위해 소소한 센스를 발휘해 보자. 예약은 식당에 직접 전화를 거는 것이 가장 편하고 빠르지만, 영어로 의사소통을 하기가 부담스럽다면 몇 가지 다른 방법을 써보는 것도 좋다. 며칠 정도의 시간 여유가 있다면 식당에 예약 메일을 보내는 것이 가장 확실한데, 확인 메일을 받아야 예약이 완료된다는 사실을 잊지 말자. 시간 여유가 없어 당일 예약을 해야 하는 경우라면, 시간과 인원수 등을 쪽지에 적어 호텔 컨시어지의 도움을 받는 것도 좋다. 단, 요즘 크게 문제되고 있는 노 쇼(No show) 고객이 되는 우를 범하지는 말자. 일정이 변경되었다면 최대한 빨리 예약 취소를 통보하는 것이 서로를 위한 미덕이다.

배만 채우지 말고 무료 서비스도 함께 즐겨볼까

휴양지인 만큼 그에 특화된 다양한 무료 서비스를 제공하는 레스토랑이 많으니 이 또한 놓치지 말자. 여행의 중심 지역인 투몬에서 멀리 떨어진 레스토랑의 경우 사전 예약자에 한해 무료 셔틀 서비스를 제공하기도 한다. 식사와 함께 와인이나 칵테일을 마시며 분위기를 내고 싶은 여행자들에게는 더없이 좋은 서비스임이 분명하다. 또한 대다수의 패밀리 레스토랑에서는 아이들과 함께 편하게 식사할 수 있도록 칠드런스 키트(Children's Kit, 식사 내내 보채는 아이들을 위해 준비된 장난감이나 색칠공부 세트 등)를 무료로 제공하기도 한다. 아이들과 함께 자리를 잡으면 대개 알아서 챙겨주지만, 그렇지 않다면 담당 서버에게 문의해 보자.

스마트하게 팁 주는 팁

미국을 비롯한 북미 지역을 여행할 때, 가장 헷갈리고 어려운 것 중 하나가 바로 식당에서 주는 팁(gratuity) 문화일 것이다. 팁을 과연 주어야 하는지, 얼마를 어떻게 주어야 하는지, 하나부터 열까지 쉽지 않은 일이다. 미국령인 괌에서도 팁을 주는 것이 자연스럽다. 점원에게 특별한 서비스를 제공받지 않는 패스트푸드점이나 카페 등을 제외하고는, 각자의 테이블을 담당한 서버에게 약간의 팁을 주는 것이 예의! 대개는 세금을 포함하기 전 총 음식 가격의 15~20%를 따로 챙겨주는 것이 좋다. 음식값을 현금으로 지불한다면 팁까지 포함한 금액을 계산 시 힘께 주고, 카드로 지불한다면 팁만 현금으로 두고 나오는 것도 좋은 방법이다. 단, 영수증에 팁이 이미 포함되어 있는 경우도 있으니 영수증을 필히 확인할 것! 한국에는 없는 문화이기에 아까운 생각이 드는 것도 사실이지만, 여행지에 온 이상 그곳의 문화를 존중해야 한다.

SKT 통신사 멤버가 아니라도 주목!

괌 여행자들에게 놓칠 수 없는 혜택을 제공하는 SKT의 T 멤버십도 주목하자. 해당 통신사 이용자가 아니어도, 어플을 통해 회원가입 후 로그인하여 바코드를 보여주면 여러 로컬 식당과 프랜차이즈 레스토랑에서 가격 할인이나 사이드 메뉴 무료 제공 등 다양하고 풍성한 혜택을 받을 수 있다. 셜리스, 애플비 그릴 & 바, 아이홉 등이 그 대상이다.

MANUAL 06
스테이크 & 파인다이닝

STEAK
GUAM'S DELIGHTFUL
HOUSE

태평양을 마주하고 여유롭게 칼질하기!
괌을 대표하는 파인다이닝 레스토랑

뜨거운 태양 아래 하루 종일 바다를 종횡무진 누비고 다녔을 당신.
이제 조금씩 배가 고프기 시작한다면 바다에서 잠시 눈을 떼고 괌의 맛을 찾아 떠나보자.
분위기 좋고 맛 좋기로 둘째가라면 서러운 괌의 대표 스테이크하우스와 파인다이닝 레스토랑을
엄선했으니, 한껏 여유롭게 칼질하며 육즙 가득한 괌의 스테이크를 맛보는 것도 좋으리라.
가벼워질 주머니가 걱정이라고? 그런 걱정은 접어두자.
우리나라보다 훨씬 맛있는 스테이크를 합리적인 가격에 맛볼 수 있는 곳이 바로 괌이니까.
큰맘 먹고 떠나온 여행. 스테이크의 본고장 미국 땅 괌에서 두툼한 스테이크로
텅 빈 배 속을 가득 채워보자.

땅과 바다의 맛을 한 번에
애비뉴 스테이크 & 로브스터
AVENUE STEAK & LOBSTER

양고기 특유의
부드러움이 입안 가득!
랙 오브 램
Rack of Lamb
$46+15%

뉴욕 스테이크와
로브스터 테일을 함께
즐길 수 있는
콤비네이션 **Combination**
$69+15%

해산물과 고기를 함께 즐기고자 한다면 이 레스토랑을 주목하자. 질 좋은 육류와 신선한 해산물로 만든 스테이크와 로브스터 요리는 이미 여러 매체와 미식가들에게 인정받았다. 고급스럽고 우아한 분위기의 레스토랑에 들어서면 세심하고 친절한 직원들의 안내가 이어진다. 스테이크와 로브스터를 별도로 주문하는 것도 좋지만, 한꺼번에 맛볼 수 있는 콤비네이션 (Combination, $69+15%) 메뉴를 주문하면 조금 더 저렴하게 즐길 수 있다. 추천 메뉴는 뉴욕 스테이크와 로브스터 테일의 콤비네이션 메뉴다. 기본에 충실한 이곳의 시그니처 스테이크와 마늘 버터 향이 짙게 밴 로브스터 요리는 과하지 않고 절제된 맛을 보여준다. 쇠고기 메뉴가 조금 뻔하다면 양고기 스테이크(Rack of Lamb, $46+15%)를 주문하는 것도 좋다. 로즈마리 향이 배어 특유의 누린내가 전혀 나지 않아 양고기가 생소한 사람도 부담 없이 맛볼 수 있다. 조금 더 로맨틱한 저녁 식사를 원한다면 창가 자리를 미리 예약하자. 창밖으로 T갤러리아와 투몬 중심가 '호텔 로드(Pale San Vitores Road)'의 야경을 내다보며 만찬을 즐길 수 있다. 코로나로 인한 장기 휴업을 마치고 최근 영업을 재개하였다.

TUMON & TAMUNING
2권 ❂ MAP P.32A ⏱ 시간 목~일요일 18:00~22:00 ❌ 휴무 부정기 💰 가격 스타터 $10+15%~, 샐러드 $6+15%~, 메인 요리 $35+15%~ 🌐 홈페이지 www.avenuesteakandlobster.com

CHECK POINT!

분위기   대표 메뉴   이런 분들 추천

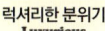

럭셔리한 분위기   바닷가재 & 소고기   와인 애호가
Luxurious   **Lobster & Beef**   **Wine Friendly**

한눈에 보는 스테이크 굽기 단계

블루 레어 blue rare
아주 센 불에서 겉만 살짝 익혀내는 것으로 안쪽은 거의 육회에 가까운 부드러운 식감을 느낄 수 있다. 신선한 쇠고기 그 자체를 맛보고자 하는 마니아들이 주로 블루 레어를 즐긴다.

① 레어 rare
안쪽의 1/4 정도만 익혀내는 것으로 단면은 선홍색을 띤다. 센 불에서 단시간 표면을 그릴링하여 육즙을 가두는 것이 중요하다.

② 미디엄 레어 medium rare
안쪽 부위의 절반 정도를 익혀내는 것으로 표면은 회갈색을 띤다. 안쪽의 풍부한 육즙과 탄력 있는 표면의 조화가 절묘한 식감을 자아낸다.

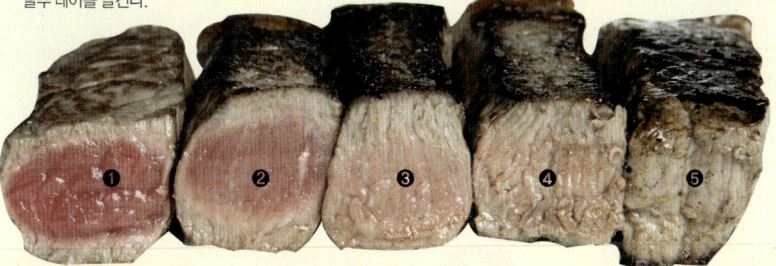

③ 미디엄 medium
중간 정도로 구워 전반적으로 잘 익혀내지만 안쪽 1/4 정도는 여전히 옅은 선홍색을 띤다. 고소한 식감이 일품이다.

④ 미디엄 웰던 medium well-done
겉은 충분히 그릴링하고 안쪽까지 잘 익혀 단면은 핑크빛을 띤다. 여전히 육즙이 남아 있기 때문에 부드러움과 고소함을 모두 느낄 수 있다.

⑤ 웰던 well-done
겉과 안을 완전히 익힌 것으로 자칫 질길 수 있지만, 오래 씹으면 풍부한 쇠고기의 감칠맛을 느낄 수 있다.

★ '스테이크하우스'의 이름을 걸었다! ★

론스타 스테이크하우스 vs 롱혼 스테이크하우스

미국 남부의 분위기 그대로
론스타 스테이크하우스
LONE STAR STEAKHOUSE

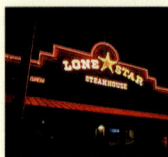 

스테이크와 곁들이기 좋은
사이드 메뉴
포테이토 스킨
Potato Skins
$11+10%

19세기 미국 서부 개척 시대의 남성스럽고 거친 분위기가 물씬 풍기는 론스타 스테이크하우스는 미국 본토 정통 방식을 표방하는 그야말로 '진짜' 스테이크하우스다. 투몬 중심가에서 조금 떨어진 한적하고 여유로운 주변 분위기와 투박하면서도 소박한 레스토랑 건물이 썩 잘 어울린다. 자, 이제 문을 열고 레스토랑으로 들어가 찬찬히 홀을 둘러보자. 옛날 텍사스의 어느 오두막이 떠오르는 듯한 거친 분위기에 묘한 흥분이 더해질지도 모른다. 이곳의 주메뉴는 단연 스테이크! 등심과 안심은 물론 립아이, 채끝 등 다양한 부위의 스테이크가 준비되어 있다. 한 가지 메뉴로 만족할 수 없다면 콤보(Combos, $30~65+10%) 메뉴를 눈여겨보자. 등심과 립, 필레 미뇽(안심)과 로브스터 등 두 종류의 그릴 요리를 한 번에 맛볼 뿐 아니라 양도 푸짐해서 일행과 함께 나눠 먹기에도 좋다. 조금 더 깊고 진한 론스타의 맛을 경험하고 싶다면 이곳의 시그니처 스테이크 메뉴를 주목하자.
초대형 스테이크를 뜻하는 포터하우스(Porterhouse, $55+10%)는 20온스(570g)의 크기를 자랑하는데, 그윽한 숯불 향으로 유명한 북미 지역의 메스키트 나무 숯을 사용해 풍미가 뛰어나다. 스테이크뿐 아니라 어마어마한 크기의 맥주잔에 놀라지 마시라! 웬만한 사람의 얼굴도 가릴 만큼 거대한 맥주잔은 론스타 특유의 거친 분위기와도 잘 어울린다. 투몬 중심가와 떨어져 있어 오고 가는 일이 걱정된다면, 이곳에서 무료로 제공하는 픽업 & 드롭오프 서비스(디너만 가능)를 이용하자. 식사 예약 때 픽업을 신청할 수도 있고, 묵고 있는 호텔 프런트에서 도움을 받아 전화로 예약할 수도 있다.

최고의 마블링을 자랑하는
채끝살 스테이크
뉴욕 스트립 New York Strip
(14oz, 397g) $39+10%

CHECK POINT!

분위기	대표 메뉴	이런 분들 추첸
미국 본토 스타일 Born-in-America Style	소고기 Beef	맥주 애호가 Beer Friendly

🎫 **TUMON & TAMUNING**
2권 ⓜ MAP P.32J ⓘ INFO P.41
🕐 시간 11:00~22:00 휴무 부정기 가격 스타터 $8.99+10%~, 샐러드 $7.99+10%~, 메인 요리 $19.99+10%~

롱혼 스테이크의 주인공,
거대한 티본을 자랑하는 포터하우스
더 롱혼 The Longhorn
(22oz, 624g) $51.99+10%

진한 체다 치즈와
부드러운 버섯의 조화가 일품
화이트 체다치즈 스터프드 머쉬룸
White Cheddar Stuffed
Mushrooms
$15.79+10%

본토에서 물 건너온 신상 스테이크하우스
롱혼 스테이크하우스
LONGHORN STEAKHOUSE

1981년 문을 열어 무려 40년이 넘는 역사와 전통을 자랑하는 미국 본토의 스테이크하우스이다. 첫 스테이크하우스는 애틀랜타에 있었는데, 어느 겨울 폭설에 갇힌 통근자들을 위해 1달러짜리 특별 메뉴를 제공하면서부터 시민들의 열렬한 지지를 받게 되었다. 육질과 굽기, 서비스와 분위기 어느 하나 빠지지 않고 전반적으로 훌륭하다는 미식가들의 평은 거의 반 세기가 넘도록 이어지고 있다. 미 전역 500여 곳의 스테이크하우스에 이어 괌 지점은 지난 2021년, 코로나가 한창이었던 시기에 오픈했다. 어려운 시기에 문을 열었지만, 로컬들은 물론 괌을 찾은 많은 한국인 여행자들을 통해 입소문이 나기 시작해 불과 몇 년 만에 괌을 대표하는 스테이크하우스로 자리매김했다고.

스테이크하우스라 이름을 내건 만큼 안심과 채끝, 꽃등심 등 기본 스테이크는 물론 프라임 립이나 델모니코 등 웬만한 곳에서는 맛볼 수 없는 스페셜 메뉴도 만나볼 수 있다. 롱혼의 대표 메뉴는 안심 스테이크인 플로스 필렛(Flo's Filet, $30.49~37.99+10%)과 티본 부위를 두껍게 커팅한 포터 하우스인 더 롱혼(The Longhorn, $49.99+10%)으로 금액대가 비싸게 느껴질지도 모르지만 막상 거대한 스테이크를 받아 들게 되면, 그런 생각은 이내 잊혀질지도 모른다. 아이들과 함께라면 오랫동안 천천히 구워 야들야들한 식감을 자랑하는 프라임 립(Prime Rib, $33.99~39.99+10%)을 주문하는 것도 좋다. 한글 메뉴가 준비되어 있고, 메뉴마다 그림과 함께 자세한 설명이 담겨 있어 쉽게 주문할 수 있다.

갈빗대가 붙어 비주얼까지 완벽한
아웃로 립아이
Outlaw Ribeye (20oz, 567g)
$49.99+10%

CHECK POINT!

분위기 | 대표 메뉴 | 이런 분들께 추천
미국 본토 스타일 | 소고기 | 맥주 애호가
Born-in-America Style | Lobster & Beef | Beer Friendly

TUMON & TAMUNING
2권 · MAP P.33L · INFO P.40
시간 11:00~22:00 휴무 부정기
가격 스타터 11.59~+10%, 스테이크 $16.99~+10%
홈페이지 www.longhornsteakhouse.com

★ 바닷속에서 즐기는 황홀한 만찬! ★
시 그릴 레스토랑 vs 디너 언더 더 시

한 폭의 그림처럼 바다가 들어온다!
시 그릴 레스토랑
SEA GRILL RESTAURANT

육지와 바다를 가리지 않는,
시 그릴의 다양한 스테이크
Sea Grill Steaks
$29~59+15%

괌을 대표하는 아쿠아리움 언더워터 월드(Under Water World, 2권 P.40)에서 운영하는 파인다이닝 레스토랑. 시 그릴이라는 이름처럼 바닷속 풍경을 레스토랑으로 끌어들인 톡톡 튀는 발상의 인테리어가 재미있는 곳이다. 레스토랑으로 들어서는 순간 마주하는 첫 풍경은 다름 아닌 거대한 고래! 홀 중앙의 바 테이블 위로 거대한 고래 한 마리와, 그보다 더 큰 또 다른 고래의 꼬리 부분이 한눈에 들어오는 것. 꼬리만 보이는 고래가 해수면을 연상시키는 천장을 향해 있어 거대한 레스토랑이 바닷속 어딘가에 있는 듯한 느낌을 준다.

넓은 홀은 분위기가 서로 다른 두 공간으로 나뉜다. 고래 아래 바 테이블은 캐주얼하게 식사를 즐기기에 좋고, 안쪽 자리들은 차분한 조명 아래 조금 더 격식을 갖춰 식사하기에 좋다. 안쪽 몇 테이블은 특히 인기가 많은데, 바로 테이블마다 미니 아쿠아리움이 있기 때문이다. 열대어들과 인사하며 스테이크를 맛볼 수 있으니, 아이들과 함께라면 이 자리를 꼭 사수하자. 시 그릴이라는 이름에서도 알 수 있듯, 이곳의 주 메뉴는 해산물과 스테이크다. 참치 포케(Tuna Shoyu Poke, $15+15%)와 같은 메뉴는 애피타이저로 맛볼 수 있고, 소고기와 양고기, 연어 등 다양한 재료로 맛을 낸 스테이크($29~59+15%)를 메인으로 만나볼 수 있다. 메인 메뉴 주문 시 추가할 수 있는 사이드로 차모로 전통 방식의 레드 라이스도 선택 가능하니 참고하자. 코로나로 장기간 문을 닫았다가 올초 영업을 재개했지만, 태풍 피해 등으로 인해 현재는 임시 휴업 중이다.

CHECK POINT!

분위기
아늑한 분위기
Cozy

대표 메뉴
시푸드 & 그릴
Seafood & Grill

이런 분들께 추천
3대 동반 가족 여행자
Family Friendly

🎟 **TUMON & TAMUNING**
2권 ⓜ MAP P.32E ⓘ INFO P.43
🕐 시간 임시 휴업 🚫 휴무 부정기
💲 가격 스타터 $8+10%~, 샐러드 $11+10%~,
메인 요리 $18+10%~

애피타이저와 안심 스테이크,
상큼한 과일과 달콤한 디저트까지
디너 코스
Dinner Course
$99(성인 1인 기준)

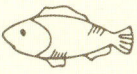

태평양 바닷속에서 만끽하는 단 하나의 만찬
디너 언더 더 시
DINNER UNDER THE SEA

시 그릴의 미니 아쿠아리움이 성에 차지 않는다면 조금 더 깊숙한 바닷속으로 들어가 만찬을 즐겨보는 것은 어떨까. 시 그릴과 함께 언더워터 월드에서 운영하는 디너 언더 더 시는 '보는' 아쿠아리움을 넘어 '경험하는' 아쿠아리움을 지향하는 독창적인 디너 코스 프로그램이다. 바로 아쿠아리움 수중 터널 속에서 코스 요리로 특별한 저녁 만찬을 만끽할 수 있는 것.

100% 예약제로 진행되는 디너 언더 더 시. 하루에 단 한 번, 소수의 인원만 예약을 받으니 여유로운 식사는 기본이요 세심한 서비스는 덤으로 즐길 수 있다. 애피타이저로 시작해 로브스터와 필레 미뇽(안심) 스테이크, 열대 과일을 곁들인 디저트까지 다섯 코스로 제공되는 요리의 맛 또한 수준급이다. 오후 6시 15분부터 2시간 동안 바닷속 풍경 속에서 수중 동식물들을 여유롭게 만끽하며 식사할 수 있으니, '가성비' 또한 나쁘지 않다. 쇼핑과 식도락을 즐기기는 했지만 진짜 바닷속을 경험하지 못해 아쉬운 여행자들이라면, 수중 터널 속에서 만찬을 즐겨보는 것은 어떨까. 배도 채우고, 눈도 즐거운 특별한 시간을 경험할 수 있을 터다. 코로나 이후 단축 운영을 이어가는 중이었지만, 올해 태풍 피해로 인해 현재는 임시 휴업 중이다.

TUMON & TAMUNING
2권 · MAP P.32E · INFO P.44
· **시간** 임시 휴업 · **휴무** 부정기 · **가격** 성인 $99,
어린이(3~11세) $25, 추가 주문에 한해 봉사료 15% 가산

CHECK POINT!

분위기
먹고 마시고 경험하라!
Experiencing

대표 메뉴
셰프의 수준급 디너 코스
Shef's Dinner Courses

이런 분들께 추천
아이를 동반한 여행자
Children Friendly

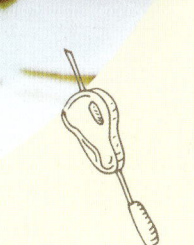

★ 다양하게 즐기는 괌 뷔페 레스토랑 ★

아쿠아 vs 니지 레스토랑

'파노라믹 투몬'을 만끽하며 즐기는 최고의 만찬
아쿠아 @두짓타니 괌 리조트
AQUA @Dusit Thani Guam Resort

아쿠아의 즉석 요리 코너에서
'진짜' 태국을 맛보자.
일요일 브런치
Sunday Brunch
성인 $65+10%,
어린이(5~11세) $25+10%

2015년에 오픈해 괌 최고의 리조트로 정평이 나 있는 두짓타니 리조트의 메인 뷔페 레스토랑. 괌에서 가장 중요한 풍경 중 하나인 투몬 비치를 파노라마로 내다보며 느긋하게 식사를 즐길 수 있어 더없이 좋은 아쿠아를 즐겨 보자.

아쿠아로 들어서는 순간 가장 먼저 맞닥뜨리는 풍경은 삼면으로 이어진 통 유리창 너머 끝도 없이 이어진 투몬 비치의 풍경이다. 한눈에 담지 못할 멋스런 풍경을 만끽하고 나면, 투몬 비치와 너무나도 잘 어울리는 코발트 빛 테이블과 의자가 늘어선 홀의 모습이 눈에 들어온다. 청량감을 더하는 푸른 의자에 앉아 주변 풍광에 감탄하는 것은 여기까지. 이제 아쿠아의 주인공인 신선하고 다양한 음식들을 만날 차례. 먼저 회와 초밥 등 신선한 해산물이 두각을 나타낸다. 괌의 다른 뷔페 레스토랑보다 종류가 많고 신선도 역시 나무랄 데 없다. 넓은 홀에 많은 인원을 수용할 수 있는 만큼 음식 회전이 빠른 것 또한 장점이다. 태국계 리조트여서 다양한 태국 요리를 맛볼 수 있고, 중국 요리도 많은 편이다. 아쿠아에서는 다양한 그릴 메뉴도 맛볼 수 있는데, 고기가 구워지는 동안 서서 기다릴 필요 없이 자리로 가져다 주는 서비스를 제공한다. 번호표를 꼭 받아 두고 테이블 위에 올려 두자. 메인 요리로 벌써 배가 부르면 곤란하다. 아쿠아의 자랑거리인 디저트가 아직 남아 있으니까. 괌의 다양한 열대 과일은 물론 조각 케이크와 푸딩, 크렘브륄레와 수제 쿠키까지. 배가 부른데도 젓가락이 쉽게 멈추지 않겠지만 '맛있게 먹으면 0칼로리'라는 말을 믿고 맘껏 아쿠아를 맛보자.

PLUS TIP 두짓타니 골드 멤버십(무료)에 미리 가입해 두자. 생일 전후 여행자라면 최대 50%까지 가격 할인 혜택을 받을 수 있다.

CHECK POINT!

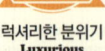
럭셔리한 분위기
Luxurious

대표 메뉴
인터내셔널 뷔페
International Buffet

어떤 분들 추천
아이와 함께 가족 여행자
Family Friendly

TUMON & TAMUNING
2권 ⓜ MAP P.32E ⓘ INFO P.40
ⓣ 시간 조식 06:30~10:00, 런치 일요일 11:00~14:00, 디너 수~일요일 17:00~21:00 ⓗ 휴무 부정기 ⓟ 가격 일요일 브런치 성인 65+10%, 어린이(5~11세) $25+10%, 디너 성인 49+10%, 어린이(5~11세) $25+10%

신선하고 정갈한 니지 레스토랑의
생선 초밥과 다양한 롤
일요일 브런치
Sunday Brunch
성인 $56+10%,
어린이(6~11세) $25+10%

PLUS TIP 뷔페 레스토랑이어도 예약은 필수! 날짜에 따라 만석인 경우도 많고 오랜 대기 시간을 감수해야 할지도 모른다. 일찍 예약할수록 더 좋은 자리를 선점할 수 있다.

깔끔하고 정갈한 일식을 즐기고 싶다면
니지 레스토랑 @하얏트 리전시 괌
NIJI RESTAURANT @Hyatt Regency Guam

뷔페 레스토랑에서 다양한 음식을 맛보고 싶지만 위가 작아 슬픈 여행자들은 하얏트 리전시의 니지 레스토랑을 주목하자. 휘황찬란하고 다양하게 차려진 음식만이 뷔페 레스토랑의 미덕이 아님을 증명하듯, 깔끔하고 정갈한 일식식 초밥과 우동, 소바 등을 선보이며 현지인과 여행자들에게 두루 사랑받고 있다. 대충 흉내만 내는 일식이 아니라 제대로 만든 일식을 선보인다는 자부심은 총주방장이 일본인 셰프 마사후미 센가(Masafumi Senga)라는 데서부터 확연히 드러난다. 일본을 비롯해 미국과 스웨덴 등에서 10년 넘게 자국의 맛을 연구하고 선보인 만큼 일본 특유의 정갈함을 내세운 '진짜' 일식을 선보인다. 신선하고 깔끔한 맛은 두말할 나위 없지만 음식 종류는 비교적 적은 편이다. 제아무리 하얏트 리전시의 이름값이 있다 한들 한국의 호텔 뷔페나 해산물 전문 뷔페에 비하면 가짓수에서 한참 모자라게 느껴질지 모른다.

그러나 음식 하나하나에 셰프의 정성이 배어 있고, 초밥 하나부터 소바 등 면 요리에 이르기까지 일본 본토의 맛을 최대한 재현하려는 노력을 엿볼 수 있어 막상 음식을 먹어보면 적은 가짓수의 서운함이 곧 가실지 모른다. 다른 뷔페 레스토랑에 비해 실내는 좁은 편이지만, 대나무 인테리어와 창밖으로 내다보이는 일본식 정원까지 세심한 인테리어에서 조금 더 따뜻한 분위기를 느낄 수 있다. 일요일 브런치와 금~토요일 디너는 '캄빠이 뷔페(Kampai Buffet)'로 운영하며, 기존 메뉴 외에 각종 와인과 사케, 맥주 등이 무한대로 제공된다.

CHECK POINT!

TUMON & TAMUNING
2권 MAP P.32E INFO P.40 시간 런치 11:30~14:00, 디너 18:00~21:00, 일요일 브런치 11:30~14:00 휴무 연중무휴 가격 런치 월-목요일 성인 $38+10%, 어린이 $19+10% 토·일요일 성인 $56+10%, 어린이 $25+10% 디너 일-목요일 성인 $50+10%, 어린이 $25+10% 금·토요일 성인 $60+10%, 어린이 $25+10%

분위기
아늑한 분위기
Cozy

대표 메뉴
정통 일식 뷔페
Japanese Buffet

이런 분들 추천
부모와 함께 가족 여행자
Family Friendly

MANUAL 07
바비큐 & 데판야키

그릴에 굽느냐 철판에 굽느냐, 그것이 문제로다!
바비큐 & 데판야키

고기 소리에 자다가도 벌떡 일어나는 고기 마니아에게 강력 추천하는 다양한 고기! 고기! 고기!
같은 고기라도 조리 방법, 먹는 방법에 따라 맛은 천차만별.
하지만 괌에서는 어떤 고기 요리든 입속에 들어가는 순간 그 맛에 반하게 마련이다.
매년 투몬 중심가를 전면 차단하고 바비큐 파티가 열리는 것만 봐도
괌 사람들의 고기에 대한 자부심과 사랑은 더 이상 말할 필요 없다.
부드러운 안심, 씹는 맛이 좋은 등심, 잡고 뜯어야 제맛인 갈비,
거기에 신선한 해산물과 각종 채소까지 더해지니 이보다 더 좋을 수 없다!
지글지글 구워지는 고기와 해산물이 눈앞에 있는 지금, 다이어트 따위는 잠시 접어두시라.
누군가의 말처럼 '맛있으면 0칼로리'.

What?

괌에서 바비큐를 안 먹는다고?!

인간이 불을 이용하기 시작한 원시시대부터 이어져 온 바비큐는 20세기 미국 남부 흑인들의 소울 푸드(soul food)로 자리 잡으며 전 세계에 전파되었다고 한다. 말하자면 바비큐의 원조가 미국이라는 것이다. 괌까지 와서 저렴한 데다 맛있고 푸짐한 바비큐를 먹지 않는다는 것은 홍콩에 가서 딤섬을 먹지 않는 것과 같다.

Why?

괌에서 일본식 철판구이를?

괌을 찾는 나라별 관광객 순위에서 매년 1위를 놓치지 않는 나라가 바로 일본이다. 괌과 일본은 거리상으로 가깝기도 하다. 괌 거리를 돌아다니다 보면 일본어 간판이며 표지판들을 자주 보게 되고, 심지어 일본어로 대화가 가능한 레스토랑도 있다. 이처럼 괌 곳곳에서 초밥, 라멘, 데판야키 등 일본 음식들을 쉽게 접할 수 있다. 일본식 철판구이 데판야키는 커다란 철판에 고기와 해산물, 채소 등을 즉석에서 구워 내놓는다. 맛도 훌륭하지만 철판 위에서 펼쳐지는 화려한 불 쇼는 놓치면 섭섭한 괌 필수 볼거리!

Check!

차모로 공연과 함께 즐기는 선셋 바비큐!

괌의 아름다운 일몰과 함께 특별한 차모로 공연을 보는 것도 모자라 그릴에 구운 두툼한 바비큐까지 즐길 수 있다면? 1석 3조의 특별한 즐거움을 만끽하고 싶은 여행자에게 추천한다.

JOINUS Restaurant Keyaki
조이너스 레스토랑 케야키

셰프의 화려한 불 쇼는 덤! 눈으로 먼저 즐긴다

관광객뿐 아니라 현지인들에게 더 인기 있는 괌 제일의 데판야키 전문 레스토랑이다. 다양한 부위의 고기와 신선한 해산물을 단시간에 철판 위에서 익혀낸다. 가운데 놓인 커다란 철판에서 채소부터 메인 고기까지 즉석에서 구워내는 모습과 함께 화려한 불 쇼를 보면서 식사를 즐길 수 있어 항상 인기 있다.

셰프마다 불 쇼를 연출하는 스타일도 다르고, 손님의 반응에 따라 다양한 퍼포먼스를 계속 보여주는 셰프도 있으니 호응을 많이 해주는 것이 좋다. 데판야키 메뉴는 등심, 닭고기, 새우, 연어, 가리비 등 원하는 메인 재료를 선택하면 샐러드와 밥, 된장국이 함께 제공된다. 그 밖에 일식 도시락 세트 메뉴와 스시, 덮밥 등도 있지만 무엇보다 데판야키를 추천한다.

TUMON & TAMUNING 2권 · MAP p.33G · INFO p.39
🕐 시간 런치 11:00~14:00, 디너 17:30~21:00 휴무 연중무휴

BEST MENU 등심 스테이크, 닭고기, 새우 베이컨 말이와 채소가 함께 나오는 **데판야키 런치 세트 A Teppanyaki Set A ($32.5+10%)**

세트 메뉴를 주문하면 함께 나오는 샐러드

POINT 1
코스 요리처럼 조리하는 즉시 곧바로 하나씩 내놓는 데판야키 좌석과는 달리 조리한 요리를 한꺼번에 내놓는 테이블 좌석도 있다. 보는 즐거움은 없지만 조용한 분위기에서 오붓한 식사를 즐기고 싶다면 테이블 좌석을 이용하는 것도 좋다.

POINT 2
저녁 시간은 가격이 조금 비싼 편이어서 비슷한 구성에 가격이 훨씬 저렴한 점심이 더 인기 있다. 주말은 물론 평일에도 미리 예약하지 않으면 데판야키 좌석에 앉기 힘드니 꼭 예약할 것을 추천한다. 미처 예약하지 못했다면 오픈 시간보다 조금 일찍 도착해서 기다리는 방법도 있다.

〈한눈에 보는 메뉴판〉

■ **런치 11:00~14:00**
1. 데판야키 세트 A Teppanyaki Set A
   $32.5+10%
   등심 스테이크, 닭고기, 새우 베이컨 말이, 채소
2. 데판야키 세트 B Teppanyaki Set B
   $32.5+10%
   등심 스테이크, 연어, 새우 베이컨 말이, 채소
3. 데판야키 세트 C Teppanyaki Set C
   $32.5+10%
   닭고기, 연어, 새우 베이컨 말이, 채소

■ **디너 17:30~21:00**
1. 등심과 로브스터
   Sirloin and Lobster Tail
   $82+10%
   로브스터, 등심 스테이크, 채소
2. 앵거스 안심 스테이크
   Angus Beef Tenderloin
   $55+10%
   안심 스테이크, 채소

SAILS BBQ
세일즈 바비큐

아름다운 괌의 일몰을 바라보며 즐기는 잊지 못할 바비큐 파티! 괌 플라자 호텔에서 운영하는 비치 바비큐 레스토랑. 맛집으로 소문난 나나스 카페의 명성에 가려 빛을 못 보다 서서히 관광객들의 입소문을 타고 인기몰이 중이다. 투몬 중심의 해변 바로 앞에서 바비큐를 즐길 수 있는 것이 가장 큰 장점. 연인들에게는 로맨틱한 분위기를 선사하고, 아이와 함께 방문한 가족들은 아빠 엄마가 식사를 하는 동안 아이들은 해변에서 모래놀이를 할 수 있어 누구에게나 환영받는 곳이다. 내부 좌석은 킹크랩과 새우 등의 해산물찜을 파는 나나스 카페로 운영 중이다. 나나스 카페를 가로질러 나가면 아름다운 석양을 감상할 수 있는 야외 좌석이 마련되어 있다. 세일즈 바비큐의 매력을 제대로 느끼려면 투몬의 뜨거운 태양이 필리핀해로 넘어가기 시작하는 오후 6시 방문을 추천한다. 날씨 요정이 함께한다면 환상적인 투몬의 일몰을 눈앞에서 감상할 수 있다. 홈페이지에서 미리 예약해야 해변 바로 앞자리를 차지할 수 있다.

TIP 바비큐를 구울 때 연기가 많이 나는 편이다. 야외이기는 하지만 온몸에 바비큐 냄새가 가득 밸 각오는 단단히 하시길.

TUMON & TAMUNING 2권 ⓜ MAP p.32A ⓘ INFO p.38
시간 18:00~22:00 휴무 연중무휴
홈페이지·예약 https://sailsbbqguam.com

로브스터 테일과 등심 스테이크, 치킨과 새우, 각종 채소가 제공되는 세일즈 바비큐 Sails BBQ ($69+10%)

BEST MENU

〈한눈에 보는 메뉴판〉

❶ 디럭스 바비큐 Deluxe BBQ
$110+10%
생로브스터, 등심 스테이크, 치킨, 굴, 채소

❷ 시푸드 바비큐 Seafood BBQ
$82+10%
로브스터 테일, 킹크랩, 굴, 새우, 생선, 채소

❸ 세일즈 프라임 바비큐 Sails Prime BBQ
$75+10%
로브스터 테일, 킹크랩, 등심 스테이크, 치킨, 굴, 채소

❹ 세일즈 바비큐 Sails BBQ
$69+10%
로브스터 테일, 등심 스테이크, 치킨, 새우, 채소

❺ 미트 바비큐 Meat BBQ
$65+10%
등심 스테이크, 야끼니꾸 플랩 스테이크, LA 갈비, 치킨, 채소

❻ 키즈(어린이) 바비큐 Kids BBQ
$23+10%
야끼니꾸 플랩 스테이크, 소시지, 새우 꼬치, 채소, 아이스크림

POINT 1
테이블마다 마련된 커다란 그릴에 로브스터 테일, 스테이크, 치킨, 킹크랩 등을 직접 구워 먹기 때문에 재미도 있고 원하는 대로 고기를 익힐 수도 있다.

POINT 2
성인 1인당 메인 요리 1개씩 주문하는 것이 원칙이고 메인 요리를 주문하면 밥, 국, 빵, 샐러드 그리고 생맥주까지 무제한 제공된다. 무료로 제공되는 밥과 맥주로 배를 채웠다가 정작 메인 바비큐를 제대로 즐기지 못할 수도 있으니 양 조절은 필수!

POINT 3
투숙 호텔까지 픽업 & 드롭오프 서비스가 무료로 제공된다. 맥주가 무제한 제공되는 세일즈 바비큐를 방문할 때는 렌터카를 두고 오는 것이 현명하다.

Churrasco Brazilian BBQ & Salad Bar
추라스코 브라질리언 바비큐 & 샐러드 바

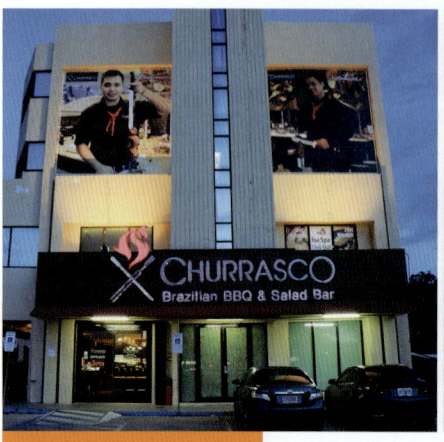

자리에 앉아 편하게 즐기는 무제한 고기 뷔페

다양한 종류의 고기와 채소, 과일 등을 꼬치에 꽂아 숯불에 구운 브라질 전통 요리 추라스코를 무제한 즐길 수 있는 뷔페로 진정한 '고기 마니아'에게 추천한다. 쇠고기, 돼지고기, 닭고기 등을 두툼하게 썰어 꼬치에 끼우고 굵은 소금을 뿌려가며 숯불에 굽기 때문에 기름기가 쏙 빠져 담백하고 풍미가 좋은 것이 특징이다. 무제한 추라스코 메뉴를 주문하면 직원들이 거대한 꼬치에 꿰어진 고기를 들고 수시로 테이블을 돌아다니며 직접 썰어준다. 원하는 종류, 원하는 부위를 마음대로 고르고 눈치 보지 않고 마음껏 먹을 수 있다.

TUMON & TAMUNING 2권 | **MAP** p.33G | **INFO** p.42 | 시간 목~일요일 18:00~21:30
휴무 월~수요일 | 홈페이지·예약 www.churrascoguam.com

POINT 1
추라스코 외에 채소와 과일, 빵 등이 마련된 샐러드 뷔페도 무료로 제공되니 양 조절을 해가며 즐기는 것이 포인트!

POINT 2
식사 마지막 즈음에는 직원이 구운 파인애플 꼬치를 들고 나타나는데 아무리 배가 불러도 꼭 맛보시길! 달콤한 파인애플 한 조각은 디저트로 안성맞춤.

POINT 3
YES? or NO? 무제한 추라스코 메뉴를 주문하면 양면에 YES와 NO가 적힌 카드를 준다. 계속해서 고기를 먹고 싶다면? YES, 더 이상 먹고 싶지 않다면? NO가 위로 보이게 테이블에 올려놓으면 된다.

POINT 4
매일 오후 6시부터 7시까지는 해피아워로 칵테일, 와인, 맥주 등을 저렴하게 즐길 수 있다 ($5~).

〈한눈에 보는 메뉴판〉
❶ 무제한 추라스코+샐러드 바 로디지오
성인 **$59+10%**,
어린이(4~10세) **$29.5+10%**
❷ 샐러드 바
성인 **$29.5+10%**,
어린이(4~10세) **$14.75+10%**

Jamaican Grill
자메이칸 그릴

북태평양에서 즐기는 카리브해의 맛!

입구에 들어서자마자 흘러나오는 경쾌한 레게 음악과 함께 벽면을 가득 채운 빨강, 노랑, 초록의 알록달록한 벽화 덕분에 잠시나마 자메이카로 여행을 떠난 것 같은 기분을 느낀다. 관광객뿐 아니라 현지인들에게도 인기 많은 자메이칸 그릴은 이름답게 자메이카 사람들의 소울 푸드라 불리는 저크 치킨을 기본으로 저크 소스를 활용한 다양한 바비큐를 선보인다. 매운 고추와 다양한 향신료로 만드는 자메이카식 저크 소스는 매콤, 달콤, 짭쪼름해서 한국 사람 입맛에도 아주 잘 맞고, 치킨뿐 아니라 돼지고기나 쇠고기와도 잘 어울린다. 브레이크 타임과 휴무일이 없으니 언제든지 편하게 방문할 수 있으며, 대부분의 메뉴가 포장 가능하니 날씨가 좋다면 해변가에서 특별한 바비큐 파티를 즐겨볼 것을 추천한다.

TIP PIC 건너편에 위치한 투몬 지점 외에 하갓냐, 데데도 지점도 있다.

TUMON & TAMUNING 2권 MAP p.33G INFO p.44
시간 10:00~21:00 휴무 연중무휴
홈페이지·예약 www.jamaicangrill.com

BEST MENU

저크 치킨과 립이 함께 나오는
저크 치킨 & 립 콤보
"Jerk" Chicken & Ribs Combo ($16.95+10%)
❶

POINT 1
메인 요리를 주문하면 차모로식 '레드 라이스' 또는 자메이칸 라이스'와 함께 '샐러드 또는 수프'가 제공된다.

POINT 2
치킨 & 립 패밀리 플래터(Our Popular Chicken & Ribs Family Platter, $54.95+10%)를 주문하면 온 가족이 다양한 종류의 바비큐를 즐길 수 있다.

〈한눈에 보는 메뉴판〉

❶ 저크 치킨 & 립 콤보
"Jerk" Chicken & Ribs Combo
$16.95+10%

❷ 저크 치킨 켈라구엔
"Jerk" Chicken Kelaguen
$7.5+10%~

❸ 자메이칸 럼 펀치
Jamaican Rum Punch
$12+10%

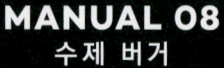
MANUAL 08
수제 버거

정크 푸드라는 편견은 이제 그만!
괌 수제 버거 열전!

HOMEMADE BURGER

주문이 들어오는 즉시 치익, 소리를 내며 익힌 육즙 가득 머금은 두툼한 패티에 특제 소스를 바르고 상큼한 채소와 치즈를 넉넉히 올린 수제 버거. 맛보다 속도가 우선인 패스트푸드 체인점과는 비교할 수 없는 맛이다.

그동안 햄버거는 칼로리만 높고 영양가는 없는 대표적인 정크 푸드로 홀대받는 음식 중 하나였다. 하지만 몇 년 전부터 좋은 재료로 정성껏 만든 수제 버거가 유행하기 시작하면서 천덕꾸러기 신세였던 햄버거의 위상이 달라졌다.

신선한 재료들만 골라 층층이 쌓아 올려 어마어마한 높이를 자랑하는 비주얼 갑! 아무리 시간이 부족한 여행자라도 한 번쯤 속도보다 맛이 우선인 특별한 괌의 수제 버거를 즐겨보는 것은 어떨까?

햄버거의 원조가 미국이 아니라고?

대부분의 사람들은 햄버거가 미국 혹은 독일의 항구도시 함부르크에서 처음 시작되었다고 생각할 것이다. 하지만 사실 햄버거가 생겨난 곳은 10세기 초 드넓은 초원의 몽골이었다. 말을 타고 유목 생활을 했던 몽골 사람들은 한곳에 오래 머물지 못했기 때문에 항상 먹을 것을 준비해 두어야 했다. 음식을 구하는 것은 물론 조리하기조차 힘들었던 몽골 사람들은 주로 말안장 속에 질긴 말고기를 넣고 다녔다. 달리는 말의 안장 속에서 수많은 마찰로 자연스럽게 부드러워진 말고기를 육포 형태로 먹기 시작한 것이 바로 햄버거의 시초이다. 이후 유럽 침략을 시작한 칭기즈칸과 그의 후예들에 의해 말안장 스테이크가 전파되었고, 유럽 사람들은 이것을 익혀 먹었다. 당시 유럽 사람들은 무서운 존재인 몽골족을 그리스 신화에서 지옥을 일컫는 '타르타로스(Tartaros)'의 이름을 따서 타르타르인(Tartars)이라고 불렀고, 말안장 스테이크 역시 타르타르 스테이크(Tartar Steak)라고 부르게 되었다. 타르타르 스테이크는 독일까지 전파되었는데 함부르크의 한 요리사가 풍미를 끌어올리기 위해 고기를 갈아 굽는 방법을 생각해 내면서 함부르크 스테이크, 즉 햄버거가 탄생했다. 그리고 독일 이민자들에 의해 햄버거는 미국으로 전파되어 현재처럼 빵 사이에 고기와 채소를 끼워 먹는 것으로 발전했다.

괌을 대표하는 수제 버거
메스클라 도스

미국 동부에는 셰이크 쉑(Shake Shack), 서부에는 인앤아웃(In-N-Out)이 있다면 괌에는 메스클라 도스가 있다! K마트 앞의 허름한 식당에서 시작해 투몬 중심가에 분점을 낼 정도로 유명해진 괌 대표 수제 버거 전문점. 관광객들뿐 아니라 현지인들에게도 워낙 인기가 많아 오픈 시간에 맞춰 가지 않으면 대기는 기본이다. 재료가 모두 소진되는 날에는 원하는 햄버거를 먹지 못할 수도 있다. 하지만 걱정 마시라. 어떤 것을 선택해도 그동안 맛본 수제 버거들을 깡그리 잊어버릴 정도로 맛있는 버거를 먹게 될 테니 말이다. 200그램이 넘는 쇠고기 패티와 치즈, 매콤한 스페셜 소스가 들어간 게테스 치즈 버거(Guetes Cheese Burger, $11.5)와 새우 살이 듬뿍 들어간 패티에 매콤한 타르타르 소스를 얹은 쉬림프 버거(Uhang Shrimp Burger, $12.5)가 인기 메뉴. 한국의 햄버거 크기를 생각하고 1인당 하나씩 주문하는 것은 금물. 워낙 커서 혼자 다 먹기에는 버거우니 2명이 하나만 주문해 사이 좋게 나눠 먹기를 추천한다. 햄버거 마니아라면 슈퍼 킹 사이즈 번에 치즈 세 장 그리고 무려 1파운드(약 450g)의 패티가 들어간 메가 라히 버거(Maga Låhi Burger, $18)에 도전해 보길! 어마어마한 크기에 놀라고 육즙 가득 터지는 패티에 또 한 번 놀라고, 아무리 먹어도 줄지 않는 양에 세 번 놀랄 것이다. 기본 번과 바질 번, 참깨 번 중에 하나를 고를 수 있다. 모든 버거에 양상추, 양파, 토마토가 들어가는데, 넣고 싶지 않은 것은 미리 빼달라고 요청하면 된다. 피시 앤 칩스, 치킨 핑거 등 키즈 메뉴와 차모로 스타일의 바비큐 메뉴도 있지만 메스클라 도스는 뭐니 뭐니 해도 수제 버거가 진리다.

TUMON & TAMUNING 2권 MAP P.33G INFO P.39 시간 11:00~21:00 휴무 연중무휴 가격 버거 $11~, 음료 $2.5~
TUMON & TAMUNING 2권 MAP P.32A INFO P.40 시간 11:00~22:00 휴무 연중무휴 가격 버거 $11~, 음료 $2.5~

TIP 1. 버거 메뉴를 주문하면 감자 튀김(French Fries)이 기본으로 제공되며, $1.5를 추가하면 어니언 링으로, $1를 추가하면 고구마 튀김으로 교환 가능하다. 음료는 추가로 주문해야 한다.

TIP 2. '스파이시(Spicy)'라고 적힌 메뉴는 정말 맵다! 매운 것을 잘 못 먹는다면 소스를 조금만 넣어달라고 주문하면 된다.

게테스 치즈 버거
Guetes Cheese Burger

괌 버거씬의 새로운 강자!
햄브로스

투몬 샌즈 플라자 옆 작은 골목에 위치하고 있다. 오픈하자마자 많은 사람들의 입소문을 등에 업고 괌 버거씬의 새로운 강자로 등극했다. 미국 햄버거를 대표한다고 할 수 있는 육즙 가득한 치즈 버거는 기본이고 통 새우구이 버거, 아보카도 버거 등 이색적인 스타일의 버거 메뉴도 있다. 어린이들을 위한 세트 메뉴도 있어 아이와 함께 방문해 보는 것도 추천한다. 사이드 메뉴는 샐러드와 치킨 윙, 맥앤 치즈 등이 있으며 버거와 어울리는 여러 가지 수제 맥주가 있는 것도 햄브로스의 장점이다. 햄브로스에서 가장 인기 있는 메뉴는 기본 치즈 버거에 바삭하게 구운 베이컨이 들어간 베이컨 치즈 버거(Bacon Cheese Burger, $12.5)이다. 주문 즉시 뜨거운 철판에 구워 내는 패티를 한입 베어 물면 입안 가득 육즙이 퍼진다. 부드러운 아보카도와 매콤한 고추냉이 마요네즈를 소스로 사용한 아보카도 와사비 버거(Avocado Burger with Wasabi mayo, $13.5)도 시그니처 메뉴. 자칫 느끼할 수 있는 버거의 맛을 잡아주는 소스 덕분에 마지막 한입까지 맛있게 즐길 수 있다. 햄버거는 단품으로 제공되며 $6를 추가하면 탄산음료와 함께 감자튀김, 고구마튀김, 어니언 링 등의 사이드 메뉴 중에서 하나를 골라 콤보 메뉴로 즐길 수 있다. 괌의 파란 하늘과 잘 어울리는 햄브로스 건물 앞에서 인증 사진을 남기는 것도 잊지 말자.

SOUTH GUAM 2권 **MAP** P.33G **INFO** P.43 **시간** 일·월·수·목요일 11:00~20:30, 금·토요일 11:00~21:30 **휴무** 화요일
가격 버거 $10.5~, 감자 튀김 $6

TIP 괌 남부 투어 가는 길에 들러 버거를 테이크아웃해 남부 투어 중간에 멋진 뷰를 바라보며 피크닉을 즐겨보는 것도 좋다.

$14.5
쉬림프 시저 샐러드
Shrimp Caeser Salad

$13.5

아보카도 와사비 버거
Avocado Burger with Wasabi mayo

전설의 수제 버거 맛이 궁금하다면?
하드록 카페 괌

1971년 영국 런던에서 시작된 하드록 카페는 전통을 자랑하는 세계적인 체인 레스토랑이다. 1950년대 유행했던 경쾌한 로큰롤(Rock'n Roll) 콘셉트로 꾸며진 내부는 들어서는 순간부터 유쾌한 즐거움을 선사한다. 천장에는 커다란 자동차가 매달려 있고 방송국에서나 볼 법한 현란한 조명과 다양한 악기들, 마이클 잭슨을 비롯한 세계적인 뮤지션들의 소장품이 전시된 공간은 마치 박물관에 온 듯한 착각을 불러일으킨다. 하드록 카페는 수제 버거 전문점이라기보다 샐러드, 스테이크, 바비큐 등 다양한 메뉴를 갖춘 패밀리 레스토랑 분위기다. 하지만 많고 많은 메뉴 중 넘버원은 뭐니 뭐니 해도 오리지널 레전더리 버거(Original Legendary Burger, $18.95+15%)이다. 인증받은 앵거스 비프에 베이컨과 치즈 두 장, 바삭하게 튀긴 어니언 링과 양상추, 토마토를 올린 클래식한 버거로 '전설의 버거'라는 이름처럼 지금의 하드록 카페를 있게 한 일등공신이다.

TUMON & TAMUNING 2권 ⓜ MAP P.32A ⓘ INFO P.39
⏰ 시간 16:00~21:00 🚫 휴무 연중무휴 💲 가격 버거 $14.59+15%~

괌 남부의 터줏대감
제프스 파이러츠 코브

이렇다 할 맛집이 거의 없는 괌 남부에서 해적 콘셉트의 유니크한 인테리어로 관광객들에게 인기를 끌기 시작한 수제 버거 전문 레스토랑이다. 남부 투어를 하는 여행자들이 마지막 코스로 꼭 들르는 곳으로 맛뿐 아니라 해변 전망과 자유로운 분위기야말로 제프스 파이러츠 코브의 진짜 매력! 대표 메뉴는 두툼하게 썰어 더 푸짐한 감자 튀김과 함께 제공되는 홈메이드 치즈버거(Jeff's Famous Homemade 1/2 lb Cheeseburger, $18+10%)이다. 관광객들을 대상으로 시작해 다른 수제 버거 전문점에 비해 가격이 조금 비싼 편이니 남부 투어를 하는 중간이라면 한 번쯤 들러볼 것을 추천한다. 최근에는 예전 맛이 아니라는 이야기가 왕왕 들려오기도 한다. 그러나 아름다운 이판 비치를 바라보는 풍광 때문인지, 햄버거 번에 찍어주는 재미있는 해적 마크 때문인지, 제프스 파이러츠 코브의 인기는 여전하다.

SOUTH GUAM 2권 ⓜ MAP P.75D ⓘ INFO P.85
⏰ 시간 월~목요일 10:00~18:00, 금~일요일 09:00~19:00
🚫 휴무 연중무휴 💲 가격 치즈버거 $16.5+10%, 치킨 윙(S) $14+10% 🌐 홈페이지 www.jeffspiratescove.com

오리지널 레전더리 버거
Original Legendary Burger

TIP 버거를 주문하면 감자 튀김(French Fries)이 함께 제공되는데 추가 금액을 지불하면 어니언 링으로 교환 가능하다.

제프스 페이머스 홈메이드 하프 파운드 치즈버거
Jeff's Famous Homemade 1/2 lb Cheeseburger

치킨 윙
Chicken Wings(S)
(Spicy or Not Spicy)

MANUAL 09
패밀리 레스토랑

1. Loco Moco
2. Chicken Enchilada Soup
3. Ruby's Classic Burger
4. Fiesta Platter
5. Pork Tocino with Hot Wings
6. Ruby Relaxer
7. Griddled French Toast
8. Pot Roast Chop and Chicken

Family Restaurant

익숙한 맛은 기본 편안한 분위기는 덤!

아이들 혹은 부모님과 함께 떠나온 괌 여행. 모든 여행 준비가 끝나고 최종적으로 남는 고난도 미션! 네 살배기 막내부터 중년이 훌쩍 넘은 아버지까지, 가족 모두 만족할 만한 음식 메뉴는 과연 어떤 것이 있을까? 익숙한 맛은 기본이요, 아이들을 배려한 세심한 서비스까지 어느 하나 놓칠 수 없다고? 그래서 준비했다. 맛도 좋고, 분위기도 끝내주고, '가성비'까지 더할 나위 없는 괌의 대표 패밀리 레스토랑. 가족과 함께여서 더욱 즐거운 여행, 그 즐거움이 배가될 것이다.

MANUAL 09 패밀리 레스토랑

13. BLT Sandwiches

9. New York Cheesecake

15. Big Steak Omelette

남녀노소 누구나 좋아할 거야!
괌 패밀리 레스토랑 대표 메뉴 총집합!

10. 4-pack Salmon Cake Minis

16. Flavored Coffee

1 하와이 스타일의 햄버그 스테이크 **로코 모코** $15.30 @ King's
2 바삭한 토르티야 슬라이스를 토핑한 **치킨 엔칠라다 수프** $6.49+10% @ Chili's Grill & Bar
3 한입 베어 물면 육즙이 가득! **루비 클래식 버거** $13.55+10% @ Ruby Tuesday
4 차모로 전통 먹거리를 한 번에 맛볼까? **피에스타 플래터** $18.40 @ King's
5 스페인식 돼지고기와 핫 윙을 즐기자! **포크 토시노 위드 핫윙** $16.75 @ Shirley's Coffee Shop
6 상큼한 열대 과일이 뭉쳤네! **루비 릴랙서** $7.45+10% @ Ruby Tuesday
7 다양한 맛으로 즐기는 **그리들드 프렌치 토스트** $12.99~16.49+10% @ Ihop
8 3가지 고기를 한 번에 **팟 로스트 찹 앤 치킨** $22.85 @ King's
9 생딸기를 듬뿍 얹은 아이홉의 대표 메뉴 **뉴욕 치즈케이크** $8.49~13.49+10% @ Ihop
10 샐러드 바를 곁들일 수 있는 **4-pack 새먼 케이크 미니즈** $22.99+10% @ Ruby Tuesday
11 멕시칸과 아메리칸의 환상 조합! **케사디아 버거** $15.39+10% @ Applebee's Grill & Bar
12 살라미, 페퍼로니, 베이컨이 뭉쳤다 **미트 러버스 피자** $15.50+10% @ Capricciosa
13 베이컨, 양상추, 토마토의 환상 조합! **BLT 샌드위치** $12.75 @ Shirley's Coffee Shop
14 어마어마한 양과 풍성한 토핑! **애플비's 샐러드** $15.89~20.19+10% @ Applebee's Grill & Bar
15 한국의 계란말이를 떠올리게 하는 **빅 스테이크 오믈렛** $22.99+10% @ Ihop
16 시원하고 달착지근한 다방 냉커피의 맛 **플레이버드 커피** $4.49+10% @ Ihop
17 짙은 바다 내음 가득한 먹물 오징어 **스퀴드 잉크 스파게티** $21.50+10% @ Capricciosa
18 아보카도의 부드러움과 핫 칠리 소스의 매콤함이 만났다!
    스파이시 쉬림프 타코 3pcs $16.49+10% @ Chili's Grill & Bar

11. Quesadilla Burger

12. Meat Lover's Pizza

14. Applebee's Salad

17. Squid Ink Spaghetti

18. Spicy Shrimp Taco

괌 현지 스타일로 즐겨볼까?

맛도 킹, 다양함도 킹, 넉넉한 인심까지 킹!

킹스

King's

1년 365일, 하루 24시간. 단 한순간도 쉬지 않고 문을 열어 사람들의 배를 채워주는 곳, 괌 프리미어 아웃렛 바로 앞에 자리 잡고 쇼핑에 지친 이들을 환영하는 곳, 바로 이곳 킹스이다. 이른 아침이나 늦은 밤까지 문을 여는 식당을 거의 찾아볼 수 없는 괌에서 '독야청청' 홀로 24시간 문을 열고 있으니, 깊은 새벽까지 잠 못 이루는 청춘들과 에너지 넘치는 여행자들에게 얼마나 위안이 되는지 모른다. 더구나 편안한 분위기와 저렴한 가격, 다 헤아리기도 힘든 메뉴까지, 늘 부담 없이 편안하고 즐겁게 식사할 수 있다. 괌 로컬 레스토랑인 만큼 차모로 음식을 주문할 수 있는 것도 킹스만의 장점. 소담스럽게 담아 내는 피에스타 플래터(Fiesta Platter, $18.40)를 주문하면 켈라구엔과 차모로 전통 쇠고기 육포 등 여러 차모로 음식을 고루 맛볼 수 있다. 밥과 함께 든든한 한 끼를 원한다면 브렉퍼스트 로코 모코(Breakfast Loco Moco, $15.30)를 추천한다. 흰밥 위에 하와이 스타일의 햄버그 스테이크와 반숙 계란 프라이를 함께 토핑한 것으로, 한국 사람들 입맛에도 잘 맞고 양도 넉넉하다.

TUMON & TAMUNING 2권 | MAP P.33L | INFO P.45
시간 24시간 | 휴무 부정기 | 가격 조식 $10.85~, 샐러드 $7.50~, 버거 $11.70~

곰의 터줏대감 납시오! 소박하고 활기 넘치는 패밀리 레스토랑

설리스 커피숍

1983년 하갓냐의 다운타운 호텔(Downtown Hotel) 부속 레스토랑으로 처음 문을 열었다가 그 인기에 힘입어 사이판까지 진출한 로컬 프랜차이즈 레스토랑이다. 30년이 넘도록 현지인들에게 사랑을 받아 지금은 투몬과 하갓냐, 데데도 지역에까지 매장을 두고 있다. 휴양지 분위기가 넘실대는 유니폼을 차려입은 점원들의 넉넉한 미소가 먼저 반기는 곳. 안내받은 자리에 앉으면 퍽 두꺼운 메뉴판이 건네지고, 곰의 '김밥천국'이라 할 만큼 다양한 메뉴에 정신이 아득해질지도 모른다. 동아시아 이민자들을 배려한 아시안-아메리칸 퓨전 메뉴부터 전통의 차모로-아메리칸 메뉴까지 모두 섭렵하고 있다. 베이컨, 양상추, 토마토가 환상의 조합을 이루는 BLT 샌드위치(BLT Sandwiches, $12.75)는 이곳의 기본 메뉴. 접시 위에 가득 담긴 샌드위치와 그 위로 수북이 쌓아 올린 프렌치 프라이는 보기만 해도 배가 부를 정도. '한국인은 밥심'이라며 여행지에서도 쌀알을 찾는 사람들은 볶음밥을 주문해 보자. 'Home of the best fried rice'라는 슬로건처럼 푸짐한 양을 자랑하는 다양한 볶음밥을 맛볼 수 있다. 일행이 많지 않다면 초리조 위드 핫윙(Chorizo with Hot Wings, $16.00)과 같은 콤보 메뉴를 주목하자. 하나의 접시에 볶음밥과 핫윙, 초리조 햄을 함께 내는데, 양도 넉넉하고 여러 가지 맛을 경험할 수 있다.

TUMON & TAMUNING 설리스 레스토랑 2권 MAP P.32J INFO P.45 시간 07:30~21:00 휴무 연중무휴

HAGATNA 2권 MAP P.58F INFO P.70 시간 07:30~21:00 휴무 부정기 가격 샌드위치 $11.45~, 볶음밥 $11.95~, 스테이크 $24.95~

분위기 있는 유럽 스타일로 즐겨볼까?

달콤함으로 아이들에게 점수를 따보자
아이홉

IHOP

프렌치 토스트나 와플, 팬케이크처럼 달콤한 메뉴가 가득한 명랑하고 밝은 분위기의 패밀리 레스토랑. 1958년 로스앤젤레스의 첫 매장을 필두로 미국 전역에 1600여 매장을 두고 있는 거대 프랜차이즈 레스토랑이다. 샌드위치와 버거, 메인 요리로 스테이크를 내놓는 여느 레스토랑과 달리 달콤한 생크림과 시럽을 듬뿍 얹은 차별화된 메뉴로 미국 본토와 괌 현지 아이들에게 사랑받고 있다. 뉴욕 치즈케이크(New York Cheesecake, $8.49~13.49+10%)와 스트로베리 바나나 프렌치 토스트(Strawberry Banana French Toast, $16.49+10%)처럼 생크림과 함께 신선한 딸기, 블루베리 등의 과일을 듬뿍 토핑한 토스트와 팬케이크는 남녀노소 누구에게나 인기 만점. 달콤한 메뉴들 사이의 숨은 병기라고 할 수 있는 빅 스테이크 오믈렛(Big Steak Omelette, $22.99+10%) 또한 놓치지 말자. 어마어마한 크기에 더할 나위 없이 부들부들하고 쇠고기 토핑까지 듬뿍 얹은 오믈렛은 한국의 계란말이에 케첩을 뿌려 먹는 맛이다. 짭짤한 미국 음식에 혀가 지친 당신. 이제 아이홉의 달콤함으로 입맛은 물론 여행의 기운까지 되찾아보자. 괌 프리미어 아웃렛 지점은 현재 휴업 중이며, 투몬의 괌 플라자 쇼핑몰에서 만나볼 수 있다.

TUMON & TAMUNING 2권 ⊙ MAP P.32E ⊙ INFO P.45
⊙ **시간** 수~일요일 07:00~14:00 ⊙ **휴무** 연중무휴 ⊙ **가격** 팬케이크 $$7.49+10%~, 프렌치 토스트 $12.99+10%~, 와플 $12.99+10%~
⊙ **홈페이지** www.ihop.com

투몬 퍼시픽 플레이스 지점의 소박한 분위기

'가성비' 좋은 이탈리안 레스토랑 대령이오!
카프리초사
Capricciosa

피자와 파스타로 대표되는 이탈리아 요리를 마다할 사람이 과연 있을까. '기분을 들뜨게 한다'는 이탈리아어 '카프리치오소(capriccioso)'에서 이름을 따온 카프리초사. 소박하고 편안한 분위기의 레스토랑으로 들어가 메뉴판을 펼쳐보면 맨 먼저 눈에 띄는 것이 다름 아닌 '착한' 가격. 피자, 파스타와 같은 메인 요리의 가격이 $15~25이니 '착하다'는 표현이 결코 아깝지 않다. '싼 게 비지떡'이라는 걱정은 붙들어 매시라. 재료 본연의 깊고 짙은 맛이 그대로 배어 있을 뿐 아니라 둘이 먹어도 모자라지 않는 양 또한 이곳의 장점이니까. '착한' 가격에 더해 깊은 맛과 든든한 양까지, 그 모든 것이 카프리초사를 찾은 당신의 기분을 들뜨게 할지도 모른다. 투몬과 하갓냐에 모두 2곳이 성업 중인 카프리초사. 이곳에서 이탈리아의 진한 맛과 넉넉한 인심을 경험해 보자.

TUMON & TAMUNING 2권 MAP P.32A INFO P.43
시간 11:00~21:00 휴무 부정기
가격 피자 $15.25+10%~, 파스타 $19.75+10%

HAGATNA 2권 MAP P.59D INFO P.70
시간 11:00~21:00 휴무 부정기
가격 피자 $15.25+10%~, 파스타 $19.75+10%

자유분방한 아메리칸 스타일로 즐겨볼까?

2천 곳의 매장과 2만 명의 직원,
패밀리 레스토랑계의 절대 강자 **애플비 그릴 & 바**

Applebee's Grill & Bar

1980년 미국 조지아 주에서 시작해 전 세계 18개 나라에 2천여 개 매장이 성업 중인 애플비 그릴 & 바. 루비 튜즈데이와 마찬가지로 괌 프리미어 아웃렛 바로 앞에 위치해 있는데, 양팔을 크게 벌려도 한 번에 안을 수 없을 만큼 커다란 사과 모형이 먼저 당신을 맞이한다. 상큼한 이름처럼 컬러풀한 레스토랑 안으로 들어가 메뉴를 펼쳐보자. 익숙한 스테이크와 버거 메뉴를 비롯해 다양한 퓨전 메뉴가 당신을 기다린다. 추천 메뉴는 멕시칸과 아메리칸이 묘한 '콜라보'를 이루는 케사디아 버거(Quesadilla Burger, $15.39+10%). 속에 들어가는 재료를 잘게 다지고 두꺼운 버거 번 대신 바삭하고 얇은 도우로 감싸, 버거의 맛과 케사디아의 재미난 식감이 어우러진 독특한 매력을 뿜어낸다. 멕시칸 음식과 잘 어울리는 마르가리타도 함께 주문하면 금상첨화! 달콤 상큼한 과일 향과 데킬라의 쓴맛이 잘 어우러진 퍼펙트 마르가리타(Perfect Margarita, $10.50+10%)를 추천할 만하다. 2천여 곳의 매장과 2만 8천 명의 직원, 어마어마한 숫자가 증명하는 애플비 그릴 & 바의 맛과 명성을 한 번쯤 경험해 보는 것은 어떨까.

TUMON & TAMUNING 2권 **MAP** P.33H **INFO** P.41
시간 월~수요일 11:00~20:00, 목~토요일 11:00~22:00, 일요일 11:00~21:00
휴무 부정기 **가격** 샐러드 $15.89+10%~, 버거 $14.79+10%~, 메인 요리 $16.99+10%~ **홈페이지** www.applebeesguam.com

수준급 버거와 스테이크!
신선한 샐러드 바도 놓칠 수 없는 루비 튜즈데이

Ruby Tuesday

명랑하고 활기 넘치는 분위기가 매력적인 곳, 롤링 스톤스의 노래에서 이름을 딴 패밀리 레스토랑 루비 튜즈데이. 1972년 미국 테네시 주에 첫 매장을 연 이후 폭발적인 인기에 힘입어 전 세계에 500곳이 넘는 매장을 둔 매머드급 패밀리 레스토랑으로 성장했다. 괌에서는 알뜰 쇼핑의 메카 괌 프리미어 아웃렛(Guam Premier Outlets, 1권 P.167/2권 P.48) 바로 앞에 자리 잡고 쇼핑족들과 여행자들을 맞이한다. 미국 본토의 색깔을 그대로 가져온 루비 튜즈데이가 자랑하는 강력 추천 메뉴는 다름 아닌 버거와 스테이크! 여느 캐주얼 레스토랑에 비해 가격이 조금 높은 편이지만, 맛과 품질은 기대를 저버리지 않는다. 가벼운 점심으로 좋은 클래식 버거를 맛보고자 한다면 기본 중의 기본 루비 클래식 버거(Ruby's Classic Burger, $13.55+10%)를 선택해 보자. 가격은 가장 저렴하지만 두꺼운 패티를 베어 물었을 때 가득 배어나는 육즙만으로 '보통 녀석'이 아님을 직감하게 된다. 조금 건강한 한 끼 식사를 원한다면 무제한 샐러드 바 가든 프레시(Garden Fresh, $17.99+10%)를 주목하자. 보기만 해도 건강해질 것 같은 신선한 녹색 채소와 색색의 과일들, 다양한 종류의 치즈와 견과류들을 무제한 먹을 수 있다. 샐러드 바와 단품 메뉴를 함께 묶은 콤보 메뉴도 있으니 조금 더 든든한 식사를 원한다면 이 또한 좋은 선택이다. 패밀리 레스토랑인 만큼 다양한 셰어러블(sharable) 메뉴와 무난한 파스타도 갖추고 있으니 뭘 먹을까 하는 고민은 접어두고 루비 튜즈데이로 향하자. 당신의 선택이 옳았음을 곧 깨닫게 될 것이다.

📍 TUMON & TAMUNING 2권 ⓜ MAP P.33L ⓘ INFO P.41
🕐 시간 11:00~22:00　휴무 부정기
💲 가격 애피타이저 $13.30+10%~, 가든 프레시(샐러드 바) $17.99+10%, 메인 요리 $18.99+10%~
🌐 홈페이지 www.rubytuesday.com

American Style

남녀노소 누구나 좋아하는 매콤한 맛
칠리스 그릴 & 바

Chili's Grill & Bar

1975년 댈러스에서 처음 문을 연 칠리스 그릴 & 바는 전 세계 30여 나라에 매장을 두고 있으며, 1997년 한국에도 진출한 적 있다. 통통한 홍고추 모양의 로고와 '칠리스'라는 이름처럼 달콤한 매운맛이 가미된 음식들을 주로 내놓는다. 그래서 아이들은 물론 느끼한 음식을 꺼리는 어른들에게도 인기 있는 편. 괌의 매장은 루비 튜즈데이, 애플비 그릴 & 바와 마찬가지로 괌 프리미어 아웃렛 바로 앞에 있다. 메인 요리는 멕시코와 미국 남부 텍사스 지역의 캐주얼한 음식들을 모티프로 한 '텍스멕스(Tex-Mex)'풍 요리다. 다양한 멕시칸 요리를 즐길 수 있다는 점이 칠리스의 최대 매력 포인트. 타코, 부리토와 케사디아는 물론 파이타와 엔칠라다 등 우리가 알고 있는 대부분의 멕시칸 요리들을 만나볼 수 있다. 오전 11시부터 오후 4시까지는 런치 타임으로 조금 더 저렴하게 이용할 수 있으며, 타코와 케사디아 등 대표 요리들을 프렌치 프라이, 음료와 함께 콤보 메뉴로 내놓고 있으니 '가성비'를 따진다면 이 시간대를 공략해 보자. 코로나 팬데믹으로 괌 프리미어 아웃렛 지점은 문을 닫았지만, 투몬 샌즈 플라자에 새 지점을 열어 많은 여행자들을 기다리고 있다.

TUMON & TAMUNING 2권 ⊙ MAP P.33G ⓘ INFO P.45 ⓒ 시간 11:00~21:00 ⓒ 휴무 부정기
ⓢ 가격 애피타이저 & 샐러드 $5.99+10%~, 버거 $13.99+10%~, 스테이크 $24.99+10%~ 홈페이지 www.chilisguam.com

너도 알고 나도 아는 바로 그곳!
우리나라에도 있고 괌에도 있는 패밀리 레스토랑 둘러보기

피자헛 (Pizza Hut)

1985년 이태원에 문을 열면서 우리나라에 피자 열풍을 불러일으킨 피자 프랜차이즈의 황제다. 괌에는 투몬과 하갓냐 등의 지역에 6곳의 매장을 두고 있다. 피자 외에도 샐러드 바와 핫윙 등의 사이드 메뉴가 우리와 비슷하고 가격대 또한 큰 차이가 나지 않는다. 다만 전반적으로 우리나라 피자헛보다 짜다는 평이 있으니, 토핑의 양을 조절해서 주문하면 좋다.

HAGATNA 2권 ⓜ MAP P.59L
🕐 시간 일~목요일 11:00~22:00, 금~토요일 11:00~23:00
🚫 휴무 부정기 💲 가격 $15~

T.G.I. 프라이데이스 (T.G.I. Friday's)

'Thanks God! It's Friday!' 라는 유쾌한 이름의 패밀리 레스토랑으로 전 세계 900곳이 넘는 매장을 운영하고 있다. 우리나라에는 1992년 처음 발을 들였다. 우리나라에도 있는 프랜차이즈 레스토랑을 꼭 가야 할까 싶겠지만, 투몬의 중심 JP 슈퍼스토어 내에 있다는 것만으로 주목할 만하다. 대표 메뉴는 스테이크와 로브스터 그릴, 수제 버거 등이다.

TUMON & TAMUNING 2권 ⓜ MAP P.32A ⓘ INFO P.45
🕐 시간 월~수요일 10:30~21:00, 목~토요일 10:30~22:00, 일요일 10:30~23:00 🚫 휴무 연중무휴 💲 가격 스테이크 $31.95~, 샐러드 $13.25+10%~

토니 로마스 (Tony Roma's)

1972년 토니 로마(Tony Roma)라는 셰프이자 음료 전문가가 자신의 이름을 걸고 미국 마이애미에 첫선을 보인 패밀리 레스토랑. 스테이크와 수제 버거 등 일반적인 패밀리 레스토랑 메뉴들을 선보이며 특히 베이비백립 등의 그릴 요리가 이곳의 대표 메뉴이다. 국내에는 1995년 진출했다가 2014년 광화문 지점이 폐점하면서 완전히 철수했다. 이곳에서 옛 추억이 있는 여행자라면 한 번쯤 들러보는 것은 어떨까.

TUMON & TAMUNING 2권 ⓜ MAP P.33G
🕐 시간 일~목요일 11:00~20:00, 금~토요일 11:00~21:00
🚫 휴무 부정기 💲 가격 $20~

아웃백 스테이크하우스 (Outback Steakhouse)

이름과 분위기 때문에 호주의 프랜차이즈로 착각하는 사람들도 있지만, 미국 탬파 지역에 본거지를 둔 패밀리 레스토랑이다. 전 세계에 1200여 개 매장을 두고 있으며, 우리나라에는 1997년 첫 매장을 열었다. 아이러니한 점은 호주의 지명을 브랜드로 하고 있지만 전 세계적으로 미국산 쇠고기를 사용한다는 것이다. 우리나라에서는 미국산 쇠고기에 대한 거부감이 있어 호주산 쇠고기를 주재료로 한다. 더 웨스틴 리조트 맞은편의 퍼시픽 플레이스 쇼핑몰 내에 자리 잡고 있다.

TUMON & TAMUNING 2권 ⓜ MAP P.32A
🕐 시간 일~목요일 11:00~21:00, 금~토요일 11:00~22:00
🚫 휴무 부정기 💲 가격 $20~

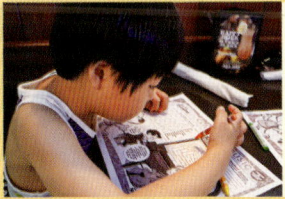

TIP 키즈 메뉴를 주목해 보자

괌의 패밀리 레스토랑에 아이와 함께 방문했다면 특색 있는 키즈 메뉴를 주목해 보자. 단순히 양이 적고 가격이 싼 것이 아니라 아이들의 눈을 사로잡는 독특한 데코레이션을 선보이기 때문이다. 한 숟가락 더 떠먹이기도 힘든 것이 아이와 함께하는 여행의 현실. 아이들의 관심을 집중할 음식 하나가 식사 시간의 고충을 조금이나마 덜어줄 것이다. 색칠 공부를 할 수 있는 색연필 세트를 무료로 나눠 주는 곳도 있으니 직원에게 문의해 보자. 편안한 식사 시간이 서프라이즈 선물처럼 주어질지도 모른다.

MANUAL 10
차모로 & 로컬 푸드

차모로 사람들의 식탁을 엿보는 시간!
Chamorro & Local Food

칼칼하고 얼큰한 음식을 맛보지 않고 '진짜' 한국을 여행했다고 할 수 없듯이, 역사의 흐름을 따라 오랜 시간 다양한 음식 문화를 더해 온 괌의 로컬 푸드를 먹어보지 않고 어찌 '진짜' 괌을 여행했다고 할 수 있을까?

오래도록 이 섬을 호령했던 원주민 차모로 사람들. 서태평양의 풍요로운 햇살을 머금은 식자재 본연의 맛을 중시했던 차모로 전통 음식의 토대 위에 수백 년 스페인 점령기의 조미료 한 스푼, 또 수십 년 미국 문화의 조미료 한 스푼, 그렇게 수많은 세월을 거치면서 특유의 복잡 다양한 음식 문화가 자리 잡은 괌. 전통의 맛과 요리법을 유지하면서도 물 흐르듯 자연스럽게 이민족의 식문화를 받아들여 오늘날에 이른 괌의 로컬 푸드, 차모로 음식! 남국의 풍미 가득한 과일과 채소, 곡물들, 드넓은 태평양에서 갓 잡아 올린 신선한 해산물까지. 익숙하고도 생소한, 소박하고도 풍요로운 차모로 사람들의 식탁으로 당신을 초대한다. 하나, 둘, 셋, 3초면 충분하다. 당신의 입맛을 사로잡을 시간으로.

4천 년 전부터 괌에 터전을 잡고 삶을 이어온 사람들, 바로 차모로인들이다.

괌의 주인 차모로 사람들은 과연 누구일까?

'하파 데이(Hafa Adai)!' 괌 국제공항에 도착하는 순간 당신은 이미 차모로 말 한마디를 배웠다. '안녕하세요'를 뜻하는 '하파 데이'와 함께 특유의 손짓으로 인사하는 차모로 사람들. 그 기원은 지금으로부터 약 4천 년 전으로 거슬러 올라간다. 동남아 어딘가에서 위대한 항해를 시작해 기원전 2000년 즈음 마리아나제도(Mariana Islands)에 정착했다고 알려진 그들. 차모로(Chamorro)라는 이름은 약간의 오해에서 시작되었다고 한다. 차모로족의 신분제도에서 상위 계급을 지칭하는 '차모리(Chamori)'를 스페인 사람들이 종족의 이름으로 오해했고, 발음하기 쉬운 대로 '차모루' 또는 '차모로'라고 불렀다는 것이다. 수천 년의 기나긴 시간 동안 마리아나제도의 여러 섬들을 호령했던 차모로족. 버섯 모양의 거대한 라테 스톤 위에 나뭇대를 엮은 지붕을 얹고 살았던 그들은 엄지와 새끼손가락만 펴고 나머지 손가락은 접은 채 흔들면서 '하파 데이'라고 반갑게 인사한다. 지금은 괌과 하와이, 미국 서부 일부 지역에 18만 명밖에 남아 있지 않지만, 여전히 자신들만의 전통과 문화를 고수하는 괌의 '진짜' 주인, 바로 차모로 사람들이다.

1. Chamorro BBQ
차모로 바비큐

축제에 결코 빠질 수 없는 바비큐. 쇠고기나 돼지고기의 립(갈비), 닭 날개를 직화로 구워낸다. 차모로 식당의 메인 요리로 쉽게 접할 수 있으며, 차모로 빌리지 야시장(Chamorro Village Night Market, 1권 P.147/2권 P.66)에서 조금 더 저렴하게 맛볼 수 있다.

2. Red Rice
레드 라이스

차모로 식당에서 어김없이 받는 질문이 'With red rice or plain rice?'이다. 그 주인공 레드 라이스는 고추장 볶음밥 같은 짙은 붉은색을 띠지만 어떤 맛이나 향도 없는 '순수한' 밥이다. 아초테(Achote) 나무 열매 씨앗에서 추출한 천연 붉은 색소를 넣어 밥을 짓는데, 더운 아열대 기후에서 음식이 쉽게 부패하지 않는 역할을 한다고 전해진다.

차모로 10대 음식!
이것만 기억하면
나도 차모로 음식 전문가!

3. Cucumber Salad
오이 샐러드

바비큐처럼 기름진 음식과 함께 먹기 좋은 오이 샐러드는 특별한 조리법 없이 간단하게 만들어 신선한 오이의 향긋함 자체를 즐긴다. 우리의 김치처럼 흔히 볼 수 있는 것으로 피나딘 소스를 곁들여 먹는다.

4. Calamansi Cooler
칼라만시 쿨러

열대 지방에서 나는 라임의 한 종류인 칼라만시로 만든 음료. 달콤하기보다 혓바닥이 아릴 만큼 새콤하고 쌉쌀한 칼라만시는 한때 다이어트 식품으로 열풍을 일으키기도 했다. 길거리나 야시장, 고급 레스토랑에서도 흔히 볼 수 있는 괌의 대표 음료이다.

5. Pancit
판싯

아주 가느다란 면발로 만든 볶음 면 요리로, 맛과 모양이 한국의 잡채와 비슷하다. 필리핀에서 유래했다고 해서 필리피노 누들(Filipino Noodle)이라고도 불린다. 우리네 잡채가 그렇듯 가족 잔치 등에 빠지지 않고 등장한다. 차모로 빌리지 야시장에서 맛볼 수 있다.

6. Dried Beef
쇠고기 육포

메스클라(Meskla, 1권 P.146/2권 P.70)에서 맛볼 수 있는 차모로 전통 쇠고기 육포는 우리가 흔히 먹는 육포(Jerky)보다 훨씬 촉촉하고 부드러운 식감을 자랑하고 두툼해서 씹는 맛도 일품이다. 대개 플래터 메뉴에 함께 제공된다.

7. Kelaguen
켈라구엔

다진 고기와 해산물을 주재료로 양파와 코코넛, 매운 고추 등을 곁들여 무친 요리. '치킨 켈라구엔'이 가장 흔하다. 새콤달콤한 레몬 소스를 뿌려 빵에 싸 먹거나 샐러드처럼 가볍게 먹는다. 차모로 식당에서 기본 반찬처럼 제공되거나, 사이드 메뉴로 선택할 수 있다.

8. Fried Banana Rolls
튀긴 바나나 롤

바나나 반쪽을 얇은 춘권 피로 감싸 튀긴 것으로 모양도 재미있고 맛도 달콤해 가벼운 간식으로 안성맞춤이다. 바나나 맛을 살려 소스 없이 먹거나 달콤한 시럽에 버무려 먹기도 한다. 차모로 빌리지 야시장에서도 한참 동안 기다린 이에게만 허락되는 최고의 인기 음식이다.

9. Pinadenne Sauce
피나딘 소스

간장으로 만드는 차모로 전통 소스. 맛은 한국의 양념 간장과 크게 다를 것 없다. 바비큐 소스로 뿌려 먹거나, 샐러드 드레싱으로 사용한다.

10. Tuba
튜바

'코코넛 와인'이라는 별명으로 유명한 전통주. 필리핀 사람들에 의해 괌에 전해졌다. 맑고 하얀 빛깔도 고울뿐더러 코코넛 특유의 달콤함이 배어 있어 계속 홀짝거리게 되는데, 결코 방심해서는 안 될 독주 중의 독주이다.

현대적으로 재해석한 차모로의 맛, 그 양대 산맥!
프로아 레스토랑 vs 메스클라

차모로 음식은 전통이라는 바탕 위에 시대의 흐름을 덧입혀 늘 새로운 맛과 새로운 모습으로 변모해 왔다. 차모로 사람들 또한 과거 어느 시대의 원시부족이 아니라 오늘날 괌에 터전을 잡고 살아가는 사람들임을 결코 잊어서는 안 된다. 옛 차모로 음식 문화에 바탕을 두고 있으나 늘 변화와 혁신으로 새로운 맛을 만들어내는 곳. 괌을 대표하는 차모로 레스토랑을 만나보자. '진짜' 괌의 맛과 '진짜' 차모로의 풍미를 만끽하게 될 것이다.

남국의 여유로운 분위기가 느껴지는 프로아 전경

Proa Restaurant
프로아 레스토랑

항해시대(15~16세기)의 '쾌속 범선'을 일컫는 '프로아(Proa)'. 이름처럼 큼지막한 돛단배 로고가 먼저 눈에 들어온다. 괌을 대표하는 차모로 식당으로 여러 매체에서 선정하는 괌 맛집 리스트에서 늘 상위권을 차지하는 곳. 본점은 차모로인들의 또 다른 터전인 하와이에 있지만 괌의 지점이 더 유명하다.

캐주얼하고 밝은 분위기에서 메뉴판을 펼치는 순간 스테이크, 케사디아, 펜네 파스타 등 전 세계 어디서나 흔히 볼 수 있는 이름에 의아한 생각이 들지도 모른다. 하지만 이것이 바로 프로아 레스토랑 본연의 모습이자 매력이다. 괌에서 나는 신선한 재료들, 차모로와 외래 문화를 융합한 괌만의 조리법, 하지만 결코 생소하지 않은 요리들, 이 모두 우리가 알고 있는 차모로 음식의 성격을 그대로 빼닮지 않았는가.

소박하고 편안한 분위기가 감도는 프로아 레스토랑

프로아 레스토랑의 강력 추천 메뉴는 바비큐를 포함한 다양한 육류 요리. 차모로 스타일의 샐러드와 레드 라이스(또는 플레인 라이스)를 곁들인 바비큐 메뉴($20.95~24.95+10%)는 현지인과 여행자 모두에게 사랑받는 프로아의 대표 메뉴이다. 어떤 것을 맛보아야 할지 고민이 많다면, 빅 펠러 트리오(Big Feller Trio, $24.95+10%)를 선택하자. 일본 전통 화로를 이용한 히바치 스타일의 립 세 종류를 한꺼번에 맛볼 수 있다. 다양한 키즈 메뉴도 구비하고 있으니, 아이들과 함께 방문해도 좋을 것 같다.

식사하는 도중 갑자기 환호와 박수 소리가 들린다면 놀라지 말고 함께 박수를 쳐보자. 손님의 생일이나 기념일을 축하하는 직원들의 깜짝 선물이니까. 대여섯 명의 직원들이 우르르 몰려와 신나는 리듬의 축하 노래를 불러준 다음 아무렇지 않다는 듯 조용히 퇴장하는 모습이 유쾌함을 선사한다. 괌 현지인들은 물론 한국이나 일본 여행자들 사이에서 인기가 많은 만큼 투몬과 하갓냐 지점 모두 예약 없이는 1시간 이상 대기 시간을 감수해야 한다. 예약을 하지 못했다면 최대한 빨리 도착해 대기자 명단에 이름을 올려두자! 괌의 진정한 맛집을 경험하기란 생각만큼 호락호락하지 않다.

Menu
Hibachi Style Proa BBQ Served with Simple Salad and Your Choice of Red or White Rice
히바치 스타일 프로아 BBQ
$20.95~24.95 +10%

시즌별로 혁신적이고 도전적인 새 메뉴를 제공하는 프로아! 잘 모를 때는 서버에게 추천을 부탁하는 것도 좋은 방법!

TUMON & TAMUNING
2권 MAP P.32F INFO P.42 시간 11:00~14:00, 17:00~21:00, 베이커리 11:00~21:00 휴무 부정기
가격 애피타이저 $10.95+10%~, 메인 요리 $21.95+10%~, 디저트 $6.95+10%~

너무도 평범한 외관과 소박한 간판에 그냥 지나치기 십상!

Meskla Chamoru Fusion Bistro

메스클라

❶ 통통하게 살이 오른 초대형 새우를 통째로 튀겼다!

❷ 근해에서 잡아 올린 신선한 생선. 다양한 차모로 먹거리를 함께 즐길 수 있는 대표 메뉴

Menu
❶ **Pika Prawns**
피카 프론스
$27.95+10%

❷ **The Chamoru Platter**
더 차모로 플래터
$29.95+10%

프로아 레스토랑이 현지인과 여행자 모두에게 사랑받는 곳이라면 메스클라는 여행자들에게 상대적으로 덜 알려져 현지인들만 알고 있는 비밀스러운 레스토랑이다. 문을 열고 발을 들이는 순간 현지인들만 가득 들어찬 모습에 놀라는 것은 금물, 입맛에 맞을까 걱정하는 것도 금물이다. 이곳이야말로 둘째가라면 서러운 차모로 레스토랑으로 현지인들이 직접 '엄지 척' 하는 숨은 맛집이니까.

메스클라에서는 다양한 해산물 메뉴에 도전해 보기를 '강력' 추천한다. 주변 바다에서 갓 잡아 올려 그들만의 방식으로 요리한 신선한 해산물을 맛볼 수 있다. 커다란 타이거 새우를 통째로 튀긴 피카 프론스(Pika Prawns, $27.95+10%)는 남녀노소 누구나 좋아하는 메스클라의 대표 메뉴. 바삭한 튀김옷 속에 숨겨진 부드러운 새우 살을 한입 베어 물어보자. 대표 모둠 메뉴 더 차모로 플래터(The Chamoru Platter, $29.95+10%)도 추천할 만한데, 신선한 생선과 함께 차모로의 대표 음식들을 한꺼번에 만나볼 수 있는 보물 같은 메뉴다.

근해에서 잡은 자리돔 튀김 요리를 사이드 메뉴인 레드 라이스, 켈라구엔, 쇠고기 육포 등과 함께 커다란 접시에 담아내니 가히 차모로의 밥상이라 할 만하다.

차모로 전통 음료를 이들만의 방식으로 재해석한 칼라만시 레모네이드(Kalamansi Lemonade, $3.75+10%), 시그니처 칵테일(Signature Cocktail, $8.50+10%)도 주목하자. 옛 차모로 음료에 뿌리를 두고 있어 색다른 것은 물론 기름진 음식에 지친 입맛을 돋운다.

'메스클라(Meskla)'는 '융합'을 의미한다. '메스클라 차모로 퓨전 비스트로(Meskla Chamoru Fusion Bistro)'라는 이름처럼 옛것을 고수하되 과감히 새로운 것을 더하는 혁신적인 레스토랑. 옛것이지만 늘 새로운 차모로 특유의 음식 문화를 꼭 빼닮은 이곳에서 온갖 다양한 색깔의 차모로 음식을 만끽해 보자.

실력 좋은 로컬 뮤지션의 라이브 음악도 함께 즐길 수 있다.

돼지고기 요리 부문 1등, 쇠고기 요리 부문 2등! 괌 관광청이 공인한 맛집 메스클라

새콤달콤한 맛과 향으로 육류 요리에 지친 입맛을 다시금 돋워준다!

HAGATNA 2권 **MAP** P.59G **INFO** P.70
- 시간 월~토요일 11:00~14:00, 17:30~21:00, 일요일 10:00~14:00
- 휴무 부정기 가격 스타터 $10.95+10%~, 메인 요리 $16.95+10%~
- 홈페이지 www.mesklaguam.com

Menu
Kalamansi Lemonade
칼라만시 레모네이드
$3.75+10%

가장 저렴하게, 또 가장 신나게!
차모로 음식을 맛볼 수 있는 '차모로 빌리지 야시장'

혼자 여행을 하거나 주머니가 가벼운 여행자라면 차모로 음식을 맛보기 위해 프로아 레스토랑이나 메스클라처럼 분위기 좋은 곳을 찾기가 부담스러운 것도 사실이다. 그렇다면 수요일 밤의 차모로 빌리지 야시장(Chamorro Village Night Market)으로 발걸음을 돌리자. 대표적인 차모로 음식들이 가득한 데다 저렴하게 맛볼 수 있다. 차모로 빌리지 야시장 최고의 인기 메뉴는 세 종류의 바비큐(Pork BBQ, Chicken BBQ, Angus Beef 각 $2.5)이다. 달콤 바삭한 바나나 롤(Fried Banana Rolls, $1)은 남녀노소 누구나 좋아하며, 플라스틱 도시락에 레드 라이스, 판싯 등의 사이드 메뉴와 바비큐 몇 조각을 함께 담아내는 피에스타 플레이트(Fiesta Plate, $12~17)도 '가성비' 좋은 한 끼 식사로 부족함이 없다. 차모로 빌리지에 대한 자세한 정보는 MANUAL 04 역사 기행(1권 P.90) 참고.

12달러면 완성되는 푸짐한 한 끼 식사, 피에스타 플레이트!

한동안 긴 줄을 서는 수고도 감수할 만한 '가성비' 좋은 꼬치 요리들

MANUAL 11
카페

TASTY SWEET

휴양지에서 즐기는 커피 한잔의 여유!
괌 카페의 모든 것!

여행 중 커피 한잔은 가뿐하게 하루를 시작하고 고단한 하루를 마무리하는 특별한 즐거움이다. 요즘은 유명 맛집을 찾아다니는 것만큼이나 특색 있는 카페를 찾는 것이 하나의 여행 트렌드로 자리 잡았다. 세계 각국의 다양한 음식뿐 아니라 달달한 디저트를 체험해 보는 것은 어떨까? 진한 에스프레소도 좋고, 무더위의 갈증을 풀어줄 시원한 아이스 카페 라테도 좋다. 출출함을 달래줄 달콤한 디저트와 아이스크림 한 스쿱도 오후 한때를 알차게 채워줄 것이다.

I ♥ Coffee!

괌 현지인들의 전폭적인 지지를 받고 있는
커피 비너리
Coffee Beanery

1976년 미국에서 처음 시작된 커피 전문점으로 무려 40년이 넘는 역사를 가지고 있다. 한국 사람들에게는 아직 생소한 이름이지만 괌 현지인들 사이에서는 가장 대중적인 커피 브랜드이다. 같은 품종의 원두라도 블렌딩 비율이나 로스팅 방법에 따라 전혀 다른 맛을 내는데, 커피 비너리는 이니셜 'CB'를 붙인 자체 블렌딩 원두를 사용한다. 커피뿐만 아니라 신선한 과일을 갈아 넣은 스무디(Fruit Smoothies, $4.65~)도 인기. 딸기와 바나나, 파인애플과 복숭아 등 정해진 메뉴도 있지만 원하는 과일을 선택해 나만의 특별한 스무디(Create Your Own, $4.65~)를 만들어 먹을 수도 있다. 커피와 함께 먹기 좋은 샌드위치도 있다.

TUMON & TAMUNING 2권 ⓜ MAP P.32A ⓘ INFO P.46
ⓢ 시간 08:00~20:00 ⓧ 휴무 연중무휴 ⓟ 가격 커피 $3.85~, 스무디 $4.65~, 샌드위치 $8~

NORTH GUAM 2권 ⓜ MAP P.91B
ⓢ 시간 일~목요일 10:00~20:00, 금·토요일 10:00~21:00 ⓧ 휴무 연중무휴 ⓟ 가격 커피 $3.85~, 스무디 $4.65~, 샌드위치 $8~

----- Menu -----

커피 비너리만의 블렌딩으로
진한 커피 향을 자랑하는
CB 카페 모카
CB Caffe Mocha $5.5

SPECIAL TIP 괌에는 스타벅스가 없다?

미국 시애틀에서 시작한 세계적인 커피 전문점 스타벅스. 전 세계 어디를 가든 맥도날드만큼이나 쉽게 눈에 띄는 스타벅스 매장을 '미국 땅' 괌에서는 찾아볼 수 없다. 믿기 어렵겠지만 괌에는 정식 스타벅스 매장이 없다. 여행지마다 스타벅스를 찾아다니며 해당 도시의 이름이 새겨진 컵이나 텀블러를 모으는 마니아들에게는 조금 충격적일 수도 있다. 하지만 아쉬워할 필요는 없다. 더 웨스틴 리조트 괌과 리가 로얄 라구나 괌 리조트 로비 라운지에서 스타벅스 원두로 내린 커피를 판매하고 있다. 비록 'GUAM'이라고 새겨진 컵과 텀블러는 없지만 스타벅스 커피가 그리운 여행자들은 이곳에서 아쉬움을 달래보자. 단, 스타벅스 커피 고유의 진한 맛과 향은 기대하지 않는 것이 좋다. 말 그대로 스타벅스 '원두'만을 사용하는 곳이니 말이다.

I ♥ Coffee!

달콤한 커피 마니아들에게 추천!
포트 오브 모카
Port of Mocha

괌 프리미어 아웃렛에 자리한 커피 전문점으로 커피에 어울리는 달콤한 머핀이나 아침 식사로 먹을 만한 파니니와 베이글 등도 준비되어 있다. 그리 세련되거나 고급스러운 분위기는 아니지만 세계적인 커피 체인점을 찾아보기 힘든 괌에서 다양한 종류의 커피를 맛볼 수 있다는 것만으로도 현지인들에게 사랑받는다. 대표 메뉴는 다양한 맛과 향의 시럽을 선택할 수 있는 포츠 시그니처 모카(Port's Signature Mochas, $5.55~). 화이트 초콜릿 헤븐, 라즈베리 딜라이트, 바닐라 크림 등 어떤 것이든 진한 단맛을 느낄 수 있으니 달달한 커피를 싫어하는 사람은 아무리 시그니처 메뉴라 해도 선택하지 않는 것이 좋다. 흔히 프라푸치노라고 부르는 얼음과 함께 만든 커피는 커피 베이스드 블렌디드(Coffee Based Blended)라고 적혀 있다. 커피뿐 아니라 아이스 초콜릿, 딸기 주스, 스무디, 티 종류도 있고, 코튼 캔디, 버블 검 등 재미있는 이름의 키즈 메뉴도 마련되어 있다.

Menu

코나 커피가 들어간 달콤한
Kona Mocha Blended $5.55~

신선한 과일과 채소를 골라 즉석에서 갈아주는 신선한 **주스**
Juice $4.5~

TUMON & TAMUNING 2권 **MAP** P.33L
시간 월~금요일 06:00~21:00, 토·일요일 09:00~21:00 **휴무** 연중무휴 **가격** 커피 $3.95~

하와이언 코나 커피를 맛볼 수 있는
호놀룰루 커피
Honolulu Coffee

자메이카의 블루 마운틴(Blue Mountain), 예멘의 모카(Mocha)와 더불어 세계 3대 커피로 인정받는 하와이언 코나(Hawaiian Kona) 커피를 맛볼 수 있다. 괌에서 하와이 커피라면 조금 의아하게 여겨질 것이다. 하지만 괌에서 무려 6천 킬로미터나 떨어진 하와이의 빅아일랜드까지 날아가지 않아도 그 유명한 코나 커피를 맛볼 수 있다는 건 분명 매력적인 일이다. 투몬 샌즈 플라자, 더 플라자 등 대형 쇼핑몰 내에 있는 작은 매장이라서 조금 복잡할 수 있지만 쇼핑하는 중간에 커피 한잔 마시며 잠시 쉬어 갈 수 있다. 베스트 메뉴는 코나 커피 원두를 사용해 추출한 하와이언 아메리카노(Hawaiian Americano, $6~). 매장에서는 코나 커피 원두도 판매한다. 제대로 맛보려면 조금 비싸더라도 100% 코나 커피를 선택하자. 호놀룰루 커피 로고가 새겨진 머그잔과 텀블러, 비치백 등 다양한 MD 상품도 구입할 수 있다.

Menu
코나 커피 원두를 사용한
하와이언 아메리카노
Hawaiian Americano
$5.5~

- **TUMON & TAMUNING** 2권 MAP P.32A INFO P.46
- 시간 09:00~18:30 휴무 연중무휴 가격 커피 $5.5~, 100% 코나 커피 원두 $35~
- **TUMON & TAMUNING** 2권 MAP P.33G
- 시간 10:30~17:00 휴무 연중무휴 가격 커피 $5.5~, 100% 코나 커피 원두 $35~

시나몬 롤과 아이스 아메리카노의 환상 궁합!
시나본
CINNABON

정확히 말하면 커피 전문점이라기보다 계피 향이 진한 시나몬 롤 전문점이다. 하지만 진하고 넉넉한 크기에 저렴하기까지 한 아이스 아메리카노를 찾는 사람이 많다. 잘 발효된 반죽에 버터와 설탕, 계핏가루를 듬뿍 넣어 돌돌 말아 구워낸 깃도 모지라 그 위에 엄청난 양의 설탕 아이싱을 뿌린 시나본 클래식(Cinnabon Classic, $5.5)은 엄청 달아 보이지만 한입 베어 물면 멈출 수 없을 정도로 중독성이 강하다. 달콤한 시나몬 롤과 아이스 아메리카노(Ice Americano, $4) 한 모금은 환상 궁합! 시나몬 롤을 먹으려고 아이스 아메리카노를 마시는 건지, 쌉싸름한 아이스 아메리카노를 마시려고 시나몬 롤을 먹는 건지 알 수 없지만, 시나본에서는 2가지를 꼭 같이 주문해야 제대로 된 맛을 즐길 수 있다! 마이크로네시아 몰, 괌 프리미어 아웃렛, 아가냐 쇼핑센터 3곳에 지점이 있는데, 쇼핑을 즐기다 짬을 내서 잠깐의 여유를 누려보자.

Menu
진한 커피 향을 자랑하는
아이스 아메리카노
Ice Americano
$4

먹을수록 중독되는
시나본 클래식
Cinnabon Classic
$5.5

- **NORTH GUAM** 2권 MAP P.91B
- 시간 11:00~20:00 휴무 연중무휴 가격 커피 $4~, 시나몬 롤 $5.5~
- **TUMON & TAMUNING** 2권 MAP P.33L INFO P.46
- 시간 월~금요일 10:00~20:00, 토요일 06:00~24:00 휴무 연중무휴
- 가격 커피 $4~, 시나몬 롤 $5.5~

I ♥ Brunch!

괌의 아침을 열어주는 카페
리틀 피카스
Little Pika's

괌 현지인들에게 유명한 피카스 카페가 관광객들에게도 큰 인기를 끌면서 투몬 중심에 새롭게 오픈한 매장이다. 피카스 카페의 인기를 등에 업고 오픈하자마자 유명 맛집이 되었다. 덕분에 이른 오전부터 저녁까지 관광객들로 북적거린다. 밥 위에 햄버거 스테이크와 달걀, 버섯을 올리고 진한 특제 소스를 곁들인 하와이 전통 음식 로코모코(Loco Moco, $17+10%)와 차모로 소시지를 곁들인 베네딕트 차모로(Benedict Chamorro, $16+10%)가 대표 메뉴이지만 한국 관광객들에겐 김치가 듬뿍 들어간 김치 앤 불고기 볶음밥(Kimchee and Bulgolgi Fried Rice, $18+10%)이 가장 인기 있다. 아이들을 위한 키즈 메뉴도 있으며 피카스 카페 로고가 들어간 굿즈도 판매 중이다. 포장 주문할 경우 10%의 추가 비용을 지불하지 않아도 된다. 아침 혹은 점심 메뉴로 포장해서 호텔이나 해변에서 피크닉을 즐겨 보는 것도 추천한다.

---- **Menu** ----

차모로 소시지를 곁들인
베네딕트 차모로
Benedict Chamorro
$16+10%

---- *tip* ----

아침 일찍 문을 열기 때문에 조식이 포함되지 않은 숙소를 예약한 여행자들이 늦은 아침 혹은 브런치를 즐기기 좋다.

📍 TUMON & TAMUNING　2권　 MAP P.32A　 INFO P.43
🕐 **시간** 07:30~20:00　 **휴무** 연중무휴
💲 **가격** 베네딕트 차모로 $16+10%, 로코모코 $17+10%

--- Menu ---

휩크림을 추가하거나 팬케이크만 추가하는 것도 가능하다.

휩크림을 산처럼 쌓아 올린
스트로베리 휩 크림 팬케이크
$13.95+10%

----- tip -----

팬케이크는 코코넛, 메이플, 구아바 총 3가지 시럽을 곁들여 다양한 맛을 느낄 수 있다.

세계적으로 유명한 팬케이크를 즐겨보자
에그스 앤 싱스
Eggs 'n Things

1974년 하와이에 처음 문을 연 브런치 카페로 오믈렛, 소시지, 에그 베네딕트, 와플, 팬케이크 등 다양한 메뉴를 갖추고 있다. 오픈 초기부터 신선한 재료를 아낌없이 사용한다는 경영 철학으로 꾸준히 인기를 모으다가 지금은 세계적으로 유명한 브런치 카페가 되었다. 2014년 괌 지점이 처음 오픈할 당시 관광객은 물론 괌 현지인까지 어마어마한 인파가 몰려들었다. 요즘은 한풀 꺾여 식사 시간 외에는 그리 오래 기다리지 않아도 된다. 이른 아침부터 오픈하는 카페로 호텔 조식 대신 즐기기 좋다. 메뉴판에 적힌 수많은 음식들 중 꼭 먹어봐야 하는 것은 폭신하게 구운 팬케이크다.

TUMON & TAMUNING
2권 MAP P.32A INFO P.43
시간 07:00~14:00
휴무 연중무휴 가격 팬케이크 $11.95+10%~, 오믈렛 $12.95+10%~, 커피 $3.95+10%~

--- Menu ---

바삭하게 구운 베이컨과 양상추가 듬뿍
BLT 베이글
BLT Bagel $11.99

해변을 바라보며 즐기는 브런치
투레 카페
Turé Café

괌에서 가장 멋진 뷰를 볼 수 있는 카페이다. 탁 트인 해변이 내다보이는 테라스 자리가 있어 현지 사람들의 데이트 장소로 인기 있다. 관광객들에게는 많이 알려지지 않아 괌 현지 분위기를 느끼고 싶은 여행자들에게 추천한다. 이른 아침에 방문해 베이글 샌드위치(BLT Bagel, $11.99)에 커피 한잔을 하거나, 점심 즈음 방문해 로코모코(Loco Moco, $13.99)로 한끼 식사를 하는 것도 좋다. 혹은 아무 때나 들러 시원한 아이스 아메리카노($5.75) 한잔을 앞에 두고 오션 뷰를 마음껏 즐겨보자. 뜨거운 태양이 질 무렵에는 붉게 물드는 석양을 바라보며 연인과 로맨틱한 분위기를 만끽할 수도 있다.

HAGATNA
2권 MAP P.59H INFO P.71
시간 월~금요일 07:00~19:00, 토·일요일 07:00~15:00
휴무 연중무휴
가격 커피 $5.75~, 샐러드 $15.99~, 햄버거 $14.99~
홈페이지 www.turecafe.com

158	**MANUAL 12** 쇼핑몰
166	**MANUAL 13** 아웃렛
170	**MANUAL 14** 마트
178	**MANUAL 15** 야시장
180	**MANUAL 16** 선물 & 기념품

전 세계적으로 유명한 럭셔리 명품 브랜드부터 현지에서 구입해야 더 저렴한 미국 브랜드, 그리고 괌 로컬 브랜드까지. 어디 이뿐이랴, 기본 40~50% 할인도 모자라 하나를 구입하면 하나는 무조건 반값인 아웃렛까지. 무턱대고 지르다간 환전해 온 달러는 물론 다음 달 청구되는 카드 값에 밤잠을 설칠지도 모른다. 하지만 한 가지 분명한 사실은 꼭 필요한 물건만 콕콕 집어 합리적인 소비를 한다면 왕복 비행기값 정도는 건질 수 있다는 것! 지금부터 열심히 위시 리스트를 작성해 보자.

Check!
고가의 상품은 한국에 가지고 들어올 때 관세가 만만치 않으니 꼼꼼한 가격 비교 필수!

[괌 대표 쇼핑 스팟 한눈에 보기]

- 쇼핑몰
- 아웃렛
- 마트
- 야시장

JP 슈퍼스토어 JP Superstore
더 플라자 The Plaza
ABC 스토어 ABC Store
T갤러리아 바이 DFS 괌 TGalleria By DFS, Guam
마이크로네시아 몰 Micronesia Mall
페이레스 슈퍼마켓 Pay-Less Supermarkets
투몬 샌즈 플라자 Tumon Sands Plaza
ABC 스토어 ABC Store
K마트 Kmart
타무닝 Tamuning
캘리포니아 마트 California Mart
코스트 유 레스 Cost U Less
괌 프리미어 아웃렛 Guam Premier Outlets
괌 국제공항 Antonio B. Won Pat International Airport
차모로 빌리지 야시장 Chamorro Village Night Market
페이레스 슈퍼마켓 Pay-Less Supermarkets
바리가다 Barrigada
망길라오 Mangilao

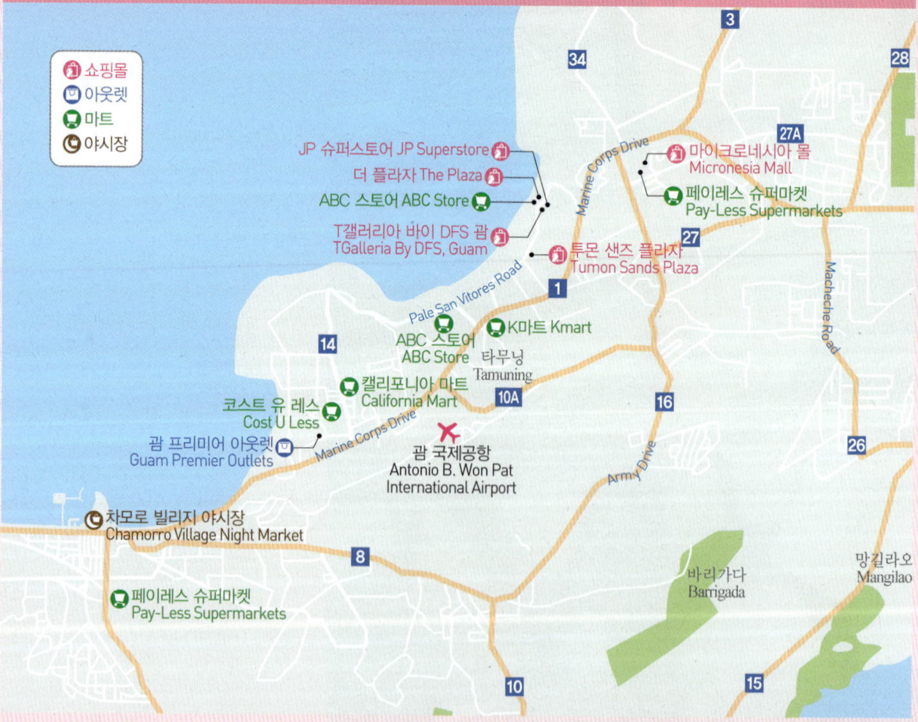

Guam Shopping Tip 3
실패하지 않는 괌 쇼핑을 위한 3가지 팁!

1. DUTY FREE! 섬 전체가 면세 구역!

괌은 일부러 면세점을 찾아 다닐 필요 없이 섬 전체가 면세 구역이다. 그야말로 쇼핑 천국인 것이다. 꼼꼼하게 택스 리펀드(Tax Refund) 서류를 챙겨 세금을 환불받아야 하는 번거로운 절차가 필요 없다는 뜻이다. 한국에서는 품절로 구하기 힘든 상품도, 아직 한국에 수입되지 않은 최신상도, 한국에서 가장 가까운 미국령 괌에서는 쉽게 구입할 수 있다. 게다가 추가로 지불해야 하는 세금도 없으니 더 이상 무슨 말이 필요하겠는가! 미국·유럽 상품의 아시아 최대 쇼케이스라 불리는 괌으로 수많은 쇼퍼들이 몰리는 것은 당연한 일! 쇼핑을 하려고 일부러 괌을 찾는 여행자들도 적지 않다.

2. SHOPPING FESTIVAL! 괌에서 즐기는 특별한 쇼핑 축제

한국의 추운 겨울을 피해 따뜻한 괌 여행을 계획하는 여행자들에게 희소식! 태평양의 '핫'한 날씨만큼이나 더 '핫'한 쇼핑 페스티벌이 여행객들을 기다린다. 바로 쇼핑 천국이라 불리는 괌에서 즐기는 리얼 축제, 숍 괌 e-페스티벌(Shop Guam e-Festival)! 한국의 세일 시즌과는 비교할 수 없는 규모와 할인율로 그야말로 '폭탄 세일'을 경험할 수 있는 숍 괌 e-페스티벌은 괌에 자리 잡은 대부분의 쇼핑몰은 물론 레스토랑까지 모두 참여하는 대형 축제다. 이 기간에는 그야말로 섬 전체가 축제 분위기로 들썩거린다. 스마트폰 앱을 활용해 별도의 쿠폰 출력 없이 간단하게 할인받을 수 있으니 이번 겨울에는 따뜻한 괌 여행을 계획해 보는 것은 어떨까? 숍 괌 e-페스티벌 기간 : 11월 초(10일)~다음 해 2월 말(28일)

3. SHOPPING MALL SHUTTLE 편하게 이용하는 쇼핑몰 셔틀버스

T갤러리아 바이 DFS 괌, 괌 프리미어 아웃렛, JP 슈퍼스토어, 마이크로네시아 몰, K마트까지! 쇼핑몰 한 곳으로는 만족하지 못하는 여행객들을 위해 특별한 셔틀버스가 운행된다. 주요 쇼핑몰과 마트를 수시로 오가는 '쇼핑몰 셔틀버스'와 'T갤러리아-K마트 셔틀버스'를 이용하면 렌터카 없이도, 굳이 비싼 택시를 타지 않아도 즐거운 쇼핑을 마음껏 즐길 수 있다. 쇼핑몰이 문을 여는 10시부터 저녁 9시까지 수시로 운행하며 1회 탑승 요금은 $4. 하루 동안 '쇼핑몰 셔틀'과 'T갤러리아-K마트 셔틀' 그리고 괌의 주요 호텔을 오가는 '투몬 셔틀'을 함께 이용할 수 있는 1일권($12)을 구입하는 것도 좋다. 티켓은 버스 안에서 직접 구입 가능하다. ※코로나로 인해 일시적 노선 운휴중

Plus Tip 나라별 사이즈 조견표

여성 의류

한국	44(XS)	55(S)	66(M)	77(L)	88(XL)
미국	0~2	4~6	8~10	12	14
유럽	32	34~36	38~40	42	44

남성 의류

한국	90(XS)	95(S)	100(M)	105(L)	110(XL)
미국	34	36	38	40	42
유럽	44	46	48	50	52

여성 신발

한국	225	230	235	240	245	250	255	260	265	270
미국	5.5	6	6.5	7	7.5	8	8.5	9	9.5	10
유럽	36.5	37	37.5	38	38.5	39	39.5	40	40.5	41
영국	2.5	3	3.5	4	4.5	5	5.5	6	6.5	7

남성 신발

한국	245	250	255	260	265	270	275	280	285	290
미국	6.5	7	7.5	8	8.5	9	9.5	10	10.5	11
유럽	40	40.5	41	41.5	42	42.5	43	43.5	44	44.5
영국	6	6.5	7	7.5	8	8.5	9	9.5	10	10.5

유아(Baby) 신발

한국	95	100	105	110	115	120	125	130	135	140
미국	3.5	4	4.5	5	5.5	6	6.5	7	7.5	8
유럽	19	19.5	20	21	21.5	22	22.5	23.5	24	25
영국	3	3.5	4	4.5	5	5.5	6	6.5	7	7.5

어린이(Kids) 신발

한국	145	150	155	160	165	170	175	180	185	190	195	200	205	210
미국	8.5	9	9.5	10	10.5	11	11.5	12	12.5	13	13.5	1	1.5	2
유럽	25.5	26	26.5	27	27.5	28	28.5	29	30	31	31.5	32	33	33.5
영국	8	8.5	9	9.5	10	10.5	11	11.5	12	12.5	13	13.5	1	1.5

MANUAL 12
쇼핑몰

전 세계 쇼퍼들을 끌어들이는
괌 대표 쇼핑몰
BEST 5

- GUAM SHOPPING -
놓칠 수 없는 괌 쇼핑의 장점!

1
섬 전체가
'면세 지역'

2
괌 여행의 중심
투몬에 밀집한
크고 작은 '쇼핑몰'

3
아침부터 저녁까지
오로지 쇼핑몰만을
오가는 '쇼핑몰 셔틀버스'

이 3가지는 관광이나 휴양 못지않게 전 세계 여행객들을
괌으로 끌어들이는 중요한 매력 포인트가 분명하다.
루이비통, 구찌, 에르메스, 티파니 등 세계적인 명품 브랜드부터
코치, 폴로 랄프 로렌, 타미 힐피거 등 미국에서 구입해야
더 저렴한 로컬 브랜드, 그리고 차모로 스타일로 재탄생한
수공예품과 트로피컬 드레스까지!
아무리 구경만 할 거라고 큰소리쳐 봐야 일단 들어가면 어느새
두 손 가득 쇼핑백을 들고 나오는 괌 대표 쇼핑몰 대탐험!
자, 지금부터 지갑 단속 단단히 하시길!

- SHOPPING MALL FIND OUT -
나에게 딱 맞는 괌 쇼핑몰 찾기!

명품은 물론 화장품, 기념품까지 한 번에!

사랑스런 내 아이의 옷 쇼핑!

독특하고 유니크한 기념품 쇼핑!

세계적인 럭셔리 명품 쇼핑!

쇼핑과 맛집 탐방을 한 번에!

A
JP 슈퍼스토어

B
투몬 샌즈 플라자

C
더 플라자

D
마이크로네시아 몰

E
T갤러리아 바이 DFS 괌

괌 명품 쇼핑의 1번지!
T갤러리아 바이 DFS 괌
T Galleria by DFS, Guam

즐거운 섬이라는 뜻의 '플레저 아일랜드' 중심에 위치한 T갤러리아는 여행자들이 쇼핑의 즐거움을 만끽할 수 있는 대형 쇼핑몰이다. 럭셔리 명품 브랜드부터 유명 화장품, 가볍게 선물하기 좋은 합리적인 가격의 기념품까지 다양하게 갖춰져 있다. 섬 전체가 면세 지역인 괌에서 굳이 면세점을 가야하나 싶겠지만 세계적인 체인의 T갤러리아 면세점은 전 세계의 T갤러리아 고객 서비스 센터에서 반품, 교환 등의 애프터서비스를 받을 수 있어 고가의 제품을 구입할 경우 첫 번째로 추천하는 곳이다. 한국에도 고객 서비스 센터가 있으니 구입한 물건에 문제가 생겼을 경우 국내에서 친절한 서비스를 받을 수 있다.

국내 백화점이나 면세점에서 판매하는 유명 화장품, 향수 브랜드가 모여 있는 화장품 & 향수 섹션에서는 한국 출시 전이나 인기가 많아 품절된 제품들을 구입할 수도 있다. 간혹 유럽 브랜드의 화장품은 국내 면세점이 더 저렴한 경우도 있지만 베네피트, 크리니크, 키엘 등 미국 브랜드는 괌이 더 저렴하다. 게다가 브랜드별로 프로모션이나 세트 상품을 구입하면 할인해 주는 이벤트가 많으니 꼼꼼하게 따져보자. 기념품과 주류를 판매하는 섹션에서는 선물하기 좋은 아이템들이 진열되어 있지만 다른 쇼핑몰에 비해 저렴한 가격은 아니다. 하지만 할인 프로모션을 자주 하는 편이니 2개를 구입하면 추가 할인되거나 하나를 구입하면 하나는 반 값으로 제공하는 등의 프로모션을 눈여겨보자.

T갤러리아에서 본격적인 쇼핑을 즐기기 전, 2층 고객센터에 들러 쇼핑 카드를 발급받는 것도 필수!

TUMON & TAMUNING 2권 MAP P.32E INFO P.47
시간 월~금요일 12:00~19:00 토·일요일 12:00~20:00 휴무 연중무휴
홈페이지 www.dfs.com/kr/guam

다양한 브랜드가 모인 편집 숍
JP 슈퍼스토어
JP SuperStore

슈퍼스토어라는 이름 때문에 종종 슈퍼마켓으로 오해하는 JP 슈퍼스토어는 유명 브랜드부터 중저가 브랜드, 괌 로컬 상품까지 구입할 수 있는 대형 쇼핑몰이다. 브랜드가 수시로 바뀌어 최신 트렌드의 제품을 가장 먼저 만나볼 수 있는 것이 JP 슈퍼스토어의 가장 큰 장점! 유명 브랜드와 독점 계약을 맺어 무스너클(Moose Knuckles), 디스퀘어드 2(Dsquared2) 등 JP 슈퍼스토어에서만 구입할 수 있는 브랜드도 많은 편이다. 브랜드별로 하나의 매장을 가지고 있는 것이 아니라 남성, 여성, 어린이는 물론 럭셔리, 캐주얼, 신발, 가방, 가정용품, 미용, 선물 등 다양한 테마로 나눠져 있다. 각 섹션별로 콘셉트에 맞춰 여러 브랜드가 모여 있는 편집 숍으로 많이 움직이지 않고 한곳에서 브랜드를 비교해 가며 쇼핑하기 좋다.

최근 태교 여행이나 가족 여행객이 늘어나면서 미니 멜리사(Mini Melissa), 스킵합(Skip Hop) 등 아이들을 위한 브랜드가 대거 들어섰는데 입소문을 타고 인기 급상승 중이다. 기발한 아이디어 상품과 다채로운 기념품, 그리고 메이드 인 괌(Made in Guam) 제품이 특히 많은 기념품 코너는 구경하는 재미가 쏠쏠하다. 열심히 둘러보면 어디에서도 구입하지 못할 레어 아이템들을 많이 찾아볼 수 있다. 슈즈 코너에서는 세계적으로 유명한 플립플랍 브랜드들을 여럿 찾아볼 수 있는데 그중 브라질의 하바이아나스(Havaianas)와 영국의 핏플랍(Fitflop)을 눈여겨보자.

TUMON & TAMUNING 2권 MAP P.32A INFO P.48
시간 월~목요일 11:00~20:00, 금~일요일 11:00~21:00
휴무 연중무휴 홈페이지 www.jpshoppingguam.com

명품 가방을 그려 넣은 센스 넘치는 에코 백 $36

코카콜라 캔 모양의 클러치 $30

괌에서만 구입가능한 일러스트 텀블러 $14

말랑한 젤리 소재로 발이 편한 마이클 코어스 샌들 $49

먹지 마세요, 피부에 양보하세요! 귀여운 아이스 바 모양의 비누 $3.99

백화점부터 슈퍼마켓까지,
괌에서 가장 큰 쇼핑몰
마이크로네시아 몰
Micronesia Mall

괌의 다양한 쇼핑몰 중에서 단연 최대 규모를 자랑하는 미국 스타일의 종합 쇼핑센터이다. 미국의 유명 백화점 메이시스(Macy's)부터 120여 개의 다양한 매장이 있다. 최근에는 창고형 할인 매장 로스 드레스 포 레스(Ross Dress for Less)까지 입점해 현지인들은 물론 관광객들을 유혹하고 있다.

특히 메이시스 백화점은 시즌별로 다양한 세일을 진행해 백화점이긴 하지만 아웃렛만큼 저렴한 가격으로 다양한 아이템을 구입할 수 있다. 2층 어린이 매장에는 폴로 랄프 로렌, 카터스, 리바이스 키즈 등이 모여 있는데, 한곳에서 여러 브랜드의 아이 옷을 비교해 볼 수 있어서 가족 여행객들에게 큰 인기를 끌고 있다. 회전목마, 바이킹, 미니 기차 등을 즐길 수 있는 펀타스틱 파크(Funtastic Park)와 함께 키즈 카페 롤리팝 & 카페(Lollipop & Café)까지 마련되어 아빠 엄마는 쇼핑을 즐기고 아이들은 신나게 놀 수 있으니 일석이조다.

NORTH GUAM 2권 MAP P.91B INFO P.96
시간 일~목요일 10:00~20:00, 금·토요일 10:00~21:00
휴무 연중무휴 홈페이지 www.micronesiamall.com

TIP!
2층에 마련된 대형 푸드코트에서는 전 세계 다양한 음식을 저렴한 가격에 맛볼 수 있다.

Check! 1층 인포메이션 센터에서 여권을 제시하면 메이시스 백화점 10% 할인 쿠폰을 제공한다.

추천 매장

풋로커 Foot Locker
미국의 내형 스포츠 웨어 & 신발 전문 체인으로 나이키, 아디다스 등 다양한 스포츠 브랜드의 옷과 신발을 구입할 수 있다. 특히 신발이 국내보다 저렴한 편인데 추가 세일을 할 경우 한국 가격의 절반 값에 구입할 수 있다. 풋로커에서는 원하는 사이즈가 있으면 바로 구입해야 한다. 워낙 방문객이 많아 다음 날로 기약해 갔다간 결국 사지 못하는 경우가 대부분이다. 안쪽에는 조던(Jordan) 마니아를 위한 나이키 조던 시리즈 전용 진열대가 따로 마련되어 있다. 국내에 출시되기 전이나 품절된 상품들을 구입할 수 있어 오직 조던 제품을 찾아 이곳에 오는 사람들도 적지 않다.

원 달러 디스카운트 숍
1 Dollar Discount Shop
이름만 보면 우리나라의 천 원 숍 같지만 사실은 기념품을 판매하는 잡화점이다. 유니크한 기념품들이 다양하게 진열되어 있어 구경하는 재미가 쏠쏠하다. 특히 비키니 모델이나 근육맨으로 변신시켜 주는 티셔츠가 가장 인기. 다른 쇼핑몰에서는 찾아보기 힘든 위트 넘치는 기념품들이 많으니 독특한 선물을 고르고 싶은 여행자들에게 추천한다.

비타민 월드 Vitamin World
영양제 전문 숍으로 저렴한 가격에 매번 다양한 프로모션까지 진행하고 있어 한국보다 훨씬 저렴하게 구입할 수 있다. 한국어 가능한 직원이 상주하고 있어 상세한 설명을 한국어로 들을 수 있다. 홈페이지에서 미리 회원 가입을 해두면 할인된 회원가로 구입할 수 있으며 현장에서 바로 가입할 수도 있다. 마이크로네시아 몰과 괌 프리미어 아웃렛 지점 모두 거의 같은 제품을 판매하고 세일하는 품목도 비슷하다.

TIP!
더 플라자 쇼핑몰에서는 와이파이가 무료!

쇼핑과 맛집 탐방을 한 번에!
더 플라자
The Plaza

괌에서 가장 럭셔리한 호텔로 알려진 두짓타니 괌 리조트와 연결된 대형 쇼핑몰이다. 투몬 중심의 Pale San Vitores Road를 사이에 두고 T갤러리아 바이 DFS와 마주 보고 있다. 쇼핑을 즐기는 것 외에도 스파 마사지 숍은 물론 괌 유일의 수족관 언더워터 월드(Underwater World)도 함께 즐길 수 있다. 괌 맛집으로 알려진 하드록 카페(Hard Rock Café), 시 그릴 레스토랑(Sea Grill Restaurant), 비치인 쉬림프(Beachin' Shrimp)에서 식사를 즐겨보는 것도 추천한다. 구찌, 코치, 마이클 코어스 등을 전면에 내세워 관광객들을 유혹하고 있으니 세 브랜드를 구입하고자 한다면 더 플라자로 향하자. 규모는 물론 다양한 디자인의 제품을 보유하고 있어 선택의 폭이 넓다. 마주 보고 있는 T갤러리아만큼 명품 브랜드가 다양하지는 않지만 T갤러리아에서는 찾아볼 수 없는 매장들이 있어 다양한 쇼핑을 즐기기 좋다. 부담 없이 구입하기 좋은 중저가 브랜드와 괌 로컬 브랜드들이 관광객들을 유혹한다. 특히 차모로 스타일의 비치 웨어와 트로피컬 드레스, 비치 샌들을 구입할 거라면 더 플라자가 답이다.

TUMON & TAMUNING 2권 MAP P.32A INFO P.49
시간 10:00~21:00 * 매장 별 상이 휴무 연중무휴 홈페이지 www.theplazaguam.com

고급스러운 명품 전문 쇼핑몰
투몬 샌즈 플라자
Tumon Sands Plaza

끌로에, 보테가 베네타, 발렌시아가, 롤렉스, 지방시 등의 명품 브랜드를 갖춘 쇼핑몰이었지만 지금은 여러가지 사정으로 대부분의 브랜드가 문을 닫은 상태이다. 롤렉스를 포함한 럭셔리 시계 브랜드들이 함께 모여 있는 멀티숍과 아트 갤러리, 웨딩 스튜디오와 괌 웨딩의 전반적인 정보를 얻을 수 있는 플래너 샵이 그 자리를 지키고 있다. 과거의 화려했던 명품 브랜드 매장은 다 사라져 버렸지만 일본식 철판 요리 데판야키 전문점 조이너스 케야키 레스토랑, 하와이언 코나 커피를 판매하는 호놀룰루 커피 등을 방문하러 오는 관광객 덕분에 아직도 그 자리를 지키고 있다. 투몬 중심에서 약 450m 정도 떨어져 있어 도보로 이동하는 것도 가능하다.

TUMON & TAMUNING 2권 MAP P.33G INFO P.49
시간 11:00~20:00 휴무 연중무휴 홈페이지 www.tumonsandsplaza.com

MANUAL 13
아웃렛

Let's go shopping >>>

어머,
여긴 꼭 가야 해!
**괌 프리미어
아웃렛**

SALE

UP TO 70%

Guam Premier Outlets

미국의 유명 브랜드들이 모여 있는 괌 최대 아웃렛으로 명품보다는 타미 힐피거, 캘빈 클라인, 리바이스 등 중저가 브랜드를 추가 할인하기 때문에 저렴한 가격이 가장 큰 매력이다. 게다가 오전 6시부터 자정까지 문을 여는 창고형 아웃렛 로스 드레스 포 레스(Ross Dress for Less) 매장이 있어 늦은 밤 쇼핑으로 하루를 마무리하는 현지인들과 관광객들로 늘 북적거린다. 투몬 중심에서 조금 떨어져 있지만 레드 구아한 투몬 셔틀버스를 이용할 수 있어 접근성도 좋은 편이다. 푸드코트는 물론 다양한 레스토랑들이 모여 있어 쇼핑과 식사를 한꺼번에 해결하기도 안성맞춤이다. 매장마다 매일같이 수많은 물건들이 들어오기 때문에 방문하는 날에 따라 구입할 수 있는 품목이 다르다. 따라서 대부분의 여행자들은 바쁜 중에도 기본 두세 번은 꼭 들르는 괌 여행 필수 코스이다! 제아무리 쇼핑을 좋아하지 않는 여행자라도 한번 들어가면 절대 빈손으로 나올 수 없는 괌 프리미어 아웃렛의 모든 것! 지금부터 파헤쳐 보자.

TUMON & TAMUNING 2권 **MAP P.33L INFO P.48**
시간 10:00~21:00(매장에 따라 다름), 로스 드레스 포 레스 06:00~24:00
휴무 연중무휴
홈페이지 www.gpoguam.com

알고 가면 2배 더 즐거운 괌 프리미어 아웃렛 팁

1 가족끼리 방문해도 걱정 NO!
어른들이 쇼핑을 즐기는 동안 아이들은 안전한 놀이터(무료)에서 신나게 뛰어놀 수 있다.

2 할인에 할인을 더하는 쿠폰 득템의 기회!
인포메이션 센터에서 부정기로 쿠폰을 배포하기도 하니 쇼핑 전 꼭 들러보자. 운이 좋으면 할인 쿠폰을 득템할 수 있다.

3 볼거리 즐길 거리가 한가득!
아웃렛 중앙 무대에서는 주말이면 다양한 행사가 열리는데 누구나 자유롭게 참여할 수 있다. 이곳에서 특별한 추억을 만들어보자.

pick me

타미 힐피거 기본 가격도 한국보다 훨씬 저렴한 데다 30~50% 추가 할인되니 한국 백화점의 25% 가격에 득템할 수 있다. 한국인 여행객들은 모두 괌 프리미어 아웃렛 타미 힐피거 매장에서 만난다는 우스갯소리가 있는데, 그야말로 괌인지 한국인지 구분이 안 될 만큼 한국인들로 가득하다. 어느 옷에나 쉽게 코디할 수 있는 무난한 스타일이 주를 이루며 귀여운 아이들 옷이 특히 인기 있다. 깔끔한 디자인의 여행 가방, 성인 남자 셔츠나 베이직 팬츠도 인기 품목 중 하나. 워낙 사람이 많아 인기 제품의 사이즈는 금방 품절되니 원하는 사이즈가 있다면 주저하지 말고 일단 집어 두자. 한국에서는 거의 찾아보기 힘든 빅 사이즈 옷들도 많은 편이다.

PLUS TIP
괌 프리미어 아웃렛 홈페이지의 이벤트 카테고리로 들어가면 시즌에 따라 추가 할인 쿠폰을 받을 수 있다.

여행용 캐리어도 인기

pick me

캘빈 클라인 한국에서는 고급 브랜드로 많이 알려져 있지만 괌 프리미어 아웃렛에서는 대중적인 스파 브랜드의 가격으로 구입할 수 있다. 바지나 기본 티셔츠도 많이 찾지만, 가장 인기 있는 품목은 합리적인 가격의 속옷이다. 세트로 구성되어 있는데, 저렴한 제품의 경우 1세트 $25 정도에 구입할 수 있다. 시즌별로 추가 할인 프로모션을 진행하고 있으며 타미 힐피거 매장에서 계산을 완료하면 캘빈 클라인 쿠폰을 제공해주기도 한다. 쿠폰을 제시하고 계산할 때 이메일 주소를 입력해 두면 시즌에 따라 할인 쿠폰을 보내주는 경우도 있다.

페이머스 풋웨어 나이키, 아디다스, 컨버스, 크록스 등 유명 스포츠 브랜드 신발들을 한꺼번에 모아 놓았다. 이미 온라인 직구를 이용하는 한국 사람들에게도 친숙한 브랜드로 괌 프리미어 아웃렛 매장에서는 직접 다양한 신발들을 신어보고 구입할 수 있어 실패 없는 쇼핑이 가능하다. 신상품이나 한정판 운동화를 발견하기에는 다소 어려울 수도 있으나 각 브랜드를 대표하는 스테디셀러 모델은 쉽게 찾아볼 수 있다. 가격도 저렴하며 한국에서는 쉽게 발견하기 힘든 빅 사이즈의 신발도 다양하다. 사전에 페이머스 풋웨어 앱을 통해 오프라인 쿠폰을 다운로드하면 추가 할인 혜택을 받을 수 있다.

pick me

Ross Dress for Less

pick me

로스 드레스 포 레스 옷은 물론 가방, 신발, 수영복, 장난감, 인테리어 용품까지 그야말로 없는 것이 없는 창고형 아울렛이다. 괌 프리미어 아울렛 안에 있지만 별도의 오픈 시간이 있으니 이른 아침부터 새벽까지 편하게 쇼핑을 즐길 수 있다. 맨, 우먼, 키즈로 구분되어 줄줄이 이어진 행거에는 명품 브랜드부터 중저가 브랜드의 옷들이 빼곡히 걸려 있다. 진흙 속에서 진주를 찾는다는 심정으로 열심히 고르는 것이 로스 쇼핑의 포인트. 잘만 고르면 90% 할인된 가격으로 럭셔리 명품을 득템할 수 있다. 한쪽에 마련된 피팅룸에서는 직접 옷을 입어볼 수도 있으니 고민되는 옷은 일단 카트에 담아두자. 잠시 고민하다가 내려놓으면 어마어마한 옷걸이 속에서 두 번 다시 찾을 수 없게 될지도 모른다. 운동화부터 샌들, 구두까지 다양한 브랜드가 모여 있는 신발 코너는 사이즈별로 구분되어 있으니 마음에 드는 것이 있으면 하나하나 신어볼 것을 추천한다. 단돈 $10에 운동화 또는 비치 샌들을 구입할 수도 있다. 구입한 물건이 여행 가방에 다 들어가지 않을까 걱정된다면 여행 가방 코너로 향하자. 도저히 구입하지 않고는 못 배길 가방들이 수두룩하다. 단, 예약한 항공사별로 추가 수하물에 별도의 요금이 부과될 수 있으니 미리 체크해 두자. 로스는 물건이 들어오는 날에 따라 쇼핑의 만족도가 크게 달라진다. 하지만 날짜와 시간이 매번 달라서 예측할 수가 없다. 득템의 의지가 불타오른다면 매일같이 출석 도장을 찍어보는 것도 좋은 방법이다. ⓘ 시간 06:00~24:00

Ross Dress for Less Shopping List
로스 드레스 포 레스 쇼핑 득템 리스트!

- 여자아이를 위한 드레스 $12.99
- 키즈 미니마우스 핸드백 $9.99
- 아디다스 러닝화 $44.99
- 마이클 코어스 핸드백 $99.00
- 주방 놀이 장난감 $12.99
- 미니마우스가 그려진 디즈니 단화 $12.99
- 플레이도 장난감 $15.99
- 케임브리지 커트러리 세트 $17.99

MANUAL 14
마트

볼거리, 먹거리, 살 거리가 한가득!
괌을 대표하는 마트 대열전!

'괌 필수 쇼핑'을 검색하면 T갤러리아나 괌 프리미어 아웃렛만큼이나
많이 나오는 것이 K마트, ABC 스토어, 페이레스 슈퍼마켓 등이다.
마트가 괌 필수 쇼핑 스폿이라니 조금 의문스러운 것이 사실이다.
하지만 적어도 이곳 괌의 마트는 먹음직스러운 음식들을 판매하는 것을 넘어
다양한 기념품과 이색적인 토산품, 그리고 해변을 제대로 즐기기 위한
화려한 비치 웨어와 생활용품까지 그야말로 없는 것이 없는 만물상이다.
목이 마르거나 입이 심심할 때는 물론, 친구나 직장 동료들에게 나눠 줄 달콤한 초콜릿,
화려한 프린트의 원피스와 비치 슬리퍼가 필요할 때 주저하지 말고 근처 마트로 향하자.
참새가 방앗간을 그냥 못 지나치듯이 익숙한 간판이 보일 때마다 들어서는
자신의 모습을 발견하게 될 것이다.

더 이상의 고민은 필요 없다! 취향 저격 괌 마트 찾기!

- 나는 무조건 한식! 김치, 고추장, 삼겹살이 그리워!
- 늦은 밤은 물론 새벽에도 편하게 쇼핑할 수 있으면 좋겠어!
- 현지인들처럼 신선한 식자재로 바비큐 파티를 할 거야!
- 차 타고 가는 건 귀찮은데, 무조건 가까운 곳이 최고지!
- 식구도 많고 선물할 사람도 많아. 무조건 많이 구입해야지!

| K마트 Kmart | ABC 스토어 ABC Store | 페이레스 슈퍼마켓 Pay-Less Super markets | 캘리포니아 마트 California Mart | 코스트 유 레스 Cost U Less |

24시간 불을 밝히고 관광객들을 맞이하는
K마트 Kmart

24시간 운영하는 대형 슈퍼마켓으로 식료품은 물론이고 가전제품, 장난감, 의류, 생활용품, 영양제 등을 판매한다. 괌에서 꼭 구입해야 하는 쇼핑리스트, 기념품, 선물 들도 모두 이곳에서 구입할 수 있다. 덕분에 생활 필수품을 구입하려는 현지인들은 물론 여행객들도 한두 번은 꼭 들르는 중요한 쇼핑 스폿이다.

TUMON & TAMUNING 2권 MAP P.33G INFO P.48
시간 24시간 휴무 연중무휴

한국에서는 비싼 가격에 구입해야 하는 센트룸(Centrum) 같은 영양제도 저렴하게 구입할 수 있다. 부모님께 드릴 선물로 더할 나위 없이 좋다.

마트라고 해서 신선한 야채와 과일, 고기 등 먹거리만 판매한다는 생각은 접어두자. K마트에서는 물놀이 용품부터 기념품, 장난감, 영양제, 선물용품, 전자제품, 옷, 신발, 가방 등 일일이 열거할 수 없을 정도로 다양한 제품을 구입할 수 있다. 한국의 이마트와 같은 대형 슈퍼마켓인데 이마트와 다른 점이라면 아쉽게도 신선한 야채와 과일, 냉장 고기, 생선 등은 찾아볼 수 없다는 것이다.

K마트에서 사면 좋은 추천 아이템은 구명조끼, 물안경, 모래놀이 장난감, 스노클링 마스크 등 물놀이 용품과 저렴한 가격의 영양제와 상비약 등이다. 워낙 물놀이가 생활화되어 있다 보니 저렴한 가격으로 품질이 우수한 제품들이 많은 편이다. 특히 뜨거운 태양 아래 피부를 보호해 주는 강력한 자외선 차단지수 SPF110의 선크림과 알로에 성분의 진정 로션도 저렴하게 구입할 수 있다.

괌에서만 구입할 수 있는 다양한 맛의 괌 맥주와 선물용으로 좋은 초콜릿, 쿠키 등의 먹거리들도 판매하고 있으니 일단 괌에서의 쇼핑은 K마트에서 시작해 보자. 24시간 문을 열기 때문에 관광을 마치고 늦은 밤 쇼핑을 즐기거나 밤 비행기 시간을 기다리는 동안 잠깐 짬을 내어 마지막으로 들르는 코스로도 인기를 끌고 있다.

아이 기저귀나 분유, 병 이유식과 아이 과자도 다양하게 구비되어 있다. 한국에서 무겁게 가져오지 않아도 된다. 특히 휴대용 유모차와 카시트는 한국보다 저렴한 가격에 판매하고 있어 일부러 괌의 K마트에서 구입하는 사람들도 많다.

TIP 매장 내 리틀 시저스 (Little Caesars)에서 피자와 파스타 등을 저렴하게 맛볼 수 있다.

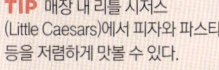

괌 필수 쇼핑 리스트는 다 모였다!
ABC 스토어 ABC Store

1949년 하와이에서 시작해 괌, 사이판, 라스베이거스 등에 매장을 가지고 있는 편의점 체인으로 괌에서 꼭 구입해야 하는 필수 쇼핑 리스트는 거의 있어 항상 관광객들로 북적거린다. 투몬은 물론이고 마이크로네시아 몰, 괌 프리미어 아웃렛 등 괌 곳곳에 7개 지점을 운영하고 있으며 다른 마트처럼 24시간 운영하지는 않지만 비교적 늦은 시간까지 여행자들의 쇼핑 열정에 불을 지피고 있다.

TUMON & TAMUNING 2권 MAP P.32A INFO P.48
시간 08:30~22:00 휴무 연중무휴
TUMON & TAMUNING 2권 MAP P.33G
시간 07:30~23:30 휴무 연중무휴

↑ 맥주나 음료수, 간단하게 배를 채울 삼각김밥이나 샌드위치, 샐러드 등도 판매한다. 해변에서 물놀이를 갈 때 혹은 늦은 밤 출출할 때 야식으로 즐기는 것도 좋다. 생각만큼 모든 물건들이 다 비싼 편은 아니니 K마트까지 이동하기 번거롭다면 이곳 ABC 스토어를 이용하는 것도 나쁘지 않다.

ABC Store

ABC 스토어에서 구입하면 좋은 추천 아이템은 선물용 초콜릿과 마카다미아, 그리고 수영복과 트로피컬 드레스 등의 비치 웨어.

고디바 초콜릿과 커피는 정식 매장에서 할인되는 경우가 거의 없다. ABC 스토어에서는 수시로 할인 프로모션이 진행되며 고디바 매장보다 조금 더 저렴하게 구입할 수 있다.

ABC 스토어가 하와이에서 시작된 브랜드인 만큼 하와이 마우나 로아 마카다미아도 다양하게 준비되어 있다. 하나만 구입할 경우에는 K마트보다 비싸지만 두세 개를 한꺼번에 구입하면 할인해 주는 **프로모션**을 자주 진행한다. 물론 매번 가격이 조금씩 달라지니 가격 비교는 필수. 코나 커피가 코팅된 마카다미아는 이곳 ABC 스토어에서만 구입할 수 있다.

TIP 비상시 복용할 두통약이나 소화제, 해열제 등도 갖추고 있으니 필요한 경우 가까운 ABC 스토어로 향하자.

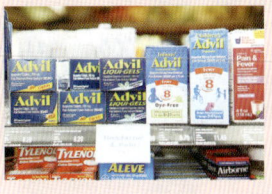

해변에서 바비큐 파티를 즐기고 싶다면
페이레스 슈퍼마켓 Pay-Less Supermarkets

다양한 기념품이나 공산품으로 관광객을 공략하는 K마트와 달리 신선한 채소와 과일, 바비큐용 쇠고기와 돼지고기 등 다양한 식자재를 판매하고 있어 관광객보다 현지인들의 비율이 월등히 높다. 덕분에 복잡하지 않고 여유롭게 쇼핑할 수 있다. 페이레스 슈퍼마켓은 특히 쇠고기가 엄청 저렴한데 주방이 갖춰진 숙소에 투숙하는 경우 이곳에서 고기와 채소 등을 구입해 근사한 홈파티를 즐겨볼 것을 추천한다. 한국보다 훨씬 저렴한 가격에 바비큐 장비를 구입할 수 있으니 장기간 머물 예정이라면 아예 바비큐 장비를 장만해 해변에서 바비큐 파티를 해보는 것도 좋다. 요즘 유행하는 현지인처럼 살아보는 여행을 즐길 수 있다. 잘 튀겨진 치킨, 깨끗하게 손질된 신선한 연어회와 참치회도 페이레스 슈퍼마켓의 인기 품목 중 하나로 주말이면 이곳에서 도시락을 구입해 해변으로 피크닉을 떠나는 현지인들도 많은 편이다. 주류 코너에는 위스키부터 일본의 사케, 한국의 소주까지 세계 각국의 다양한 술을 판매하고 있는데 그중 맥주 코너가 단연 인기. 괌에만 있는 괌 맥주부터 세계 각국의 대표적인 맥주들이 차곡차곡 정리되어 있으며 거짓말 조금 보태 물보다 저렴하게 맥주를 구입할 수 있다.

TIP K마트와 판매하는 물건들이 많이 겹치기도 하는데 K마트보다 저렴한 것도 있고 비싼 것도 있다.

TUMON & TAMUNING 2권 MAP P.32F 시간 24시간 휴무 연중무휴
홈페이지 www.paylessmarkets.com

한국 음식이 그립다면 한인 마트로
캘리포니아 마트 California Mart

영어로 캘리포니아 마트라고 쓰여진 입구가 무색하게도 문을 열고 들어서면 여기가 한국인지 괌인지 모를 정도로 한국 제품이 가득하다. 괌에 있는 한인 마트 중 가장 큰 규모로 과자, 김치, 아이스크림은 물론 신선한 채소와 과일, 고기류까지 원산지가 한국으로 표시되어 있으니 그저 신기할 따름이다. 특히 즉석 식품 코너에는 바로 먹을 수 있게 조리된 잡채와 김밥, 부침개까지 있다. 한국 마트와 다른 점이라면 직원이 한국말을 못한다는 것뿐이다. 행여 괌의 음식이 입에 맞지 않을까 싶어 여행 가방 가득 김치와 즉석 밥, 라면에 밑반찬까지 바리바리 챙겨 갈 계획이었다면 그런 생각은 접어두자. 물론 한국보다 조금 더 비싸지만 한국에서 가져오는 수고와 노력에 비하면 큰 차이는 아닐 것이다. 늦은 밤 아메리칸 메뉴로 느끼한 속을 얼큰한 라면 한 그릇으로 달래보고 싶은 여행자들에게 추천한다.

TUMON & TAMUNING 2권 MAP P.33H INFO P.49 시간 06:00~20:00 휴무 연중무휴

코스트코와 비슷하면서 다른 창고형 마트
코스트 유 레스 Cost U Less

이름은 물론 내부까지 코스트코와 비슷한 창고형 대형 마트이지만 코스트코와는 달리 회원 카드 없이 누구나 이용 가능하다. 입구에 들어서면 대용량으로 층층이 쌓인 상자들이 맨 먼저 눈에 들어오지만 자세히 들여다보면 소량 포장 제품도 판매한다. 하지만 대용량으로 구입해야 추가 할인되는 제품들이 대부분이니 일주일 이상 괌에 머물 예정이라면 방문해 볼 것을 추천한다. 판매하는 물건은 과일, 채소, 과자, 라면, 음료수 등 다른 마트와 비슷하지만 규모는 생각보다 작은 편이다. 계산대 앞쪽에 어마어마한 세일 가격으로 판매하는 특가 제품들이 수시로 진열되어 있으니 운이 좋다면 원하는 제품을 반값에 구입할 수도 있다. 물론 할인되는 제품과 할인율은 매번 다르다. 판매하는 거의 모든 제품을 홈페이지에 업데이트해 놓으니 꼭 원하는 제품이 있다면 미리 체크해 보자.

TUMON & TAMUNING 2권 MAP P.33H INFO P.49 시간 07:00~22:00 휴무 연중무휴
홈페이지 www.costuless.com/tamuning

MANUAL 15
야시장

현지인들의 놀이터,
야시장 제대로 즐기기

전통 방식으로 만든 다양한 수공예품을 구입하고, 전통 조리법에 따라 정성스럽게 요리한 차모로 음식을 맛보며 흥겨운 시간을 보낼 수 있는 야시장. 괌의 주인인 차모로인들의 문화를 조금 더 가까이 느껴보고 싶다면 해 질 무렵 선선하게 불어오는 태평양의 바람을 맞으며 현지인들의 놀이터 야시장으로 발걸음을 옮겨보자. 야시장에 들어선 순간 자연스럽게 괌 사람들의 삶 속으로 들어가 그들만의 문화와 전통을 오감으로 느끼게 될 것이다.

수요일 저녁엔 무조건!
차모로 빌리지 야시장
Chamorro Village Night Market

괌 여행의 필수 코스로 차모로 빌리지 야시장에 가기 위해 일부러 여행 스케줄을 조정하는 여행자들이 있을 정도이다. 차모로 전통 가옥이 늘어선 마을 풍경과 정겨운 시장 분위기가 어우러져 잠시나마 괌의 과거로 여행을 떠나온 듯하다. 입구부터 호탕하게 웃으며 '하파 데이(Hafa Adai)'라고 인사를 건네는 차모로 사람들의 모습은 마치 우리네 옛 시장에 온 것 같은 친근한 분위기를 자아낸다. 차모로 빌리지는 언제든 방문할 수 있는 괌의 대표 관광지이지만, 흥겨운 노랫소리와 함께 즐거운 축제가 벌어지는 차모로 빌리지 야시장은 날이면 날마다 볼 수 있는 흔한 풍경이 아니다. 매주 수요일 저녁 6시 즈음부터 차모로 빌리지 주변으로 사람들이 삼삼오오 모여들기 시작하는데, 이때가 차모로 빌리지가 가장 빛나는 순간이다.

차모로 야시장 전통공연 엿보기!

차모로 빌리지 야시장 제대로 즐겨보자!

하나! 친구 혹은 연인, 가족들을 위한 기념품 구입하기
하나하나 손으로 직접 만든 화려하고 정교한 소장 가치 100% 수공예품과 공장에서 찍어낸 허술하고 조잡하기 짝이 없는 값싼 기념품들이 공존한다. 찬찬히 야시장을 둘러볼수록 좋은 물건을 구분하는 안목이 자연스럽게 생긴다.

둘! 차모로 사람들의 페이버릿! 차모로 바비큐 맛보기
전통 방식으로 숯불에 구운 차모로 바비큐는 $1~2의 저렴한 금액으로 즐길 수 있다. 차모로 전통 레드 라이스를 곁들인 바비큐 도시락도 $10 정도이니, 이곳에서만큼은 높디높은 괌 물가에 겁먹을 필요 없다. 물론 팁 걱정도 NO!

셋! 흥겨운 음악과 함께 차모로인들과 신나게 놀아보기
차모로 빌리지 중앙 광장에서는 흥겨운 음악에 맞춰 축제를 즐기는 현지인들을 수시로 발견할 수 있다. 흥이 넘치는 여행자라면 이곳에서 숨겨둔 끼를 마구 발산해 보는 건 어떨까? 장담컨대 괌에서 가장 특별한 순간으로 기억될 것이다.

차모로 야시장에서 놓치면 섭섭한 필수 먹거리!

여행의 피로를 단숨에 날려줄 달콤한 디저트
잘 익은 바나나를 얇은 춘권피로 싸서 튀겨낸 바나나 롤($1), 신선한 과일을 듬뿍 넣어 즉석에서 갈아주는 생과일 주스($5)는 차모로 빌리지 야시장 필수 디저트로 현지인들에게도 엄청난 인기. 바나나 롤 꼬치를 먹으며 차모로 빌리지 야시장을 구석구석 누벼보자.

코코넛 주스 아니죠, 코코넛 사시미
휴양지에서 꼭 먹어봐야 하는 코코넛 주스($5)는 조금 밍밍한 맛이라 실망스러울 수 있다. 하지만 주스는 애피타이저일 뿐, 주스를 다 먹고 나서 진짜 코코넛을 즐겨보자. 다 먹은 코코넛을 직원에게 건네면 몇 번의 칼질로 익숙하게 코코넛 과육을 발라준다. 이 코코넛 과육을 와사비 간장에 찍어 먹는 맛이 별미인데, 이름하여 '코코넛 사시미'. 흡사 오징어회처럼 생겼지만 식감은 전혀 다르니, 그 독특한 맛이 궁금하다면 반드시 먹어보자.

Check! 6시가 조금만 넘어도 워낙 많은 사람들로 북적거리니 조금 서둘러 방문하자.

TIP 1 걸음을 옮길 때마다 색다른 먹거리들이 나타나니 한 곳에서만 배를 채우지 말자. 다양한 음식을 고루 먹어보는 것도 야시장을 제대로 즐기는 법 중 하나다.

TIP 2 차모로 빌리지의 주차장은 넉넉한 편이지만 야시장이 열리는 시간에는 워낙 차들이 많이 몰려 주차 공간이 부족한 경우가 많다. 게다가 축제에 시원한 맥주 한잔이 빠질 수 없지 않은가. 차모로 빌리지 나이트 셔틀버스 이용을 추천한다.

HAGATNA 2권 MAP P.59G INFO P.66 시간 수요일 18:00~21:30 휴무 목~화요일

MANUAL 16
선물 & 기념품

괌을 추억하는 기념품과 선물

가끔은 멋들어진 풍경 사진보다 우연히 구입한 작은 기념품 하나가 행복했던 여행의 순간을 더 소중한 기억으로 만든다. 가끔은 값비싼 식사보다 여행지에서 산 작은 선물을 건넬 때 더 감동하기도 한다. 짧은 여행 기간 내내 열심히 쇼핑한 수많은 아이템들이 들어찬 여행 가방을 보며 '이제 더 이상 쇼핑은 그만!'을 외칠지라도 지금 소개하는 아이템만큼은 절대 포기하지 말자. 볼 때마다 즐거웠던 괌 여행을 떠올릴 기념품과 받는 사람이 100% 만족할 특별한 선물들. 고민만 하다가 그냥 돌아서면 두고두고 후회할 테니 주저하지 말고 구입하자!

해변에서 유용한 **비치 타월**
다양한 디자인으로 고르는 재미가 있다. 너무 얇은 것보다 도톰한 것으로 구입하는 것이 좋다.
가격 $10~ **구입처** K마트, ABC 스토어, JP 슈퍼스토어 등

언제든 바다로 뛰어들 수 있는
스노클링 마스크
괌 여행 첫날 구입하자. 괌은 물론 어느 해변에서든 두루두루 유용하게 쓰인다.
가격 $12~ **구입처** K마트

Beach Item
비치 아이템

태양에 그을린 피부를 즉각적으로 쿨링 및 진정시켜 줄 **알로에 젤**
냉장고에 넣어두고 차갑게 바르면 더욱 효과가 좋다. K마트가 가장 저렴하다.
가격 $6.99~ **구입처** K마트, ABC 스토어 등

화려한 패턴을 자랑하는
비치 슬리퍼
패션의 완성은 신발! 판매하는 숍도 많고 가격도 저렴해 선물용으로 부담 없다.
가격 $4.99~
구입처 K마트, ABC 스토어, JP 슈퍼스토어 등

SPF110 PA+++의 강력한 차단 지수를 자랑하는 **선 로션**
주근깨와 잡티의 원인인 자외선을 차단하는 효과가 탁월하다. 물에 강한 스포츠 타입과 아이들을 위한 키즈 타입 등 다양한 라인이 갖춰져 있다.
가격 키즈 $6.99~, 스포츠 $14.99~
구입처 K마트, ABC 스토어 등

#Fashion Item
패션 아이템

MANUAL 16 | 선물 & 기념품

머리에 살짝 꽂는 것만으로
비치 룩이 완성되는 플루메리아 머리핀
괌을 대표하는 플루메리아 꽃 모양 머리핀. 크기별 색상별로 다양해 고르는 재미가 있다.
가격 $1~2 **구입처** K마트, 차모로 빌리지 야시장, ABC 스토어, JP 슈퍼스토어 등

세상에 하나밖에 없는
특별한 귀걸이
코코넛 껍질을 다듬고 그 위에 그림을 그려 완성된 핸드메이드. 같은 디자인이라도 조금씩 다른 모양을 하고 있어 더욱 특별하다.
가격 $7~ **구입처** 차모로 야시장

색상도 디자인도 다양한 팔찌
각자의 개성에 따라 마음껏 레이어드해 보자. 손목에 차는 것만으로 패션 피플로 거듭날 수 있다. 친구들과 나눌 우정 팔찌로도 굿.
가격 $1.99~
구입처 ABC 스토어, 차모로 빌리지 야시장, JP 슈퍼스토어 등

입을 때마다 괌으로 달려가고 싶게
만드는 괌 레터링 티셔츠
여러 장을 구입할수록 가격은 더 떨어지니 커플 티 혹은 가족 티로 추천한다.
가격 $10~15 **구입처** K마트, 차모로 빌리지 야시장, ABC 스토어 등

사진발 제대로 살려줄
과일 모양 비치백
해변이나 수영장에서 무엇보다 유용한 비치백. 화려하고 튀는 색감과 이색적인 디자인으로 어딜 가든 시선 집중.
가격 $35 **구입처** JP 슈퍼스토어

괌 풍경이 그려진 귀여운
일러스트 에코백
자세히 들여다보면 괌의 주요 관광지가 모두 담겨 있다. 볼 때마다 괌이 사무치게 그리워지는 부작용이 생길지도 모른다.
가격 $31 **구입처** JP 슈퍼스토어

괌에서만 구입할 수 있는
로컬 브랜드 스냅백
메이드 인 괌(Made in Guam). 괌에서 탄생한 스냅백 브랜드로 화려한 색감과 한정판 디자인으로 인기를 끌고 있다.
가격 $35~
구입처 T갤러리아 바이 DFS 괌

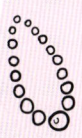

#Daily Necessaries
일상용품

이색적인 디자인의 물고기 접시
괌의 바닷속에서 만났던 색색의 물고기들을 직접 들고 올 수 없어 아쉬웠던 마음을 물고기 접시로 달래보는 건 어떨까? 티타임용으로 추천할 만하다.
가격 $11 **구입처** JP 슈퍼스토어

오바마 전 대통령을 집으로
오바마 오프너
화려한 비치 룩과 익살스러운 표정이 포인트인 오바마 오프너는 병뚜껑을 여는 원래의 목적보다 인테리어 소품으로 더 좋다.
가격 $6.99 **구입처** ABC 스토어

한국에서도 유명한
센트룸 종합 비타민
한국보다 가격이 저렴해 선물용으로 인기 있다. 맨(Men), 우먼(Women), 실버(Silver) 등 연령과 성별에 따라 나눠져 있으니 알맞게 구입하자.
가격 $16.69~
구입처 K마트

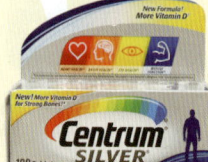

플루메리아 꽃 모양의
향긋한 꽃비누
욕실에 놓아두는 것만으로도 인테리어 효과가 탁월하다. 꽃 모양은 같지만 색상에 따라 다양한 향을 가지고 있다.
가격 $8
구입처 ABC 스토어

스타벅스 시티 머그컵 대신
'I ♥ GUAM' 머그컵
모닝 커피를 마실 때마다 괌을 추억할 수 있다. 파손 위험이 있으니 위탁 수하물보다 기내에 들고 탑승하는 것이 좋다.
가격 $5.99 **구입처** ABC 스토어, K마트, JP 슈퍼스토어 등

대나무 결이 그대로 살아 있는
우드 도마
파인애플, 서프보드 등 특별한 모양의 나무 도마는 빵 혹은 치즈를 올리는 트레이로 사용해도 좋다. 대나무로 만들어져 더욱 튼튼하다.
가격 $13.99
구입처 ABC 스토어

라테 스톤 모양의 커플 조미료통
차모로 고유의 문화유산 라테 스톤 모양에 'I ♥ GUAM'이 새겨져 있다. 이보다 더 괌을 대표하는 기념품이 있을까?
가격 $6.99 **구입처** ABC 스토어, K마트, JP 슈퍼스토어 등

여행 기념품의 정석이라
할 수 있는 마그넷
냉장고에 붙여두고 메모 홀더나 오프너로 사용할 수 있다. 여행지의 마그넷을 모으는 친구에게 건네볼 만하다.
가격 $5~7
구입처 K마트, 차모로 빌리지 야시장, ABC 스토어, JP 슈퍼스토어 등

고소한 마카다미아가 통으로 들어간 **초콜릿**
하와이의 유명 브랜드 제품도 있지만 이왕이면 메이드 인 괌(Made in Guam)을 골라보자. 여러 개를 한꺼번에 구입하면 조금 더 저렴하다.
가격 4개 묶음 $22~ **구입처** K마트, ABC 스토어, JP 슈퍼스토어 등

괌에서만 구입할 수 있는 특별한 **괌 맥주**
망고 맛으로 인기를 끌더니 사과 맛, 생강 맛까지 등장했다. 6개들이 세트 상품이 인기. 맛은 크게 기대하지 않는 것이 좋으나 특별한 맛으로 선물하기 좋다.
가격 6개 세트 $15.69~ **구입처** K마트

커피와 에너지 음료의 만남 **스타벅스 더블샷 에너지**
피로 회복에 효과가 있다고 알려진 과라나(Guarana), 비타민, 인삼이 들어간 커피. 그 맛이 궁금하다면 도전해 보자. 한국에서는 판매하지 않는다.
가격 $3.69~ **구입처** K마트

#Delicious Snack
스낵류

따뜻한 밥에 스팸 한 조각! **스팸**
스팸 마니아에게 추천하는 다양한 맛과 향의 스팸 컬렉션. 할라피뇨, 타바스코, 데리야키, 갈릭, 포르투갈 소시지 맛까지 캐리어가 스팸으로 가득 차지 않도록 주의하자.
가격 $2.49~ **구입처** K마트

간편하게 즐기는 **치즈 스프레드**
빵이나 크래커, 과일 등에 뿌리기만 주면 근사한 요리로 만들어 준다. 아메리칸, 체다, 베이컨 등 3가지 맛 모두 인기 만점. 상온에 보관할 수 있는 것도 큰 장점이다.
가격 $6.99~ **구입처** K마트

코코넛, 파인애플, 망고가 들어간 **스파클링 와인**
달콤한 열대 과일과 톡 쏘는 탄산 덕분에 술을 못하는 사람도 무난하게 즐길 수 있다. 파인애플 와인이 가장 인기 있다.
가격 $6.89~ **구입처** K마트

입이 심심할 때마다 집어 먹는 **마카다미아**
소금만 첨가된 오리지널부터 마늘, 양파, 스팸, 코나 커피 등 다양한 맛의 마카다미아는 군것질거리로 안성맞춤이다.
가격 $9.99~
구입처 K마트, ABC 스토어, JP 슈퍼스토어 등

상상 그 이상의 맛을 자랑하는 **타바스코 맛 초콜릿**
피자에 뿌려 먹는 매콤한 타바스코 소스 마니아에게 선물하거나 벌칙용으로 재미있는 선물이 될 수 있다.
가격 $4.99~ **구입처** ABC 스토어

진한 고디바 초콜릿을 입힌 **초코 프레즐**
진한 맛의 다크, 부드러운 밀크 2가지 종류가 있는데 어느 것이든 한번 열면 멈출 수가 없다.
가격 $4.79~ **구입처** ABC 스토어, JP 슈퍼스토어 등

186	**MANUAL 17** 해양 액티비티 & 투어
196	**MANUAL 18** 지상 액티비티 & 투어
210	**MANUAL 19** 마사지 & 스파
212	**MANUAL 20** 골프

MANUAL 17
해양 액티비티 & 투어

INTO THE DEEP BLUE SEA

태평양의 푸름을
오롯이 즐겨볼까?
바다에서 즐기는
해양 레포츠의 모든 것

폭탄이 떨어진 듯 푹 꺼진 그곳. 뻥 뚫린 바닷속 거대 공간 '피티 밤 홀.'
수십 년이 흐른 지금 그 바닷속에서 온갖 생명체들이 옹기종기 모여 다 같이 귀에 익은 노래를 부른다.
"Under the sea, under the sea" 어쩌면 인어공주와 용왕님이 살고 있을 것만 같은,
어쩌면 니모를 찾게 될지도 모르는 태평양 그 바닷속 'under the sea'를 향해
지금 헤엄쳐 들어가 보자.

야생 돌고래를 만나는 특별한 경험
돌핀 크루즈

사진과 글로 먼저 배우는 돌핀 크루즈의 모든 것!

아름다운 물고기들과 함께 수영을 즐길 수 있는 스노클링, 아찔한 손맛을 느낄 수 있는 낚시, 시원한 바람을 온몸으로 느끼며 망망대해를 유랑하는 크루즈. 괌의 드넓은 바다를 즐기는 다양한 방법 중 어느 것 하나 포기할 수 없는 여행자라면 돌핀 크루즈를 주목하자. 크루즈를 타고 나가면 자유롭게 헤엄치며 뛰노는 돌고래를 만나는 것은 기본, 스노클링에 낚시까지 즐길 수 있으니 그야말로 1석 4조!

픽업 버스 탑승

STEP 1

돌핀 크루즈를 예약하면 투숙하고 있는 호텔까지 버스가 와서 편하게 크루즈 선착장까지 실어다 준다. 투어 업체마다 이용하는 선착장이 조금씩 다르지만 주요 호텔들을 경유해 선착장까지 도착하는 데 걸리는 시간은 대략 50분에서 1시간 정도이다.

크루즈 탑승

STEP 2

본격적인 돌핀 크루즈가 시작되는 시점이다. 크루즈에 탑승하면 투어를 도와줄 가이드 및 직원들과 인사를 나눈 다음 본격적인 포토타임이 시작된다. 생각보다 빠른 속도로 달리는 크루즈 위에서는 엄청난 바람 때문에 포즈를 잡기조차 힘들지만 이 모든 것은 여행의 추억! 최대한 많은 사진을 남기자. 스노클링을 즐긴 이후보다 훨씬 더 멋진 사진을 많이 남길 수 있다.

Yes! 이건 꼭 필요해!

옷 속에 수영복 착용, 선택이 아닌 필수!
끝도 없이 펼쳐진 망망대해에서 즐기는 스노클링은 해변가에서 즐기는 것과 전혀 다르다. 해변가에서 실컷 스노클링을 했으니 그만해도 된다는 생각은 오산! 바닷속에 몸을 던져 색색의 아름다운 물고기들과 함께 수영하는 기분은 완전히 색다르다. 크루즈 내에는 옷을 갈아입을 공간이 마땅치 않으니 미리 수영복을 착용하고 오는 것이 좋다.

여벌 옷보다 비치 타월!
스노클링을 하고 크루즈 갑판에서 휴식을 취하다 보면 젖은 수영복은 따뜻한 햇빛에 금세 마른다. 오히려 짐이 되는 여벌 옷보다 간단하게 물기를 닦을 비치 타월을 준비하는 것이 현명한 선택! 비치 타월은 투숙하고 있는 호텔에서 무료로 빌려준다.

카메라와 방수팩!
야생에서 돌핀 킥을 하며 헤엄치는 돌고래들을 발견하면 맨 먼저 해야 할 일은 바로 그 모습을 카메라에 담는 것이다. 워낙 움직임이 빠른 녀석들이니 연사를 이용하거나 동영상 촬영을 추천한다. 방수팩은 스노클링을 할 때 유용하다.

No! 괜히 짐만 될 거야!

스노클링 마스크와 구명조끼
돌핀 크루즈에는 기본적으로 스노클링 장비와 구명조끼 대여가 포함되어 있으니 굳이 무겁게 챙겨 오지 않아도 된다.

돌핀크루즈 체험 엿보기!

야생 돌고래 워칭

STEP 3

30여 분 정도 필리핀해를 유랑하며 돌고래들을 찾아다니게 된다. 혹시라도 야생 돌고래를 못 보면 어쩌나 하는 고민은 그만! 괌 서쪽 해변과 맞닿은 필리핀해는 스피너 돌고래들이 많이 서식하기로 유명하다. 게다가 다년간 돌고래 워칭 노하우가 쌓인 캡틴들이 돌고래가 몰리는 포인트를 따라가니 돌핀킥을 날리는 야생 스피너 돌고래를 만날 확률 90%. 운이 좋으면 배 주위로 점프하는 돌고래 무리를 발견할 수도 있다.

다양한 물고기들과 함께 스노클링

STEP 4

돌고래와 짧지만 강렬한 만남을 끝내고 알록달록 색색의 물고기들이 가득한 포인트로 이동한다. 신나게 스노클링을 즐길 시간이다. 구명조끼와 스노클링 마스크를 착용하고 배에서 너무 멀리 떨어지는 것은 위험하니 중간 중간 주위를 살피며 적당한 거리를 유지하자. 직원들이 먹이로 물고기들을 유혹하기 시작하면 바닷속에서 자연 그대로의 아쿠아리움을 만날 수 있다.

짜릿한 손맛을 제대로 느끼는 바다낚시

STEP 5

한 번도 낚싯대를 잡아보지 못한 초보자도 손맛을 느낄 수 있는 곳이 바로 괌이다. 바닷물이 워낙 투명해 배 위에서 낚싯대를 드리우면 미끼 주위로 모이는 물고기들이 보일 정도다. 물고기가 미끼를 물었다 싶으면 재빨리 잡아채 보자. 아름다운 무늬의 열대어들은 먹을 수 없는 것들이 대부분이니 기념 촬영을 마친 다음 바다로 돌려보내야 한다.

TIP 괌의 바다는 파도가 심하지 않아 멀미약을 먹지 않아도 된다. 하지만 멀미에 민감한 사람들은 혹시 모르니 멀미약을 챙기자.

호텔로 이동

STEP 7

필리핀해를 바라보며 신선한 회와 맥주를 즐길 동안 크루즈는 안전하게 선착장에 도착한다. 선착장에서 버스를 타고 편하게 휴식을 취하다 보면 안전하게 호텔에 도착한다.

크루즈에서 맛보는 신선한 회

STEP 6

어렵게 잡은 물고기를 다시 놓아줘야 한다고 아쉬워할 필요 없다. 커다란 아이스박스에는 신선한 연어회와 참치회가 먹기 좋게 준비되어 있다. 어른들을 위한 맥주와 아이들을 위한 주스도 있으니 마음껏 즐겨보자. 물론 추가 요금은 없다(투어 업체에 따라 제공되지 않는 경우도 있다).

한 순간도 놓칠 수 없어!
눈 앞에 펼쳐진
별세상을 구경하다 보면
한동안 고개를 들지
못하는 당신을 발견하게
됨치도 모른다!

돌핀 워칭 투어와 함께
즐기는 스노클링, 깊은
바다에서 구명조끼는 필수!

가볍게 즐기는 괌의 푸른 바다
스노클링
――――― **VS** ―――――
깊고 진하게 만끽하는 괌 바닷속 세상
스쿠버다이빙

태평양의 에메랄드 빛 바다를 가장 쉽고 부담 없이 즐길 수 있는 방법은 누가 뭐래도 스노클링(Snorkeling)이다. 스노클 장비(수면 위로 호흡이 가능하도록 만든 플라스틱 관)와 수경만 있다면 언제 어느 바다에서든 스노클링을 즐길 수 있다. 무거운 장비를 멜 필요도 없고, 배를 타고 멀리 나갈 필요도 없이 눈앞의 바다로 첨벙 뛰어들어 초록빛 바닷물에 얼굴을 담가보자! 이제껏 상상만 해왔던 바닷속 세상, 산호 숲에서 헤엄치는 열대어 무리가 당신을 기다리고 있으니까.

스노클링, 어디서 즐기면 좋을까? 투몬의 호텔과 리조트 앞바다 어디든 상관없다. 괌의 웬만한 해변들은 얕고 부유물도 적으며 파도 세지 않아 스노클링을 즐기기에 적당하다. 하지만 조금 더 투명한 물속에서 다양한 바닷속 이야기를 마주하고 싶다면 건 비치(Gun Beach, 1권 P.52/2권 P.38)나 이파오 비치(Ypao Beach, 2권 P.38), 괌 섬의 북쪽 끝 리티디안 비치(Ritidian Beach, 1권 P.46/2권 P.94)를 찾아가 보자. 해변의 얕은 바다에서도 수많은 열대어들의 군무를 마주할 수 있어 더 매력적이다. 스노클링은 간편하고 비교적 안전한 레포츠이지만, 물 위에 둥둥 떠 있을 뿐이라고 해서 기본적인 안전 수칙까지 무시하는 행동은 하지 않는 것이 좋다. 구명조끼를 착용하지 않는 한 먼바다로 나가지 않는 것이 기본! 또한 얕은 바다라 해도 가끔씩 고개를 들어 본인의 위치를 파악해 두는 것이 좋다. 스노클링으로 괌 바다의 매력을 하나둘 알아가기 시작한 당신. 이제 수면 위에서 유영하는 것을 넘어 지금껏 동경해 온 깊은 바닷속 여행에 대한 욕구가 마구 끓어오른다면 스쿠버다이빙(Scuba Diving)의 세계에 입문할 준비가 된 것이다. 착 달라붙는 다이빙 수트(Dive Suit), 오리발(Swim fins)을 기본으로 커다란 산소통

(Cylinder)과 레귤레이터(Regulator, 호흡 시 적정한 공기압을 유지해 주는 장치)에 수심 깊은 곳으로의 잠영을 돕는 커다란 납덩이 2개. 가볍고 간편한 스노클링과 달리 스쿠버다이빙은 장비를 착용하는 것만으로 지치기 십상이다. 하지만 투명하고 맑은 바닷물에 몸을 담그는 순간 무게감은 온데간데없이 사라지고 바닷속 풍경만이 당신의 오감을 사로잡게 될 것이다.

수심 5미터, 10미터, 15미터. 부력으로 자꾸만 떠오르는 몸을 애써 가누며 아래로 아래로. 눈앞에는 수십 수백 마리의 열대어들이 저마다 평화로운 시간을 보내고 있는 믿기 힘든 풍경이 그림처럼 펼쳐진다. 손을 뻗으면 잡힐 듯이 가까운 곳을 유유히 헤엄쳐 가는 열대어의 어마어마한 크기에 흠칫 놀라기 일쑤. 손가락 사이에 잘 감춰둔 소시지를 조금 끊어내는 순간, 이름 모를 온갖 열대어들의 소시지 쟁탈전이 벌어진다. 이따금 날카로운 이빨로 손가락을 물었다 놓아 생채기를 내는 일도 다반사.

이제 깊이를 가늠할 수 없을 만큼 한참을 내려왔다고 느껴질 즈음, 눈앞에는 온갖 다양한 해양 생물과 열대어의 군무, 영롱한 빛깔의 산호가 숲을 이룬 해저 도시의 풍경이 파노라마처럼 펼쳐진다. 이곳이 바로 괌 스쿠버다이빙의 천국 '피티 밤 홀(Piti Bomb Hole),' 마치 폭탄을 맞은 듯 푹 꺼진 바닷속 지형 때문에 붙은 이름인데, 그 천혜의 환경 덕에 오늘날 이곳은 온갖 해양 생물들의 터전이 되었다. 바로 옆 피시 아이 마린 파크(Fish Eye Marine Park, 1권 P.104/2권 P.82) 수중 전망대의 관광객들과 눈인사를 나누며 이제 다시 수면 위로 천천히 올라가 보자. '언제 다시 이 바닷속 풍경을 마주하게 될까' 하는 아쉬움이 산소통 속 공기처럼 훅, 당신의 폐부 깊이 들어올지도 모른다. 당신의 성공적인 바닷속 첫경험도 그렇게 끝을 맺는다.

수많은 니모 친구들과 교감하던 그 찰나를 어찌 잊을 수 있을까.

이방인에게도 거리낌 없이 다가오는 니모 친구들

참치도 방어도 다랑어도 아닌 너는 누구?

쉽고, 빠르게! 값싸고 편리하게!
다양한 해양 액티비티를 패키지로 즐겨보자!

마린 팩

스노클링과 스쿠버다이빙, 시 워커와 시 트렉으로 드넓은 태평양을 모두 다 경험할 수 있을 것이라고 생각했다면 크나큰 오산! 서핑과 패러세일링, 바나나 보트, 제트스키, 패들보드와 카약에 이르기까지 괌에서 즐길 액티비티는 많고 많도다! 다만 문제는 시간과 방법. 도대체 이 많은 종류의 액티비티를 어디서 어떻게 즐겨야 시간과 경비를 절약할 수 있을까. 하나도 놓치고 싶지 않은 당신을 위해 다양한 해양 액티비티를 패키지로 즐길 수 있는 마린 팩(Marine Package) 프로그램이 준비되어 있다. 누라 뭐래도 괌 여행의 8할은 바다, 바다, 또 바다! 호텔 앞 에메랄드 빛 바다에 몸을 담가보고, 조금 더 투명하고 맑은 바다를 찾아 섬의 북쪽 끝까지 달려보고, 스쿠버다이빙과 시 워커 프로그램으로 바닷속을 헤엄치고 산책도 했지만 여전히 아쉬울 뿐이다. 이제 마린 팩 프로그램으로 그 갈증을 단번에 해소해 보자. 괌에서는 '비치 클럽'이나 '오션 클럽'이라는 이름을 내걸고 마린 팩 프로그램을 운영하는 업체들을 쉽게 찾아볼 수 있다. 대부분 좀더 편안한 여행을 추구하는 일본인 여행자들을 위해 시작되었지만, 이제 우리나라 여행자들도 많이 찾고 있다. 마린 팩을 선택한 여행자들은 대개 반나절이나 한나절 정도 클럽 소유의 프라이빗 비치에서 시간을 보내면서, 호텔 셔틀 서비스, 웰컴 드링크와 점심 식사, 무료로 즐길 수 있는 소소한 해양 액티비티와 추가 금액을 내고 참여할 수 있는 액티비티까지 다양한 프로그램을 '원스톱'으로 즐기게 된다. 무엇보다 편리해서 좋고, 시간과 비용을 절약할 수 있으니 더욱 좋다. 게다가 본인이 원하는 액티비티만 골라서 패키지를 구성할 수 있으니 더없이 좋은 것은 두말할 나위 없다. 패키지에 포함된 액티비티 종류 중 무료와 유료는 클럽마다 다르지만 보통 동력 이용 여부에 따라 결정된다는 것을 기억하자. 스노클링, 패들보드, 카약 등은 대개 무료로 즐길 수 있으며, 제트스키나 패러세일링, 바나나 보트 등은 추가 요금을 내야 한다. 일부 클럽에서는 돌핀 워칭이나 시 워커까지 함께 운영하고 있다는 점도 참고하자. 몇몇 호텔과 리조트에서는 투숙객을 위한 마린 팩 프로그램을 운영하니, 별도로 시간을 내기 어려운 여행자들은 해당 호텔 컨시어지에 문의해 활용해 보자.

마린 팩 프로그램의 대표 주자, 알루팡 비치 클럽 전경

아이들이 즐길 거리도 한가득! 안심하고 즐길 수 있는 비치 클럽

로커, 탈의실, 샤워실 등 편의 시설도 충분히 갖춰져 있다.

셔틀 서비스는 기본 중의 기본

마린 팩으로 즐기는 액티비티 BEST 6

1 패러세일링
Parasailing

낙하산(Parachute)과 항해(Sailing)의 합성어. 모터보트 뒤에 낙하산과 2인승 좌석을 매달고 맞바람을 이용해 상승과 하강을 반복하며 푸른 하늘과 바다를 한꺼번에 즐긴다!

2 패들보드
Standup Paddle Boarding

서핑 보드 위에 중심을 잡고 서서 노를 저으며 파도를 즐긴다. 꽤 포토제닉한 모습을 사진에 담을 수 있지만, 중심 잡기가 꽤나 어렵다고.

3 제트스키
Jet Skiing

빠른 속도로 바다를 질주하며 짜릿한 속도감을 만끽한다. 한국에서도 흔히 볼 수 있는 2인승 제트스키보다 서서 탈 수 있는 1인승 제트스키가 인기 있다.

4 카누
Canoeing

가장 '고상하게' 즐길 수 있는 액티비티로, 몸에 물 한 방울 적시지 않고 노를 저으며 바다 위에서 유유자적할 수 있다. 구명조끼가 필수이지만, 사실 선크림이 더 중요하다.

5 웨이크업 보드
Wakeup Boarding

흔히 수상스키로 잘 알려져 있다. 한국의 가평이나 청평에서도 즐길 수 있지만, 태평양에서 즐기는 수상스키가 조금 더 특별하지 않을까?

6 바나나 보트
Banana Boat

수상 레포츠의 대표 주자로 바나나 모양의 보트를 모터보트 뒤에 매달아 빠르게 질주한다. 하지만 한국과 달리 '안전 운행'을 하는 편이라 시시하게 느껴질지도 모른다.

마린 팩을 즐길 수 있는 개성 넘치는 비치 클럽 BEST 3

1 알루팡 비치 클럽
Alupang Beach Club

핑크색 셔틀버스로 유명한 괌 마린 팩의 대표 주자!

2권 ⓜ MAP P.32I ⓘ INFO P.50
- 찾아가기 투몬 중심 Pale San Vitores Rd 따라 남서쪽으로 이동하다 왼쪽 14A번 도로로 한 블록 이동, 1번 도로(Marine Corps Dr) 따라 남서쪽으로 약 3.7km(K마트에서 약 6분) 이동하면 오른쪽에 위치. 주요 호텔에서 픽업 & 드롭오프 서비스 제공
- 주소 997 Marine Corps Dr., Tamuning
- 전화 671-649-5200
- 시간 월~금요일 08:00~17:00
- 휴무 토요일
- 가격 (액티비티 구성에 따라) 성인 $60~170, 어린이(6~15세) $20~50
- 홈페이지 www.abcguam.kr

2 비키니 아일랜드 클럽
Bikini Island Club

괌의 남쪽 끝! 천혜의 자연 속에서 태평양을 오롯이 만끽하자!

2권 ⓜ MAP P.75E
- 찾아가기 투몬 중심에서 차량으로 약 55분. 4번 도로를 따라 남쪽으로 이동하다 메리조 부두를 지나쳐 오른쪽 방향으로 진입
- 주소 448 Chalan Kanton Tasi, Merizo
- 전화 671-828-8889
- 시간 10:00~16:00
- 휴무 연중무휴
- 가격 마린팩(5시간) 성인 $155, 어린이 $115
- 홈페이지 www.bikiniislandclub.co.kr

3 코코팜 가든 비치
Coco Palm Garden Beach

액티비티는 기본, 천상의 휴식까지 한 번에 즐기는 프라이빗 비치로 향하자!

2권 ⓜ MAP P.91C ⓘ INFO P.94
- 찾아가기 투몬 중심에서 차량으로 약 55분. 1번 도로(Marine Corps Dr)와 3A번 도로를 차례로 지나쳐 리티디안 비치 초입에서 왼쪽 방향으로 진입. 주요 호텔에서 픽업 & 드롭오프 서비스 제공
- 주소 Coco Palm Garden Beach, Dededo
- 전화 671-477-4166
- 시간 월~토요일 10:00~15:00
- 휴무 일요일
- 가격 (액티비티 구성에 따라) 성인 $65~250, 어린이(3~11세) $30~125
- 홈페이지 www.cocopalm-guam.com

※ 코로나로 임시 운영 중단

바닷속을 산책하는 2가지 방법!
시 워커 vs 시 트렉

두 발로 바닷속을 걷는다. 헤엄치고 허우적거리고 파도를 타는 것이 아니라 바닷속으로 들어가 산책하듯 걷는다는 것은 상상하기 힘들 것이다. 이제 당신의 상상력을 자극할 2가지 어트랙션, 괌의 바닷속을 산책하는 시 워커(Sea Walker)와 시 트렉(Sea Trek)에 대해 알아보자. 바다 위를 유영하며 바닷속을 관찰하는 스노클링은 왠지 소극적이고 따분할 것 같고, 바닷속 깊은 곳까지 헤엄쳐 들어가 해저 도시를 둘러보는 스쿠버다이빙은 왠지 부담스러운 이들을 위해 탄생한 액티비티가 시 워커와 시 트렉이다. 분명 바닷속으로 들어가 직접 땅을 밟고 호흡하며 오감을 총동원해 바다를 만끽하면서도, 힘들게 산소통을 멜 필요도, 무거운 납덩이를 찰 필요도 없이 산뜻하고 가볍게 바닷속 세상을 경험할 수 있다. 이 놀라운 경험이 가능한 것은 바로 수중 헬멧 덕분! 마치 오토바이 헬멧과도 비슷한 모양인데, 무게가 자그마치 20킬로그램에 달한다. 하지만 걱정할 필요는 없다! 물속에 들어가는 순간 부력과 중력이 평형을 이뤄 무게감이 느껴지지 않는다. 컵을 뒤집어 물속에 넣어도 컵 속의 공기는 그대로 남아 있는 원리와 같다. 수중 헬멧은 지상의 산소 탱크와 파이프로 연결되어 있어 바닷속에서도 자유롭게 호흡할 수 있고, 공들인 화장도 끄덕없을 만큼 완벽한 '워터 프루프'를 보장한다. 시 워커와 시 트렉의 차이점이 있다면 하나는 진짜 바다를, 또 하나는 인공의 바다를 걷는다는 것. 시 워커는 괌 최고의 자연경관으로 유명한 코코스라군 주변 바닷속을 걷는 것으로 비키니 아일랜드(Bikini Island)에서 예약할 수 있다. 시 트렉은 투몬 한복판에 위치한 아쿠아리움, 언더워터 월드(Underwater World, 2권 P.38)의 수족관 속을 산책하는 프로그램이다. 진짜 태평양 바닷속을 걷고 싶다면 시 워커를, 거대한 바다거북이나 상어처럼 다양한 해양 생물을 바로 눈앞에서 보고 싶다면 시 트렉을 선택해 보자! 어떤 체험을 하든, 어떤 선택을 하든, 결코 후회하지 않을 것이다.

바닷속을 걷는 기적! 모두 헬멧 덕분!

진짜 바닷속을 '걷고 있는' 시 '워커'들의 조심스러운 발걸음

도우미들이 나눠 주는 물고기 밥에 일순간 대혼란이 벌어진다

열대어만큼이나 가득 들어찬 산호초 군집

SPECIAL PAGE

PLUS TIP 스노클링? 스쿠버다이빙? 스킨스쿠버 다이빙? 무슨 뜻일까?

스노클링은 말 그대로 스노클 장비를 이용해 호흡하며 수면 바로 아래서 유영하는 것이다. 수경과 스노클 장비만 있으면 언제 어디서든 즐길 수 있으며 때에 따라 오리발을 착용하기도 한다. 우리가 일반적으로 자주 접할 수 있는 스킨스쿠버 다이빙(Skin-scuba Diving)은 스킨다이빙과 스쿠버다이빙을 통칭하는 말이다. 스킨다이빙은 말 그대로 해수면 언저리의 얕은 수심에서 유영하는 것을 뜻하며 대개 산소통 없이 다이빙 수트와 오리발을 착용한다. 스쿠버다이빙은 산소통과 레귤레이터 등 다이빙 장비들을 모두 갖추고 수십 미터 아래 바닷속까지 들어간다.

PLUS TIP 괌에서 스노클링을 즐기는 몇 가지 방법 알아보기!

하나! 투숙하는 호텔과 리조트 앞바다를 주목하자! 대부분의 호텔 앞 비치가 모두 볼거리 풍성한 스노클링 포인트라는 사실! 호텔 투숙객에게 무료로 스노클링 장비를 빌려주기도 하니 이를 적극 활용해 보자.
둘! 스노클링 체험이 포함된 투어 프로그램들을 놓치지 말자! 프로그램과 상품마다 조금씩 다르지만, 돌고래 투어나 동굴 투어 등 상품마다 매력 넘치는 스노클링 체험이 포함되어 있다. 해변에서의 스노클링과는 또 다른 깊은 바닷속 스노클링이나 동굴 속 스노클링 등을 다양한 장소에서 체험할 수 있다.
셋! 나 홀로 즐기는 것도 좋다. 한가득 입으로 물어야 하는 스노클 장비가 비위생적이라 느껴진다면 아예 스노클 장비를 챙겨 가는 것도 좋다. 렌터카가 있다면 괌의 북쪽 끝 리티디안 비치로 가자. 비교할 수 없는 투명한 세상을 경험하게 될 테니까.

PLUS TIP 스쿠버다이빙! 어떻게 즐길까?

스쿠버다이빙은 매우 전문적인 지식과 장시간의 훈련 경험을 갖추어야 비로소 즐길 수 있는 해양 레포츠이다. 구비해야 하는 장비의 종류도 많고, 사용법을 제대로 익히기도 쉽지 않다. 게다가 10여 미터 바다 아래로 들어가는 것은 다이버의 생명과도 연관되기에 더더욱 그렇다. 따라서 홀로 스쿠버다이빙을 즐기려면 오픈 워터(Open Water), 어드밴스드(Advanced), 마스터(Master) 등 여러 단계의 스쿠버다이빙 자격증이 절대적으로 필요하다. 약 3~5일의 교육과 실전 훈련을 통해 괌에서도 자격증 취득이 가능하지만, 짧은 여행으로 괌을 찾은 이들에게는 현실적으로 어려운 일이다. 허나 실망은 마시라! 강사 자격증을 보유한 숙련된 교관과 함께 체험 다이빙을 즐길 수 있는 프로그램들이 다양하게 준비되어 있으니까. 30~40분의 교육과 실전 훈련 후 한두 시간 다이빙을 즐길 수 있는 반나절 프로그램으로 괌의 바닷속 깊은 곳을 경험할 수 있다.
단, 간단한 체험 프로그램이어도 아래의 안전 수칙을 지키는 것은 필수!

· 심장병이나 중이염은 물론 감기에 의한 코막힘 등 가벼운 증상에도 다이빙은 피하는 것이 좋다.
· 임신을 했거나 음주 시에도 다이빙을 피해야 한다.
· 환경보호 또는 자신의 안전을 위해 해양 생물을 함부로 만지지 않는다.
· 잠수병의 우려가 있기 때문에, 다이빙 후 최소 12시간이 지난 뒤 비행기에 탑승하는 것이 안전하다. 스카이다이빙의 경우 24시간의 여유를 두어야 한다.

〈추천 업체〉
괌 드림 다이브(Guam Dream Dive)
TUMON & TAMUNING 2권 INFO P.33H
시간 07:30-17:00 휴무 부정기 가격 $70(10세 이상 가능), 수중 사진 촬영 1인 $20
홈페이지 www.guamdreamdive.com

MANUAL 18
지상 액티비티 & 투어

ACTIVITY & TO

'못생김' 주의!

괌을 즐기는 또 다른 방법!
괌 투어 프로그램의 모든 것

여유롭고 편안한 호텔 수영장에서 수영 실력을 충분히 발휘했다면?
흔한 휴양지에서 즐기던 식상한 투어 프로그램이 지겹다면?
그렇다면 이제 조금은 색다르게 괌을 즐길 시간이다.
연인과 함께, 부모님과 함께 그리고 아이와 함께 즐기기 좋은
괌의 다양한 투어 프로그램. 지금부터 낱낱이 파헤쳐 보자.

정글로 고고씽!

밤하늘의 펄~🎵과 함께 하는
별빛 투어

밤에도 화려한 불빛으로 가득한 도심에서는 좀처럼 보기 힘든 수많은 별들을 직관할 수 있는 투어이다. 날씨만 허락한다면 당장이라도 머리 위로 쏟아져 내릴 것 같이 반짝이는 별을 감상할 수 있다. 눈으로만 감상한다면 상관이 없겠지만 별과 함께 인생 사진을 담고 싶다면 장노출이 가능한 카메라와 삼각대는 필수이다. 전문 사진가가 촬영해 주는 업체를 선정해 예약하는 것이 좋다. 투어 회사에 따라 아산 베이 전망대 혹은 탕기슨 비치에서 진행되며 제공되는 사진의 수나 서비스 음료, 스낵, 소품 등의 품목 등이 조금씩 다르다. 사전에 예시 촬영된 사진들을 참고하여 자신에게 맞는 업체를 골라 예약하자.

> **TIP** 미리 스마트폰에 별자리를 확인할 수 있는 앱을 설치해 두자.

글과 사진으로 먼저 체험하는
별빛 투어

Step 1

Step 2

☑ **투어에는 픽업 서비스가 포함되어 있다.**
각 호텔로 정해진 시간에 픽업 차량이 도착하면 괌 시내의 야경을 볼 수 있는 첫 번째 스폿으로 이동한다. 하갓냐 시내의 산타 아구에다 전망대에서 괌 하갓냐 시내의 야경을 감상하고 프로그램에 관한 간단한 설명이 이어진다. 아산 베이 전망대로 이동할 때는 처음 탑승하고 온 차량의 기사님을 기억해 두었다가 같은 차량에 탑승하는 것이 원칙이다.

Program 1. *Starlight Tour*

Step 3

☑ **다양한 소품을 미리 준비해 가는 것도 추천**
투어에 참여하는 인원수에 따라 조금씩 다르겠지만 한 팀 한 팀 오랜 시간 사진을 담아주기 때문에 기다리는 시간이 다소 지루할 수 있다. 기다리는 동안 다른 사람들의 사진 포즈를 다양하게 체크해 본다면 내 차례가 다가왔을 때 마음에 쏙 드는 사진을 남길 수 있다.

어두운 하늘의 별을 잘 담아내기 위해선 전문가용 카메라를 이용한 장노출이 필수이다. 10초 이상 정지된 상태로 있어야 하므로 바람에 흩날리는 가벼운 소재의 옷보다는 탄탄한 소재의 의상을 선택하는 것이 좋다. 보다 또렷한 사진을 남길 수 있다.

Step 4

☑ **원본 사진 전송 서비스**
처음 탑승했던 차량을 이용해서 호텔로 이동한다. 소요되는 시간은 약 2~3시간 정도이다. 촬영된 원본 사진은 3~4일 뒤에 카카오톡 메시지나 메일로 받을 수 있다. 투어 당일 기상상황에 따라 구름이 많거나 비가 내리면 취소되는 경우가 있다. 이럴 경우 다음날로 일정이 변경된다. 일정 변경이 용이하도록 여행 초반에 예약해 두는 것을 추천한다.

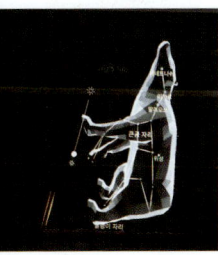

☑ **반짝이는 별을 감상할 시간**
아산 베이 전망대에 도착하면 예약한 인원수에 맞춰 돗자리 혹은 캠핑 의자가 제공된다. 별이 잘 보이는 적당한 위치에 자리를 잡고 별을 감상하면서 개인 사진 촬영을 하거나 무료로 제공되는 맥주, 음료, 스낵 등을 먹으며 별을 감상하는 시간이다.

육지와 바다를 오가는 수륙양용 자동차
라이드 더 덕

※ 코로나로 임시 운영 중단

앙증맞은 오리 부리 모양의 호루라기를 물고 익살스러운 오리 처키 덕와 함께 괌 구석구석을 탐험하는 투어 프로그램이다. 노란색의 귀여운 수륙양용 자동차에 올라타면 무조건 오른쪽 자리를 사수하자! 해안도로를 달리는 내내 환상적인 뷰를 볼 수 있기 때문이다. 자리는 늘 오른쪽부터 차게 되니 늦지 않게 도착하는 것이 좋다. 아무리 예약을 빨리 한들 좋은 자리는 먼저 올라탄 사람이 차지할 수 있다.

Program 2.
Ride the Duck

글과 사진으로 먼저 배우는 라이드 더 덕

Step 1

☑ **한국어 안내 서비스는 기본!**
모든 인원이 올라타면 간단한 영어로 안전 교육을 받은 다음 투어가 시작된다. 차량에 마련된 오디오 가이드를 '3'번으로 맞추면 한국어 설명이 흘러나온다. 투몬 중심부터 괌 중부로 드라이브하는 내내 괌의 숨겨진 다양한 이야기를 들을 수 있다.

Step 2

오리 부리 모양의 호루라기는 라이드 더 덕 투어에서만 받을 수 있는 기념품.

☑ **오리 부리 모양의 호루라기와 함께 출발!**
라이드 더 덕에 탑승한 여행자들은 모두 오리 부리 모양의 호루라기를 입에 물고 투어에 참여하는데, 호루라기를 불면 '꽉꽉' 오리 소리가 난다. 오디오 가이드에서 흘러나오는 '처키 덕'의 응원 구호에 따라 열심히 호루라기를 불어 대는 것 또한 라이드 더 덕 투어의 색다른 즐거움이다.

TIP 투어 시작 30분 전에는 데스크에서 이름을 확인하고 체크인을 해야 한다.

Step 3

☑ **라이드 더 덕의 하이라이트, 바닷속 드라이브!**
30여 명의 오리들을 태우고 투몬에서 출발한 라이드 더 덕은 30여 분을 달려 괌의 가장 큰 항구 아프라 항에 도착한다. 이제 투어의 하이라이트인 바다로 들어갈 시간! 육지에서 열심히 내달리던 라이드 더 덕은 하얀 물보라를 일으키며 힘차게 바닷속으로 들어가 자유롭게 항해를 즐긴다. 이때 직접 라이드 더 덕의 운전대를 잡아보는 특별한 시간도 마련되어 있으니 기념사진은 필수!

Step 4

☑ **하갓냐 역사 문화 탐방은 덤!**
돌아오는 길에는 괌의 오랜 역사와 문화가 숨겨진 하갓냐 지역을 경유한다. 하갓냐를 지키는 키푸하 추장, 인어의 전설이 숨겨진 산 안토니오 브리지, 괌 박물관까지. 친절한 가이드 처키 덕의 상세한 설명 덕분에 돌아오는 길도 전혀 지루하지 않다.

라이드 더 덕 체험 엿보기!

TUMON & TAMUNING
2권 ⊙ MAP P.33C ⓑ INFO P.50
⊙ 시간 월·목요일 13:30~15:00, 15:30~17:00
토요일 11:30~13:00, 13:30~15:00, 15:30~17:00 ⊙ 휴무 화·수·금·일요일
ⓢ 가격 성인 $49.5, 어린이(2~11세) $25
⊙ 홈페이지 https://bestguamtours.kr/cruises/ride-the-duck

낙하 직전! 긴장감이 극에 달한 순간!

볼살 펄럭이는 경험을 해볼 사람 '푸쳐핸접'!
4200미터 상공에서 즐기는 괌의 하늘! 땅! 바다!

스카이다이빙

왠지 미심쩍어 보이는 자그마한 경비행기에 2열 종대로 앉은 사람들. 하나같이 웃음기라고는 찾아볼 수 없는 표정. 모두 어깨에 둘러맨 안전띠를 생명 줄처럼 잡고 있다. 서서히 웅웅거리기 시작한 엔진 소리, 그 사이로 짜릿한 '첫경험'을 앞둔 이들의 긴장을 풀어주기 위한 탠덤 마스터(교관, Tandem Master)의 화이팅 소리가 좁은 기내를 채운다. 비행기는 뭉게뭉게 피어 오른 적란운을 뚫고 올라가 어느덧 괌의 하늘을 한 바퀴 도는 것으로 때가 되었음을 알린다. 이제 충분한 높이가 되었다는 뜻이리라. 자유낙하를 즐기기에 충분한 1만 2천 피트 상공에 다다른 것이다. 하늘을 올라오면서 교관은 자신과 당신의 안전띠를 고리로 연결했을 것이다. 낙하산조차 없는 당신이 의지할 것은 그 안전고리와 당신 뒤에서 함께 뛰어줄 장난기 넘치는 교관뿐. 마치 '죽음의 문'처럼 보이는 커다란 문이 열리고, 이제껏 경험해 본 적 없는 4300미터 하늘 위의 공기가 폐부 깊이 들어온다. 앞자리에 앉은 사람부터 하나둘 천길 아래로 사라지고, 이제 당신 차례. 떨어지지 않는 발걸음을, 심드렁한 표정의 교관이 떠밀듯 재촉한다.

하나, 둘, 셋, 점프!

바이킹을 탈 때, 또는 갑작스레 난기류를 만났을 때 배를 간질이는 느낌과 비교할 수 있을까? 아니! 절대 아니다! 이제껏 경험한 그 어떤 느낌으로도 설명할 수 없는 자유낙하의 기분을 오롯이 만끽하며 까마득한 저 아래로 빨려 들어간다. 교관이 신신당부한 대로 가슴에 가지런히 포개두었던 두 팔을 펼친다. 금세 익숙해진 자유낙하의 짜릿한 기운을 온몸으로 감당하며 괌의 하늘, 땅, 바다를 내려다본다. 한 번 쩍 벌린 입은 결코 다물어지지 않고, 고글 쓴 눈을 뜨기

괌에서 즐기는 스카이다이빙 10 Steps!

1 픽업 버스로 사무실 도착   2 홍보 및 안전 동영상 시청   3 프로그램 선택   4 점프 수트 및 안전띠 착용   5 자세 및 안전 교육

Program 3. *Skydiving*

> 여기 '못생김' 하나 더 추가요!

도 여간 어려운 것이 아니다. 여전히 팔다리를 마음대로 가누기 힘들지만, 1분 남짓의 순간을 오래도록 기억하기 위해 온갖 감각들을 곤두세워 본다. 짧은 순간의 하늘 유영은 이내 끝고, 별안간 하늘로 솟구쳐 오르는가 싶더니 낙하산이 펼쳐진다. 땅과 당신이 가까워지는 속도 또한 현저히 줄어들면 그제야 겨우 한마디 터져 나온다.

> 낙하산이 펼쳐지면 한결 여유로워진다. 그러나 탠덤 마스터의 장난기 어린 낙하산 난폭 운전이 기다리고 있다.

6 탑승 & 이륙

7 안전 장비 체결

8 다이빙 & 자유낙하

9 낙하산 전개

10 착지 & 수료증 수여

> 착지 후 한동안은 쉽게 일어나지 못할 것이다. 온몸이 여전히 전기가 흐르는 듯 찌릿찌릿할 테니까.

첫경험을 증명하는 인증서

괌의 하늘을 나는 방법
탠덤 스카이다이빙

'탠덤(tandem)'은 '두 사람'이라는 뜻으로, 괌의 스카이다이빙은 교관과 체험자가 함께 다이빙하는 탠덤 방식으로 진행된다. 자격증은 물론 수백 수천의 경험을 보유한 탠덤 마스터와 함께 뛰어내리기 때문에, 누구나 최소한의 기준만 충족하면 괌의 하늘을 날 수 있다. 비행 전 담당 탠덤 마스터와 대화를 나누며 주의 사항과 다이빙 방법 등에 대해 일대일 속성 강습을 받으므로 안심하고 다이빙을 즐길 수 있다.

"헐! 대박!"
정신을 차리고 쏟아낸 말이라고는 고작 그것뿐이리라. 무슨 말이 필요할까. 뿌연 수증기와 습한 기운이 몸을 감싸는, 구름을 온몸으로 통과하는 경험을 끝으로 저 아래 투몬과 괌의 공항과 푸른 숲, 에메랄드 빛 바다가 제대로 눈에 들어올 즈음이면 이제 당신의 첫경험도 끝나 가는 것이다. 발아래 보이는 황토 빛깔의 공터 한가운데 착지를 준비한다. 배운 대로 두 다리를 살짝 들어주는 '센스'를 발휘해, 착지! 그렇게 하늘을 나는 첫경험이 끝난다. 여전히 다리가 풀려 주저앉은 당신에게 교관이 다가와 멋스러운 종이 한 장을 건넨다. 당신의 첫경험을 증명하는 인증서다. 공항으로 돌아가는 길, 당신의 설레는 가슴은 여전히 가라앉을 줄 모르고 쿵쿵쿵, 쉼 없이 뛰고 있을지도 모른다.

안전하게 날기 위해 이것만은 꼭 지키자!

하나! 18세부터 65세까지 참가할 수 있다. 젊고 건강한 당신이라면 도전해 보자!
둘! 100킬로그램이 넘으면 스카이다이빙조차 할 수 없다는 슬픈 사실!
셋! 감압병 우려가 있으므로 다이빙 전 24시간 이내에 스쿠버다이빙을 해서는 안 된다.
넷! 임신을 했거나 음주를 한 경우 당연히 체험 불가!
다섯! 이미 체험에 나섰다면 갑자기 겁이 난다고 중간에 뛰쳐나오지 말자! 이미 환불도 불가능할 테니까.
여섯! 체험을 위해 여권은 필수! 잊지 말고 챙기자!

클로즈 UP 괌의 하늘을 좀더 신나게 즐기는 몇 가지 방법!

하나! 조금 비싸더라도 동영상 촬영본을 꼭 구입하자! 4300미터 하늘 위를 나는 경험이 어디 흔하던가? 불과 몇 분짜리 짧은 경험이지만 오래오래 간직하려면 동영상과 사진 촬영본 USB($160)를 함께 구입할 것을 강력 추천한다.
둘! 절대 눈을 감지 말 것! 주어진 시간이 너무나도 짧다. 무섭다고 눈을 질끈 감은 사이 이미 낙하산은 펼쳐져 있을지도 모르니, 눈을 뜨고 앞에 펼쳐진 총천연색 괌을 만끽하자.
셋! 구름을 통과할 때 습한 기운을 온몸으로 만끽할 것! 그 누가 오감으로 구름을 느껴볼 수 있으랴. '용자'에게만 허락된 것이니, 구름을 씹고 뜯고 맛보고 즐겨보자.

희뿌연 구름 사이를 지나는 특별한 경험도 선물로 주어진다!

넷! 수만 가지 바다 빛깔을 눈에 담아볼 것! 맑은 에메랄드 빛 얕은 바다부터 저 멀리 짙푸른 코발트 빛 깊은 바다까지, 땅에서는 결코 볼 수 없는 총천연색 바다를 눈에 가득 담아보자.

프로그램 선택의 기준은? 자유낙하 시간

스카이다이빙을 하기 직전 접수 데스크에 앉아 요금표를 보고 있노라면 깊은 고민에 빠지게 마련이다. 299달러에서 419달러까지 요금이 천차만별이기 때문이다. 점프하는 높이에 따라 요금이 결정되는데 높을수록 자유낙하 시간이 길어지기 때문에, 웬만하면 최고 높이에서 뛰어볼 것을 추천한다. 8천 피트(약 2400미터/자유낙하 15초, $299)부터 시작하며 1만 피트(약 3천 미터/자유낙하 25초, $339), 1만 2천 피트(약 3600미터/자유낙하 40초, $379), 1만 4천 피트(약 4200미터/자유낙하 60초, $419) 높이를 선택할 수 있다.

동행과 함께 즐기는 갤러리(Gallery)

다이빙 착륙 지점에서 미리 대기하며, 멋지게 하늘을 날고 내려오는 다이버들의 착지 장면을 눈앞에서 지켜볼 수 있는 프로그램이다. 다이빙 체험자들을 태운 비행기가 활주로로 나설 즈음 착지 장소로 이동해 그들과 함께 돌아올 수 있다. 다이빙 체험자가 있어야 함께 신청 및 예약이 가능하며, 단독으로 신청할 수는 없다(18세 이상 성인 기준 $20).

NORTH GUAM 2권 **MAP** p.91E

찾아가기 괌 국제공항 후방 동남편 Neptune Ave에 위치한 Guam Skydive Inc. 사무실에서 접수. 주요 호텔에서 픽업 & 드롭오프 서비스 제공 **주소** Guam Skydive INC., 17-3404 Neptune Ave, Barrigada **전화** 671-475-5555
시간 다이빙 체험 05:00~16:00, 사무실 운영 06:00~18:00, 픽업 후 체험 종료까지 약 3시간 소요 **휴무** 연중무휴
가격 다이빙(높이에 따라) $299~419, 갤러리 성인 $20, 13세~17세 $10 **홈페이지** www.skydiveguam.com

경비행기를 타고 괌의 하늘을 날아보자!
경비행기 조종 체험
경비행기 관광 비행

아무리 굳게 마음먹어도 수천 미터 하늘 위에서 뛰어내리기란 결코 쉽지 않다. 괌의 하늘을 날고 싶고, 괌의 하늘과 땅, 바다를 한꺼번에 내려다보고 싶지만 쉽사리 발걸음이 떨어지지 않는다면 경비행기 프로그램으로 시선을 돌려보자. 온몸으로 하늘을 가르는 짜릿함은 없지만, 하늘에서만 볼 수 있는 태평양의 쪽빛 바다와 괌의 깊고 푸른 숲을 '편안히' 감상할 수 있다. 제법 비싼 요금에도 1년 365일 인기 있는 경비행기 체험. 멋진 제복을 입고 하늘을 나는 꿈을 꾸었던 사람, 그저 괌의 풍경을 편안히 만끽하고자 하는 사람 모두에게 안성맞춤! 자그마한 비행기에 몸을 싣고 괌의 하늘을 마음껏 날아보자.　※코로나로 임시 운영 중단

"V1! VR! V2! Take off!" 여권만 있어도 충분해!
경비행기 조종 체험

괌의 경비행기 체험 프로그램 중 여행자들에게 가장 인기 많은 것은 바로 경비행기 조종 체험이다. 단순히 비행기 뒷좌석에 앉아 창밖을 내다보는 것이 아니라, 직접 이륙과 상승, 선회, 하강과 착륙까지, 비행의 전 과정을 몸소 체험할 수 있어 남녀노소 누구나 좋아한다. 비행은 조종사들의 기초 비행 훈련에 실제로 사용되는 세스나(Cessna) 172와 함께한다. 4명만 탑승할 수 있는 자그마한 비행기이지만, 안전성만큼은 증명되었으니 걱정할 필요는 없다.

경비행기 조종 체험에 이용되는 세스나 172

세스나 172의 계기판

조종간을 움직이는 대로 반응하는 항공기가 신기할 따름!

Program 4.
Experience Flight

하늘에서만 볼 수 있는 괌의 천 가지 바다 빛깔!

비행 코스는 시간에 따라 다양하다. 가장 짧은 비행은 20분 코스($130, 동승자 무료)로 이륙 후 사랑의 절벽과 투몬 베이, 하갓냐 베이 주변을 선회한 후 착륙한다. 30분 코스($190, 동승자 무료)는 20분 코스에 더해 아프라 항구 주변까지 선회한다. 조종 체험을 마음껏 즐기려면 60분 코스($290, 동승자 1인 $60)를 선택해 보자. 괌 북쪽 전체 또는 남쪽 전체를 순회하는 코스 중 하나를 선택하는데, 괌의 앤더슨 공군 기지를 보고 싶다면 북쪽 코스, 괌의 최남단 코코스 섬(Cocos Island)을 보고 싶다면 남쪽 코스를 선택하면 된다.

조종간을 움직이는 법부터 이륙과 착륙, 선회 비행은 물론 택싱(taxing, 지상에서 활주로까지 이동하는 것), 상승과 하강, 좌우 방향 전환 등 비행과 관련된 기본적인 것을 모두 배우기 때문에 여러모로 쏠쏠한 재미가 있다.
4세 이상이면 누구나 조종 체험을 할 수 있으니, 비행기에 관심 많은 아이에게 조종간을 맡겨보는 것도 좋다. 물론 교관이 함께 조종간을 잡으니 걱정은 접어두어도 된다. 조종사 유니폼을 입고 비행기 앞에서 기념 사진을 촬영하는 것도 있지 말자. 시간에 따라 5가지 비행 코스가 준비되어 있다. 20분 코스(성인 $60, 어린이 $40)부터 70분 코스(성인 $165, 어린이 $90)까지 다양하게 있으니 취향껏 선택하면 된다. 노을 지는 저녁과 하나둘 불이 켜지는 투몬의 밤 풍경을 보고 싶다면 야간 비행 코스(30분, $90)를 선택하자. 낮과는 또 다른 화려함이 발아래 카펫처럼 펼쳐진다. 기하학적인 불빛의 향연을 볼 수 있는 괌 국제공항 활주로의 야경 또한 놓치지 말자.

시리도록 파란 하늘, 푸른 바다를 한눈에 담아볼까?
경비행기 관광 비행

가족 또는 연인과 함께 편안하게 괌을 둘러보는 가장 좋은 방법! 경비행기에 몸을 실은 채 '손발 하나 까닥하지 않고' 그저 풍경을 즐기기만 하면 된다. 괌을 찾은 이유는 첫째도 휴양, 둘째도 휴양, 셋째도 휴양이라고 말하는 당신, 온몸 바쳐 하늘을 날거나 경비행기 조종도 다 '귀찮은' 당신에게 안성맞춤인 경비행기 관광 비행 체험. 20분이면 사랑의 절벽과 투몬 베이, 하갓냐 베이를 둘러보고, 70분이면 괌 전체를 둘러볼 수 있으니 이보다 더 좋은 휴양이 또 어디 있을까.

착륙을 위해 활주로와 비행기를 정렬하는 긴장의 순간!

아이들에게 최고의 기념이 될 사진 촬영!

짧은 비행이지만 어엿한 수료증도 받는다!

NORTH GUAM 2권 MAP p.91E
- 찾아가기 괌 국제공항 후방 동남편 Admiral Sherman Blvd에 위치한 Sky Guam Aviation 사무실에서 접수. 주요 호텔에서 픽업 & 드롭오프 서비스 제공 주소 Sky Guam Aviation, Admiral Sherman Blvd, Barrigada 전화 671-477-0737
- 시간 오전 체험 08:00~11:00, 오후 체험 14:00~18:00
- 휴무 연중무휴 가격 조종 체험(코스에 따라) $130~290(20분 코스와 30분 코스 동승자 2인까지 무료, 60분 코스 동승자 1인당 $60), 관광 비행(코스에 따라) 성인 $60~165, 어린이(2~11세) $40~70

MANUAL 18 | 지상 액티비티 & 투어

탈로포포 강을 따라 탐험하는 리얼 정글 체험
어드벤처 리버 크루즈

괌 남부를 흐르는 탈로포포 강을 유랑하며 수천 년 전부터 괌의 주인으로 살았던 차모로 사람들의 문화를 직접 경험해 보는 독특한 투어 프로그램이다. 과거 차모로인의 집 터였던 라테 스톤을 둘러보고 괌 토종 물소인 카라바오를 타보는 시간도 있다. 다양한 체험 프로그램을 통해 고대 차모로 인들의 삶에 대해 더 가까이 느낄 수 있다. 모든 프로그램은 영어로 진행되지만 한국어 가이드가 함께 동행하기 때문에 불편함 없이 문화 체험이 가능하다. 총 소요 시간은 4~5시간.

글과 사진으로 먼저 체험하는
정글 리버 크루즈

Step 1

☑ **투어 시간에 맞춰 준비된 배에 탑승**
기본 예약에는 픽업 서비스가 포함되어 있지 않다. 홈페이지를 통해 1인 $15의 요금을 지불하고 픽업 서비스를 예약하거나 렌터카를 이용해 직접 방문해야 한다. 투어 시간에 맞춰 준비된 배에 탑승하면 본격적인 정글 투어가 시작된다.

☑ **정글투어 고고씽~**
탈로포포 강을 거슬러 오르며 정글에서만 볼 수 있는 신기한 나무, 물고기 등에 대한 설명이 시작된다. 차모로 원주민 마을에 도착하면 추장님과 인사를 나눈 뒤 그룹을 나눠 라테 스톤, 노니 열매, 스타 후르츠 등 현지에서 자라는 열매에 대한 다양한 설명을 들을 수 있다.

Step 2

Program 5.
Adventure River Cruise

☑ 코코넛 맛 보기
유쾌한 차모로인의 코코넛 쇼가 시작된다. 올드 코코넛과 영 코코넛의 차이를 알려주고, 직접 코코넛 과육을 긁어내 시식도 시켜준다. 마지막 하이라이트는 고대 차모로인들이 불 피우는 방법을 재현해 보는 시간. 유명 TV프로그램인 정글의 법칙에서나 볼 수 있는 모습을 직관할 수 있는 특별한 경험이다.

Step 3

☑ 차모로 전통 요리
점심 식사 역시 차모로 전통 요리가 제공된다. 바비큐와 레드라이스, 아삭한 샐러드와 코코넛 바나나 케이크로 구성되어 있다. 여기에 차모로 요리에 가장 많이 쓰이는 간장 양념인 피나딘 소스까지 함께 제공되니 이날 하루만큼은 완벽한 차모로 인의 삶을 경험해 볼 수 있다.

Step 4

TIP 투어 중간 숲을 걷는 구간이 있어 편안한 신발을 착용하는 것이 좋다. 간단한 음료나 간식, 물을 가지고 가는 것도 추천한다.

SOUTH GUAM 2권 ⊙ MAP p.75D
- 주소 Valley of the Latte Park, Route 4, Talofofo
- 전화 671-789-3342 ⓒ 시간 화~일요일 10:00~ ⊙ 휴무 월요일 ⓒ 가격 성인 $110 어린이(5~11세) $80 픽업 1인 $15
- 홈페이지·예약 www.valleyofthelatte.com

MANUAL 19
마사지 & 스파

여행의 피로를 말끔히 없애줄 시간

동남아시아의 휴양지처럼 1일 1마사지를 즐길 만큼 저렴하지는 않지만 괌에서도 특급 호텔에서 운영하는 럭셔리 스파부터 부담 없는 가격의 로컬 마사지 숍, 그리고 24시간 운영하는 온천 스파까지 다양한 스파 & 마사지 숍을 어렵지 않게 찾아볼 수 있다. 어린아이들을 위한 성장 마사지와 임산부 전용 마사지 프로그램도 있으니, 나에게 꼭 맞는 곳을 찾아 누적된 스트레스와 여행의 피로를 말끔하게 날려보자.

스파 & 마사지 제대로 즐기는 꿀팁!

호텔 스파는 물론 합리적인 가격의 로컬 마사지 숍까지 예약은 필수. 최상의 컨디션으로 마사지를 받고 싶다면 예약 15분 전에 도착해 여유롭게 시작하는 것이 좋다.

스파 & 마사지를 받기로 한 날은 과도한 음주와 폭식을 금하자! 늦어도 마사지 시작 2시간 전에는 식사를 끝마치는 것이 좋다.

대부분 임산부 전용 마사지 프로그램을 갖추고 있지만 임신 16주 미만인 초기 임산부에게는 스파 & 마사지를 추천하지 않는다.

만족할 만한 서비스를 받았다면 약간의 팁을 건네보자. 저렴한 로컬 마사지 숍의 경우 $2~3, 호텔 스파의 경우 $3~5 정도면 적당하다.

01
럭셔리 스파의 진수를 느껴보자
데바라나 스파 괌
Devarana Spa Guam

다른 호텔 스파에 비해 가격대가 높은 편이지만 세계적으로 유명한 두짓타니 호텔 고유의 태국 전통 마사지를 받을 수 있어 만족도가 높은 스파이다. 태국식 마사지에 서양식 테라피 기법이 더해진 퓨전 마사지를 기본으로 다양한 신체 리듬에 맞춘 마사지를 선보인다. 1인실과 2인실, 3인실로 나눠진 프라이빗 마사지 룸 안에는 샤워 시설이 갖춰져 있으며 욕조와 스팀룸이 있는 스위트 룸도 있다. 따뜻한 오일을 이용해 긴장된 근육을 풀어주는 스웨디시 마사지, 13주 이상 임산부들을 위한 전용 마사지 프로그램도 있다. 데바라나라는 이름은 천국의 정원이라는 뜻을 가지고 있다. 마사지를 받는 동안 천국의 정원을 산책하는 기분으로 특별한 힐링의 시간을 가져보자.

두짓타니 괌 리조트 IDusit Thani Guam Resort
TUMON & TAMUNING 2권 MAP P.32E INFO P.51
전화 671-648-8064 | 시간 09:00~23:00 | 휴무 연중무휴
가격 보디 마사지(60분) $140~

추천 프로그램
뭉친 근육을 풀어주는 데바라나의 시그니처 프로그램
차모로 Chamorro (60분) …… $140
정통 태국 스타일 **타이 발 마사지 Thai Foot Massage(45분)** …… $100
태국 스타일에 스웨덴식 아로마 테라피를 결합한
데바라나 시그니처 Devarana Signature(90분) …… $190
태국 전통 약초에서 영감을 얻은
허브 마사지 Thai Herbal(60분) …… $140

02
몸에 쌓인 스트레스를 말끔히 풀고 싶다면
스파 아유알람
Spa Ayualam

일본에서 시작된 스파 브랜드로 힐튼 괌 리조트 & 스파, 호텔 닛코 괌에 각각 지점이 있다. 자연 에너지로 오감을 깨워 몸의 균형을 맞춰주는 마사지 방식으로 몸에 쌓인 스트레스를 말끔하게 풀어주는 것으로 유명하다. 스파 아유알람의 시그니처인 아유알람 릴렉제이션 마사지는 피로 회복과 긴장 완화에 도움이 된다. 테라피스트의 손을 형상화한 특별한 스틱을 이용한 파워 트리 마사지는 사람의 손이 닿지 않는 근육 깊숙이 자극하므로, 어깨와 등 결림이 심한 여행객들에게 추천할 만한 프로그램이다.

힐튼 괌 리조트 & 스파 Hilton Guam Resort & Spa
TUMON & TAMUNING 2권 MAP P.32F INFO P.51
시간 10:00~22:00 | 휴무 연중무휴
가격 보디 마사지(60분) $120~

호텔 닛코 괌 Hotel Nikko Guam
TUMON & TAMUNING 2권 MAP P.33C
시간 10:00~22:00 | 휴무 연중무휴
가격 보디 마사지(60분) $120~

추천 프로그램
아유알람만의 시그니처 프로그램
아유알람 릴렉제이션 AYUALAM Relaxation(60분) …… $120
스틱으로 근육 깊숙한 곳까지 관리하는
스포츠 마사지 Sports Massage(60분) …… $120
머리는 물론 어깨 결림의 원인이 되는 노폐물을 흘려 보내주는
릴렉제이션 페이셜 Relaxation Facial(60분) …… $120
혈액 순환을 원활하게 해주는 **헤드 스파 Head Spa(90분)** …… $150

✓Check
임산부를 위한 특별 마사지 프로그램도 갖추고 있다. 임산부 케어(Maternity Care, 60분 $120)

MANUAL 20
골프

NICE SHOT!
태평양을 바라보며 라운딩을 즐기자!

괌에서 골프는 무조건 비쌀 것이라는 편견은 접어두자! 대부분 노 캐디(No caddie)로 운영되기 때문에 캐디 비용은 물론 추가 서비스 비용 없이 오직 그린피만 지불하면 된다. 카트를 손수 운전해야 하지만 드넓은 태평양 바다를 향해 티샷을 날리는 경험은 흔치 않다. 끝없이 펼쳐진 바다를 마주하고 라운딩을 즐기고 싶다면 괌의 다양한 골프장에 주목해 보자. 워낙 더운 날씨 탓에 태양이 뜨거운 한낮에는 금세 지치게 마련이니 새벽 첫 타임을 예약할 것을 추천한다.

□ 괌 골프장 위치 한눈에 보기

괌 인터내셔널 컨트리 클럽
온워드 망길라오 골프 클럽
레오팰리스 리조트 컨트리 클럽
온워드 탈로포포 골프 클럽
컨트리 클럽 오브 더 퍼시픽

☐ 괌 골프장 요금 한눈에 보기

	18홀 그린피 (비수기)	18홀 그린피 (성수기)	골프 클럽 대여	골프화 대여
온워드 망길라오 골프 클럽 Onward Mangilao Golf Club	$200	$250	$40	$10
온워드 탈로포포 골프 클럽 Onward Talofofo Golf Club	$160	$210	$40	$10
컨트리 클럽 오브 더 퍼시픽 Country Club of the Pacific	$140	$170	온라인 예약시 무료	온라인 예약시 무료
레오팰리스 리조트 컨트리 클럽 LeoPalace Resort Country Club	$160	$230	$40	$10
괌 인터내셔널 컨트리 클럽 Guam International Country Club	$109	$159	$35	$10

☐ 괌 골프장 제대로 즐기기 위한 꿀팁!

캐디가 없는 대신 각 홀의 정보를 상세히 제공한다. 보이스 캐디 시스템을 갖춘 골프장도 있으니 라운딩을 시작하기 전에 꼼꼼히 챙겨보자.

칼라(깃)가 없는 티셔츠와 청바지 차림으로는 라운딩을 할 수 없는 곳이 대부분이다.

거의 모든 골프장에서 주요 호텔을 경유하는 셔틀버스를 운행한다. 자세한 시간은 각 골프장 홈페이지에서 확인할 수 있다.

PLUS TIP
호시노 리조트 리조나레 괌에 2박 이상 투숙하면 그린피 할인 혜택이 주어진다($40).

Onward Mangilao Golf Club
온워드 망길라오 골프 클럽

드넓은 태평양을 향해 티샷을 날려보자! 세계적으로 유명한 골프 코스 디자이너 로빈 넬슨(Robin Nelson)이 망길라오 베이의 아름다운 해안선을 따라 설계한 것으로, 미국 골프 다이제스트 선정 '세계 베스트 골프 코스 100'에 오르기도 했다. 특히 가장 멋진 풍광을 자랑하는 12번 홀에서는 드넓은 태평양을 향해 멋진 티샷(tee shot)을 날려볼 수 있어 많은 골퍼들의 사랑을 받는 곳이다. 최소 5~7일 전 예약은 필수. 클럽하우스에서는 커다란 통유리 창으로 태평양을 마주 볼 수 있다. 괌에서도 손꼽힐 만큼 아름다운 뷰를 자랑하기 때문에 골프장은 이용하지 않고 클럽하우스에 식사를 하러 오는 관광객들도 많은 편이다.

NORTH GUAM 2권 ⓞ MAP P.91E ⓘ INFO P.96
시간 목~일요일 06:00~18:00 휴무 월~수요일 요금 그린피 $200~, 클럽 대여 $40
홈페이지 www.mangilaoguam.com/ko

PLUS TIP
셔틀버스를 이용하지 않고 렌터카로 개별 방문할 경우 클럽하우스에서 이용할 수 있는 쿠폰(1인당 $20)을 제공한다. (사전 예약 필수)

Onward Talofofo Golf Club
온워드 탈로포포 골프 클럽

온 가족이 함께 라운딩을 즐기자! 벤 호겐(Ben Hogen), 샘 스니드(Sam Snead) 등 전설의 유명 골퍼 9명이 각 2홀씩 맡아 감수한 곳으로 2006년 12월 탄생했다. 탈로포포의 거대한 원시림을 배경으로 자연 지형을 살린 코스를 자랑한다. 페어웨이가 좁고 장애물이 많은 편이지만 아름다운 자연 풍광을 바라보며 라운딩을 하는 재미가 있다. 5~11세 아이들을 위한 주니어 골프 요금($80)이 따로 책정되어 있어 가족과 함께 라운딩을 즐기고 싶다면 온워드 탈로포포 골프 클럽이 좋은 선택이 될 것이다. 온워드 망길라오 골프 클럽과 마찬가지로 호시노 리조트 리조나레 괌에 2박 이상 투숙하면 할인 혜택이 주어지고, 온워드 망길라오 골프 클럽과 함께 2라운드 패키지를 이용하면 추가 할인을 받을 수 있다.

SOUTH GUAM 2권 ⓞ MAP P.75D ⓘ INFO P.86
시간 06:00~17:00 휴무 연중무휴 요금 그린피 $160~, 클럽 대여 $40
홈페이지 www.talofofoguam.com/ko

Country Club of the Pacific
컨트리 클럽 오브 더 퍼시픽

거의 모든 홀에서 바다가 보이는 환상적인 뷰! 2008년 말 대대적인 리노베이션을 통해 모든 홀의 그린을 챔피언 잔디로 갖추고 오픈했다. 잔디의 밀도가 높아 괌에서 가장 빠른 그린 스피드를 기대할 수 있는 골프 클럽으로 알려졌다. 아웃 코스의 모든 홀에서 태평양 바다가 내려다보이는 환상적인 뷰를 자랑하는 것도 큰 장점이다. 그린피가 저렴한 편이어서 현지인들이 많이 찾는다. 시간 여유가 없는 관광객들을 위한 9홀 플레이 프로그램($75~)도 갖추고 있다. 시즌별로 다양한 프로모션이 진행되니 홈페이지를 꼼꼼히 살펴볼 것을 권한다. 클럽하우스에서는 가벼운 스낵메뉴를 판매하고 있다. PIC 괌 투숙객은 골드카드를 이용해 식사를 할 수 있다.

PLUS TIP
5곳의 제휴 호텔(쉐라톤 라구나 괌 리조트, PIC 괌, 호텔 닛코 괌, 하얏트 리젠시 괌, 힐튼 괌 리조트 & 스파) 투숙객은 그린피가 할인된다($20~40).

SOUTH GUAM 2권 MAP P.75D INFO P.86
시간 07:00~18:00 휴무 연중무휴 요금 그린피 $140~, 온라인 예약시 클럽 대여 무료 홈페이지 http://ccp-guam.com/kr

LeoPalace Resort Country Club
레오팰리스 리조트 컨트리 클럽

괌에서 가장 큰 규모를 자랑한다! 미국 골프계의 전설로 불리는 아놀드 파머와 잭 니클라우스가 공동 설계한 것으로 유명한 골프 클럽이다. 9홀짜리 4개 코스, 총 36개의 홀을 갖춘, 괌에서 가장 큰 규모의 골프장이다. 부대시설을 비롯해 천연 잔디로 만들어진 드라이빙 레인지, 연습용 벙커, 퍼팅 그린 등 연습 공간도 마련되어 있어 라운드 전후에 이용하기 좋다. 페어웨이가 좁고 난해한 코스들이 많아 초보들은 조금 어렵게 느껴질 수 있으나 다양한 전략이 필요한 코스들이 이어져 라운딩의 즐거움이 배가되는 매력적인 골프장이다. 높은 언덕에 자리 잡은 클럽하우스에서 36개의 홀을 한눈에 내려다보며 식사를 즐길 수도 있다.

PLUS TIP
레오팰리스 리조트와 괌 플라자 리조트 투숙객은 그린피 할인 혜택을 받을 수 있다.

SOUTH GUAM 2권 MAP P.75B·D INFO P.86
시간 06:30~17:30 휴무 연중무휴
요금 그린피 $160~, 클럽 대여 $40
홈페이지 www.leopalaceresortguam.com/ko/golf.html

Guam International Country Club
괌 인터내셔널 컨트리 클럽

초보자들도 부담 없이 즐긴다! 2016년 5월 새 단장을 마치고 오픈한 골프장으로 미국 골프 협회가 인증한 18홀로 구성되어 있다. 투몬 중심에서 차로 10여 분 거리에 위치한다는 것이 가장 큰 장점이다. 대부분 초보 골퍼들도 플레이하기 쉬운 무난한 코스들이지만 정교한 샷을 요구하는 난코스가 중간 중간 배치되어 라운딩을 하는 재미가 있다. 초보 골퍼나 시간이 부족한 여행자들을 위한 파3 쇼트 코스도 있으니 본격적인 라운딩 전에 실전처럼 연습해 볼 수 있다(1인 $39). 클럽하우스의 레스토랑에서는 일본인 셰프가 만드는 따끈한 일식 메뉴가 제공되며, 편하게 휴식을 취할 수 있는 플레이어 라운지가 마련되어 있다.

PLUS TIP
차로 10분이면 괌 공항에 도착하고 공항까지 무료 셔틀버스를 운행하니, 괌 여행 마지막 날 라운딩을 즐겨볼 만하다.

NORTH GUAM 2권 MAP P.91E INFO P.96 시간 월·수~금요일 08:00~15:00 토·일요일 06:00~18:00
휴무 연중무휴 요금 그린피 $109~, 클럽 대여 $35 홈페이지 https://giccguam.com/kr

222	**MANUAL 21** 럭셔리 & 로맨틱 호텔/리조트
238	**MANUAL 22** 패밀리 프렌들리 호텔/리조트
248	**MANUAL 23** 가성비 & 실속형 호텔/리조트

Hotel & Resort

꿈의 밤을 책임질
호텔과 리조트
고르는 팁

휴양지 여행에서 숙소 선택은 여행 전체의 만족도를 좌우할 만큼 중요하다는 것을 모르는 이는 없을 것이다. 하지만 남들 따라 특1급 초호화 럭셔리 리조트에 여행 경비를 쏟아부을 수는 없는 일! 내 여행의 콘셉트와 예산에 꼭 맞는 숙소를 선택하는 것이야말로 스마트한 여행의 시작이다. 휴양지라도 만족도 높은 숙소를 찾기란 여간 어려운 일이 아닌 것이 현실! 숙소 선택이 어렵다면 3가지 테마에 꼭 맞게 고르고 또 고른 16개의 호텔들을 '야무지게' 비교해 보자. 당신의 여행 테마와 예산, 그리고 취향까지 '저격'할 호텔을 금세 찾을 수 있다.

황홀함이 한가득! 저녁 무렵 롯데 호텔 괌의 풍경

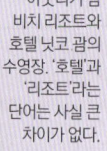

아웃리거 괌 비치 리조트와 호텔 닛코 괌의 수영장. '호텔'과 '리조트'라는 단어는 사실 큰 차이가 없다.

호텔, 리조트, 레지던스? 도대체 뭐가 다른 거죠?

흔히 알고 있는 것처럼 호텔은 체류 기간이 짧은 여행자들에게 초점을 맞춘 숙박 시설이다. 목적에 따라 관광 호텔, 비즈니스 호텔 등으로 나뉘기도 하고, 부대시설의 유무나 호텔 규모에 따라 별의 개수로 등급이 정해지기도 하지만, 기본적으로 가장 중요한 것은 객실이다. 반면 리조트는 숙박 자체보다는 휴양에 초점을 맞춘 휴양 시설에 가깝다. 객실을 갖추고 있다는 점에서 호텔과 같지만, 골프 코스나 야외 풀, 스파 등 휴식을 위한 부대시설에 더 중점을 두었다. 간혹 '호텔이 좋은 거예요, 리조트가 더 좋은 거예요?'라는 질문을 받는데, 정답은 없다. 정의대로라면 당연히 기본적인 객실 외에 다양한 휴양 시설을 갖춘 리조트가 더 좋게 느껴지겠지만, 사실 호텔과 리조트의 구분은 거의 무의미하다. 실제로 호텔이든 리조트든 괌을 대표하는 대부분의 숙소들은 저마다 다양한 휴양 시설을 보유하고 있다. 그 외에 레지던스, 즉 서비스드 레지던스(Serviced Residence)는 말 그대로 호텔급의 서비스를 제공하는 일종의 아파트를 이른다. 장기 투숙을 원하는 주재원이나 여행자들이 주로 이용하는데, 요즘은 인원수가 많거나 주방이 필요한 가족 여행자들에게도 사랑받는다.

스마트하게 숙소를 예약하는 방법

가격 비교, 공홈, 특가 또는 패키지

에릭 남은 말했다. '그거 아세요? 똑같은 객실도 호텔 예약 사이트마다 가격은 천차만별!'이라고. 그렇다! 비행기 표에 식사 비용, 각종 액티비티와 쇼핑 비용까지 생각한다면 숙박 요금을 한 푼이라도 아껴야 하는 것은 여행자의 숙명! 에릭 남이 말한 것처럼 호텔 예약 사이트마다 가격은 천차만별이고 제공하는 혜택도 다르기 때문에 비교는 선택이 아닌 필수다. 단, 요금표의 숫자만 보고 결제 버튼을 누르지는 마시라! 환불 가능 여부, 조식 포함 여부 등 세세한 내용까지 꼼꼼히 비교해야 진짜 스마트한 선택이 된다. 때때로 가격 비교 사이트보다 호텔 공식 홈페이지의 요금이 더 저렴할 때도 있다는 점을 기억하자. 바우처(숙박 기간 동안 호텔 내에서 다이닝이나 스파 등을 무료로 이용할 수 있는 일종의 쿠폰), 와인 서비스 등을 포함한 프로모션 요금을 제공하기도 하는데, 이 또한 공식 홈페이지 예약자들만의 특권이다. 이외에도 다양한 프로그램이나 서비스 등을 포함한 패키지 요금으로 숙소를 예약한다면 조금 더 저렴한 하룻밤을 '득템'하게 된다. 다만 싸다고 무작정 결제하기보다 여행의 테마와 예산, 취향을 고려해 패키지 구성 내용을 꼼꼼히 확인하는 것이 무엇보다 중요하다.

호텔 가격 비교 사이트

▶ www.hotelscombined.co.kr
▶ hotels.naver.com
▶ www.tripadvisor.co.kr

호텔 예약 사이트

▶ www.agoda.com
▶ www.hotels.com
▶ www.expedia.co.kr

한눈에 보고, 한 번에 비교하자!
괌 호텔 & 리조트 시설 및 서비스 비교표

럭셔리&로맨틱 호텔/리조트	객실 수	객실 면적	가격대	렌터카 사무소	한국어 가능 직원	공항 셔틀 서비스	피트니스
두짓타니 괌 리조트 Dusit Thani Guam Resort(p.223)	421	43㎡~	40만 원~	✓	✓	✓	✓
더 츠바키 타워 The Tsubaki Tower(p.226)	340	45㎡~	55만 원~		✓	✓	✓
하얏트 리전시 괌 Hyatt Regency Guam(p.228)	450	44㎡~	30만 원~		✓	✓	✓
더 웨스틴 리조트 괌 The Westin Resort Guam(p.230)	429	39㎡~	25만 원~	✓	✓	✓	✓
리가 로얄 라구나 괌 리조트 RIHGA Royal Laguna Guam Resort(p.232)	318	33㎡~	20만 원~		✓	✓	✓
롯데 호텔 괌 Lotte Hotel Guam(p.236)	222	45㎡~	25만 원~		✓	✓	✓
패밀리 프렌들리 호텔/리조트							
힐튼 괌 리조트 & 스파 Hilton Guam Resort & Spa(p.246)	646	27㎡~	20만 원~		✓	✓	✓
퍼시픽 아일랜즈 클럽(PIC) 괌 Pacific Islands Club Guam(p.240)	777	33㎡~	20만 원~		✓	✓	✓
호텔 닛코 괌 Hotel Nikko Guam(p.243)	492	48㎡~	20만 원~		✓	✓	✓
두짓 비치 리조트 괌 Dusit Beach Resort Guam(p.244)	604	36㎡~	25만 원~		✓	✓	✓
호시노 리조트 리조나레 괌 Hoshino Resorts RISONARE Guam(p.239)	430	44㎡~	20만 원~		✓	✓	✓
가성비&실속형 호텔/리조트							
로열 오키드 호텔 괌 Royal Orchid Hotel Guam(p.249)	204	38㎡~	10만 원~	✓		✓	✓
괌 리프 호텔 Guam Reef Hotel(p.252)	426	33㎡~	20만 원~			✓	✓
레오팰리스 리조트 괌 LeoPalace Resort Guam(p.250)	620	41㎡~	15만 원~		✓	✓	✓
괌 플라자 리조트 & 스파 Guam Plaza Resort & Spa(p.254)	505	32㎡~	10만 원~				✓
홀리데이 리조트 & 스파 괌 Holiday Resort & Spa Guam(p.255)	252	39㎡~	10만 원~				✓

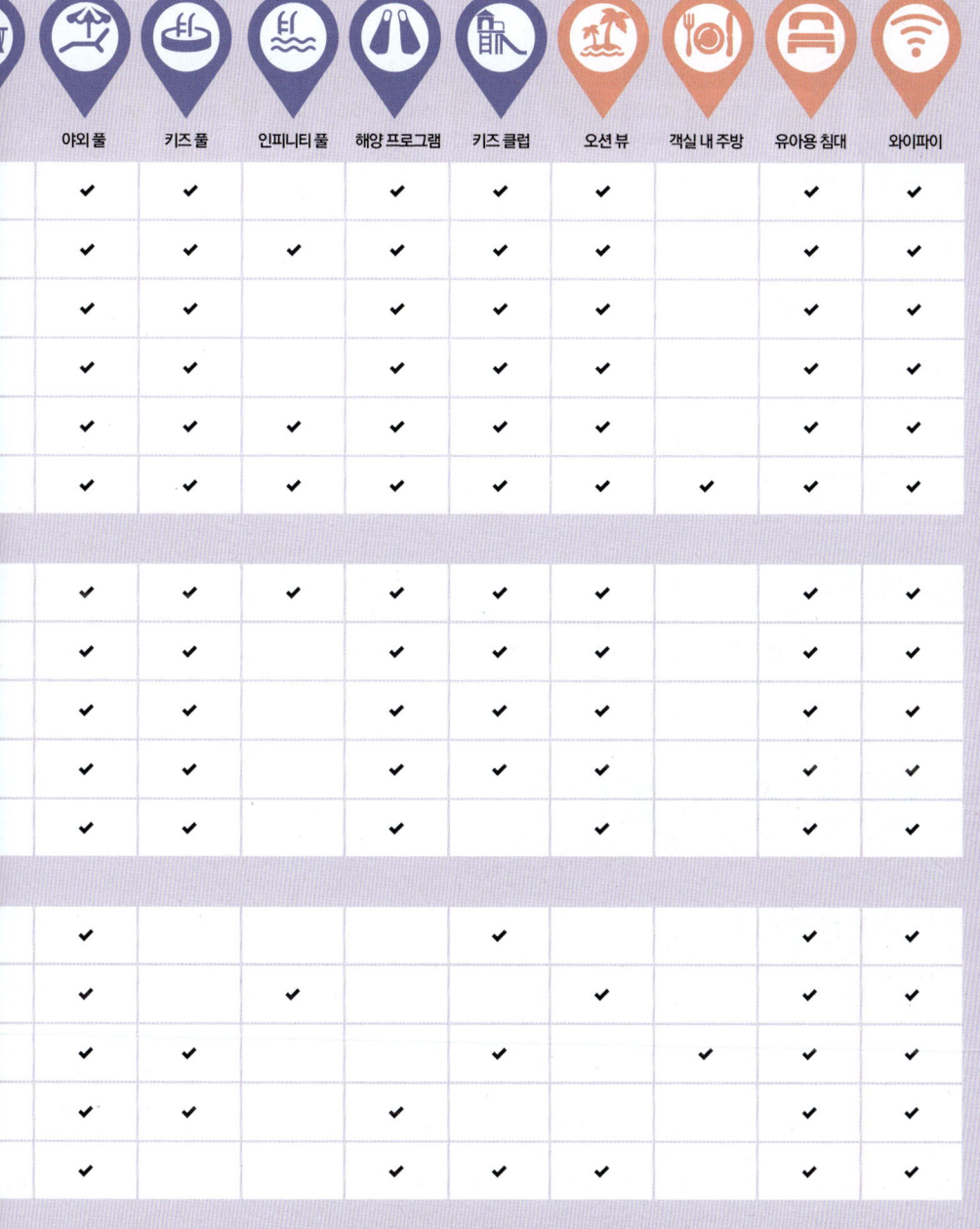

MANUAL 21
럭셔리 & 로맨틱 호텔/리조트

Luxurious & Romantic
HOTEL/RESORT BEST 6

괌이 선사하는 최고의 하룻밤!

최고의 바다로 떠나온 최고의 여행. 그 안에서 누리는 최고의 휴식.
가장 고급스럽고 안락하며, 로맨틱하기까지 한
여행을 선사할 괌의 호텔과 리조트를 여기 소개한다.

Dusit Thani Guam Resort
두짓타니 괌 리조트

천상의 분위기에서 편안한 휴식을 누려라!

2015년 개장해 괌의 호텔과 리조트 중 최신상급에 속하는 두짓타니 괌 리조트. 최고의 시설과 럭셔리한 분위기, 그에 걸맞은 격조 높은 서비스로 괌 리조트계에 일대 파란을 일으키며, 이제는 명실상부 괌 최고의 리조트로 발돋움했다. 투몬 중심지에 자리 잡고 있어 접근성 또한 나무랄 데 없고, 리조트 내에만 머물러도 아쉽지 않을 만큼 쉴 거리 즐길 거리가 많아, 묵는 것 자체로 이미 최고의 휴양이 완성된다는 두짓타니 괌 리조트, 이곳에서 진짜 괌의 매력을 만나보자.

TUMON & TAMUNING 2권 MAP P.33C 홈페이지 www.dusit.com/dusitthani-guamresort/ko

CHECK POINT / 01

상상 속 휴양지의 모습 그대로, 두짓타니 아웃도어 풀

당신이 꿈꾸고 그려왔던 꿈의 모습이 무엇이든 두짓타니의 아웃도어 풀에서 직접 눈에 담고 경험할 수 있다. 규모가 크지는 않지만 편안하면서도 모던한 분위기의 풀 앞으로 투몬의 쪽빛 바다와 금빛 해변이 펼쳐져 있다. 굳이 물에 풍덩 뛰어들지 않더라도 더위를 식히기에 부족함이 없다. 결코 화려하지는 않지만 남국의 분위기를 가득 담은 두짓타니의 아웃도어 풀을 만끽해 보자.

CHECK POINT / 02

럭셔리한 동남아 휴양의 대명사 두짓 호텔 & 리조트

자타 공인 괌 최고, 두짓타니 괌 리조트는 태국 방콕에 거점을 두고 있는 럭셔리 리조트 브랜드 두짓 인터내셔널에서 운영한다. 태국과 중국의 주요 휴양 도시는 물론 몰디브와 두바이, 저 멀리 아프리카의 케냐와 이집트에도 리조트를 열어 60년이 훌쩍 넘는 시간 동안 세계적인 명성을 쌓아왔다. 합리적인 서비스를 지향하는 서양의 리조트와는 달리 최고의 편안함과 천상의 럭셔리한 분위기를 지향하는 동남아 리조트 브랜드의 대표 주자답게 넘치도록 기꺼운 서비스를 제공하니 두짓타니에 묵는 것만으로 자부심이 생길지 모른다.

휴양지의 편안함과 여유로운 분위기를 그대로 담은 두짓타니의 아웃도어 풀

풀빌라를 떠올리게 하는 원 베드 오션프론트 빌라

CHECK POINT / 03

최신 시설로 무장한 객실과 부대시설

남태평양의 대표적인 휴양지인데도 최신 시설의 럭셔리 리조트가 마땅치 않았던 괌이지만, 몇 해 전 두짓타니가 문을 열면서 분위기가 완전히 바뀌었다. 421개의 객실을 갖춘 두짓타니 괌 리조트. 독보적인 객실 환경과 차별화된 서비스는 기본 타입인 마운틴 뷰 룸(Mountain View Room)에서도 충분히 경험할 수 있다. 널찍한 객실 면적은 기본이고, 객실 내의 모든 것을 한 번에 조정할 수 있는 오버헤드 컨트롤 패드, 꼭 필요하진 않아도 있으면 편리하기 그지없는 워크 데스크 등, 세세한 시설 하나하나 여느 리조트와 비교할 수 없다. 투숙 기간 동안 1회 미니 바를 무료로 제공하는 점도 작지만 큰 기쁨을 준다. 두짓타니의 모든 객실이 훌륭한 것은 두말할 나위 없지만, 조금 더 특별한 휴가를 즐기거나 허니문으로 괌을 찾은 이들이라면 스위트룸 그 이상인 원 베드룸 오션프론트 빌라(One Bedroom Oceanfront Villa)를 주목하자. 편안하면서도 모던한 인테리어의 객실은 30평에서 시작해 90평의 면적을 자랑하며, 투몬의 바다를 마주한 널찍한 개별 테라스의 자쿠지에서 프라이빗한 시간을 만끽할 수 있다.

메인 뷔페 레스토랑 아쿠아의 파노라믹 뷰

CHECK POINT / 04
괌 최고의 리조트에서 즐기는 최고의 다이닝

가볍게 커피 한잔, 칵테일 한잔을 기울일 카페와 라운지는 물론 제대로 분위기를 내기에 좋은 파인다이닝 레스토랑까지, 괌 최고를 자부하는 다이닝 스폿을 두짓타니 괌에서 만나볼 수 있다. 요리 수준도, 파노라믹한 투몬 비치의 전망도 모두 괌 최고라 할 만한 두짓타니의 메인 뷔페 레스토랑 아쿠아(Aqua, 1권 P.118/2권 P.40)와 함께 정통 태국 요리를 맛볼 수 있는 타이 레스토랑 소이(SOI, 2권 P.40)는 투숙객과 외부 여행자들 모두에게 늘 인기 만점! 두짓타니의 멋스러운 아웃도어 풀과 투몬 비치를 함께 조망할 수 있는 풀사이드 바 타시 그릴(Tasi Grill) 또한 주목할 만하다. 그림 같은 괌의 풍경을 안주 삼아 칵테일 한잔을 즐기는 것도, 푸짐하게 바비큐를 즐기는 것도, 이보다 더 좋을 수 없는 곳이다.

투몬의 바다 내음을 직접 호흡할 수 있는 타시 그릴의 아웃도어 테라스

CHECK POINT / 05
본토의 손맛을 그대로! 데바라나 스파

바쁜 여행 일정에 진정한 휴식은 저만치, 남은 것이라고는 피곤에 찌든 '몸둥이'뿐일 때, 간절히 생각나는 건 다름 아닌 시원한 타이 마사지. 그렇다면 두짓타니의 데바라나 스파로 향하자. 태국 본토의 리조트 스파에서 제공하는 '진짜' 타이 마사지를 이곳에서 경험할 수 있다. 전 세계 10여 곳의 두짓타니 리조트 내 지점을 통해 이미 그 실력이 검증된 데바라나 스파. 태국식 마사지에 서양식 테라피 기법이 더해져 한층 더 특별한 경험을 할 수 있으니 이곳에서 진정한 휴양의 달콤함에 빠져보자.

CHECK POINT / 06
혜택은 풍성, 요금은 홀쭉, 패키지와 프로모션을 노려라!

이토록 더할 나위 없는 두짓타니 괌 리조트. 그러나 당신의 고민이 길어지는 이유는 오직 하나, 바로 '착하지 않은' 요금이다. 그렇다면 때때로 당신을 웃게 해줄 패키지와 프로모션 상품을 주목해 보자. 스파 또는 레스토랑과 숙박 요금을 묶어 할인된 가격으로 제공하는 패키지 상품과, 2박 이상 숙박 시 3박째 숙박을 무료로 제공하는 등 파격적인 프로모션 상품이 종종 홈페이지에서 판매된다. '득템'의 기회를 잡아 천상의 럭셔리한 분위기를 누려보자.

The Tsubaki Tower
더 츠바키 타워

괌에 상륙한 럭셔리 최강자

코로나 팬데믹이 전 세계를 뒤엎었던 2020년 초에 새로 문을 연 괌의 '초신상' 호텔로, 롯데 호텔 괌과 호텔 닛코 사이, 투몬 베이의 북쪽 끝자락 절벽 위에 자리잡았다. 비공식적이긴 하지만, 괌 최초의 6성급 호텔로 객실이나 부대시설과 같은 하드웨어는 물론 다이닝과 서비스 따위의 소프트웨어까지 모두 최고로 인정받은 곳이다. '여행은 늘 가장 좋은 것으로'라고 생각하는 여행자라면 고민은 금물! 여기 더 츠바키 타워에서 럭셔리한 휴양과 로맨틱한 '호캉스'를 완성해 보자.

TUMON & TAMUNING 2권 MAP P.33C 홈페이지 www.thetsubakitower.co.kr

CHECK POINT / 01
숫자가 증명하는 럭셔리함
연식이 꽤 나가는 투몬 베이의 여러 호텔들과 굳이 비교하지 않아도 좋다. 츠바키 타워의 새로움과 럭셔리함은 이미 숫자로 증명되고 있기 때문. 2020년 오픈, 괌 최초의 6성급 호텔, 340개의 오션뷰 객실, 나홀로 9점대를 넘나드는 투숙객들의 평가에 이르기까지. 괌의 모든 것을 사랑하대도 낡은 호텔들 때문에 여행을 꺼려온 여행자가 있다면, 이제 츠바키 타워를 만나자. 새로운 괌 여행이 거기서 시작된다.

CHECK POINT / 02
340개의 오션 뷰 객실에서 바라보는 투몬 베이의 풍광
더 츠바키 타워가 품은 340개의 객실은 모두 투몬 베이를 조망할 수 있는 널찍한 발코니를 품고 있다. 발코니에 올라서면 쪽빛 투몬 비치와 그를 따라 늘어선 유명 호텔들의 모습이 한 눈에 보인다. 객실은 일반 객실과 스위트를 포함해 다섯 종류로 나뉘는데, 기본 객실인 카멜리아 룸(Camellia Room)도 45제곱미터의 넉넉한 면적을 자랑한다. 클럽 룸(Camellia Club Room)을 선택한다면, 프라이빗 체크인/아웃, 라운지 조식과 해피아워, 턴다운 서비스와 무료 미니바 혜택을 누릴 수 있다.

CHECK POINT / 03
색다른 콘셉트로 즐길 수 있는 츠바키의 인피니티 풀
420제곱미터의 광활한 인피니티 풀이 당신을 기다린다. 드넓은 풀의 끝자락까지 헤엄쳐 가서 투몬 베이를 한없이 바라보고 있자면, 오롯한 쉼이 바로 여기 있음을 느끼게 된다. 늦은 밤까지 화려한 조명, 분수 쇼와 함께 색다른 별세계를 만끽할 수 있다고. 메인 풀 옆으로 자리잡은 풀 바에서는, 물에 잠긴 릴랙싱 체어에 반쯤 누워 칵테일 한 잔 기울이는 것도 좋다. 절벽 위에 자리잡아 전용 프라이빗 비치가 없다는 게 츠바키 타워의 유일한 단점으로 꼽히는데, 호텔 로비 앞에서 바로 옆 건 비치까지 무료 셔틀을 운영하고 있으므로 이를 참고해 풀과 비치 모두 놓치지 말고 즐겨 보자.

CHECK POINT / 04
풍성하고 다양하다! 더 츠바키 타워가 자랑하는 다이닝 스폿
스페인의 해양도시 바르셀로나를 떠오르게 하는 콘셉트의 올데이 뷔페 레스토랑 까사 오세아노(Casa Oceano), 품격 있고 독창적인 이딜리언 퀴진을 선보이는 파인 다이닝 레스토랑 밀라노 그릴 - 라 스텔라 - (Milano Grill - La Stella -) 등 럭셔리의 끝을 보여 주는 다이닝 스폿이 즐비하다. 바도 세 곳이나 있어 와인, 위스키 등 주종과 콘셉트에 따라 골라 찾는 재미 또한 쏠쏠하다고.

CHECK POINT / 05
투몬 베이와 즐기는 아침 식사
츠바키가 자랑하는 특별한 식사도 즐겨 보자. 바로 객실마다 마련된 오션 뷰 발코니에서 여유로운 아침 식사를 즐길 수 있는 것. 전날 자정 전까지 예약해 두면, 예약한 시간에 룸서비스로 조식이 차려지는데, 방 안은 물론 아침 햇살 충만한 발코니에서도 이를 만끽할 수 있다고 한다. 메뉴는 네 가지 중 선택할 수 있으며, 샴페인이나 와인과 페어링해 즐길 수 있는 저녁 식사 서비스도 운영하고 있다.

Hyatt Regency Guam
하얏트 리전시 괌

'하얏트'의 이름만으로도 전해지는 럭셔리함!

'하얏트'라는 이름부터 중후한 분위기가 느껴진다. 전 세계 곳곳에 자리 잡은 700여 개 호텔에서 수십 년간 견고히 다듬어온 하얏트만의 이미지다. 투몬 중심에 위치한 5성급 호텔, 중후하고 럭셔리한 분위기 속에서 편안한 휴식을 취할 수 있는 450개의 객실. 결코 모자람이 없는 하얏트 리전시 괌을 한껏 누려보자.

TUMON & TAMUNING 2권 MAP P.33G 홈페이지 www.hyatt.com/ko-KR/hotel/micronesia/hyatt-regency-guam/guamh

CHECK POINT / 01
세계 700여 개 호텔이 증명하는 하얏트의 명성

들어보지 않은 사람이 없을 만큼 대표적인 호텔 브랜드 하얏트, 특히 리전시(Regency)는 하얏트 호텔 그룹의 플래그십 라인으로 하얏트의 아이덴티티와 감성을 담은 시설과 서비스를 선보이는 것으로 정평이 나 있다. 하얏트 리전시 괌도 예외는 아니다. 휴양지의 편안함은 물론, 하얏트의 중후한 색깔을 덧입힌 서비스와 최고급 시설까지 모두 다 경험해 보자.

자연스러움이 한껏 밴 메인 풀

충분히 여유로운 공간의 기본 객실 스탠더드 킹 룸

클럽 룸 투숙객 전용의 리전시 클럽 라운지

격조 있고 편안한 로비

CHECK POINT / 02
넉넉함, 여유로움, 그리고 편안함, 하얏트의 감성이 묻어나는 객실과 부대시설

하얏트 리전시 괌은 450개의 객실을 갖추고 있다. 특유의 따뜻하고 차분한 인테리어의 객실은 각각 오션 뷰, 풀 뷰, 가든 뷰로 나뉜다. 바다와 수영장 전망이 아니더라도 울창한 열대의 정원을 마주할 수 있는 가든 뷰 룸에서도 남국의 정취를 느끼기에 모자람이 없다. 기본 객실인 스탠더드(Standard)도 널찍한 공간을 자랑하며, 무엇보다 모든 등급의 객실에 넓은 전면 창을 두어 채광도 좋고 주변의 파노라믹한 풍경을 아낌없이 객실 내로 끌어들인다. 휴양지의 정취를 그대로 담은 아웃도어 풀과 워터파크 또한 훌륭하다. 투몬의 바다를 마주하고 있는 풀에서는 매일 수중 농구와 배구 경기가 열려 누구나 자유로이 함께할 수 있으며, 조류관 관람과 물고기 먹이 주기 체험 등의 프로그램도 운영하고 있어 아이들과 함께하기에도 더없이 좋다.

CHECK POINT / 03
당신의 편안한 하루를 책임질 아일랜드 시레나 스파

호텔 내에 위치한 마이크로네시안 스파 브랜드 아일랜드 시레나 스파에서 여행에 지친 하루를 마감해 보자. 흔히 접하는 태국식 스파와는 달리 열대 남국의 정취를 한가득 느낄 수 있어 인기가 높다. 기본 프로그램도 훌륭하지만 뜨거운 돔 안에 들어가 온몸을 데워 노폐물을 배출하는 핫 돔 트리트먼트가 특히 주목할 만하다.

CHECK POINT / 04
미래의 잠재 고객들을 위한 특별 프로그램, 캠프 하얏트

어린아이들과 함께 하얏트 리전시 괌에 묵을 예정이라면 아이들을 위한 교육 레크리에이션 프로그램, 캠프 하얏트를 주목해 보자. 차모로 수공예품 만들기와 조류관 체험, 해양 액티비티와 수영 강습 등 교육적이면서도 특별한 재미까지 느낄 수 있는 프로그램으로 하루가 꽉 채워져다. 만 4세부터 12세까지 누구나 참가할 수 있고, 참가비는 어린이 1명당 $60~85이다.

The Westin Resort Guam
더 웨스틴 리조트 괌

가볍지 않은 편안함! 진정한 휴식이 여기에

쉐라톤, 리츠칼튼 등 특급 호텔부터 '가성비' 좋은 비즈니스 호텔까지 모두 30개의 호텔 브랜드를 보유하고 있는 메리어트 계열의 호텔로, 우리나라의 해비치 호텔 앤드 리조트에서 위탁 운영 중이다. '호텔 로드'로 불리는 투몬의 중심 Pale San Vitores Road의 북쪽 끝자락에 자리 잡고 있다. '더 웨스틴' 브랜드의 특징을 담은 듯 화려하지는 않지만 유려한 원통형 외관의 타워가 야트막한 언덕 위에 우뚝 솟아 있어 투몬 어디서든 쉽게 눈에 띈다.

TUMON & TAMUNING 2권 ◎ MAP P.32A ◎ 홈페이지 www.marriott.com/en-us/hotels/gumwi-the-westin-resort-guam/overview

CHECK POINT / 01

오로지 편안함을 위한 더 웨스틴의 객실

정갈하고 세심하게 준비된 429개의 모든 객실에서 투몬의 바다를 조망할 수 있다는 점은 이곳 웨스틴 리조트의 강점. 남쪽 객실에서는 투몬 베이의 해안선 풍경이 펼쳐지고, 북쪽 객실에서는 건 비치(Gun Beach, 1권 P.52/2권 P.38)와 저 멀리 사랑의 절벽(Two Lover's Point, 1권 P.65/2권 P.94)의 드라마틱한 풍경을 조망할 수 있다. 더 웨스틴의 상징이라고 할 수 있는 헤븐리 베드 & 배스(Heavenly Bed & Bath) 서비스 또한 주목할 만하다. 최상의 편안함을 위한 침대와 침구, 또 수준 높은 욕실 어메니티로 오래도록 고객들에게 좋은 평을 받아왔다.

편안함에 초점을 맞춘 객실

CHECK POINT / 02

휴식과 휴양에 초점을 맞춘 패키지 프로그램과 멤버십

특급 호텔의 럭셔리한 분위기도 물론 중요하지만 무엇보다 중요한 것은 편안한 휴식 그 자체라는 점을 강조하듯 더 웨스틴 리조트의 패키지와 프로모션은 주로 휴식과 휴양에 초점을 맞추고 있다. 잘 자고 잘 먹는 것이 최고의 쉼이라고 역설하는 듯한 실용적인 프로모션으로 연박 시 조식 이용권을 제공하거나, 룸 업그레이드를 제공한다. 무엇보다 메리어트 본보이 멤버십 프로그램을 통해 다양한 부가 서비스를 받을 수 있다는 것도 놓칠 수 없는 장점. 등급에 따라 레이트 체크아웃이나 웰컴 기프트, 룸 업그레이드 등을 제공한다. 멤버십은 홈페이지를 통해 미리 가입할 수 있다.

CHECK POINT / 03

괌 최대 규모의 클럽 라운지가 여기에!

2022년, 괌 최대 규모를 자랑하는 웨스틴 괌의 클럽 라운지가 새로 개장했다. 200평에 달하는 넓은 면적과 여유로운 공간, 21층에서 내려다 보이는 투몬 베이의 환상적인 풍경, 쉼을 더욱 여유롭게 하는 가벼운 먹거리와 마실거리까지. 클럽 룸 또는 이그제큐티브 스위트 투숙객이거나 패키지 고객이라면 투숙 중 언제든 무료로 이용할 수 있다. 아이들과 함께라도 걱정은 마시길. 전체 라운지를 두 존으로 나누어 가족 고객과 비즈니스 고객을 자연스럽게 분리했다고. 프라이빗 체크인/아웃 서비스, 칵테일 아워 등 격조 높고 풍성한 서비스도 함께 제공되어, 더욱 여유로운 쉼을 누리고자 하는 여행자들을 불러모으고 있다.

RIHGA Royal Laguna Guam Resort
리가 로얄 라구나 괌 리조트

환상적인 라군과 인피니티 풀, 전 객실 오션 뷰를 누려라!

타무닝의 괌 프리미어 아웃렛(1권 P.167/2권 P.48)과 인접한 리조트로 쉐라톤 브랜드로 운영되던 것을 일본의 호텔 그룹인 리가 로얄에서 인수하여 2022년 재개장했다. 리조트 남쪽과 서쪽이 바다에 둘러싸여 300여 개의 모든 객실에서 바다 풍경을 마주할 수 있다는 것이 최고의 장점! 화려하기보다 모던하고 깔끔한 인테리어와 객실 분위기로 젊은 커플이나 신혼 여행을 온 사람들에게 각광받는 괌의 대표적인 리조트로, 투몬의 '호텔 로드'와는 조금 떨어져 있지만 해변과 라군이 함께 만들어내는 조용하고 한적한 분위기를 오롯이 만끽할 수 있다.

TUMON & TAMUNING 2권 MAP P.32I 홈페이지 www.rihga-guam.com

↑
필리핀해를 마주한
프라이빗 자쿠지

→
투몬의 바다와
하갓냐의 바다가
둘러싸고 있는
리가 로얄 라구나
괌 리조트

TIP 당신의 기념일, 즐길 수 있는 만큼 즐겨라!

고급 호텔과 리조트는 기념일 특별 요청에 대해 와인, 케이크, 플라워 등 종류는 다르지만 저마다 크고 작은 서비스를 제공한다. 무료 서비스라고 해서 남용하거나 악용하면 안 되겠지만 특별한 날, 특별한 이벤트로 떠난 여행이라면 적극 활용해 보자!

RIHGA Royal Laguna Guam Resort

CHECK POINT / 01
**오션 뷰, 베이 뷰, 오션프런트까지,
다양한 바다 풍경을 담은 318개의 객실**

남쪽과 서쪽 바다, 라군과 인피니티 풀이 둘러싸고 있어 어떤 객실을 선택하더라도 탁 트인 바다를 누릴 수 있다. 신혼 여행이라면 널찍한 테라스에 프라이빗 자쿠지가 딸린 오션프런트 코너 스위트(Oceanfront Corner Suite), 프레지덴셜 스위트(Presidential Suite) 등 스위트룸에서 특별한 경험을 해보자. 필리핀해의 노을을 감상하며 피로를 푸는 호사가 바로 당신의 것이다.

CHECK POINT / 02
**슬라이드가 있는 남쪽 풀과 낭만적인 일몰을
감상할 수 있는 인피니티 풀**

한낮에는 슬라이드가 있는 남쪽 풀에서 신나게 보내고, 저녁에는 풀사이드 바를 끼고 있는 인피니티 풀에서 일몰을 감상해 보자. 5천 제곱미터에 달하는 라군에서 인피니티 풀, 그리고 필리핀해로 끝없이 이어지는 푸른 빛깔 물 속에 몸을 담그고 붉게 물드는 서쪽 하늘을 바라보는 로맨틱한 시간. 상상만으로도 마음이 따뜻해진다.

CHECK POINT / 03
**매일 다른 콘셉트로 차려지는
뷔페 레스토랑, 라 카스카타(La Cascata)**

쉐라톤 라구나 괌 리조트의 메인 뷔페 레스토랑으로 요일마다 다른 주제의 메뉴들로 뷔페가 차려진다. 중식, 한식, 필리핀 등 각 나라의 요리가 나오는가 하면, 괌의 신선하고 다양한 해산물이 차려지기도 한다. 쉐라톤 라구나 괌 리조트만의 이국적인 라군 풍경을 볼 수 있는 창가나 테라스 자리를 차지하려면 예약 필수!
(코로나로 단축 운영 중)

CHECK POINT / 04
라군을 바라보며 스타벅스 원두를 맛볼 수 있는 더 포인트(The Point)

쉐라톤 라구나 괌 리조트 로비 한쪽에 자리한 더 포인트에서 스타벅스 원두로 내린 커피를 맛보자. 웨스틴, 롯데 호텔 등과 함께 괌에서 드물게 스타벅스 원두를 사용하는 곳이다. 간단한 음식과 맥주 한 잔을 곁들이며 라군 너머로 저무는 일몰을 감상할 수 있다.

CHECK POINT / 05
하갓냐 베이의 풍경과 차모로 공연 그리고 바비큐 뷔페까지, 인도어 바비큐(Indoor BBQ)

남쪽 풀 한쪽에 자리 잡은 바위 절벽 위에서 하갓냐 베이의 아름다운 석양을 배경으로 3가지 테마의 괌 전통 공연을 바비큐 뷔페와 함께 즐길 수 있다.
(코로나로 단축 운영 중)

CHECK POINT / 06
투숙객 전용 액티비티 스폿, 알루팟 섬(Alupat Island)

카누로 3~10분 거리에 위치한 리조트 남쪽의 조그마한 무인도. 이 섬을 중심으로 카약, 카누, 스노클링 등 투숙객을 위한 액티비티를 무료로 즐길 수 있다. 하루 두 번 물이 빠지는 시기에는 수심이 어른 무릎 정도밖에 되지 않아 섬까지 걸어갈 수도 있다.

CHECK POINT / 07
인피니티 풀 위로 유영하는 웨딩 채플, 화이트 애로 채플(White Arrow Chapel)

인피니티 풀 옆에 자리 잡은 아담한 채플로 바다에 떠 있는 유람선처럼 유려하다. 푸른빛 통유리로 둘러싸인 채플 내에서 바다와 풀, 라군을 두루 내려다볼 수 있다. 1일 최대 7회까지 결혼식을 진행하는데, 스몰 웨딩을 하고자 하는 일본인 커플들에게 인기가 많다.

Lotte Hotel Guam
롯데 호텔 괌

낮에는 액티브하게, 밤에는 로맨틱하게,
하루 내내 즐기는 5성급의 가치!

투몬 중심에서 도보 10분 거리에 위치한 특1급 호텔로 더 웨스틴 리조트와 츠바키 타워 사이, 투몬 베이의 북쪽 끄트머리에 자리 잡고 있다. 2014년 6월 리모델링을 거쳐 더욱 깨끗하고 쾌적한 시설로 다시 개관해 여행자들에게 각광받고 있다. 한국계 호텔로 괌에서의 역사는 짧은 편이지만 서울을 비롯해 여러 도시에서 특급 호텔을 운영한 경험을 바탕으로 친절하고 수준 높은 서비스를 제공한다.

TUMON & TAMUNING 2권 MAP P.33C 홈페이지 www.lottehotel.com/guam-hotel

CHECK POINT / 01

젊은 커플에게 각광받는 풀 액세스 룸
메인 뷔페 레스토랑을 비롯한 각종 편의 시설이 위치한 아일랜드 윙(Island Wing)에는 일반 객실과 패밀리 스위트룸이 있고, 메인 풀이 위치한 타워 윙(Tower Wing)에는 일반 객실과 클럽 룸, 클럽 스위트룸이 있다. 젊은 층과 가족 단위 여행객들에게 특히 인기 많은 룸 타입은 풀 액세스 클럽(Pool Access Club)과 풀 액세스 스위트(Pool Access Suite). 객실 발코니에서 메인 풀로 곧장 연결되어 최고의 풀 접근성을 보장받을 수 있다.

CHECK POINT / 02

은은하고 로맨틱한 조명의 인피니티 풀
수영장 규모가 크지는 않지만 인피니티 풀에서 감상할 수 있는 낭만적인 풍경이 압권이다. 구명조끼나 튜브 사용이 금지되어 있는 만큼 성인이 주로 이용한다는 것도 커플 여행자들에게는 희소식이다. 해가 지고 은은한 간접 조명이 켜지는 저녁 시간의 모습이 특히 아름답다. 눈앞으로 일몰 풍경이 펼쳐지고 인피니티 풀은 따스한 조명으로 일렁거리니 사랑하는 사람과 함께 황홀한 한때를 보내기에 전혀 모자람이 없을 듯. 수영장은 매일 밤 8시까지 운영한다.

CHECK POINT / 03

투몬 풍경이 파노라마로 펼쳐지는 메인 뷔페 레스토랑, 라 세느(La Seine)
본관인 아일랜드 윙에 있는 메인 뷔페 레스토랑 라 세느에 들어서면 투몬 비치의 풍경이 파노라마처럼 눈앞에 펼쳐진다. 메뉴가 많지는 않지만 즉석 요리 코너가 훌륭하다. 대륙별, 나라별로 나눠진 코너마다 제법 다양한 요리를 제공한다.

MANUAL 22
패밀리 프렌들리 호텔/리조트

FAMILY FRIENDLY
HOTEL & RESORT BEST 5

아이와 함께라면 결코 놓칠 수 없다!

포털 사이트에서 '괌'을 검색하면 늘 따라 붙는 검색어가 바로 '가족 여행'이다. '괌 = 가족 여행'이라는 등식이 자연스러울 만큼 괌은 늘 인기 많은 가족 여행지였고, 앞으로도 그럴 것이다. 연세 많은 어르신들에게도, 두 살배기 꼬마에게도 좋은 여행지. 하지만 세상에 똑같은 가족 없고, 똑같은 여행도 없으니, 가족마다 선호하는 여행 스타일도 천차만별일 터. 그렇다면 온 가족이 만족할 만한 숙소는 과연 어디에 있을까?

Hoshino Resorts RISONARE Guam
호시노 리조트 리조나레 괌

워터파크가 공짜! 하갓냐 베이를 마주한 가족 친화형 리조트

하갓냐 베이와 마주한 일본계 리조트로 괌 프리미어 아웃렛(Guam Premier Outlets, 1권 P.167/2권 P.48) 과 멀지 않은 곳에 자리 잡고 있다. 북적거리는 투몬 지역과 떨어져 있어 늘 여유로운 분위기에서 지낼 수 있 다. 일본계 리조트 특유의 세심하고 정갈한 서비스와 시설을 갖추고 있고, 괌 최고의 워터파크로 꼽히는 온 워드 비치 리조트 워터파크(Onward Beach Resort Water Park, 2권 P.50)를 투숙객 누구나 무료로 이용할 수 있다는 것은 최대 강점 중 하나이다. 때문에 온 가족이 함께 묵기에 더없이 좋은 숙소로 정평이 나 있다.

TUMON & TAMUNING 2권 MAP P.32J 홈페이지 hoshinoresorts.com

CHECK POINT 1
더블도 2개, 킹도 2개! 가족 여행에도 넉넉한 침대

가족 여행에 최적화된 호텔이라는 점은 객실에서 이미 증명된다. 구관 온워드 윙(Onward Wing)과 신관 온워드 타워(Onward Tower) 2개 동에 위치한 430여 객실 중 가장 기본 형인 윙 시티 뷰 룸(Wing City View Room)을 비롯한 모든 객실에 넉넉한 크기의 더블 침대가 2개씩 있어, 한 가족이 객실 하나만 예약해도 불편함 없이 묵을 수 있다. 하갓냐 베이를 마주 보며 편안한 시간을 보낼 수 있도록 창 쪽에 욕조가 놓인 객실이 있다는 점 또한 주목할 만하다. 아이 전용 객실 슬리퍼를 따로 제공하는 세심함 또한 온워드 비치 리조트를 선택하게 하는 이유이다. 타워동 및 스위트 투숙객에게는 록시땅 어메니티와 라운지 무료 입장 혜택이 제공된다는 점도 잊지 말자.

CHECK POINT 2
하갓냐 베이를 마음껏 즐겨라! 호시노 워터파크와 마리나 클럽

5가지 종류의 워터 슬라이드는 기본, 파도 풀, 리버 풀, 실내 풀, 라운드 풀, 키즈 풀, 자쿠지까지 다양한 풀을 갖춘, 자타 공인 괌 최고의 호시노 워터파크를 투숙 기간 동안 자유롭게 즐길 수 있다. 리조트 바로 앞 하갓냐 베이의 백사장을 무대로 다양한 해양 액티비티를 즐길 수 있는 마리나 클럽 프로그램도 운영한다. 카약과 스노클링 장비를 무료로 대여할 수 있으며, 별도의 요금을 지불하면 제트스키와 패러세일링도 즐길 수 있다.

CHECK POINT 3
풀사이드에서 즐기는 폴리네시안 디너쇼

하루 종일 아이들의 즐거운 비명으로 가득했던 워터파크가 문을 닫고 나면, 고즈넉한 파도 풀 옆으로 폴리네시안 디너쇼를 위한 바비큐 뷔페가 차려진다. 워터파크를 배경으로 차모로 원주민들의 공연과 함께 다양한 바비큐를 즐길 수 있으니 아쉬움을 달래며 또 하나의 추억을 만들어보자.

PLUS TIP 온워드 비치 리조트가 2023년 4월 1일부로 백년 역사의 일본계 호텔 그룹 호시노 브랜드로 재개관했다. 공식 명칭은 '호시노 리조트 리조나레 괌(Hoshino Resort RISONARE Guam)'이며, 자세한 정보는 아래 공식 홈페이지에서 확인할 수 있다.
https://hoshinoresorts.com/en/hotels/risonareguam/

가장 인기 많은 만타 슬라이드.

Pacific Islands Club Guam
퍼시픽 아일랜즈 클럽 괌

'PIC 하면 괌!' '괌 하면 PIC!' 괌 그 자체를 즐겨라!

퍼시픽 아일랜즈 클럽(PIC)이라는 이름답게 남태평양을 대표하는 2개의 섬 괌과 사이판에 자리 잡은 특급 종합 리조트. 777개의 객실, 식음료 서비스의 '끝판왕' 올 인클루시브(All Inclusive, 숙박료에 전 일정 식사와 음료, 부대시설 이용 포함) 서비스, 비교를 불허하는 압도적인 워터파크, 온 가족이 만족할 다양한 멤버스 프로그램 등 특화된 서비스를 자랑하는 '자타 공인' 괌의 대표 리조트이다. 'PIC에 묵는 것만으로도 괌의 모든 것을 경험했노라' 말할 정도로 독보적인 존재감을 드러내는 PIC에서 진짜 가족 맞춤형 휴양을 경험해 보자.

TUMON & TAMUNING 2권 MAP P.33G 홈페이지 www.pic.co.kr

CHECK POINT 1
모든 여행자에게 맞춤형 객실을 제공한다! 다양한 룸 타입의 777 객실

'거의' 모든 가족 여행의 테마에 대응할 만큼 다양한 룸 타입의 PIC. 더블 베드 2개가 놓인 기본형 스탠더드 룸(Standard Room)은 동급의 다른 리조트보다 넓은 공간을 자랑하며, 전 객실 투몬 비치 전망을 보유한 슈페리어/슈페리어 플러스 룸(Superior/Superior Plus Room)은 휴양지 분위기를 만끽할 수 있는 원목 가구로 인기가 높다. 로열 타워(Royal Tower)에 위치한 로열 클럽/로열 클럽 프리미엄 룸(Royal Club/Royal Club Premium Room)에서는 PIC만의 클럽 서비스를 누릴 수 있다. 특히 어린이 손님에게는 무료 솜사탕이나 핫도그 쿠폰을 증정한다. 퍼시픽 아일랜즈 클럽의 마스코트 '시헤키(Siheky)'를 콘셉트로 꾸며진 시헤키 룸(Siheky Room)은 가족 친화형 리조트의 표본을 보여준다. 장식이나 인테리어를 아이들의 시선에 맞췄을 뿐 아니라 침대 높이를 30센티미터로 낮추고 젖병 건조 스탠드까지 갖춰 아이를 동반한 가족 여행자들을 위한 세심한 서비스가 돋보인다.

CHECK POINT 2
괌에서 즐기는 올인클루시브! 골드 카드 멤버스

몰디브와 칸쿤 등 초호화 휴양지에서 일반적으로 제공되는 올인클루시브(All Inclusive) 서비스를 PIC에서도 만나볼 수 있다. 숙박 예약 시 골드 등급을 선택하면 전 숙박 기간 동안 PIC의 모든 다이닝 레스토랑에서 무료 식사를 할 수 있다. 특히 부모 모두 골드 카드 멤버를 신청할 경우 11세 이하의 자녀 2명에게도 무료로 골드 카드가 제공된다는 점을 잊지 말자.
(실버 등급 : 조식만 포함, 브론즈 등급 : 식음료 불포함)

CHECK POINT 3
섣부른 비교는 금물! 아웃도어 풀과 PIC 워터파크

자그마치 4만여 평! 방대한 면적을 아우르는 PIC 워터파크에서 다양한 레저와 스포츠를 즐길 수 있다. 수영장만 총 7곳! 카약을 즐길 수 있는 라군, 스노클링 강습을 하는 스쿠버 센터, 워터 슬라이드가 있는 메인 풀, 다양한 액티비티를 즐길 수 있는 게임 풀, 아이들을 위한 키즈 풀과 유아 풀까지. 가족 구성원 모두가 만족하기에 부족함이 없다. 투몬 비치에 접한 비치 존에서는 스노클링, 카약, 비치발리볼 등을 즐길 수 있고(장비 무료 대여), 바로 옆에 농구와 테니스, 트램펄린을 즐길 수 있는 스포츠 존이 있다.

CHECK POINT 4
꼬마 여행자들을 위한 오감 만족 프로그램, PIC 키즈 클럽

만 4세부터 12세까지 누구나 무료로 참여할 수 있는 아이 전용 프로그램으로 종일반, 오전반, 오후반으로 나뉘어 운영된다. 실외 게임이나 수중 액티비티 등 동적인 프로그램과 그림 그리기, 색칠 놀이, 영화 감상 등 정적인 프로그램이 함께 구성되어 있다. 만 1세부터 3세까지의 영유아늘을 일 최대 4시간까지 케어해 주는 리틀 키즈 클럽 프로그램도 눈 여겨 보자. 아이에게는 즐거운 놀이시간을, 부모에게 소중한 자유시간을 선사해 투숙객들에게 인기가 매우 높다고.

CHECK POINT 5
실속 있는 라멘부터 든든한 바비큐까지, 다양하게 즐기는 PIC의 다이닝 레스토랑

든든하면서도 가볍게 먹을 수 있는 라멘, 더위를 날려줄 시원한 아이스 커피, 격식을 갖춘 비스트로 레스토랑과 풀사이드 바, 환상적인 공연을 즐길 수 있는 선셋 바비큐와 디너쇼까지. 선택의 폭이 넓어 더없이 좋은 PIC의 다이닝 레스토랑을 마음껏 즐겨보자.

CHECK POINT 1
**전 객실 오션 뷰를 즐겨라!
바다를 따라 날개를 펼친 492개의 객실**

남쪽으로는 투몬 비치, 북쪽으로는 건 비치(Gun Beach, 1권 P.52/ 2권 P.38)를 마주한 호텔 닛코 괌. 해안선을 따라 날개를 펼친 492개 객실 모두 오션 뷰 룸이다. 가장 낮은 등급의 오션프런트 룸(Oceanfront Room)을 비롯한 모든 객실이 여유로운 공간을 자랑하며 개별 테라스를 갖추고 있다. 가볍게 손을 씻을 수 있는 미니 파우더룸을 욕실 바깥에 둔 것도 가족 여행객들에게 편리함을 더해 준다. 오션프런트 룸과 오션프런트 스위트(Oceanfront Suite) 등 대부분의 객실이 2014년 리노베이션을 통해 재탄생했다는 점 또한 주목하자. 조금 더 모던하고 고급스러운 객실 분위기를 원하는 여행자들은 새로운 모습의 호텔 닛코 괌을 만나볼 수 있다.

CHECK POINT 2
**자그마치 72미터!
괌에서 가장 긴 슬라이드를 갖춘 아웃도어 풀**

괌에서 가장 긴 워터 슬라이드가 바로 호텔 닛코에 있다. 72미터에 달하니 신나는 슬라이딩을 꽤 오래 즐길 수 있다. 구간에 따라 수심이 다른 패밀리 풀이 있고, 40~60센티미터 수심의 키즈 풀도 있으니, 남녀노소 누구나 드넓은 아웃도어 풀을 만끽할 수 있다.

깔끔하게 리노베이션된 오션프런트 프리미어 룸

투몬 비치는 기본! 프라이빗한 건 비치까지 함께 즐길 수 있는 위치

호텔 닛코 괌은 남쪽의 투몬 비치와 북쪽의 건 비치가 마주하는 곳에 자리 잡고 있다. 천혜의 위치 덕분에 서로 다른 매력의 쪽빛 바다를 모두 즐길 수 있다. 남쪽 윙 객실에서는 괌을 대표하는 투몬 비치의 풍경을 한눈에 담을 수 있고, 아웃도어 풀과 자연스레 이어지는 건 비치에서는 투몬보다 훨씬 더 여유롭고 프라이빗한 분위기의 바다를 만끽할 수 있다. 바로 옆에 붙어 있어 '거기서 거기겠지' 하는 마음은 잠시 접어두고, 분명 다른 두 매력을 오롯이 느껴보자.

CHECK POINT 3

투몬 비치와 달리 여유로운 분위기를 자랑하는 건 비치

Hotel Nikko Guam
호텔 닛코 괌

**객실에는 여유로움이, 수영장에는 괌 최장 슬라이드가!
3대가 함께 즐기기 좋다!**

투몬 베이 북쪽 끝 바다를 따라 죽 날개를 펼친 듯 수려한 곡선을 뽐내며 자리 잡은 호텔 닛코 괌. 일본계 호텔의 대표 주자로 특유의 정갈하고 깔끔한 객실과 시설, 세심한 서비스를 자랑한다. 무엇보다 객실동이 해안선을 따라 길게 자리 잡고 있어 전 객실 오션 뷰를 누릴 수 있어, 쪽빛 바다를 꿈꾸며 호텔 닛코를 찾은 가족 모두에게 멋진 풍경을 선사한다. 늘 편안한 분위기로 '진짜' 쉼을 주는 호텔 닛코 괌에서 따뜻한 추억을 만들어보자.

🏖 TUMON & TAMUNING 📘 2권 📍 MAP P.33C 🌐 홈페이지 www.nikkoguam.com/kr

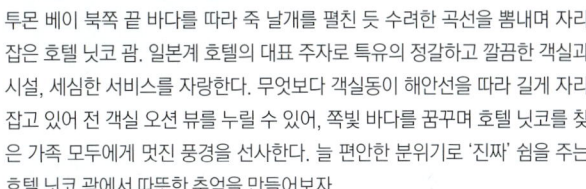

 CHECK POINT 4
아이들과 어른들 모두에게 인기 만점! 닛코 매직 & 일루션 쇼

코스 요리를 먹으며 즐기는 마술 쇼 '닛코 매직 & 일루션 쇼(Nikko Magic & Illusion Show)'. 약 2시간 동안 펼쳐지는 예측 불허 마술 쇼가 여행의 또 다른 즐거움을 안겨준다. 선택이 가능한 식사 메뉴(성인 $53~82, 어린이 $26)의 수준 또한 높다.
쇼가 진행되는 내내 마술사와 관객의 소통이 이어지며, 때때로 마술사들이 객석으로 다가와 아이들의 참여를 권하기도 한다. 아이들뿐만 아니라 어른들에게도 특별한 즐거움을 선사하는 닛코 매직 & 일루션 쇼를 잊지 말고 경험해 보자. (코로나로 임시 휴업)

 CHECK POINT 5
특별한 만찬, 3가지 프리미엄 다이닝 서비스

모처럼 떠난 가족 여행, 특별한 한 끼를 하고 싶다면 호텔 닛코 괌의 차별화된 3가지 프리미엄 다이닝 서비스를 주목하자. '프리미엄 스위트 테라스 디너'는 일몰 시간에 맞춰 호텔 닛코의 스위트룸 테라스에서 편안하고 비밀스러운 만찬을 즐길 수 있는 프로그램이다. 일렁이는 파도 소리와 붉게 물드는 하늘과 바다를 바라보며 식사를 즐길 수 있는 것. '선셋 비치 바비큐'는 닛코의 넓은 잔디밭에서 원주민 공연을 즐기며 풍성한 바비큐를 맛보는 프로그램이다. 다른 호텔과 리조트에도 공연을 보면서 바비큐를 즐기는 프로그램이 있지만, 호텔 닛코 괌은 여유롭고 한적한 분위기가 차별화된 매력으로 다가온다. '비치사이드 프리미엄 브렉퍼스트'는 호텔 닛코 괌의 정원에서 여유롭게 아침을 즐기는 프로그램이다. 매일 20명 한정으로 진행되어 여유롭고 한적한 분위기에서 휴양지의 아침을 맞이할 수 있으니, 신선한 열대 과일과 함께 싱그러운 아침을 만끽해 보자. 3가지 프로그램 모두 사전 예약 필수.
(코로나로 임시 휴업)

CHECK POINT 1

두짓 비치의 모든 객실에서 투몬을 누려라!

투몬 비치 바로 앞이라는 최고의 혜택을 두짓 비치의 모든 객실에서 누려보자. 기본 형인 슈페리어(Superior)부터 스튜디오 타입의 객실과 다양한 스위트까지, 전 객실에서 투몬의 바다를 조망할 수 있다. 바다를 부분적으로 조망하는 파셜 오션 뷰 룸의 바다 전망도 비교적 탁월한 편이다. 객실 창이 외부로 돌출되어 더욱 넓은 시야를 확보했다. 두짓 인터내셔널 호텔 그룹의 클럽 프로그램인 두짓 클럽(Dusit Club) 객실도 주목할 만하다. 라운지와 별도의 조식을 이용할 수 있는 기본적인 혜택 이외에 이른 저녁의 칵테일 서비스 등을 함께 제공한다.

Dusit Beach Resort Guam
두짓 비치 리조트 괌

괌 최고의 위치와 접근성, 휴양지의 분위기까지 한곳에!

과거 세계인의 휴양지 하와이를 비롯해 피지와 몰디브, 모리셔스 등 세계 곳곳의 유명 휴양지마다 리조트를 두고 있는 세계적인 리조트 그룹 아웃리거 호텔 & 리조트가 운영하던 것을 바로 옆 두짓타니 괌 리조트의 주인인 태국의 두짓 인터내셔널이 인수하여, 코로나 엔데믹에 발맞춰 재개장했다. 투몬의 중심 더 플라자(The Plaza, 1권 P.164/2권 P.49) 쇼핑몰 바로 뒤에 있다. 투몬의 한가운데 자리 잡은 위치상의 이점과 함께, 동남아 휴양 리조트계의 '큰손'으로 이름난 두짓 그룹의 여유로운 시설과 품격 있는 서비스를 만끽해 보자.

TUMON & TAMUNING 2권 MAP P.33C 홈페이지 www.dusit.com/dusitbeach-resortguam

CHECK POINT 3

로비에서 바로 연결되는 더 플라자!

자타 공인 괌의 중심은 누가 뭐라 해도 투몬 지역이고, 그 투몬의 중심은 다름 아닌 T갤러리아(T Galleria, 1권 P.192/2권 P.51)와 바로 맞은편의 더 플라자 쇼핑몰이다. 바로 이 더 플라자에서 두짓 비치 리조트의 로비가 바로 연결된다. 이 독보적인 위치는 직접 겪어보지 않고서는 알 수 없는 것. 쇼핑을 많이 하거나 연세 많으신 부모님과 함께하는 여행, 또는 여행 기간이 짧은 경우 주저 없이 두짓 비치를 선택하자. 다른 리조트와는 비교할 수 없는 편리함을 경험하게 될 것이다. 아울러 더 플라자의 다양한 레스토랑과 카페, 라운지를 비롯해 온갖 카테고리의 숍들도 함께 즐겨보자. 남국의 뜨거운 햇살도, 갑작스런 스콜도 걱정 없다. 그저 로비만 찾으면 고민은 끝이니까.

CHECK POINT 4

휴양 리조트계의 절대 강자!

반세기 넘도록 오롯이 한 우물만 파온 업계 최강자로 휴양 리조트계의 '스페셜리스트'라는 수식어를 믿어도 좋다. 전 세계 휴양지마다 리조트를 운영해 온 노하우는 기본, 지역적 특성과 개성을 한껏 살린 30곳의 호텔과 리조트는 수많은 휴양객에게 두루 사랑받고 있다. 두짓 비치 리조트 괌에서 '스페셜리스트'의 세심하고 넉넉한 서비스를 즐겨보자.

CHECK POINT 2

'휴양지' 분위기를 담은 아웃도어 풀

하늘로 쭉쭉 뻗은 야자수의 군집이 만들어내는 서늘한 나무 그늘, 그 아래로 유려한 곡선 형태를 그린 아웃도어 풀이 펼쳐진다. 아마도 당신이 상상하던 휴양지의 모습과 크게 다르지 않으리라. 여느 리조트의 대단한 슬라이드나 테마 풀은 없지만 외려 휴양과 쉼을 위한 여행자들에게는 더 나은 환경을 제공한다. 무엇보다 바로 옆 두짓타니와 아웃도어 풀을 공유하고, 바로 앞에 투몬 비치의 고운 백사장도 이어져 있으니, 이보다 더 좋을 수 없다.

Hilton Guam Resort & Spa
힐튼 괌 리조트 & 스파

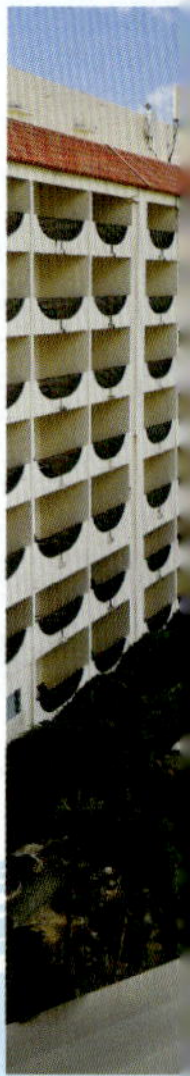

럭셔리 호텔 브랜드 '힐튼'을 실속 있게 만나보자!

세계적으로 유명한 특급 호텔 브랜드이지만 다른 나라, 다른 도시보다 합리적인 요금으로 만나볼 수 있는 힐튼 괌 리조트 & 스파. 투몬 중심에서 살짝 떨어져 있어 한국 여행자들이 많이 찾지는 않지만, 오히려 한적해서 선호하는 이들이 많다. 레드 구아한 셔틀버스의 투몬 셔틀 노선을 이용하면 호텔 입구에서 투몬 중심이나 주요 쇼핑몰까지 쉽게 이동할 수 있다. 체크인 카운터에 한국인 직원이 상주하고 있어 편하게 의사소통이 가능하며, 아이들을 위한 놀이방과 키즈 프로그램을 수시로 운영하므로 아이를 동반한 여행객에게도 좋다.

TUMON & TAMUNING 2권 MAP P.32F 홈페이지 www.hiltonguamresort.com

CHECK POINT 1
프리미어 타워, 메인 타워, 더 타시까지 취향대로 선택하는 다양한 객실

힐튼 괌 리조트에서는 프리미어 타워(Premier Tower), 메인 타워(Main Tower), 클럽 동인 더 타시(The Tasi) 등 총 3개의 객실동을 운영한다. 각 동마다 객실의 콘셉트가 달라 취향에 따라 원하는 객실을 고를 수 있는 것이 특징이자 장점! 한국인이 가장 선호하는 곳은 메인 타워의 오션 뷰 룸(Ocean View Room). 투몬 베이와 힐튼 괌 리조트의 수영장을 한눈에 담을 수 있는 전망은 물론이고, 객실 바닥을 타일로 마감해 카펫의 미세먼지나 오염을 걱정하는 이들에게 특히 사랑받는다. 가장 최근에 지어진 프리미어 타워에서는 조금 더 스타일리시하고 젊은 분위기의 객실을 만나볼 수 있으며, 최근의 트렌드에 발맞춰 욕실의 면적이 넓은 것이 특징이다. '호텔 속의 호텔'이라는 콘셉트로 독립적인 체크인 서비스를 제공하는 더 타시는 객실 수가 적고 프라이빗한 편이어서 허니문 여행자들에게 인기가 많으며, 전용 타시 라운지에서 로컬 공연과 함께 해피 아워를 즐길 수 있다.

부드러운 채도로 편안함과 안락함을 추구한 힐튼의 객실

CHECK POINT 2
투몬 베이가 한눈에 들어오는 인피니티 풀

메인 풀, 액티비티 풀, 인피니티 풀, 키즈 풀 그리고 자쿠지까지, 크고 작은 수영장을 갖추고 있다. 선베드도 비교적 넉넉히 준비되어 있어 기다리거나 붐빌 걱정 없이 여유롭게 이용할 수 있다. 특히 인피니티 풀은 힐튼 괌 리조트의 자랑거리. 규모가 크지는 않지만, 투몬의 바다 풍경을 오롯이 만끽할 수 있고, 수심도 깊지 않아 커플이 분위기를 내기에도 좋고, 아이들과 함께 물놀이를 즐기기에도 손색없다. 수영장에서 몇 계단만 내려가면 바로 투몬 비치가 펼쳐지는데, 드넓은 모래사장은 없지만 수중 환경이 좋아 스노클링을 즐기기에 안성맞춤이다. 수심이 얕고 산호가 많아 투명한 바닷물 속에서 색색의 열대 어종들을 만나볼 수 있다. 수영에 자신 있는 여행자라면 바로 옆 이파오 비치파크(Ypao Beach Park, 2권 P.38)까지 헤엄쳐 가보는 것도 좋다.

오션 뷰 룸에서 바라본 수영장과 투몬 비치

CHECK POINT 3
괌에서 가장 신선한 해산물을 제공하는 시푸드 레스토랑, 피셔맨즈 코브

신선한 바다 내음이 코를 자극하는 피셔맨즈 코브(Fisherman's Cove, 2권 P.41)는 바닷가재, 머드크랩, 새우, 관자, 굴 등 쇼케이스에 진열된 신선한 해산물을 고르면, 즉석에서 원하는 방식으로 조리해 주는 곳. 해산물은 저울에 달아 그램(g) 단위로 가격을 매기는데, 특급 호텔 레스토랑인데도 부담 없는 가격을 자랑한다. 신선한 해산물을 가득 넣은 해산물 파스타 프루티 델 마르(Frutti del Mar, $28+10%), 지중해식 오징어튀김 칼라마리 크런치(Calamari Crunch, $12+10%)는 특히 인기 메뉴이니 한번 맛보자. 투숙객이나 PHR 회원의 경우 식사 금액을 일부 할인받을 수 있다.

MANUAL 23
가성비 & 실속형 호텔/리조트

Check point 1
**이토록 알뜰할 수 있을까,
저렴한 숙박비를 자랑하는 깔끔한 객실**
204개의 깔끔한 객실이 당신을 기다린다. '호텔 로드'라 불리는 Pale San Vitores Road를 사이에 두고 투몬 베이와 떨어져 있지만, 먼발치에서나마 일부 객실(Partial/Deluxe Ocean View)에서 투몬 비치의 풍경을 내려다볼 수 있다. 조망을 포기하고 최저가 객실을 찾는다면 10만 원 이하의 스탠더드 룸(Standard Twin/King)을 선택하면 된다. 호텔 중앙에는 아담한 아웃도어 풀이 있는데, 패밀리 룸(Family Room)이나 이그제큐티브 패밀리 룸(Executive Family Room)의 발코니에서 풀로 곧장 이어진다. 성인 4명과 아이 2명이 함께 묵을 수 있을 만큼 넉넉한 크기의 객실은 가족 여행자에게 제격이다.

Economical
HOTEL & RESORT
BEST 5

'가성비'를 따지는 스마트한 여행법!

남들 따라 유행 따라 떠나는 여행의 시대는 끝났다! 각자의 테마와 개성에 맞는 호텔과 리조트를 선택하는 스마트 여행의 시대가 도래한 것이다. 가격이면 가격, 시설이면 시설, 위치면 위치, 또 서비스면 서비스, 그 모든 것을 꼼꼼히 비교해 보고 '가성비' 최고의 호텔을 찾아내고야 마는 알뜰 여행자들은 여기를 주목하시라. '모르면 비싼 게 최고'라는 말도, '싼 게 비지떡'이라는 옛말도 항상 옳은 것은 아님을 몸소 증명하고자 하는 이들을 위해 괌 최고의 실속형 호텔과 리조트를 소개한다.

Check point 2
식당, 렌터카 등 여행의 편리함을 돕는 리테일 아케이드

호텔 내 아케이드에는 토니 로마스(Tony Roma's)나 이지 렌터카(Ez Rent-A-Car) 등 여행자들의 편의를 돕는 시설들이 입점해 있다. 대로를 따라 서쪽 방향으로 크고 작은 숍들이 이어져 구경하는 재미 또한 쏠쏠하다.

Check point 3
비교 불허! 도보 단 8분, K마트가 내 손 안에 있다

24시간 문을 여는 초대형 슈퍼마켓 K마트까지 걸어갈 수 있는 거리다. 위치 좋기로 소문난 투몬의 값비싼 호텔과 리조트들도 결코 가지지 못한 이점을 로열 오키드 호텔 괌이 보유하고 있는 셈. 예산을 아껴 숙소도 최저가로 고르고, 렌터카도 따로 대여하지 않는 여행자들이라면 바로 이 점을 눈여겨보아야 한다.

Royal Orchid Hotel Guam
로열 오키드 호텔 괌

실속파 여행자들을 위한 중저가 호텔의 교과서 여행 일정이 짧고 예산도 빠듯하지만 괌에서 즐길 거리는 많고 많은 당신. 어쩌면 리조트 수영장에서 보내는 여유로운 한때는 큰 의미가 없을지도 모른다. 그렇다면 로열 오키드 호텔 괌을 눈여겨보자. 일본계 호텔 특유의 정갈함, 화려하진 않지만 단정한 객실, 넘치지도 모자라지도 않은 서비스를 만나볼 수 있는 곳. 아주 '착한' 요금으로 주머니가 가벼운 여행자에게 '가뭄의 단비'가 되어주는 곳. 로열 오키드 호텔 괌을 만나보자.

TUMON & TAMUNING 2권 MAP P.33G 홈페이지 www.royalorchidguam.com/ko

LeoPalace Resort Guam
레오팰리스 리조트 괌

어마어마한 규모에 놀라고 합리적인 요금에 놀라다 괌 중심부에 위치한 대규모 종합 리조트. 호텔은 물론 콘도미니엄과 리조트 등 다양한 유형의 객실, 총 36홀의 거대한 골프 코스, 서로 다른 매력을 갖춘 3가지 유형의 풀, 야구와 축구, 수영과 육상 훈련이 가능한 종합 훈련장까지 모두 갖춘 '전천후' 리조트이다. 실제로 어마어마한 규모는 여의도 면적의 2배에 달하고, 괌 전체 면적의 1%를 차지한다. 괌 중심부 투몬 지역과는 조금 떨어져 있지만, 타의 추종을 불허하는 부대시설과 다양한 타입의 객실, 무엇보다 '착한' 요금에 구미가 당기고도 남는다. 예산은 빠듯하지만 일정이 길고 렌터카를 이용할 계획인 여행자들에게 안성맞춤인 레오팰리스 리조트 괌을 샅샅이 파헤쳐 보자.

SOUTH GUAM 2권 ⊙ MAP P.75B ⊙ 홈페이지 www.leopalaceresortguam.com

Check point 1
호텔과 리조트, 콘도미니엄이 한데 모였다. 다양한 선택이 가능한 620개의 객실

호텔 동과 4개의 콘도미니엄 동까지 5개의 숙박동에 총 620개 객실이 빼곡히 들어찬 레오팰리스 리조트. 탁 트인 마넹고 호수를 마주한 호텔 동의 객실은 2017년 새로운 럭셔리 콘셉트로 리노베이션하여 이전보다 훨씬 더 나은 환경을 자랑한다. 객실 자체의 컨디션만 보자면 투몬 베이의 웬만한 호텔들을 뛰어 넘고도 남을 것 같다. 기본 타입 객실은 프리미어 룸으로 41㎡의 비교적 여유로운 공간이 강점이며, 만 11세 이하 어린이 2명까지는 무료로 투숙이 가능해 4인 가족 투숙객에게 안성맞춤이다. 레오팰리스의 클럽 룸인 메달리온 룸에 묵는다면 새로 오픈한 전용 라운지인 메달리온 라운지에서 아메리칸 조식과 이브닝 칵테일 등을 무료로 즐길 수 있다. 현재 호텔 동 외의 리조트 동 객실은 운영하지 않고 있다는 점을 참고하자.

키친 테이블이 딸린 라 쿠에스타 컴포트 트윈 룸(리조트)은 침대 3개가 놓여도 넉넉한 공간을 자랑한다.

Check point 2
국가 대표도 선택했다! 다양한 운동 시설과 부대시설

사계절 온화한 날씨를 자랑하는 괌은 여러 종목의 국가 대표와 프로 구단이 동계 전지훈련으로 자주 이용한다. 2008년 베이징 올림픽 금메달리스트 박태환 선수를 비롯해 프로 축구 FC 서울과 프로 야구 삼성 라이온스도 이곳에서 전지훈련을 했다. 전문 운동 시설과 함께 볼링장, 포켓볼장, 스크린 골프장 등을 운영하고 있어, 일반 투숙객도 자유로이 이용(요금 별도)할 수 있다.

Check point 3
호수와 어우러진 다양한 타입의 풀

규모가 큰 만큼 3개 구역에 서로 다른 콘셉트의 풀이 자리 잡고 있다. 마넹곤 호수와 벨베데레 동 사이에 위치한 벨베데레 풀은 워터 슬라이드, 키즈 존이 있어 가족 단위 이용객들로 늘 붐비며 활기가 넘친다. 조금 여유로운 분위기를 원한다면 라 쿠에스타 풀을 이용하자. 휴양지의 여유로움을 만끽하며 한적한 시간을 보내기에 제격이다. 다른 리조트와 호텔에서는 찾아볼 수 없는 워킹 풀과 50미터 레인을 보유한 워킹 & 스위밍 풀은 레오팰리스 리조트만의 자랑거리. 죽 뻗은 레인을 자유로이 유영할 수 있으니, 수영에 자신 있는 여행자라면 꼭 한 번 들러보자. 호텔 수영장을 제외한 리조트 부대시설은 코로나 및 예정된 리노베이션 계획에 따라 임시 휴업 중이다.

슬라이드와 각종 놀이 기구가 있어 아이들에게 인기 만점인 키즈 존

종합 리조트의 면모를 보여주는 거대한 규모

Check point 4
시내와 떨어져 이동이 걱정된다면?
편리하게 이용하는 무료 셔틀버스

렌터카를 이용하지 않는 투숙객들도 편리하게 이동할 수 있도록 레오팰리스 리조트와 괌 플라자 리조트, 마이크로네시아 몰을 잇는 무료 셔틀버스를 운행하고 있다. 코로나 이전에는 매일 16회 왕복 운행하였지만, 현재는 매일 2회만 운행한다. 리조트 출발 시각은 오전 10시, 오후 17시이다. 정원 13명, 예약 필수. 수요일에는 차모로 야시장으로 목적지와 시간이 변경되니 사전에 꼭 확인해 두자.

거대한 규모를 가늠케 하는 메인 로비와 라운지

Guam Reef Hotel
괌 리프 호텔

낮에도 밤에도, 당신이 상상하는 로맨틱한 풍경이 오롯이 펼쳐진다.

해변 바로 앞까지 한 걸음 더 다가선 듯한 비치 타워 객실

투몬 어디에서든 한눈에 들어오는 괌 리프 호텔

투몬 한가운데서 경험하는 로맨틱 하룻밤

투몬 중심 쇼핑 거리에서 가까운 일본계 리조트로 두짓 비치 괌 리조트 옆, JP 슈퍼스토어(1권 P.161/2권 P.48) 맞은편에 있다. 일본계 호텔 특유의 정갈함과 세심함이 돋보이는 데다 합리적인 가격으로 커플 여행자들이 이용하기 좋다. 무엇보다 투몬 중심이라는 이점에 비해 가격대가 저렴한 편이어서 짧은 여행 일정에 효율적인 동선이 필요한 여행자들에게 안성맞춤이다.

TUMON & TAMUNING 2권　MAP P.32A　홈페이지 www.guamreef.com/en

Check point 1

투몬 바다가 눈앞에 펼쳐지는 비치 타워 객실

비치 타워, 인피니티 타워 등 2개 동에 426개의 객실을 보유하고 있다. 투몬의 그 어떤 호텔과도 비교할 수 없을 만큼 바다와 맞닿은 듯한 느낌을 주며, 비치 타워의 다다미 객실 재패니즈 스위트 오션프런트(Japanese Suite Oceanfront)는 특색 있는 하룻밤을 원하는 여행자들에게 큰 호응을 얻고 있다. 인피니티 타워에서는 양면 발코니가 있는 코너 킹(Corner King) 객실을 주목하자. 서로 다른 방향으로 난 2개의 발코니에서 파노라믹한 풍경을 볼 수 있다.

Check point 2

로비에 들어서자마자 끝없이 연장되는 시선! 인피니티 풀

편안하고 격조 있는 분위기의 리조트 로비에 들어서는 순간 전망 창 너머로 끝도 없이 이어지는 인피니티 풀에 시선이 고정될 것이다. 비치 타워와 인피니티 타워가 감싼 아늑한 공간, 그 중심에 투몬의 바다를 향해 한껏 펼쳐진 수영장은 이곳의 상징! 특히 이곳 풀은 성인 전용으로 매일 밤 10시까지 운영하기 때문에, 커플 여행자들에게 조금 더 여유롭고 로맨틱한 분위기를 선사한다.

Check point 3

인피니티 풀을 더 풍성하게 즐길 수 있는 CXXI 풀사이드 바 & BBQ(CXXI Poolside Bar & BBQ)

리프 호텔의 풀사이드 바, CXXI와 함께라면 인피니티 풀에서의 시간을 더욱 여유롭고 풍성하게 즐길 수 있다. 노을이 지기 시작할 무렵인 오후 네시 부터 시작되는 해피 아워에는 두 번째 음료를 30%까지 할인하며, 요일에 따라 로컬 맥주나 데킬라 샷을 저렴하게 판매한다.

Check point 4

채플 웨딩이 끊이지 않는 곳, 더 코럴 리프 채플 (The Coral Reef Chapel)

모던한 디자인의 쉐라톤 라구나 괌 리조트, 호텔 닛코 괌의 채플과는 달리 박공 지붕의 친숙한 디자인으로 차별화한 웨딩 전용 채플이다. 270도 이상 파노라마로 펼쳐진 투몬 풍경에 둘러싸여 웨딩 마치를 올릴 수 있다.

Guam Plaza Resort & Spa
괌 플라자 리조트 & 스파

JP 슈퍼스토어가 코앞에! 두짓 비치 리조트 괌이 더 플라자와 이어져 있다면, 괌 플라자 리조트 & 스파는 맞은편의 JP 슈퍼스토어(JP SuperStore, 1권 P.161/2권 P.48)와 연접해 있다. 다른 호텔이나 리조트처럼 투몬 비치에 면하지는 않아 해변 접근성은 떨어지지만, 합리적인 객실 요금으로 투몬 중심부라는 최고의 위치를 누릴 수 있어 쇼핑이나 액티비티에 중점을 둔 여행자들에게 호평받고 있다.

TUMON & TAMUNING 2권 MAP P.34B 홈페이지 www.guamplaza.com

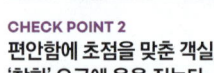

CHECK POINT 1
쇼핑을 즐기고자 한다면 이보다 더 좋을 수 없다!
많은 여행자들이 투몬 비치를 바라보는 오션 뷰 룸을 꿈꾸며 괌으로 날아오지만, 괌 플라자 리조트 & 스파에서는 바다를 조망할 수 없다. 투몬의 쪽빛 바닷물에 발이라도 담그려면 길을 건너 한참을 걸어야 한다. 하지만 쇼핑을 즐기거나 다양한 투어와 액티비티에 집중하고자 한다면 이야기가 달라진다. 투몬의 대표 쇼핑몰 JP 슈퍼스토어가 바로 이어지고, 그 옆으로는 T갤러리아와 더 플라자 쇼핑몰이 자리 잡고 있기 때문이다. 리조트에서 3개의 쇼핑몰까지 걸어서 채 3분이 걸리지 않는다.

CHECK POINT 2
편안함에 초점을 맞춘 객실, '착한' 요금에 웃음 짓는다
스탠더드 룸(Standard Room) 요금은 1박에 90달러부터 시작하고 디럭스 룸(Deluxe Room) 또한 100달러 초반대의 요금을 유지한다. 조식 뷔페나 더 플라자 바로 뒤로 이어지는 타자 워터파크(Tarza Water Park) 무료 입장의 혜택이 포함되었음에도 평수기 기준 150달러 선을 넘지 않으니, 말 그대로 '착한' 가격이다. 물론 투몬 비치 앞에 위풍당당 늘어선 특급 리조트와 비교할 수는 없지만, 객실과 부대시설이 정갈하게 관리되고 있으니 '싸게 비지떡'이라는 의구심은 접어두어도 좋다.

CHECK POINT 3
괌을 대표하는 또 하나의 워터파크, 타자 워터파크를 함께 즐겨보자
다양한 워터 슬라이드와 유수 풀, 인공 해변까지 갖추고 있어 투몬의 풍경을 마주할 수 없는 아쉬움을 달래줄 타자 워터파크를 주목하자. 호시노 워터파크와 함께 괌을 대표하는 워터파크로 규모가 크지는 않지만 다른 곳에서는 볼 수 없는 서핑 풀과 대형 튜브 슬라이드가 있어 현지인들에게도 사랑받는 곳이다. 투숙객이라면 무료로 즐길 수 있으니 더 없이 좋으니 리조트와 워터파크를 모두 만끽해보자.
(코로나로 임시 휴업 중)

Holiday Resort & Spa Guam

홀리데이 리조트 & 스파 괌

위치도 갑, '가성비'도 갑! 두 마리 토끼를 잡아보자! 투몬 한가운데 위치한 중저가 리조트로 한국인이 설립하고 운영하는 리조트이다. 화려한 로비, 여유로운 서비스, 다양한 유형의 252개 객실로 괌을 찾는 여행자들을 맞이하고 있다. 문을 연 지 오래되어 시설이 조금 낙후된 느낌을 지울 수 없지만, 상대적으로 넓은 객실과 한국 식당을 비롯한 다양한 다이닝 레스토랑, 그리고 무엇보다 '가성비' 좋은 객실 요금이 매력적이다.

TUMON & TAMUNING   2권 ◎ MAP P.35G   ◎ 홈페이지 www.holidayresortguam.com

CHECK POINT 1
걸어서 K마트와 T갤러리아까지 투몬 여행에 최적화된 위치

홀리데이 리조트 & 스파 괌은 말 그대로 투몬 한가운데 자리 잡고 있다. 북쪽으로는 투몬의 바다와 함께 괌 동물원(Guam Zoo), 서쪽으로는 마타팡 비치파크(Matapang Beach Park), 또 남쪽으로는 투몬의 중심 거리 Pale San Vitores Road에 면해 있다. 투몬의 주요 쇼핑 포인트 투몬 샌즈 플라자(Tumon Sands Plaza, 1권 P.165/2권 P.49)와 T갤러리아는 북동쪽 방향으로 걸어서 각각 8분과 13분 거리이며, 24시간 운영되는 K마트(Kmart, 1권 P.172/2권 P.48)는 남서쪽 방향으로 걸어서 15분 정도면 도달한다. 주머니는 가볍지만 체력 하나는 거뜬하다는 여행자라면 홀리데이 리조트를 선택해 보자.

CHECK POINT 2
모든 여행 스타일에 맞춘 다양한 타입의 객실

홀리데이 리조트의 객실 수는 252개로 비교적 많지는 않지만 9가지 유형을 갖추고 있다. 투몬의 바다를 조망할 수 있는 파셜 오션 뷰(Partial Ocean View)나 오션 뷰 룸(Ocean View Room)은 단기 여행자들에게 늘 인기가 많으며, 남쪽의 녹음 지대를 조망할 수 있는 스탠더드 트윈 룸(Standard Twin Room)이나 쿼드 룸(Quad Room)은 장기적으로 괌을 방문한 비즈니스 여행자들에게 장기간의 숙박을 제공한다. 몇몇 객실은 1년 이상 장기 임대를 한다고 하니, 말 그대로 모든 여행 스타일을 수용한다고 할 수 있다.

CHECK POINT 3
해양 액티비티를 제공하는 아프라 다이브 & 마린

괌에서 해양 액티비티를 계획 중인 여행자라면 리조트와 제휴 업체인 아프라 다이브 & 마린(Apra Dive & Marin)을 통해 패러세일링, 제트스키, 스노클링 등은 물론, 돌핀 워칭 투어까지 편하게 즐길 수 있다. 홀리데이 리조트의 1층 로비에서 자세한 안내를 받을 수 있다.

DAY-40
무작정 따라하기 디데이별 여행 준비

D-40
여권 발급

관할 구청이나 시청의 여권과에서 신청할 수 있다. 여권용 사진 1장과 신분증, 여권 발급 신청서를 제출하면 된다. 발급 수수료가 발생하며 기간은 일주일 정도 소요된다. 이미 여권을 소지하고 있다면 괌에서 돌아오는 날짜를 기준으로 여권 만료일이 6개월 이상 남아 있는지 확인한다. 만료일이 6개월 미만으로 남은 경우 유효 기간 연장 신청을 하거나 새로운 여권을 발급받아야 한다.

여권 발급 수수료 복수여권(10년 : 5만 원~, 5년 : 4만 2천 원~, 8세 미만 : 3만 원~) / 단수여권 2만 원
만 25세 미만의 군 미필자의 경우 국외 여행 허가서 필수 지참.

Check! 대한민국 여권 소지자는 비자 없이 괌에서 최대 45일 체류 가능하다.

D-38
여행 경비 체크

괌 4박 5일 예상 경비

항공 요금	30만~75만 원
숙박비	120만 원~(호텔 조식 포함 4박)
교통비	공항 왕복 $40, 1일 $4, 렌터카 1일 $70~
식비	1일 $50~75(1인 2식 기준)
투어 프로그램	$55(돌핀 크루즈 기준)
2인 기준	약 300만 원(쇼핑 비용 제외)

1.항공 요금 저가항공이 취항하면서 항공 요금이 많이 줄어들었고, 항공사의 프로모션을 잘 이용하면 여행 비용을 크게 절약할 수 있다. 코로나 기간 중 항공요금이 크게 올랐었지만, 현재는 다소 안정화하는 추세다. 그래도 구체적인 여행 날짜가 정해졌다면 서둘러 예약할 것을 추천한다. 항공 요금뿐만 아니라 항공기의 출·도착 시간을 고려하는 것도 중요하다.

2.숙박비 투몬 중심에 자리 잡은 호텔들은 대부분 1박 가격이 30~40만 원 정도이다. 조식 포함 여부에 따라 비용이 더 올라가는데 느긋하게 휴양을 즐기고 싶다면 조식 포함으로 예약할 것을 추천한다. 투몬 중심에서 조금만 벗어나면 1박에 15~20만 원 정도로 예약 가능한 호텔들도 많다. 최근에는 레지던스형 에어비앤비(air bnb)를 이용하는 여행객들도 크게 늘어나고 있다.

3.교통비 공항에서 투몬까지 왕복 요금과 렌터카 비용을 제외하면 교통비로 크게 지출할 일은 없다. 일정에 따라 며칠간 렌터카를 이용할지 결정해 교통비 예산을 체크하자.

4.식비 패스트푸드나 푸드코트를 제외하고는 같은 레스토랑이라도 점심과 저녁의 가격 차이가 크다. 점심은 $20~30, 저녁은 $30~60 정도이며, 팁 비용(식사 요금의 15~20%)도 고려하자.

5.투어 개인의 여행 스타일에 따라 조금씩 다르겠지만 1~2개 정도의 투어 프로그램을 꼭 이용해 볼 것을 추천한다. 여행 출발 전 미리 예약하는 것이 좋다.

D-35
항공권 예약

괌은 유난히 새벽에 출·도착하는 항공편이 많다. 조금이라도 저렴한 항공권을 예약하는 것도 좋지만 출·도착 시간을 잘 체크하는 것은 필수. 특히 어린아이나 부모님과 함께한다면 새벽 스케줄은 되도록 피하는 것이 좋다.

◉ **괌 취항 항공사**
〈인천↔괌〉 대한항공, 진에어, 제주항공, 티웨이항공
〈부산↔괌〉 진에어, 제주항공

◉ **항공권 가격 비교 사이트**
스카이 스캐너 www.skyscanner.co.kr
인터파크 투어 sky.interpark.com
네이버 항공권 flight.naver.com
하나투어 항공권 www.hanatour.com

PLUS TIP 괌 항공권 예약 꿀팁!
저가항공 얼리버드 요금 재빠르게 예약하기!
각 항공사들이 경쟁하듯 내놓는 얼리버드 요금을 득템하기 위해서는 스피드가 생명이다. 주요 항공사 홈페이지에 회원 가입을 하거나 항공사 SNS를 팔로잉하자. 특가 이벤트가 오픈될 때마다 누구보다 빠르게 프로모션 정보를 얻을 수 있다.

PLUS TIP 저가항공 예약 시 주의할 점!

1. 기내식 및 위탁 수하물 규정 체크
기내 서비스 비용을 최소화함으로써 항공 요금을 낮춘 저가 항공사는 기내식과 위탁 수하물 비용을 별도로 지불해야 하는 경우가 있다. 예약 시 수하물 규정을 꼼꼼하게 체크하고 필요하다면 미리 추가해 두는 편이 공항에서 추가하는 것보다 조금 더 저렴하다.

항공사	기내식	위탁 수하물 규정
진에어	무료 제공	1개, 23kg 이하 (삼면의 합이 158cm 이내)
제주항공	유료	0~2개, 각 23kg 이하 (2개의 짐을 합한 삼면의 합이 273cm 이하)
티웨이항공	유료	1개, 23kg 이하 (삼면의 합이 203cm 이내)
에어서울	유료	1개, 23kg 이하 (삼면의 합이 203cm 이내)
에어부산	무료 제공	2개, 각 23kg 이하 (삼면의 합이 203cm 이내)

2. 환불 규정 체크
특가 요금은 취소나 환불, 일정 변경이 되지 않는 경우가 대부분이다. 일정이 변경되는 경우 항공권 금액 전액을 수수료로 지불해야하는 경우도 있으니 신중하게 예약하자.

3. 항공 일정 체크
저가항공의 경우 출발 시간이나 날짜가 변경되거나 운행 지연되는 경우가 종종 있다. 여행 출발 전 항공사에 연락해 항공 일정을 다시 한번 체크하자.

D-30
숙소 예약

괌은 위치와 시설에 따라 호텔과 리조트의 가격이 천차만별이다. 여행의 목적, 동반자, 예산에 따라 본인에게 맞는 숙소를 예약하자. 괌의 다양한 호텔 & 리조트에 대한 자세한 정보는 MANUAL 21~23, 스마트하게 숙소를 예약하는 방법이 궁금하다면(P.218) 참고.

D-25
렌터카 예약

괌의 남부와 북부를 제대로 돌아보려면 렌터카 예약은 필수이다. 최근 관광객들이 급증하면서 서두르지 않으면 원하는 차종을 예약하기 어려우니 대략적인 여행 계획이 세워졌다면 렌터카를 미리 예약하자. 외국계 대형 렌터카 브랜드를 비롯해 한인 렌터카 업체도 있으니 가격과 혜택 등을 꼼꼼하게 체크하는 것은 필수. 자세한 렌터카 예약 팁은 MANUAL 05 남부 투어(P.100) 참고.

D-20
포켓 와이파이 예약

괌 공항에 도착해 유심칩(심카드)을 구입해도 되지만, 여러 명이 여행할 경우 포켓 와이파이 단말기 하나를 대여해 함께 이용하는 것이 경제적이다. 최대 5명까지 동시에 사용 가능하지만 하루에 1GB 이상 이용할 경우 속도가 제한된다.

포켓 와이파이 가격 하루 4,000원~
유심칩 가격 4일간 전화, 문자, 4G 데이터 무제한 이용 $20.

D-15
환전하기

대부분의 쇼핑몰과 레스토랑에서는 신용카드 사용이 가능하므로 투어 프로그램 비용과 약간의 여유 비용 그리고 팁으로 줄 소액권만 환전해도 된다. 신용카드는 수수료가 발생하니 현금으로 넉넉하게 환전해서 사용하는 것도 좋은 방법이다. 비상 상황에 대비해 해외에서 사용 가능한 신용카드를 함께 가지고 가자.

Check! 공항에 있는 환전소를 이용해도 되지만 수수료가 높은 편이니 미리 환전할 것을 추천한다.

D-13
면세점 쇼핑하기

세계 각국에 면세점이 있지만 특히 우리나라 면세점은 저렴하기로 손꼽힌다. 게다가 인터넷 면세점의 적립금 제도를 활용하면 정가의 30% 정도 할인받을 수 있으니 평소 위시 리스트에 올려두었던 제품들을 저렴하게 구입해 보자.

면세점 이용 꿀팁!

1. 보통 인터넷 면세점은 일주일 또는 한 달 단위로 적지 않은 금액의 적립금을 계속 제공한다. 여러 제품을 한꺼번에 구입하기보다 하나씩 시간차를 두면 조금 더 저렴하게 구입할 수 있다.
2. 면세점 한 곳만 공략하지 말고 여러 면세점의 가격을 비교해 보면 같은 물건이라도 더 저렴하게 구입할 수 있다.

Check! 여행을 마치고 귀국하는 내국인의 경우 반입 가능한 면세품 가격은 $600! 그 이상 너무 많이 구입하면 적지 않은 세금을 내야 하니 유의하자!

D-10
여행자 보험 가입

환전 시 은행에서 무료로 가입해 주기도 하지만 보장이 턱없이 부족한 경우가 대부분. 혹시 모를 비상 상황에 대비해 꼼꼼히 확인하고 가입할 것을 추천한다. 공항에서도 가입할 수 있지만 같은 상품이라도 가격이 더 비싸다. 미리 인터넷으로 가입해 보험증서를 출력해 두는 것이 좋다. 일주일 이내 여행의 경우 2만 원 이내의 비용으로 가입할 수 있다.

PLUS TIP 코로나 백신 접종(2차) 완료 증명서도 미리 준비하자. 질병관리청 홈페이지에서 국문/영문으로 출력하거나 COOV 앱을 통해 확인 가능하다. 정보를 얻을 수 있다.

D-5
짐 꾸리기

✓ 여행 준비물 체크 리스트
- ☐ **여권** 만료일이 6개월 이상 남아 있는지 체크한다.
- ☐ **항공권** 출국과 귀국 일정을 체크하고 e-티켓을 출력한다.
- ☐ **여권 사본** 복사하거나 휴대폰에 이미지로 저장해 둔다.
- ☐ **국내 운전면허증** 렌터카를 이용할 경우 꼭 필요하다.
- ☐ **현금** 고액권보다 소액권이 유용하다.
- ☐ **신용카드** 비자나 마스터카드 등 해외사용이 가능한지 체크.
- ☐ **여행자 보험** 보험증서를 출력해서 가진다.
- ☐ **호텔 바우처** 출력하거나 휴대폰에 이미지로 저장해 둔다.
- ☐ **여행 가방** 예약한 항공사의 수하물 규정에 맞춰 준비한다.
- ☐ **옷** 갑은 1년 365일 더운 날씨다. 여름옷을 준비한다.
- ☐ **카디건 or 바람막이** 늦은 밤이나 에어컨이 강한 실내에서 유용하다.
- ☐ **속옷** 땀을 많이 흘릴 것을 고려해 넉넉하게 준비한다.
- ☐ **신발** 발이 편한 운동화나 샌들을 준비한다.
- ☐ **카메라** 메모리 카드와 충전기도 함께 체크한다.
- ☐ **멀티플러그** 11자 형의 플러그를 챙겨 간다.
- ☐ **양산 or 선글라스** 뜨거운 태양을 막아주어 유용하다.
- ☐ **세면도구** 작은 사이즈의 공병에 넣어 가면 좋다. 자외선 차단제도 필수.
- ☐ **상비약** 두통약, 진통제, 종합감기약 등을 챙겨 간다.
- ☐ **수영복** 물놀이를 좋아한다면 2개 이상 챙기는 것이 좋다.

D-1
최종 점검

항공사, 호텔, 렌터카, 투어 사무실에 미리 연락해 다시 한 번 일정을 체크하고 여행 가방에 빠진 것이 없는지 리스트를 작성해서 확인하자. 집에서 인천공항까지 소요 시간을 확인해 이동 방법을 미리 정해 두고 여행 전날은 충분히 휴식을 취해 컨디션을 조절하는 것이 좋다.

D-DAY
출국하기

1. 공항으로 이동하기
미국행 항공기의 경우 보안 검색을 강화하고 있으므로 늦어도 비행기 출발 3시간 전에 도착하는 것이 좋다. 성수기에는 출국하는 사람들로 엄청난 기다림을 감수해야 할지도 모르니 3시간 30분 전에는 도착할 것을 추천한다.

Check! 대한항공을 이용하는 경우 인천공항 제2여객터미널에서 수속 및 탑승한다.

2. 탑승 수속
예약한 항공사 카운터에서 e-티켓을 제출하고 탑승 수속을 한다. 위탁 수하물이 있다면 카운터에서 보내고 기내 수하물은 소지한다. 100ml 이상의 액체류는 기내에 반입할 수 없으니 유의한다.

3. 출국 심사
비행기 티켓과 여권을 가지고 휴대품 보안 검사를 한 다음 출국 심사대를 통과한다.

Check! 만 19세 이상의 성인은 별도의 신청 없이 자동 출입국 심사대를 이용할 수 있다. 지문과 여권 스캔으로 간단하게 수속할 수 있어 유용하다.

4. 비행기 탑승
티켓에 적힌 게이트 번호로 탑승 위치를 파악해 두고 보딩 타임을 확인한 다음 여유롭게 게이트 앞에 도착하는 것이 좋다.

Guam

2 COURSE BOOK | 코스북

김승남 · 김수정 지음

무작정 따라하기 괌
The Cakewalk Series-GUAM

초판 발행 · 2018년 1월 5일
초판 4쇄 발행 · 2019년 1월 10일
개정판 발행 · 2019년 5월 27일
개정판 2쇄 발행 · 2019년 8월 8일
개정2판 발행 · 2023년 3월 10일
개정2판 2쇄 발행 · 2023년 10월 6일

지은이 · 김승남 · 김수정
발행인 · 이종원
발행처 · (주)도서출판 길벗
출판사 등록일 · 1990년 12월 24일
주소 · 서울시 마포구 월드컵로 10길 56(서교동)
대표전화 · 02)332-0931 | **팩스** · 02)323-0586
홈페이지 · www.gilbut.co.kr | **이메일** · gilbut@gilbut.co.kr

기획 및 책임편집 · 민보람, 방혜수(hyesu@gilbut.co.kr) | **표지 디자인** · 강은경 | **제작** · 이준호, 김우식
영업마케팅 · 한준희 | **웹마케팅** · 류효정, 김선영 | **영업관리** · 김명자 | **독자지원** · 윤정아

진행 · 김소영 | **본문 디자인** · 도마뱀퍼블리싱 | **지도** · 팀맵핑 | **교정교열** · 추지영
CTP 출력 · **인쇄** · **제본** · 상지사

· 잘못 만든 책은 구입한 서점에서 바꿔 드립니다.
· 이 책은 저작권법에 따라 보호받는 저작물이므로 무단전재와 무단복제를 금합니다. 이 책의 전부 또는 일부를 이용하려면 반드시 사전에 저작권자와 출판사 이름의 서면 동의를 받아야 합니다.

ISBN 979-11-407-0339-5(13980)
(길벗 도서번호 020229)

ⓒ 김승남 · 김수정

정가 19,800원

독자의 1초까지 아껴주는 길벗출판사

(주)도서출판 길벗 | IT교육서, IT단행본, 경제경영서, 어학&실용서, 인문교양서, 자녀교육서 www.gilbut.co.kr
길벗스쿨 | 국어학습, 수학학습, 어린이교양, 주니어 어학학습, 학습단행본 www.gilbutschool.co.kr

| 작가소개 |

김승남

스물넷, 하릴없이 홀로 떠난 첫 여행에서 그 매력에 폭 빠졌고, 그 여행이 처음이자 끝일 것이라 생각하며 돌아왔지만, 이미 불붙은 방랑벽이 자꾸만 등을 떠밀어 점심값을 아껴가며 스물네 곳의 나라를 여행해왔다. '건축'이라는 어린 시절의 꿈을 업으로 삼은 행복한 사람이지만, 꿈과 현실은 다르다는 것을 알아 여행만큼은 꿈으로 남아주길 바라며 살고 있다. 홀로 하는 여행의 즐거움에 더해, 이제는 사랑하는 사람과 함께하는 여행의 따뜻함을 매일 경험하는 중이다. 저서로는 《무작정 따라하기 홍콩 마카오》, 《무작정 따라하기 호치민 나트랑(냐짱) 푸꾸옥》, 《아이와 함께 호캉스》가 있다.

- N blog.naver.com/ksn333111
- @sn_kimmm, @wish_to_fly_
- ksn333111@naver.com

김수정

여행을 마치고 돌아오는 비행기 안에서부터 또 다른 여행을 꿈꾸고 계획하는 여행 중독자. 대학에서 정보통신을 전공하고, 웹 기획자와 마케터로 일하며 틈만 나면 짐을 싸 들고 세계 곳곳을 여행해 왔다. 여행지에서의 다양한 에피소드와 사진들을 담은 이야기를 블로그에 소개하며 네이버 여행 파워 블로거가 되었고, '고고씽'이라는 이름으로 TV나 라디오 출연은 물론 각종 잡지에 여행 관련 칼럼을 기고했다. 저서로는 《무작정 따라하기 홍콩 마카오》, 《아이와 함께 해외여행 고고씽》, 《아이와 함께 호캉스》, 《후쿠오카 셀프트래블》 등이 있다.

- N blog.naver.com/wkwmd81
- @gogosujung
- wkwmd81@naver.com

INSTRUCTIONS
무작정 따라하기 일러두기

이 책은 전문 여행작가가 괌 전 지역을 누비며 찾아낸 관광 명소와 함께,
독자 여러분의 소중한 여행이 완성될 수 있도록 테마별, 지역별 정보와 다양한 여행 코스를 소개합니다.
이 책에 수록된 관광지, 맛집, 숙소, 교통 등의 여행 정보는 2023년 9월 기준이며 최대한 정확한 정보를 싣고자 노력했습니다.
하지만 출판 후 또는 독자의 여행 시점과 동선에 따라 변동될 수 있으므로 주의하실 필요가 있습니다.

1권 테마북

1권은 괌의 다양한 여행 주제를 소개합니다. 자신의 취향에 맞는 테마를 찾은 후
2권 페이지 연동 표시를 참고, 2권의 지역과 지도에 체크하며 여행 계획을 세우세요.

1권은 괌의 다양한 여행 주제를 볼거리, 음식, 쇼핑, 체험, 호텔 & 리조트 순서로 소개합니다.

이 책의 영어 지명과 상호 등의 명칭은 외래어 표기법을 따랐습니다. 스페인어와 차모로어에서 유래한 지명과 도로명 등은 현지 발음에 따라 표기했습니다.

볼거리

음식

쇼핑

체험

호텔 & 리조트

찾아가기
각 지역의 대표 랜드마크 기준의 가장 효율적인 동선으로 찾아갈 수 있는 방법을 설명합니다.

전화
대표 번호 또는 각 지점의 번호를 안내합니다.

시간
해당 장소가 운영하는 시간을 알려줍니다.

휴무
모든 여행 장소에 휴무일을 표기했으며 드물지만 특정한 쉬는 날이 없는 곳들은 부정기로 표기했습니다.

2권 코스북

2권은 괌의 주요 도시를 세부적으로 나눠 지도와 여행 코스를 함께 소개합니다.
여행코스는 지역별, 일정별, 테마별로 다양하게 제시합니다. 1권 어떤 테마에 소개된 곳인지
페이지 연동 표시가 되어 있으니, 참고해 알찬 여행 계획을 세우세요.

지역 페이지
각 지역마다 인기도, 관광, 쇼핑, 식도락, 나이트라이프 등의 테마별로 별점을 매겨 지역의 특징을 한눈에 보여줍니다.

괌 교통편 한눈에 보기
괌 국제공항 도착부터 시내 들어가기까지 이동하는 방법을 사진과 함께 단계별로 소개하여 쉽고 빠르게 이해할 수 있게 도와줍니다.
또한 괌 여행 시 꼭 필요한 렌터카 정보도 상세하게 다뤄 헤매지 않는 여행이 되도록 해줍니다.

아주 친절한 실측 여행 지도
세부 지역별로 소개하는 볼거리, 음식점, 쇼핑숍, 체험 장소, 숙소 위치를 실측 지도로 자세하게 소개합니다. 지도에는 한글 표기와 영어, 소개된 본문 페이지 표시가 함께 구성되어 길 찾기가 편리합니다.

코스 무작정 따라하기
지역마다 완벽하게 여행할 수 있는 다양한 시간별, 테마별 코스를 지도와 함께 소개합니다. 여행 포인트, 운영 시간 및 가격, 그다음 장소를 찾아가는 방법, 드라이브 팁 등 여행 시 꼭 필요한 정보를 소개합니다.

가격
입장료, 체험료, 메뉴 가격 등을 소개합니다.

홈페이지
해당 지역이나 장소의 공식 홈페이지를 기준으로 합니다.

MAP
해당 스폿이 소개된 2권의 지도 페이지를 안내합니다.

INFO
1권일 경우 2권의 해당되는 지역에서 소개되는 페이지를 명시, 여행 동선을 짤 때 참고하세요!
2권일 경우 1권의 관련 페이지를 연동 표시했습니다.

여행 핵심 정보
여행 핵심 정보 페이지에는 볼거리, 맛집, 쇼핑, 체험 등의 여행 장소를 각 지역의 여행 패턴에 맞춰 동선 또는 여행 중요도 순서로 소개합니다.

005

CONTENTS

2권 **코스북**

INTRO

008 괌 지역 한눈에 보기
010 무작정 따라하기 1단계 괌 이렇게 간다
013 무작정 따라하기 2단계 공항에서 시내로 가기
015 무작정 따라하기 3단계 괌 시내 교통편 한눈에 보기
023 무작정 따라하기 4단계 시내에서 공항으로 가기
024 괌 추천 여행코스

Area. 1
TUMON & TAMUNING
투몬 & 타무닝 P.028

030 투몬 & 타무닝 여행 & 교통편 한눈에 보기
032 투몬 & 타무닝 한눈에 보기
034 COURSE 1 투몬 & 타무닝 핵심 명소 코스
036 COURSE 2 쇼퍼 홀릭을 위한 원데이 쇼핑 코스
038 여행 핵심 정보

Area. 2
HAGATNA
하갓냐 P.054

056 하갓냐 여행 & 교통편 한눈에 보기
058 하갓냐 한눈에 보기
060 COURSE 1 하갓냐 역사 문화 탐방 코스
064 COURSE 2 하갓냐 유유자적 힐링 코스
066 여행 핵심 정보

Area. 3
SOUTH GUAM
남부 P.072

074 괌 남부 여행 & 교통편 한눈에 보기
075 괌 남부 한눈에 보기
076 COURSE 1 괌 남부 완전정복 코스
080 COURSE 2 괌 남부 평일 핵심 코스
082 여행 핵심 정보

Area. 4
NORTH GUAM
북부 P.088

090 괌 북부 여행 & 교통편 한눈에 보기
091 괌 북부 한눈에 보기
092 COURSE 1 괌 북부 완전정복 원데이 코스
094 여행 핵심 정보

OUTRO

098 INDEX

INTRO

무작정 따라하기
괌 지역 한눈에 보기

행정구역이 따로 나눠져 있는 것은 아니지만 여행자들의 편의를 위해 투몬 & 타무닝, 하갓냐, 남부, 북부 네 지역으로 나눠 소개했다. 각 지역 간의 이동은 트롤리 버스, 렌터카, 택시 등을 이용할 수 있다.

북부 P.088

NORTH GUAM

투몬 & 타무닝 P.028

TUMON & TAMUNING

괌 국제공항
Antonio B. Won Pat International Airport

남부 P.072

HAGATNA 하갓냐 P.054

SOUTH GUAM

AREA 1 투몬 & 타무닝 TUMON & TAMUNING

- 📷 관광 ★★★★☆
- 🛍 쇼핑 ★★★★★
- 🍴 식도락 ★★★★★
- 📍 대표 관광지 투몬 비치, 건 비치

괌 여행의 시작이자 끝 괌이 왜 동남아시아의 휴양지와 클래스가 다른지 단번에 알 수 있는 지역이다. 화려한 볼거리와 아름다운 비치는 물론 저렴한 기념품부터 명품까지 투몬 & 타무닝에서 한 번에 쇼핑을 즐길 수 있다. 거기에 입이 즐거운 다채로운 먹거리도 가득하다.

✓ BUCKET LIST TOP3
- 괌을 대표하는 **투몬 비치**에서 자유롭게 수영하기 ☐
- 차모로 전통 춤과 불 쇼가 함께하는 **차모로 전통 공연** 관람하기 ☐
- **명품 매장**부터 **아웃렛**까지 두루 쇼핑하기 ☐

AREA 2 하갓냐 HAGATNA

- 📷 관광 ★★★★★
- 🛍 쇼핑 ★★☆☆☆
- 🍴 식도락 ★★★☆☆
- 📍 대표 관광지 아가나 대성당, 차모로 빌리지

지역 전체가 하나의 박물관 괌의 주인이었던 차모로족의 흔적을 가장 많이 간직한 지역이다. 발길 닿는 곳마다 수천 년의 세월을 고스란히 품은 다양한 문화유산이 가득하다. 국가 등록 유산 9곳이 포함된 총 17곳의 역사 명소를 돌아보는 하갓냐 헤리티지 워킹 트레일 코스가 있다.

✓ BUCKET LIST TOP3
- 매주 수요일 밤 열리는 **차모로 야시장**에서 현지인처럼 즐겨보기 ☐
- **헤리티지 워킹 트레일**을 따라 괌의 과거로 떠나보기 ☐
- 현지인들 사이에서 유명한 **메스클라**에서 차모로 퓨전 음식 맛보기 ☐

AREA 3 남부 SOUTH GUAM

- 📷 관광 ★★★★☆
- 🛍 쇼핑 ☆☆☆☆☆
- 🍴 식도락 ★★☆☆☆
- 📍 대표 관광지 우마탁 마을, 이나라한 자연 풀장

발길 닿는 곳마다 포토 스팟 대중교통이 없기 때문에 렌터카 또는 택시로 이동할 수밖에 없지만 괌 여행에서 빼놓을 수 없는 필수 지역이다. 막힘 없이 뻥 뚫린 해안도로를 달리며 마음 내키는 곳 어디든 차를 세우면 어김없이 멋진 전망대와 포토 스팟이 등장한다.

✓ BUCKET LIST TOP3
- 자연이 만들어낸 **이나라한 자연 풀장**에서 여유롭게 수영하기 ☐
- 해적 마크가 새겨진 **제프스 파이러츠 코브**의 버거 맛보기 ☐
- 환상적인 전망을 자랑하는 **세티 베이 전망대**에 올라 인생 사진 남기기 ☐

AREA 4 북부 NORTH GUAM

- 📷 관광 ★★★☆☆
- 🛍 쇼핑 ★★★★☆
- 🍴 식도락 ★☆☆☆☆
- 📍 대표 관광지 사랑의 절벽, 리티디안 비치

괌 최고의 비치, 괌 최고의 전망대 크기에 비해 볼거리가 많은 지역은 아니지만 괌에서 가장 아름다운 비치와 가장 아름다운 전망대가 바로 북부에 있다. 다른 세 지역보다 여행자들이 적은 편이라 훼손되지 않은 자연 그대로의 풍경을 가장 많이 마주할 수 있는 곳이다.

✓ BUCKET LIST TOP3
- 슬픈 사랑 이야기를 간직한 **사랑의 절벽**에 올라 투몬 풍경 감상하기 ☐
- 색색의 열대어들이 가득한 **리티디안 비치**에서 스노클링 즐기기 ☐
- 괌에서 가장 큰 규모를 자랑하는 **마이크로네시아 몰**에서 쇼핑하기 ☐

무작정 따라하기 1단계

STEP ❶❷❸❹

괌 이렇게 간다

자, 이제 진짜 여행이 시작됐다! 설레는 마음 가득 안고 비행기에 올랐지만, 승무원이 나눠 주는 출입국 신고서와 비자 면제 신청서, 세관 신고서에 머리가 복잡해지기 시작한 당신. 이제 무작정 따라하기와 함께 막힘 없는 괌 여행을 시작해 보자.

비행기 타고 괌 가기

괌의 관문은 섬의 중앙에 위치한 안토니오 B. 원 팟 국제공항(Antonio B. Won Pat International Airport)으로, 일반적으로 괌 국제공항이라 부른다. 인천 국제공항에서 괌 국제공항까지 비행기로 약 4시간 30분 소요되며, 대한항공, 제주항공, 진에어, 티웨이항공 등이 인천과 괌을 잇고 있다. 이 외에도 부산 김해공항, 대구공항(코로나로 잠정 중단)에서도 항공편을 운항하고 있다.

괌 국제공항 층별 안내도

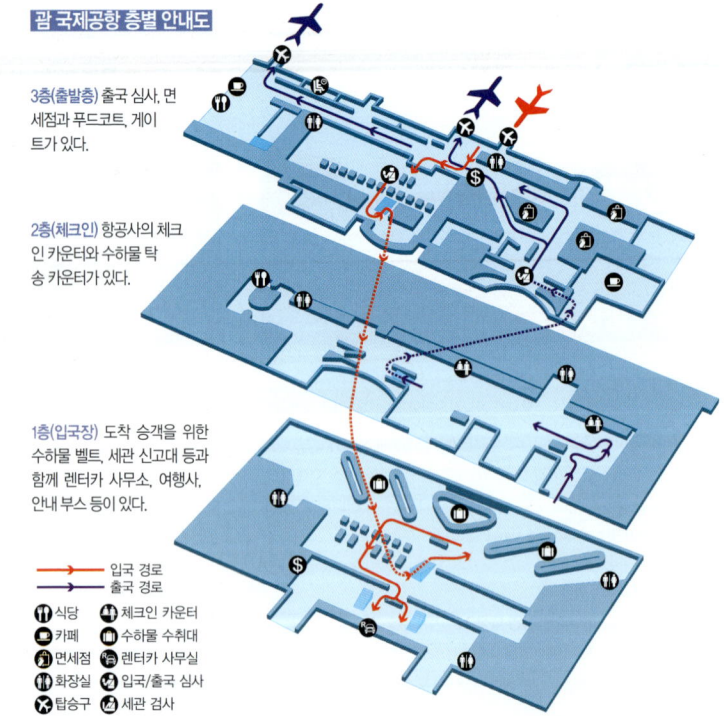

3층(출발층) 출국 심사, 면세점과 푸드코트, 게이트가 있다.

2층(체크인) 항공사의 체크인 카운터와 수하물 탁송 카운터가 있다.

1층(입국장) 도착 승객을 위한 수하물 벨트, 세관 신고대 등과 함께 렌터카 사무소, 여행사, 안내 부스 등이 있다.

→ 입국 경로
→ 출국 경로

🍽 식당 🛄 체크인 카운터
☕ 카페 🧳 수하물 수취대
🛍 면세점 🚗 렌터카 사무실
🚻 화장실 🛂 입국/출국 심사
✈ 탑승구 📋 세관 검사

괌 국제공항 입국 순서

❶ 괌 출입국 신고 서류 작성하기

기내에서 나눠 주는 출입국 신고 서류를 작성한다. ESTA(전자여행허가)를 받지 않은 여행자는 출입국 신고서, 비자 면제 신청서, 세관 신고서를 모두 작성해야 하고, ESTA를 받았다면 세관 신고서만 작성하면 된다.

① 출입국 신고서 ② 비자 면제 신청서

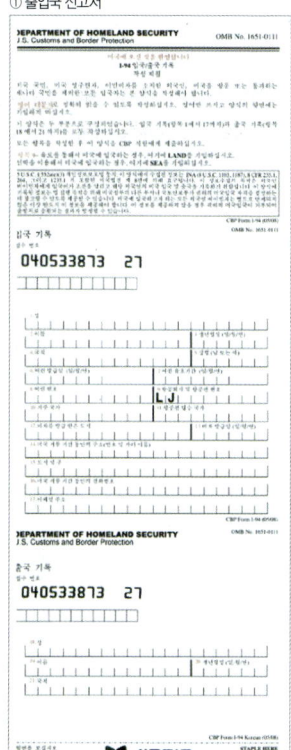

① 출입국 신고서, ESTA가 없다면 1인당 1부씩 작성한다.
② 비자 면제 신청서, ESTA가 없다면 1인당 1부씩 작성한다.
③④ 세관 신고서, 가족당 1부씩 작성한다.

③④ 세관 신고서

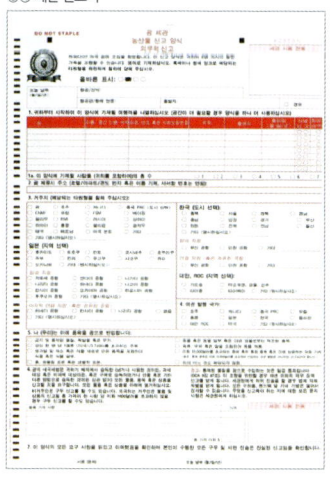

❷ 괌 국제공항 도착
비행기가 게이트에 완전히 도착할 때까지 기다렸다가, 벨트 해제 사인이 들어오면 비행기에서 내린다. 소지품을 비행기에 두고 내리지 않도록 주의한다.

▼

❸ 표지판을 따라 이동
입국 심사(Immigration)와 수하물 수취(Baggage Claim) 사인을 따라 이동한다. 게이트에서 입국장까지 거리는 가까운 편이다.

▼

❹ 괌 입국 심사
ESTA 보유 여부에 따라 대기 줄이 다르니 대기 시간을 줄이려면 한국에서 ESTA를 미리 발급 받는다. 입국 사유, 체류 기간 등에 대한 간단한 문답과 함께 열 손가락의 지문을 스캐닝한다.

▼

❺ 수하물 찾기
입국 심사 후 아래층으로 내려오면 수하물 수취대가 있다. 벨트 번호를 꼭 확인할 것.

▼

❻ 세관 통과
여권과 함께 미리 작성한 세관 신고서를 제출한다. 주류, 담배에 대해서는 1인당 면세 한도가 낮으니 주의한다.

▼

❼ 입국
도착(Arrival) 사인을 따라 밖으로 나간다.

🔍 PLUS TIP ESTA(Electronic System for Travel Authorization, 전자여행허가)란 무엇일까요?

전자 방식의 비자 면제 프로그램(Visa Waiver Program)을 말한다. 2008년부터 한국이 미국 비자 면제 프로그램에 가입함에 따라 90일 이내의 단기 여행자의 경우 비자를 대신해 전자여행 허가를 받는 제도. 미국 본토, 하와이 방문의 경우 필수이지만 괌과 사이판은 45일 이내의 무비자 여행을 허가하고 있으므로 필수는 아니다. 최초 발급 후 2년간 유효하며, ESTA 발급이 미국 입국을 승인하는 것은 아님을 명심한다.

무작정 따라하기

2단계

STEP **1** **2** 3 4

공항에서 시내로 가기

이제 괌 땅을 밟은 당신, 입국장에 발을 디디는 순간 쏟아지는 영어 세례와 여행사 직원들의 장난기 어린 호객 행위에 아득해지는 정신을 꼭 붙잡고, 이제 괌의 심장 속으로 들어가 보자!

택시
Taxi

가장 빠르고 편리한 택시(Taxi)

목적지가 어디든 가장 빠르고 정확하게 데려다주는 것은 뭐니 뭐니 해도 택시. 공항에서 투몬 중심까지는 거리도 가까워 요금 부담도 크지 않다. 괌에는 현지 택시와 다양한 한인 택시 업체가 있지만 공항에서는 미키 택시와 인디펜던트 택시, 괌조아 한인 택시 등 일부의 택시만 이용할 수 있다. 기존에는 인터넷이나 입국장의 택시 업체 부스를 통해 사전 예약제로 택시를 이용할 수 있었다면, 2018년 6월부터는 공항 택시 승강장에 대기중인 택시를 선착순으로 탑승하도록 제도가 변경되었다. 더불어 공항 출발 택시의 경우 정찰제로 이용할 수 있었지만, 지금은 미터기 표시 금액대로 요금을 지불하면 된다. 투몬에 위치한 호텔의 경우 $20~$28, 레오팰리스 리조트까지는 $50 정도를 예상하는 것이 좋다. 트렁크에 싣는 짐은 개당 $1씩 추가되며, 내릴 때 요금의 10% 정도를 팁으로 주면 좋다.

미키 택시(Miki Taxi)
- 홈페이지 www.mikitaxiguam.com
- 전화 671-646-2444

인디펜던트 택시(Independent Taxi)
- 전화 671-687-1057

괌조아 한인 택시
- 카카오톡 ID GU3886
- 전화 671-727-3886

괌 한인 친구 택시
- 카카오톡 ID guam5004
- 전화 671-747-5522

인디펜던트 택시

미키 택시

호텔 셔틀 Hotel Shuttle

한국에서 미리 예약하자! 호텔 셔틀(Hotel Shuttle)

괌에 도착하자마자 호텔에 짐을 풀 예정이라면, 늦은 밤 도착해 일단 잠부터 자야 한다면, 각 호텔과 리조트에서 제공하는 셔틀 서비스를 이용하는 것이 좋다. 호텔 셔틀의 경우 기사가 예약자 이름표를 들고 입국장 앞에서 기다리고 있기 때문에 공항 내에서 헤맬 염려도 없다. 투몬에 위치한 숙소의 경우 요금은 1인당 $10~15 정도이지만, 기사에게 따로 팁을 챙겨주는 것이 좋다. 택시와 달리 인당 요금을 매기므로 인원수가 적을 때 더 유리하며, 일부 호텔의 경우 왕복 예약 시 요금을 할인해 준다. 예약은 최대한 빠를수록 좋으니, 숙소 예약과 함께 요청하자.

렌터카 Rent-a-car

괌 섬의 구석구석을 누비자! 렌터카(Rent-a-car)

여행 기간 동안 렌터카를 이용할 예정이라면, 공항에서 렌터카를 픽업해 시내로 들어가는 것도 좋다. 허츠(Hertz), 에이비스(Avis), 버짓(Budget) 렌터카 등 글로벌 대형 업체의 경우 괌 국제공항 입국장에 24시간 운영하는 사무소를 두고 있어 편리하다. 그 외 드리프티(Thrifty), 도요타(Toyota) 렌터카 등의 경우 입국장을 빠져나와 무료 셔틀을 타고 사무실로 이동하기도 한다. 공항에서 투몬 중심까지는 약 5km, 자동차로 15분 정도 소요된다. 렌터카 이용 방법에 대한 자세한 안내는 1권 MANUAL 05 남부 투어(P.100) 참고.

무작정 따라하기

3단계

STEP ① ② ③ ④

괌 시내 교통편 한눈에 보기

여행자들의 발이 되어줄 현지 교통편을 제대로 알지 못하면 그 어떤 여행도 망치기 십상이다. 인구 16만 명의 작은 섬 괌에는 지하철은 물론 제대로 노선을 갖춘 시내버스도 없다. 그러나 여행자들을 위해 마련된 여러 교통편들을 잘 이용한다면 누구든 편리하고 안전하게 괌 여행을 만끽할 수 있다.

택시 & 한인 택시
Taxi & Korean Taxi

빠르고 안전한 Door to Door! 택시(Taxi) & 발도 편하게, 입과 귀도 편하게 한인 택시(Korean Taxi)

어디에 있든, 목적지가 어디든 출발지 문 앞에서 도착지 문 앞까지 이어주는 택시. 그만큼 여행자에게 빠르고 편리한 이동 수단으로 제 역할을 톡톡히 한다. 괌의 택시는 길거리에서 손을 들어 잡을 수 없고, 반드시 전화로 불러야 한다. 대부분의 호텔과 주요 쇼핑몰에는 미키 택시 예약 부스가 따로 마련되어 있기 때문에, 직원에게 요청하면 바로 택시를 불러준다. 레스토랑에서도 직원에게 요청하면 택시를 불러주기도 한다. 직접 전화하기 어렵다면 카카오톡이나 자체 앱으로 부를 수 있는 한인 택시를 이용하는 것도 좋다. 더불어 우리말을 쓰는 기사가 운전하므로, 괌 여행의 소소한 팁을 얻기에도 좋다. 렌터카 없이 괌 남부나 북부 지역을 여행하려면 택시 이용이 필수적이다. 다만 외진 곳에서는 택시를 부르기 어려우니 처음부터 왕복으로 예약하거나, 미키 택시 등에서 운영하는 택시 투어를 이용하는 것이 안전하고 편리하다.

PLUS TIP ❶
괌의 모든 등록 택시는 번호판 넘버가 TX 또는 TXI로 시작한다. 차 외부에 업체명이 쓰여 있고, 내부에는 미터기와 기사의 등록증이 비치되어 있다. 그렇지 않은 택시는 무허가 택시이니 주의한다.

PLUS TIP ❷
가족이나 일행이 많은 경우 예약할 때 세단 차량보다 탑승 인원이 많은 밴 차량을 요청하는 것도 방법.

PLUS TIP ❸
투몬과 타무닝의 각 호텔에서 T갤러리아 바이 DFS 괌까지 미키 택시 무료 서비스를 제공한다. T갤러리아에 하차하면 기사와 함께 면세점 내 담당 직원에게 확인을 받아야 한다. 굳이 쇼핑을 하지 않아도 이용할 수는 있지만, 쇼핑객을 위해 제공하는 서비스이니 남용하지는 말자(코로나로 운영 중단).

미키 택시 기준 편도 요금 투몬 & 타무닝 내 이동 $12~20, 투몬 → 하갓냐, 데데도 $25~30, 투몬 → 이고(Yigo) 등 북부 $40~45, 투몬 → 아산(Asan), 메리조(Merizo), 이나라한(Inarajan) 등 남부 $35~70

미키 택시(Miki Taxi)
홈페이지 www.mikitaxiguam.com 전화 671-646-2444

괌자길(괌 자유여행 길잡이) 한인 택시
카카오톡 ID GUAM7788 전화 671-747-7788

괌조아 한인 택시
카카오톡 ID GU3886 전화 671-727-3886

괌 한인 친구 택시
카카오톡 ID guam5004
전화 671-747-5522

미키 택시

트롤리 버스
Trolley Bus

레드 구아한 셔틀
Red Guahan

PLUS TIP ❷
코로나 및 2023년 태풍으로 시각표가 계속 변경되고 있다. 현지 정류소에서 최신 시각표 및 정보 확인 필수!

여행자들의 친구 트롤리 버스(Trolley Bus)

괌 여행자들을 위한 최고의 교통수단은 누가 뭐래도 트롤리 버스다. 친숙한 모양새, 다양한 노선, 상대적으로 저렴한 요금까지 삼박자를 고루 갖추고 있다. 괌의 트롤리 버스는 두 업체에서 운영하는데, 노선이 다양한 레드 구아한 셔틀과 요금이 저렴하고 더 나은 편의 시설을 갖춘 레아레아 트롤리 셔틀이 있다. 각자의 여행 스타일과 일정에 맞춰 '골라 타는' 센스를 발휘해 보자.

티켓 요금

해당 노선	티켓 종류	요금	
		성인	어린이(6~11세)
레드구아한 셔틀 (투몬 셔틀)	1회권	$5	
	1일권	$10	$5
	2일권	$14	$7
	3일권	$18	$9
	5일권	$24	$12
차모로 빌리지 나이트 셔틀	왕복 탑승권	$9	$5
사랑의 절벽 셔틀	왕복 탑승권 + 입장권	$12	$6
벼룩시장 셔틀	왕복 탑승권	운휴	
하갓냐 차모로 셔틀	1일권	운휴	

※ 티켓은 버스기사에게 구입, 5세 이하 무료

레드 구아한 셔틀(투몬 셔틀)

'호텔 로드' 따라 남북으로 운행. 북쪽 끝의 마이크로네시아 몰부터 남쪽 끝의 괌 프리미어 아웃렛을 잇는 셔틀로 투몬과 타무닝에 위치한 대다수의 호텔을 경유한다.

운행 시간표

상행선

BUS STOP	1st	2nd	3rd	4th	5th	6th	7th	8th	9th	10th	11th	12th	13th	14th	15th	16th	17th
⑬ Guam Premier Outlets			10:05	10:55	11:25	12:50	13:30	14:15	14:45	15:20	16:05	17:00	17:35	18:20	19:40	20:20	20:55
⑫ Hoshino Resorts Risonare Guam	9:06	9:32	10:12	11:02	11:32	12:57	13:37	14:22	14:52	15:27	16:12	17:07	17:42	18:27	19:47	20:27	21:02
⑪ Rihga Royal Laguna	9:09	9:35	10:15	11:05	11:35	13:00	13:40	14:25	14:55	15:30	16:15	17:10	17:45	18:30	19:50	20:30	21:05
⑩ Hilton Guam	9:17	9:43	10:23	11:13	11:43	13:08	13:48	14:33	15:03	15:38	16:23	17:18	17:53	18:38	19:58	20:38	21:13
⑭ Across Pacific Island Club	9:22	9:48	10:28	11:18	11:48	13:13	13:53	14:38	15:08	15:43	16:28	17:23	17:58	18:43	20:03	20:43	21:18
㉕ Kmart	9:32	9:58	10:38	11:28	11:58	13:23	14:03	14:48	15:18	15:53	16:38	17:33	18:08	18:53	20:13	20:53	21:28
⑮ Fountain Plaza	9:34	10:00	10:40	11:30	12:00	13:25	14:05	14:50	15:20	15:55	16:40	17:35	18:10	18:55	20:15	20:55	21:30
⑯ Across Holiday Resort	9:35	10:01	10:41	11:31	12:01	13:26	14:06	14:51	15:21	15:56	16:41	17:36	18:11	18:56	20:16	20:56	21:31
⑰ Acanta Mall / Grand Plaza	9:36	10:02	10:42	11:32	12:02	13:27	14:07	14:52	15:22	15:57	16:42	17:37	18:12	18:57	20:17	20:57	21:32
⑱ Tumon Sands Plaza		10:04	10:44	11:34	12:04	13:29	14:09	14:54	15:24	15:59	16:44	17:39	18:14	18:59	20:19	20:59	21:34
⑲ Across Hyatt Regency	9:37	10:05	10:45	11:35	12:05	13:30	14:10	14:55	15:25	16:00	16:45	17:40	18:15	19:00	20:20	21:00	21:35
⑳ T Galleria by DFS					12:08	13:33	14:13	14:58	15:28	16:03	16:48	17:43	18:18	19:03			
㉑ JP Superstore	9:40	10:08	10:48	11:38	12:11	13:36	14:16	15:01	15:31	16:06	16:51	17:46	18:21	19:06	20:23	21:03	21:38
㉓ Across Westin/Pacific Place	9:42	10:10	10:50	11:40	12:13	13:38	14:18	15:03	15:33	16:08	16:53	17:48	18:23	19:08	20:25	21:05	21:40
① Hotel Nikko	9:43	10:11	10:51	11:41	12:14	13:39	14:19	15:04	15:34	16:09	16:54	17:49	18:24	19:09	20:26	21:06	21:41
⑧ The Tsubaki Tower	9:44	10:12	10:52	11:42	12:15	13:40	14:20	15:05	15:35	16:10	16:55	17:50	18:25	19:10	20:27	21:07	21:42
② Lotte Hotel	9:45	10:13	10:53	11:43	12:19	13:41	14:21	15:06	15:36	16:11	16:56	17:51	18:26	19:11	20:28	21:08	21:43
⑦ Micronesia Mall	10:00	10:28	11:08	11:58	12:31	13:56	14:36	15:21	15:51	16:26	17:11	18:06	18:41	19:26	20:43		

17

투몬 상행 셔틀

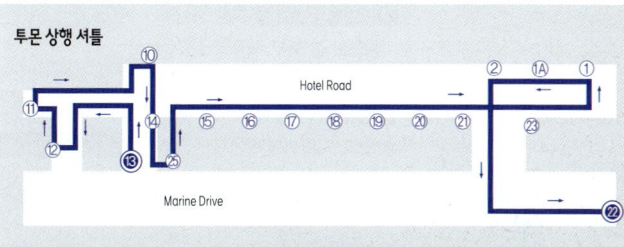

- ⑬ 괌 프리미어 아웃렛
- ⑫ 호시노 리조트 리조나레 괌
- ⑪ 리가 로얄 라구나 리조트
- ⑩ 힐튼 괌 리조트
- ⑭ 퍼시픽 아일랜드 클럽(PIC) 건너편
- ⑮ 파운틴 플라자
- ⑯ 홀리데이 리조트 건너편
- ⑰ 아칸타 몰/그랜드 플라자
- ⑱ 투몬 샌즈 플라자
- ⑲ 하얏트 리젠시 건너편
- ⑳ T갤러리아 바이 DFS 괌
- ㉑ JP 슈퍼스토어
- ㉓ 더 웨스틴 리조트 건너편/퍼시픽 플레이스
- ① 호텔 닛코
- Ⓐ 츠바키 타워
- ② 롯데호텔
- ㉒ 마이크로네시아 몰
- ㉔ K마트

하행선

BUS STOP	1st	2nd	3rd	4th	5th	6th	7th	8th	9th	10th	11th	12th	13th	14th	15th	16th
㉒ Micronesia Mall		10:05	10:35	11:15	12:35	13:20	14:05	14:45	15:10	16:00	16:35	17:20	18:15	18:50	20:05	20:50
㉔ The Beach										16:08	16:43	17:28	18:23	18:58	20:13	20:58
① Hotel Nikko	9:23	10:13	10:43	11:23	12:43	13:28	14:13	14:53	15:18	16:10	16:45	17:30	18:25	19:00	20:15	21:00
Ⓐ The Tsubaki Tower	9:24	10:14	10:44	11:24	12:44	13:29	14:14	14:54	15:19	16:11	16:46	17:31	18:26	19:01	20:16	21:01
② Lotte Hotel	9:25	10:15	10:45	11:25	12:45	13:30	14:15	14:55	15:20	16:12	16:47	17:32	18:27	19:02	20:17	21:02
③ Westin / Reef Hotel	9:26	10:16	10:46	11:26	12:46	13:31	14:16	14:56	15:21	16:13	16:48	17:33	18:28	19:03	20:18	21:03
④ Dusit Beach / The Plaza	9:29	10:19	10:49	11:29	12:49	13:34	14:19	14:59	15:24	16:16	16:51	17:36	18:31	19:06	20:21	21:06
⑤ Sandcastle / Hyatt Regency	9:31	10:21	10:51	11:31	12:51	13:36	14:21	15:01	15:26	16:18	16:53	17:38	18:33	19:08	20:23	21:08
⑥ Across Tumon Sands Plaza	9:33	10:23	10:53	11:33	12:53	13:38	14:23	15:03	15:28	16:20	16:55	17:40	18:35	19:10	20:25	21:10
⑦ Holiday Resort	9:35	10:25	10:55	11:35	12:55	13:40	14:25	15:05	15:30	16:22	16:57	17:42	18:37	19:12	20:27	21:12
⑧ Pacific Islands Club	9:38	10:28	10:58	11:38	12:58	13:43	14:28	15:08	15:33	16:25	17:00	17:45	18:40	19:15	20:30	21:15
⑨ Yoao Park & Guam Visitors Bureau	9:39	10:29	10:59	11:39	12:59	13:44	14:29	15:09	15:34	16:26	17:01	17:46	18:41	19:16	20:31	21:16
⑩ Hilton Guam	9:41	10:32	11:02	11:42	13:02	13:47	14:32	15:12	15:37	16:29	17:04	17:49	18:44	19:19	20:34	21:19
⑪ Rihga Royal Laguna	9:49	10:40	11:10	11:50	13:10	13:55	14:40	15:20	15:45	16:37	17:12	17:57	18:52	19:27	20:42	21:27
⑫ Hoshino Resorts Risonare Guam	9:52	10:43	11:13	11:53	13:13	13:58	14:43	15:23	15:48	16:40	17:15	18:00	18:55	19:30	20:45	21:30
⑬ Guam Premier Outlets	10:00	10:51	11:21	12:01	13:21	14:06	14:51	15:31	15:56	16:48	17:23	18:08	19:03	19:38	20:53	

투몬 하행 셔틀

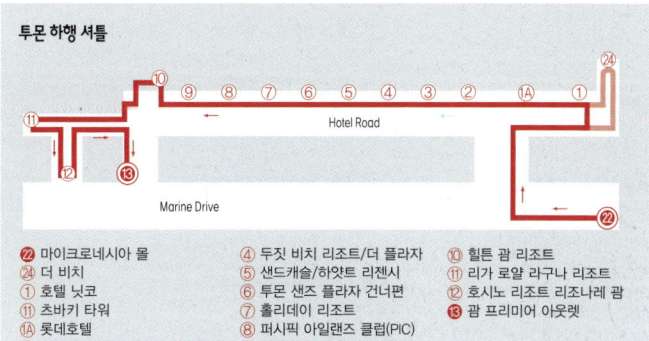

- ㉒ 마이크로네시아 몰
- ㉔ 더 비치
- ① 호텔 닛코
- Ⓐ 츠바키 타워
- ② 롯데호텔
- ③ 더 웨스틴 리조트/괌 리프 호텔
- ④ 두짓 비치 리조트/더 플라자
- ⑤ 샌드캐슬/하얏트 리젠시
- ⑥ 투몬 샌즈 플라자 건너편
- ⑦ 홀리데이 리조트
- ⑧ 퍼시픽 아일랜드 클럽(PIC)
- ⑨ 이파오 비치파크/괌 관광국
- ⑩ 힐튼 괌 리조트
- ⑪ 리가 로얄 라구나 리조트
- ⑫ 호시노 리조트 리조나레 괌
- ⑬ 괌 프리미어 아웃렛

사랑의 절벽 셔틀 투몬 중심을 기점으로 괌 북부 사랑의 절벽을 잇는 셔틀로, 마이크로네시아 몰을 경유하기 때문에 쇼핑도 즐길 수 있다. 사랑의 절벽에서는 10분간 정차 후 회차한다. 현재 태풍으로 인한 사랑의 절벽 복구 작업에 따라 운휴 중.

To Two Lovers Point	1st	2nd	3rd
㉑ JP Superstore	13:10	14:10	
㉒ Micronesia Mall	13:25	14:25	
㉒ Micronesia Mall	13:32	14:32	
● Two Lovers Point Arrival	13:40	14:40	15:40
Return schedule	**1st**	**2nd**	**3rd**
● Two Lovers Point Departure	13:50	14:50	15:50
⑳ T Galleria by DFS Arrival	14:05	15:05	16:05

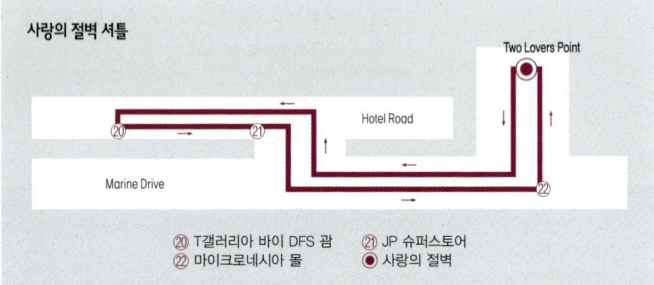

사랑의 절벽 셔틀

⑳ T갤러리아 바이 DFS 괌　㉑ JP 슈퍼스토어
㉒ 마이크로네시아 몰　● 사랑의 절벽

차모로 빌리지 나이트 셔틀 매주 수요일 밤 왕복 운행하며, 괌 프리미어 아울렛에서 출발해 차모로 빌리지에 도착한다. 돌아오는 운행 편은 투몬과 타무닝의 호텔들을 경유(첫 버스 제외)한다.

To Chamorro Village	1st	2nd
⑬ Guam Premier Outlets Departure	17:30	18:30
● Chamorro Village Arrival	17:50	18:50
From Chamorro Village	**1st**	**2nd**
● Chamorro Village Departure	19:00	20:10
② Hoshino Resorts Risonare Guam	19:15	20:25
⑪ Rihga Royal Laguna	19:19	20:29
⑩ Hilton Guam	19:27	20:37
⑭ Across Pacific Island Club	19:30	20:40
⑮ Fountain Plaza	19:32	20:42
⑯ Across Holiday Resort	19:34	20:44
⑰ Acanta Mall / Grand Plaza	19:39	20:49
⑲ Across Hyatt Regency	19:43	20:53
㉑ JP Superstore	19:46	20:56
㉓ Across Westin / Pacific Place	19:48	20:58
① Hotel Nikko	19:50	21:00
⑭ The Tsubaki Tower	19:51	21:01
② Lotte Hotel	19:52	21:02

차모로 빌리지로

⑬ 괌 프리미어 아울렛
● 차모로 빌리지

● 차모로 빌리지
⑬ 괌 프리미어 아울렛
② 호시노 리조트 리조나레 괌
⑪ 리가 로얄 라구나 리조트
⑩ 힐튼 괌 리조트
⑭ 퍼시픽 아일랜즈 클럽(PIC) 건너편
⑮ 파운틴 플라자
⑯ 홀리데이 리조트 건너편
⑰ 아칸타 몰/그랜드 플라자
⑱ 투몬 샌즈 플라자
⑲ 하얏트 리젠시 건너편
㉑ JP 슈퍼스토어
㉓ 더 웨스틴 리조트 건너편/퍼시픽 플레이스
① 호텔 닛코
⑭ 츠바키 타워
② 롯데호텔

차모로 빌리지에서

쇼핑몰 셔틀 괌 프리미어 아웃렛, 아가냐 쇼핑센터, K마트, 마이크로네시아 몰 사이를 순환한다. 괌 프리미어 아웃렛 기준 첫차 10:00, 막차 20:40, 약 20분 간격으로 운행한다. 운휴

T갤러리아-K마트 셔틀 T갤러리아 바이 DFS 괌과 K마트 사이를 20분 간격으로 운행한다. T갤러리아 기준 첫차 09:30, 막차 21:10, 약 20분 간격으로 운행한다. 운휴

GPO-레오팰리스 셔틀 괌 프리미어 아웃렛과 레오팰리스 리조트 사이를 40분 간격으로 운행한다. 레오팰리스 기준 첫차 09:30, 막차 20:10, 괌 프리미어 아웃렛 기준 막차 20:50. 운휴

벼룩시장 셔틀 주말 아침 데데도 벼룩시장까지 운행하는 셔틀 노선으로 하루 단 2회만 운행한다. 기점인 온워드 비치 리조트 기준 06:00과 06:30에 출발해 쉐라톤, 힐튼, 닛코, 롯데, 웨스틴 리조트를 거쳐 데데도 벼룩시장에 도착한다. 돌아오는 버스는 08:00와 08:15에 데데도 벼룩시장을 출발한다. 운휴

하갓냐 마린파크 셔틀 아가냐 쇼핑센터를 기점으로 아가냐 대성당을 경유하여 피시 아이 마린파크까지 왕복하는 노선. 1일 9편 약 40분 간격으로 운행하며 아가냐 쇼핑센터 기준 첫차는 10:30, 막차는 16:30에 출발한다. 운휴

공항행 셔틀 T갤러리아 바이 DFS를 출발하여 공항 2층 출국장까지 운행하는 편도 노선으로 1일 8편 운행한다. 출발 시각은 13:45, 14:15, 14:45, 15:10, 15:40, 16:15, 16:45, 17:15이다. 운휴

> 코로나로 임시 운휴 중이다. 이용 전 운행 정보를 최종 확인할 것.

벼룩시장 셔틀 버스

투몬 셔틀 버스

레아레아 트롤리
LeaLea Trolley
코로나로 운행 중단 중

종류	탑승 가능 노선	가격
1회권	전 노선 1회 이용	$4
1일권	호텔 코스, 쇼핑센터 코스, 라운지 코스, 하갓냐 쇼핑센터 코스	$9
7일권		$18
차오 벼룩시장 익스프레스 티켓	차오 벼룩시장 익스프레스 왕복	사전 구매: $7 탑승 시 구매: $8(5세 이하 무료)
차모로 빌리지 익스프레스 티켓	차모로 빌리지 익스프레스 왕복	사전 구매: $7 탑승 시 구매: $8(5세 이하 무료)

* 11세 이하 무료(익스프레스 티켓 제외)

호텔 코스 '호텔 로드' 따라 남북을 잇는 코스로, 북쪽 끝의 마이크로네시아 몰부터 남쪽 끝의 괌 프리미어 아웃렛까지 10분 간격으로 운행한다. 투몬과 타무닝에 위치한 대다수의 호텔을 경유하며, 레드 구아한의 투몬 셔틀 노선과 크게 다르지 않다. 첫 번째 정류장인 타가다 공원 기준 첫차 08:30, 막차 21:01.

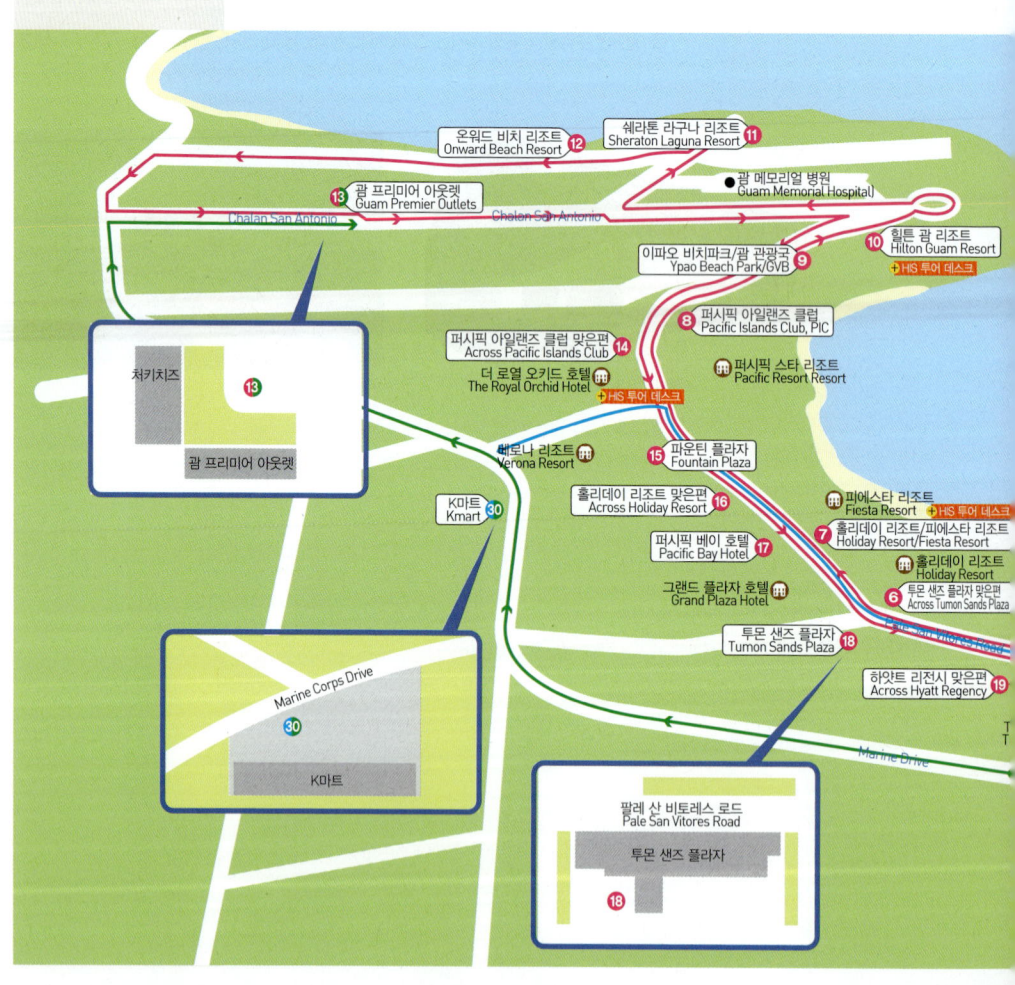

쇼핑센터 코스 마이크로네시아 몰, 괌 프리미어 아웃렛, K마트 등 세 곳의 쇼핑몰을 연결한다. 투몬과 타무닝 내의 호텔을 경유하지 않는다는 점에 주의한다. 마이크로네시아 몰과 괌 프리미어 아웃렛 출발편은 11:00~20:20, K마트 출발편은 11:10~20:30, 20분 간격으로 운행한다.

라운지 코스 투몬 중심의 더 플라자와 T갤러리아 바이 DFS 괌을 출발해 K마트까지 운행한다. 투몬 출발편은 11:00~20:40, K마트 출발편은 11:10~20:50, 20분 간격으로 운행한다.

하갓냐 쇼핑센터 코스 타무닝의 괌 프리미어 아웃렛을 기점으로 하갓냐의 아가냐 쇼핑센터를 연결한다. 괌 프리미어 아웃렛 출발편은 11:00~20:20, 아가냐 쇼핑센터 출발편은 11:36~19:42 운행한다. 매주 화·목·토요일에만 40분 간격으로 운행하며, 차모로 빌리지, 아가냐 대성당, 투레 카페 등을 경유한다.

레아레아 트롤리 노선도

쇼핑몰 셔틀 Shopping Mall Shuttle
코로나로 운행 중단 중

쇼핑도 누리고, 공짜 셔틀도 누리고! 쇼핑몰 셔틀(Shopping Mall Shuttle)

쇼핑의 천국 괌. 쇼핑의 혜택은 기본, 쇼핑족들을 위한 다양한 편의를 제공하는 괌의 대형 쇼핑몰들은 여러 노선의 무료 셔틀을 제공하며 여행자에게 큰 호응을 얻고 있다. 쇼핑객들을 위해 무료로 제공되는 서비스이니 원래 취지에 맞지 않는 탑승은 자제한다.

T갤러리아 바이 DFS 괌 셔틀버스

투몬 중심에 위치해 괌 여행의 기점이 되는 T갤러리아 바이 DFS 괌에서 운영하는 셔틀로 2개의 노선이 있다. T갤러리아 남측 1층, 여행사 카운터 앞 정류장에서 출발하며, T갤러리아 기준 북쪽 방향은 A노선, 남쪽 방향은 B노선이 운행한다.

A노선(북쪽 방향) 첫차 10:10, 막차 23:15, 매 20분 간격으로 운행.
T갤러리아 바이 DFS 괌 → 호텔 닛코 괌 → 롯데 호텔 → 더 웨스틴 리조트 → 괌 리프 호텔 → T 갤러리아 바이 DFS 괌

B노선(남쪽 방향) 첫차 10:19, 막차 23:20, 매 30분 간격으로 운행.
T갤러리아 바이 DFS 괌 → 홀리데이 리조트 → 피에스타 리조트 → 퍼시픽 스타 리조트 → 퍼시픽 아일랜즈 클럽(PIC) → 힐튼 괌 리조트 → 더 로열 오키드 호텔 → 퍼시픽 베이 호텔 → T갤러리아 바이 DFS 괌

GPO-투몬 샌즈 플라자 셔틀버스

타무닝에 위치한 괌 최대의 아웃렛 괌 프리미어 아웃렛과 투몬 중심의 투몬 샌즈 플라자를 연결하는 셔틀버스로 상·하행 양방향으로 운행한다. 괌 프리미어 아웃렛 출발편은 10:12~21:00, 매일 14회 운행하며, 투몬 샌즈 플라자 출발편은 10:12~22:00, 매일 15회 운행한다. 배차 간격은 20~30분. 중간에 퍼시픽 아일랜즈 클럽(PIC), 더 로열 오키드 호텔 등을 경유한다.

마이크로네시아 몰 셔틀버스

투몬 북쪽에 위치한 마이크로네시아 몰과 투몬의 주요 호텔들을 무료로 이어주는 셔틀버스. 두 대의 버스가 약 20분 간격으로 매일 15회 운행한다. 롯데 호텔, 아우리거 리조트, 피에스타 리조트, PIC 리조트에 정차한다. 마이크로네시아 몰 출발 첫차 10:10, 막차 21:00.

렌터카 Rent-a-car

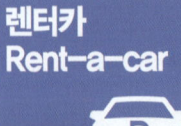

해안도로를 따라 달려보자! 렌터카(Rent-a-car)

괌의 남쪽 땅끝부터 북쪽 땅끝까지 누비고자 한다면, 아이와 함께 또는 부모님과 함께하는 여행이라면, 렌터카가 답이다. 괌의 주요 렌터카 업체는 괌 국제공항과 그 주변에 위치해 있지만, 타무닝과 투몬 지역에도 다수의 렌터카 업체가 있으며, 일부 호텔과 리조트의 로비에 렌터카 사무실이 입주한 곳도 있다. 여행 일정 중 일부만 렌터카를 사용할 예정이라면 시내 렌터카 업체에서 차량을 픽업 & 드롭할 수 있도록 예약하면 된다.
괌은 교통체증도 없고 길도 찾기 쉬운 편이며, 대부분의 여행지와 식당, 호텔 등에서 무료 주차를 제공하기 때문에 렌터카 여행을 하기에 더없이 좋은 여행지이다. 몇 가지 안전 수칙만 잘 지키면 편리하고 안전한 렌터카 여행을 할 수 있다. 렌터카 이용 방법에 대한 자세한 안내는 1권 MANUAL 05 남부 투어(P.100) 참고.

무작정 따라하기 4단계

STEP ①②③④

시내에서 공항으로 가기

괌 여행을 마치고 공항으로 이동할 때는 비행기 출발 시각까지 최소 2시간 정도 여유를 두고 공항에 도착하는 것이 좋다. 괌 국제공항에서 시내로 이동할 때와 마찬가지로 택시, 호텔 셔틀, 렌터카 등을 이용할 수 있다. 시내에서 공항으로 갈 때는 한인 택시와 면세점 무료 셔틀도 함께 이용할 수 있어서 더욱 편리하다. 공항에서 마지막 식사를 해결하려다간 자칫 낭패를 보기 쉽다. 변변한 식당이나 카페도 없을뿐더러 심야에는 대개 문을 닫기 때문이다. 시간 여유가 있다면 시내에서 마지막 만찬을 즐기고 공항으로 이동하자.

택시 & 한인 택시
Taxi & Korean Taxi

편안한 게 최고! 택시(Taxi) & 한인 택시(Korean Taxi)
당신이 있는 곳이 어디든 부르기만 하면 달려오는 택시. 식사한 후 레스토랑에서, 쇼핑을 즐긴 후 쇼핑몰에서, 체크아웃 후 호텔에서, 그곳이 어디든 안내 직원이나 컨시어지를 통해 택시를 부르자. 택시 요금은 공항에서 시내로 들어올 때의 요금과 동일(미키 택시 기준 투몬에서 공항까지 $15~20)하다. 공항으로 갈 때는 더 다양한 업체의 한인 택시를 이용할 수 있으니, 카카오톡이나 앱에서 미리 예약해 두고 편리하고 안전하게 공항으로 향하자. 괌의 모든 택시는 길거리에서 잡을 수 없으니 택시 부르는 시간까지 염두에 두는 것이 좋다.

호텔 셔틀
Hotel Shuttle

몸도 마음도 가볍게 공항으로! 호텔 셔틀(Hotel Shuttle)
호텔에서 공항으로 가는 가장 편한 방법은 바로 호텔 셔틀 서비스를 이용하는 것이다. 사전에 예약해 두거나 컨시어지에 요청하는 것이 좋다. 미리 정확한 시간을 지정할 수 있고, 비행 출발 시각에 맞춰 셔틀 시간을 잡아주기도 하니 더욱 편리하다. 오전에 체크아웃을 하고 저녁 비행기로 한국에 돌아올 예정이라면 컨시어지에 짐을 보관해 두었다가 오후에 호텔로 돌아와 짐을 찾아서 셔틀을 이용해 공항으로 향하면 된다. 수고한 기사를 위해 약간의 팁을 현금으로 준비하자.

렌터카
Rent-a-car

차는 반납하고 가야지! 렌터카(Rent-a-car)
렌터카 반납은 대여할 때의 역순으로 하면 된다. 가장 일반적인 'Full to Full(연료 탱크를 가득 채운 상태로 차를 빌리고 반납)' 방식으로 차량을 대여했다면 반납 전 미리 주유를 하자. 렌터카 사무소에서 주유비를 정산하는 것보다 훨씬 저렴하다. 차량을 공항 외 사무소에서 픽업했다면 그곳에서 차량을 반납하는데, 공항까지 무료 픽업 서비스를 제공하니 걱정할 필요가 없다. 사무소에 도착하면 직원이 주유 상태와 차량 상태를 확인하지만, 그렇지 않은 경우도 있으니 반납할 때도 차량 사진을 찍어두는 것이 좋다.

TRAVEL COURSE

괌은 다채로운 볼거리들을 갖춘 관광지이자 한가로이 휴식을 취하거나 쇼핑을 즐길 수 있는 대표적인 여행지이다. 하루에 한두 지역만 둘러본다는 생각으로 여유롭게 여행 계획을 세워도 좋지만 정해진 일정 안에 괌의 명소들을 최대한 즐기고 싶은 여행자라면 아래의 일정별 코스를 참조하자. 날씨에 따라 여행 만족도가 크게 달라지는 곳이니 당일 비가 내리거나 흐릴 경우 쇼핑 혹은 호텔 수영장에서 휴식을 취하는 것으로 적절히 일정을 조절해 가면서 여행을 즐기는 것도 방법. 투어 프로그램을 예약한 경우 날씨에 따라 취소되거나 변경될 수 있으니 출발 전에 미리 체크하는 것은 필수!

일정별 추천 코스

핵심만 콕! 콕! 콕! 3박 4일 추천 코스

시간 여유가 없는 여행자들을 위해 짧은 기간 동안 괌의 핵심 관광지와 주요 쇼핑몰을 둘러볼 수 있는 코스다. 괌에 도착한 당일부터 관광을 시작해야하니 인천공항에서 아침에 출발하는 항공편을 이용하는 것을 추천한다. 렌터카는 여행 중간 하루만 이용하고 나머지는 트롤리 버스를 이용해도 충분하다.

1 DAY 괌 국제공항 도착 후 호텔 체크인  사랑의 절벽 Two Lovers Point p.94  마이크로네시아 몰 Micronesia Mall p.96

 렌터카 반납하기  하갓냐 유유자적 힐링 코스 (약 5시간) p.64  괌 남부 평일 핵심 코스 (약 5시간) p.80  렌터카 타고 출발!  **2 DAY**

 세일즈 바비큐 SAILS BBQ p.38  **3 DAY**  투몬 & 타무닝 핵심 명소 코스 (약 9시간) p.34 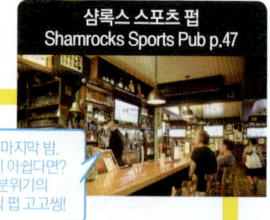 샴록스 스포츠 펍 Shamrocks Sports Pub p.47

괌 여행의 마지막 밤. 그냥 보내기 아쉽다면? 흥겨운 분위기의 정통 미국식 펍 고고씽!

 괌 국제공항  메스클라 도스 Meskla DOS p.39  K마트 Kmart p.48 **4 DAY**

일정별 추천 코스

괌 여행의 정석! 4박 5일 코스

괌을 찾는 대부분의 여행자들이 선호하는 일정으로 괌 여행이 처음이라면 가장 먼저 추천한다. 주요 관광지는 물론이고 해변에서 수영을 즐기고 쇼핑몰까지 모두 둘러볼 수 있다. 쇼핑에 크게 관심이 없다면 두 번째 날 투몬&타무닝 원데이 쇼핑 코스 대신 투어프로그램을 추가해 나에게 딱 맞는 괌 여행을 즐겨보자.

1 DAY

괌 국제공항 도착 후 호텔 체크인

투몬 비치
Tumon Beach p.38

더 비치 레스토랑 & 바
The Beach Restaurant & Bar p.46

하드록 카페 괌
Hard Rock Cafe, Guam p.39

두 손 무겁게 쇼핑한 물건들은 잠깐 호텔에 들러 놓고 나오는 것도 추천!

투몬&타무닝 쇼퍼 홀릭을 위한 원데이 쇼핑 코스 p.36

2 DAY

3 DAY

렌터카 타고 출발!

괌 북부 완전정복 원데이 코스 p.92

스파 아유알람
Spa Ayualam p.51

이른 아침부터 관광과 쇼핑, 수영까지 즐겼다면 지금 가장 필요한건 바로 마사지!

괌에 상륙한 신상 스테이크하우스에서 거하게 칼질 한 번!

롱혼 스테이크하우스
Longhorn Steakhouse, p.40

괌 남부 완전정복 코스 p.76

4 DAY

5 DAY

하갓냐 유유자적 힐링 코스 p.64

괌 국제공항에서 렌터카 반납하기

일정별 추천 코스

여유롭게 휴양을 즐기며 괌 구석구석을 관광할 수 있는 코스다. 다소 번거롭더라도 한 곳의 호텔에만 숙박하는 것 보단 두세 곳의 호텔을 예약해 다양한 호텔 수영장을 이용해 보는 것을 추천한다. 새벽에 출·도착하는 비행스케줄이라면 첫째 날 코스를 다섯 번째 날 오후로 이동해 일정을 조정하자.

1 DAY
괌 국제공항 도착 후 호텔 체크인

K마트 Kmart p.48

괌 프리미어 아웃렛
Guam Premier Outlets p.48

하갓냐 역사 문화 탐방 코스
(약 8시간) p.60

3 DAY

4 DAY

괌 북부 완전정복 원데이 코스
(약 9시간) p.92

괌에 상륙한 신상 스테이크하우스에서 거하게 칼질 한 번!

롱혼 스테이크하우스
Longhorn Steakhouse, p.40

렌터카 반납하기

괌 국제공항

에그스 앤 싱스
Eggs 'n Things p.43

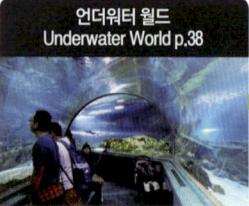
언더워터 월드
Underwater World p.38

6 DAY

 투몬&타무닝과 북부의 주요 스폿들은 도보 혹은 트롤리 버스로 충분히 이동 가능하지만 하갓냐, 남부, 북부 지역을 꼼꼼하게 돌아보려면 렌터카 이용은 필수. 렌터카 이용을 추천하는 곳은 자동차 심볼을 확인하자.

여유롭게 즐기는 5박 6일 코스

호텔 수영장에서 피로 풀기!

T갤러리아 바이 DFS 괌
T Galleria by DFS, Guam p.47

뱀부 바
Bambu Bar p.47

늦은 밤까지 반짝거리는 투몬 호텔로드를 걸어보는 것도 추천

앙사나 스파
Angsana Spa p.51

괌 남부 완전정복 코스 p.76

렌터카 타고 출발!

2 DAY

5 DAY

호텔 수영장에서 보내는 여유로운 낮 시간!!

조이너스 레스토랑 케야키
JOINUS Restaurant Keyaki p.39

투몬 샌즈 플라자
Tumon Sands Plaza p.49

더 비치 레스토랑 & 바
The Beach Restaurant & Bar p.46

투몬 비치
Tumon Beach p.38

시 그릴 레스토랑
Sea Grill Restaurant p.43

AREA 01 TUMON & TA
[투몬 & 타무닝]

당신이 상상하던 풍경이 눈앞에 펼쳐지는 곳

괌 여행 첫 목적지는 뭐니 뭐니 해도 투몬 & 타무닝이어야 한다. 상상했던 괌의 모습을 그곳에서 오롯이 마주할 수 있기 때문이다. 에메랄드 빛 태평양 해변, 쇼핑 천국의 면모, 온갖 다양한 맛집들과 여유 넘치는 휴양지의 일상 풍경까지 모두 다 투몬에서 만날 수 있다. 투몬을 알면 괌 여행 준비도 팔부 능선을 넘은 셈! 괌 여행의 시작이자 끝인 투몬 & 타무닝의 모든 것을 지금부터 낱낱이 파헤쳐 보자! 괌 여행의 '알짜'가 기다린다.

> **투몬 & 타무닝, 면적은 얼마나 될까?**
> 타무닝(Tamuning)은 괌 중부의 국제공항(Antonio B. Won Pat International Airport)이 자리 잡은 지역이다. 동서남북 약 6킬로미터로 면적이 넓지는 않지만 괌 여행의 기점이 되는 곳으로 다양한 볼거리가 풍성하다. 투몬(Tumon)은 타무닝의 중앙에 자리 잡은 해변 이름이다. 해변과 평행한 Pale San Vitores Rd를 따라 호텔과 맛집들이 밀집되어 가장 중요한 여행 포인트로 통한다.

MUNING 029

MUST SEE 이것만은 꼭 보자!

No. 1
눈 뜨자마자 커튼을 젖혀라!
매일 아침
태평양과 인사하기

No. 2
괌을 대표하는 투몬
비치에서 바라보는
투몬 베이

No. 3
늦은 오후 바다와 하늘
사이로 사라지는
황금빛 일몰의 **건 비치**

MUST EAT 이것만은 꼭 먹자!

No. 1
한국인의 입맛에도
딱 맞는
차모로 전통 음식

No. 2
고기는 물론 다양한
해산물
바비큐 & 데판야키

No. 3
괌을 대표하는
빅 사이즈의
수제 버거

MUST BUY 이것만은 꼭 사자!

No. 1
트로피컬 프린트의
화려한 **비치 웨어 & 비치 샌들**

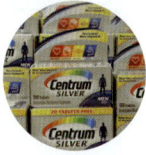
No. 2
가족 선물은 물론
나에게도 좋은 **영양제**

No. 3
괌 유일의 아웃렛!
괌 프리미어 아웃렛의
90% 세일 상품

MUST EXPERIENCE 이것만은 꼭 경험하자!

No. 1
차모로 전통 춤과
불 쇼를 함께 만나는
차모로 전통 공연

No. 2
정통 아메리칸 스타일의
서커스 공연

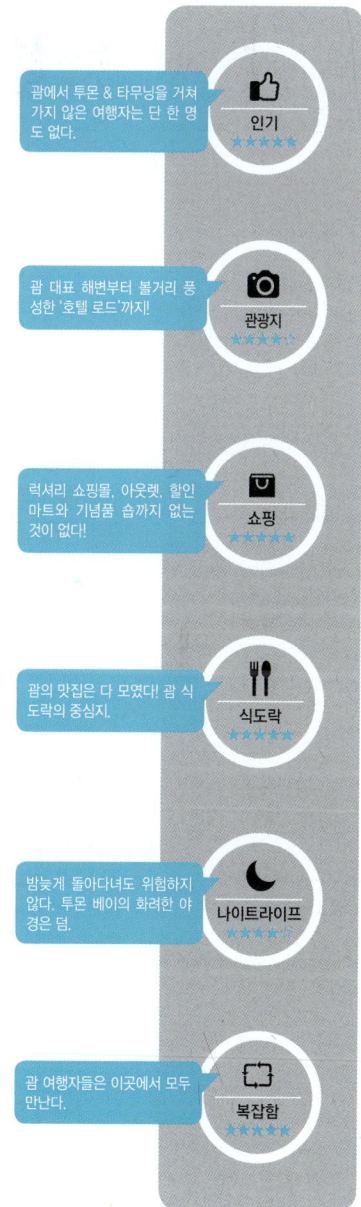

투몬 & 타무닝 여행 & 교통편 한눈에 보기

투몬 & 타무닝 이렇게 여행하자

여행자들이 묵는 대부분의 숙소가 투몬 & 타무닝 지역에 있기 때문에 투몬에 발을 들이는 것으로 괌 여행이 시작된다고 해도 과언이 아니다. 쇼핑 스폿, 맛집, 볼거리가 밀집되어 여행 기간 대부분을 이곳에서 보내게 마련이다. 투몬에 숙소를 두고 쇼핑과 식도락을 즐기는 중간 중간 여행 일정이나 컨디션을 고려해 주변 지역으로 반나절 여행을 하거나 다양한 액티비티를 즐기는 것이 좋다.

투몬 & 타무닝을 중점적으로 여행할 계획이라면 굳이 렌터카를 빌리지 않아도 된다. 이 지역 대부분의 여행지와 쇼핑몰을 레드 구아한 셔틀버스로 갈 수 있기 때문이다. 1일권(One Day Pass)을 구매하는 것도 알뜰한 여행을 하는 좋은 방법이다.

공항 → 투몬 & 타무닝

1. 택시

괌 여행자 대부분이 택시를 이용한다. 공항 입구에 24시간 운영되는 택시 부스가 있어 새벽에 괌 공항에 도착해도 어디든 무리 없이 이동할 수 있다. 투몬 시내까지 택시로 10여 분 걸린다. 요금은 미터로 자동 계산되며 힐튼, PIC, 홀리데이 리조트까지 편도 $30, 그보다 먼 하얏트, 두짓 비치, 더 웨스틴, 리가로얄 라구나 등은 $35 정도다(캐리어 1개당 $1 추가).

2. 렌터카

허츠(Hertz)나 에이비스(Avis), 닛산(Nissan) 같은 대형 렌터카 체인은 괌 공항에 24시간 사무실을 운영한다. 괌 여행 첫날부터 렌터카를 예약한 경우 바로 공항에서 차량을 픽업해 호텔로 이동하면 된다. 렌터카 이용 방법에 대한 자세한 안내는 1권 MANUAL 05 남부 투어(P.100) 참고.

3. 호텔 픽업 서비스

일단 마음 편하게 숙소에 짐을 푼 뒤 여행을 시작하고 싶은 사람들은 예약한 호텔에서 운영하는 투숙객 전용 셔틀 서비스를 이용하면 된다. 숙소 예약 직후부터 괌 도착 하루 이틀 전까지 전화나 이메일로 예약할 수 있으며, 항공편과 도착 일시, 이름과 인원수 등의 정보를 제공해야 공항 입국장에서 정확하게 만날 수 있다. 요금은 1인당 20달러 초반 정도다. 택시와 달리 인원수에 따라 요금이 부과되므로 인원이 적을 경우 더 이득이다.

투몬 → 타무닝
셔틀버스

투몬 셔틀버스는 오전 10시 40분 첫차를 시작으로 오후 8시경까지 하루 9회 운행된다. 요금은 1회 탑승 기준 $4. 3회 이상 탑승할 계획이라면 1일권(One Day Pass, $10)을 구입하는 것이 더 이득이다. 투몬 셔틀버스에 대한 자세한 정보는 2권 무작정 따라하기 3단계 괌 시내 교통편 한눈에 보기를 참고.

투몬 → 남부
1. 렌터카

호텔 로드라 불리는 투몬의 중심 Pale San Vitores Rd를 따라 남서쪽으로 이동해 왼쪽 14A번 도로로 좌회전한 한 블록 이동한 후 우회전해 1번 도로(Marine Corps Dr)를 따라 직진하면 괌 남부로 자연스럽게 이어진다. 소요 시간은 약 20분.

2. 한인 택시

대부분의 여행자는 렌터카를 이용하지만 상황에 따라 한인 택시를 이용할 수 있다. 한국어로 남부 주요 코스들을 간단히 돌아보는 투어의 경우 성인 4인 기준 $250부터이다.

투몬 → 북부
셔틀버스

T갤러리아에서 출발하는 '사랑의 절벽' 셔틀버스를 이용해 마이크로네시아 몰과 사랑의 절벽까지 이동할 수 있다. 첫차는 오후 1시 45분에 출발하며 오후 4시까지 하루 4회 운행된다. 1일권으로는 이용이 불가능한 코스이므로 사랑의 절벽 셔틀버스 왕복 이용과 사랑의 절벽 입장료가 포함된 별도의 티켓($10)구입을 추천한다.

T갤러리아 기준 출발 ⊙ **시간** 13:45, 14:30, 15:15, 16:00

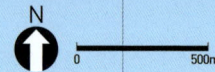

투몬 & 타무닝 핵심 명소 코스

오전부터 늦은 밤까지 투몬 & 타무닝의 알짜 관광지와 쇼핑센터를 돌아보는 코스이다. 든든한 아침 식사로 하루를 시작했다면 점심은 가볍게 비치인 쉬림프로, 아침 식사가 부실했다면 뷔페 레스토랑 아쿠아를 선택하자. 오후 일정인 타오타오 타시는 예약 필수. 다양한 뷔페 메뉴가 제공되는 타오타오 타시 공연은 볼거리는 물론 식사 메뉴도 훌륭하다. 공연이 끝난 이후 샴록스 스포츠 펍에서 시원한 맥주와 함께 하루를 마감해 보는 것도 추천한다.

1. T갤러리아 바이 DFS 괌
T Galleria by DFS, Guam

럭셔리 명품 브랜드부터 유명 화장품, 가볍게 선물하기 좋은 합리적인 가격의 기념품까지 다양하게 갖추고 있다.

🕐 **시간** 월~금요일 12:00~19:00 토·일요일 12:00~20:00

➡ 길 건너편 → 언더워터 월드

2. 언더워터 월드
Underwater World

괌 유일의 아쿠아리움으로 터널 형태의 수조 덕분에 실제 바닷속에 들어온 것 같은 착각을 느낀다.

🕐 **시간** 10:00~18:00 💲 **가격** 오션사파리(아쿠아리움) 입장료 성인 $23, 어린이(3~11세) $15

➡ 입구로 나와 오른쪽으로 90m 이동 → 비치인 쉬림프

3. 비치인 쉬림프
Beachin' Shrimp

관광객에게 가장 인기 있는 레스토랑 중 하나로 다채로운 새우 요리를 맛볼 수 있다. 사람이 너무 많은 것이 가장 큰 단점이다.

🕐 **시간** 11:00~21:00

➡ 언더워터 월드로 다시 돌아가 1층에서 연결된 두짓타니 괌 리조트로 이동해 G층 수영장에서 연결 → 투몬 비치

➕ **BEST MENU**

엔젤 헤어 파스타를 넣은 **비치인 쉬림프** Beachin' Shrimp
$21.99+10%

코코넛 가루를 듬뿍 입혀 튀긴 **코코넛 쉬림프** Coconut Shrimp
$19.99+10%

4. 투몬 비치
Tumon Beach

괌을 대표하는 해변으로 수심이 얕고 물살도 세지 않아 수영을 잘 못하는 초보자도 안전하게 물놀이를 즐길 수 있다. 가볍게 스노클링을 하거나 끝없이 펼쳐진 해변을 산책해 보는 것도 좋다.

➡ 투몬 호텔 로드로 돌아 나와 왼쪽의 투몬 셔틀버스 정류장에서 트롤리 버스 탑승. 괌 프리미어 아웃렛 하차 → 괌 프리미어 아웃렛

5. 괌 프리미어 아웃렛
Guam Premier Outlets

중저가 브랜드들이 모인 괌 최대 아웃렛. 한국 사람들에게는 타미 힐피거, 나인 웨스트, 캘빈 클라인 등이 인기 있다. 창고형 아웃렛 로스 드레스 포 레스 매장에서는 70~80% 할인된 물건들이 가득하다.

🕐 **시간** 10:00~21:00(매장에 따라 다름), 로스 드레스 포 레스 06:00~24:00

➡ 매장 내 → 시나본

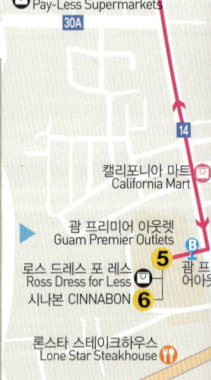

035

START

1. T갤러리아 바이 DFS 괌

   50m, 도보 2분

2. 언더워터 월드

   90m, 도보 3분

3. 비치인 쉬림프

   200m, 도보 8분

4. 투몬 비치

   9.7km, 트롤리 버스 25분

5. 괌 프리미어 아웃렛

   30m, 도보 2분

6. 시나본

   7.9km, 트롤리 버스 30분

7. 타오타오 타시

Area 1 투몬 & 타무닝
여행 & 교통편 한눈에 보기
COURSE 1
COURSE 2
TRAVEL INFO

6 CINNABON 시나본

쇼핑 중간 달콤한 간식이 필요할 때 맛보면 좋을 시나몬 롤 전문점. 쌉싸름한 계피와 달콤한 설탕 시럽이 가득한 시나몬 롤은 아메리카노와 함께 먹으면 더욱 맛있다.

⏱ **시간** 일~금요일 10:00~20:00 토요일 06:00~24:00

▶ 투몬 셔틀버스를 타고 호텔 닛코 괌에서 하차해 건 비치 로드로 나와 왼쪽 길을 따라 350m → 타오타오 타시

BEST MENU
달달하고 폭신한 시
나몬롤 Cinnabon
Classic $5.5

PLUS TIP

호텔까지 무료 픽업 & 드롭오프 서비스가 포함되어 있어 편하게 이동할 수 있다.

7 타오타오 타시 Taotao Tasi

차모로 전통 공연과 함께 차모로 스타일의 바비큐 뷔페를 즐길 수 있다. 한편의 뮤지컬을 보는 듯한 완성도 높은 공연으로 시작부터 끝까지 한순간도 눈을 뗄 수 없다.

⏱ **시간** 월·화·목·금·토요일 바비큐 4~8월 18:10~, 9~3월 17:30~ / 공연 4~8월 19:10~20:10, 9~3월 18:45~19:45 **휴무** 수·일요일
💰 **가격** 바비큐+공연 성인 $120 어린이(6~11세) $45

COURSE 2
쇼퍼 홀릭을 위한 원데이 쇼핑 코스

관광과 휴양도 좋지만 섬 전체가 면세 구역인 만큼 다른 어떤 여행지보다 훨씬 더 매력적이다. 투몬 & 타무닝의 주요 쇼핑몰과 마트를 모두 돌아볼 수 있는 코스로 체력에 자신 있는 쇼퍼 홀릭이라면 도전해 보재 중간에 호텔로 돌아와 쇼핑한 물건들을 살포시 놓아두고 이동하는 것도 좋은 방법!

1. T갤러리아 바이 DFS 괌
T Galleria by DFS, Guam

계획 없이 매장 하나하나 돌아보다 보면 2~3시간이 훌쩍 지나가 버린다. 선호하는 브랜드 매장의 위치를 미리 파악해 두자. 오후 4시 전에 구입한 물건을 호텔까지 무료로 배달해 주는 서비스를 이용해 보는 것도 좋다.
- 시간 월~금요일 12:00~19:00 토·일요일 12:00~20:00
- 길 건너편 → 더 플라자

2. 더 플라자
The Plaza

T갤러리아보다 입점된 브랜드는 적지만 T갤러리아에 없는 중저가 브랜드가 있어 그냥 지나치기 아쉬운 곳이다. 괌에서 가장 큰 구찌 매장을 더 플라자에서 만날 수 있다.
- 시간 10:00~21:00 * 매장 별 상이
- 더 플라자를 등지고 오른쪽으로 500m, 길 건너편 투몬 샌즈 플라자 1층 → 조이너스 레스토랑 케야키

3. 조이너스 레스토랑 케야키
JOINUS Restaurant Keyaki

일본식 철판 요리 테판야키 전문 레스토랑이다. 셰프의 화려한 불 쇼와 함께 구워 내는 질 좋은 고기와 야채를 맛볼 수 있다. 철판이 붙어 있는 데판야키 전용 좌석에 앉으려면 예약 필수.
- 시간 런치 11:00~14:00, 디너 17:30~21:00
- 가격 런치 데판야키 $32.5 + 10%~
- 내부 연결 → 투몬 샌즈 플라자

4. 투몬 샌즈 플라자
Tumon Sands Plaza

롤렉스를 포함한 럭셔리 시계 브랜드들이 함께 모여 있는 멀티숍과 아트 갤러리, 웨딩 스튜디오 등이 있다.
- 시간 11:00~20:00
- 길 건너편 정류장에서 투몬 셔틀버스 탑승, 괌 프리미어 아웃렛 하차 → 괌 프리미어 아웃렛

5. 괌 프리미어 아웃렛
Guam Premier Outlets

괌에서 가장 큰 규모의 아웃렛이다. 쇼핑을 좋아하지 않아도 괌에서 누구나 한 번쯤 방문하는 곳이기도 하다. 인포메이션 센터에서 매장별 할인 쿠폰을 수시로 제공하니 쇼핑 전 꼭 들러보자.
- 시간 10:00~21:00(매장에 따라 다름), 로스 드레스 포 레스 06:00~24:00
- 투몬 셔틀버스를 타고 PIC 건너편 하차 후 도보 950m 이동 → K마트

START

1. **T갤러리아 바이 DFS 괌**
   50m, 도보 2분

2. **더 플라자**
   500m, 도보 6분

3. **조이너스 레스토랑 케야키**
   연결, 1분

4. **투몬 샌즈 플라자**
   8.7km, 트롤리 버스 26분

5. **괌 프리미어 아웃렛**
   7.9km, 트롤리 버스 10분

6. **K마트**
   30m, 도보 2분

7. **메스클라 도스**
   7.9km, 트롤리 버스 13분

8. **JP 슈퍼스토어**
   200m, 도보 3분

9. **ABC 스토어**

지도 라벨

- 건 비치 Gun Beach
- 타오타오 타시 Taotao Tasi
- 더 비치 레스토랑 & 바 The Beach Restaurant & Bar
- 더 비치
- 호텔 닛코 괌 Hotel Nikko Guam
- 스파 아유알람 Spa Ayualam
- 더 츠바키 타워 The Tsubaki Tower
- 롯데 호텔 괌 Lotte Hotel Guam
- 더 웨스틴 리조트 괌 The Westin Resort Guam
- JP 슈퍼스토어 JP SuperStore
- 퍼시픽 플레이스 Pacific place
- 괌 리프 호텔 Guam Reef Hotel
- 더 베이뷰 호텔 괌 The Bayview Hotel Guam
- 투몬 비치 Tumon Beach
- ABC 스토어 ABC Store
- 더 플라자 The Plaza
- 두짓 비치 리조트 괌 Dusit Beach Resort Guam
- 언더워터 월드 Underwater World
- 두짓타니 괌 리조트 Dusit Thani Guam Resort
- T갤러리아 바이 DFS 괌 T Galleria by DFS, Guam
- 아쿠아 Aqua
- 비치인 쉬림프 Beachin Shrimp
- 하얏트 리전시 괌 Hyatt Regency Guam
- 더 크랙드 에그 The Kracked Egg
- 투몬 샌즈 플라자 맞은편/투몬 베이 센터
- 반 타이 Ban Thai
- 더블유 W
- 하얏트 리전시 맞은편
- 투몬 샌즈 플라자 Tumon Sands Plaza
- 조이너스 레스토랑 케야키 JOINUS
- 칠리스 그릴 & 바 Chili's Grill & Bar
- 호놀룰루 커피 Honolulu Coffee
- 아칸타 몰/그랜드 플라자
- 추라스코 브라질리언 바비큐 & 샐러드 바 Churrasco Brazilian BBQ & Salad Bar
- 퍼시픽 아일랜즈 클럽(PIC) 괌 Pacific Islands Club Guam
- 홀리데이 리조트
- 홀리데이 리조트 & 스파 괌 Holiday Resort & Spa Guam
- 슈퍼 아메리칸 서커스 Super American Circus
- 파운틴 플라자
- 서울정
- 가든 빌라 호텔 Garden Villa Hotel
- 더 로열 오키드 괌 호텔 The Royal Orchid Guam Hotel
- 주유소
- 메스클라 도스 Meskla DOS
- K마트 Kmart
- 자메이칸 그릴 Jamaican Grill
- 주유소
- Hertz
- Toyota
- 괌 국제공항 Antonio B. Won Pat International Airport
- Tumon Bay

9 ABC 스토어 ABC Store

간단한 도시락과 스낵, 음료수 등의 먹거리는 물론 수영복, 비치 웨어, 기념품까지 갖춘 편의점이다. 비상시 필요한 해열 진통제도 구입할 수 있다.

⏰ 시간 08:30~22:00

6 K마트 Kmart

물놀이 용품부터 건강 식품, 먹거리, 기념품까지 모두 구입 가능하다. 직구로만 구입해야 했던 다양한 물건들을 직접 구경하는 재미도 있다.

⏰ 시간 24시간

▶ 길 건너편 → 메스클라 도스

7 메스클라 도스 Meskla DOS

괌 대표 수제 버거 맛집으로 항상 첫손에 꼽히는 곳이다. 넉넉한 양으로 든든하게 배를 채울 수 있으며 버거 메뉴를 주문하면 감자 튀김은 기본으로 제공된다.

⏰ 시간 11:00~21:30

▶ PIC 정류장으로 돌아가 투몬 셔틀 버스를 타고 JP슈퍼스토어 하차 → JP 슈퍼스토어

🟢 BEST MENU

두툼한 패티에 매콤한 소스가 듬뿍 **란체루 버거 Rancheru Burger** $12

---

8 JP 슈퍼스토어 JP SuperStore

유명 브랜드부터 중저가 브랜드까지 갖춘 대규모 쇼핑몰이다. 기발한 아이디어 상품과 메이드 인 괌(Made in Guam) 제품이 많은 기념품 코너가 특히 인기있다.

⏰ 시간 월~목요일 11:00~20:00 금~일요일 11:00~21:00

▶ 입구를 등지고 왼쪽 방향으로 200m → ABC 스토어

Travel INFO

여행 핵심 정보

→

- 현지 여행 패턴을 고려해 여행 중요도가 높은 별점 순서로 배열했습니다.
- 각 명소의 찾아가기 방법은 대부분 투몬 중심부에 있는 'T갤러리아'를 기준으로 추천 이동 수단을 소개했습니다.

1 투몬 비치
Tumon Beach

괌을 대표하는 해변으로 투몬 중심에 자리 잡고 있어 수시로 들러 아름다운 해변 풍경을 감상할 수 있다. 별도의 입장료 없이 누구나 자유롭게 이용할 수 있는 해변으로 이른 오전부터 늦은 밤까지 관광객들로 가득하다. 수심이 얕고 물살도 세지 않아 수영을 못하는 여행객들도 해수욕을 즐길 수 있어 특히 가족 여행객에게 큰 사랑을 받고 있다. 해변을 따라 스노클링 마스크, 카약, 패들보드 등을 대여해 주는 숍들도 많다. 스노클링 마스크 대여 요금 $15~.

📖 1권 P.42 🗺 지도 P.32A
🚶 찾아가기 도보 투몬 중심, 롯데 호텔 괌부터 힐튼 괌 리조트 & 스파까지 연결된 해변 📍 주소 Tumon beach, Tamuning

2 건 비치
Gun Beach

투몬 북쪽 끝의 호텔 닛코 괌과 인접해 있다. 괌 서쪽의 필리핀해를 마주하고 있어 괌에서 가장 아름다운 낙조로 유명하다. '건 비치'는 제2차세계대전 당시 일본군이 사용하던 포가 남아 있다고 해서 붙여진 이름이다. 투몬 중심에서 가깝고 투몬 비치와는 또 다른 흥겨운 분위기로 늘 에너지 넘치는 젊은 여행자들로 북적인다.

📖 1권 P.52 🗺 지도 P.33C
🚶 찾아가기 투몬 셔틀버스 T갤러리아 앞에서 투몬 셔틀버스를 타고 호텔 닛코 괌에서 하차해 건 비치 로드로 이동 도보 Pale San Vitores Rd 북쪽으로 1.1km, 투몬 중심에서 도보 약 18분 📍 주소 Gun Beach, Tamuning

3 이파오 비치파크
Ypao Beach Park

투몬 베이를 따라 늘어선 해변 중 가장 크고 오래된 비치파크이다. 넓은 잔디밭 곳곳에 바비큐 화덕과 테이블, 아이들을 위한 놀이터가 자리 잡고 있어 현지인들의 가족 나들이 장소로 사랑받는다. 마이크로네시아 아일랜드 페어, 코코로드 레이스 등 매년 다양한 행사가 열리는 곳으로도 유명하다. 괌 최초의 차모족 주지사였던 조셉 플로레스(Joseph Flores) 기념공원도 함께 둘러볼 수 있다.

🗺 지도 P.32F
🚶 찾아가기 투몬 셔틀버스 T갤러리아 건너편에서 투몬 셔틀버스를 타고 '이파오 비치/괌 관광청' 하차 렌터카 Pale San Vitores Rd 남서쪽으로 2.6km, 약 6분 소요 📍 주소 Ypao Beach Park, Pale San Vitores Rd, Tamuning

4 언더워터 월드
Underwater World

괌 유일의 아쿠아리움으로 양 벽면은 물론 천장까지 터널 형태로 수조가 만들어져 실제 바닷속을 걸어 다니는 듯한 착각이 든다. 총 300만 리터가 넘는 바닷물을 끌어와 괌 바다의 모습을 그대로 재현해 놓았다. 2층으로 올라가면 아이들이 좋아하는 니모, 도리, 라이언피시 등의 물고기들을 관람할 수 있다. 곳곳에 한글로 적힌 안내문이 있어 아이와 함께 방문하기 좋다.

🗺 지도 P.32E
🚶 찾아가기 도보 T갤러리아 건너편 📍 주소 1245 Pale San Vitores Rd, Tamuning 📞 전화 671-649-9191 🕐 시간 10:00~18:00 🚫 휴무 연중무휴 💰 가격 오션사파리(아쿠아리움) 입장료 성인 $23, 어린이 (3~11세) $15 🌐 홈페이지 www.uwwguam.com

5 세일즈 바비큐
SAILS BBQ

투몬 비치 바로 앞에 자리 잡은 레스토랑으로 커다란 그릴에 고기와 해산물을 구워 먹을 수 있다. 해 지기 시작할 무렵인 6시에 방문하는 것을 추천한다. 바비큐 메뉴를 주문하면 샐러드, 밥, 국, 맥주가 무한 리필!

Sails BBQ $69+10%

📖 1권 P.123 🗺 지도 P.32A
🚶 찾아가기 도보 T갤러리아를 등지고 길 건너 오른쪽으로 150m 이동 후 왼쪽 더 플라자와 괌 리프 호텔 사잇길로 100m 직진하면 나나스 카페 뒤편 📍 주소 Sails BBQ, 152 San Vitores Lane, Tumon 📞 전화 671-649-7760 🕐 시간 18:00~22:00 🚫 휴무 연중무휴 💰 가격 성인 $65+10%~, 어린이 $23+10% 🌐 홈페이지·예약 https://sailsbbqguam.com

6 메스클라 도스
Meskla DOS

Rancheru Burger $12

괌에서 가장 인기있는 수제 버거 전문점이라는 명성과는 달리 초라하기 짝이 없는 작은 건물에 있다. 한눈에 담기도 힘들 만큼 큼지막한 번 속에 족히 200그램이 넘는 두툼한 쇠고기 패티가 압도적이다. '비주얼'뿐 아니라 한입 베어 물었을 때 입안 가득 퍼지는 진한 소스와 육즙의 풍미 또한 남다르니 괌 대표 수제 버거라는 명성이 괜한 것은 아님을 실감하게 된다. 식사 시간에는 빈자리를 찾기 힘들고, 종종 합석해야 하는 경우도 있다.

▶ 1권 P.127 ◉ 지도 P.33G
🚶 찾아가기 렌터카 Pale San Vitores Rd 남서쪽으로 이동하다 왼쪽 14A번 도로로 한 블록 이동하면 왼편 T갤러리아-K마트 셔틀버스 코로나로 임시 운휴 ◉ 주소 413, A&B, N Marine Corps Dr, Tamuning ☎ 전화 671-646-6295 ⏰ 시간 11:00~21:00 휴무 연중무휴 💵 가격 버거 $11~, 음료 $2.5~

7 조이너스 레스토랑 케야키
JOINUS Restaurant Keyaki

괌에서 가장 인기있는 철판 요리 전문 레스토랑. 여러 가지 고기와 해산물들을 철판 위에서 익혀 내는 셰프의 숙련된 요리 솜씨와 화려한 불 쇼까지 다양한 볼거리를 제공한다. 런치와 디너의 메뉴 구성은 비슷하지만 디너가 2배 정도 비싸니 런치를 추천한다. 셰프의 불 쇼를 보면서 식사할 수 있는 명당 자리는 미리 예약해야 한다.

▶ 1권 P.122 ◉ 지도 P.33G
🚶 찾아가기 도보 T갤러리아를 등지고 왼쪽으로 500m 직진하면 왼편 투몬 샌즈 플라자 1층 ◉ 주소 Tumon Sands Plaza, 1082 Pale San Vitores Rd, Barrigada ☎ 전화 671-646-4087 ⏰ 시간 런치 11:00~14:00, 디너 17:30~21:00 휴무 연중무휴 💵 가격 런치 데판야키 $32.5+10%~, 스시 $35+10%~, 디너 데판야키 $55+10%~

8 비치인 쉬림프
Beachin' Shrimp

Beachin' Shrimp $21.99+10%
California Shrimp Rolls $13.99+10%
Coconut Shrimp $19.99+10%

흔한 새우 요리가 아닌 독창적이고 다채로운 새우 요리를 맛볼 수 있다. 투몬 중심 더 플라자에 1호점을 연 뒤 선풍적인 인기를 끌면서 PIC 맞은편에 2호점, 마이크로네시아 몰에 3호점까지 오픈했다. 항상 사람들이 가득한 1호점 보다 2·3호점이 조금 더 여유가 있다. 시간을 줄이고 싶은 여행자들은 2·3호점을 공략하자. 10시간 동안 푹 삶은 매콤한 스튜에 새우가 듬뿍 들어 있는데 파스타 혹은 빵, 밥과 함께 즐기면 생각보다 든든하다. 토핑에 따라 가격이 달라진다. 코코넛으로 튀김옷을 입힌 코코넛 쉬림프(Coconut Shrimp $19.99+10%)

는 감자 튀김이 아닌 고구마 튀김과 함께 제공된다. 그 밖에 캘리포니아 쉬림프 롤(California Shrimp Rolls $12.99+10%) 등 새우를 이용한 다양한 메뉴를 맛볼 수 있다.

◉ 지도 P.32E
🚶 찾아가기 도보 T갤러리아 건너편 더 플라자 P층 ◉ 주소 The Plaza, 1255 Pale San Vitores Rd, Tumon Bay ☎ 전화 671-642-3224 ⏰ 시간 일~목요일 10:00~22:00, 금~토요일 10:00~23:00 휴무 연중무휴 💵 가격 캘리포니아 쉬림프 롤 $13.99+10%, 비치인 쉬림프 $21.99+10%~

9 하드록 카페 괌
Hard Rock Cafe, Guam

커다란 기타를 내걸고 관광객들을 유혹하는 레스토랑으로 로큰롤 음악 덕분에 절로 흥이 나는 곳이다. 샐러드, 스테이크, 파스타 등 다채로운 메뉴 중 가장 유명한 것은 앵거스 쇠고기로 만든 오리지널 레전더리 버거. 가족 또는 연인은 물론이고 혼자서도 즐겁게 식사할 수 있는 곳이다.

Original Legendary® Burger $18.95+15%

▶ 1권 P.129 ◉ 지도 P.32A
🚶 찾아가기 도보 T갤러리아 건너편 더 플라자 2층 ◉ 주소 The Plaza, 1273 Pale San Vitores Rd, Tamuning ☎ 전화 671-648-7625 ⏰ 시간 16:00~21:00 휴무 연중무휴 💵 가격 버거 $14.59+15%~, 스테이크 $20+15%~ 홈페이지 www.hardrock.com/cafes/guam

10 아쿠아
Aqua

다채로운 메뉴들이 등장하는 두짓타니 괌 리조트의 메인 뷔페 레스토랑이다. 투몬 베이 바로 앞인 데다 사방이 유리로 되어 있어 창가 자리에 앉으면 바다 위에 떠 있는 느낌이다. 스테이크부터 샐러드, 디저트까지 다양한 메뉴들이 준비되어 있으며 신선한 해산물 요리가 특히 인기다. 오픈 키친으로 셰프들이 요리하는 모습을 보는 즐거움도 있다. 일요일에는 선데이 브런치 타임을 운영한다.

1권 P.118 지도 P.32E

찾아가기 도보 T갤러리아 건너편 더 플라자 쇼핑몰 뒤편의 두짓타니 괌 리조트 3층 **주소** 3/F, Dusit Thani Guam Resort, 1227 Pale San Vitores Rd, Tumon **전화** 671-648-8000 **시간** 뷔페 조식 06:30~10:00, 선데이 브런치 11:00~14:00, 디너 목~일요일 17:00~21:00 **휴무** 연중무휴 **가격** 일요일 브런치 성인 65+10%, 어린이(5~11세) $25+10%, 디너 성인 49+10%, 어린이(5~11세) $25+10% **홈페이지** www.dusit.com/dusitthani/guamresort/ko/dining/aqua

11 소이
SOI

타이에서 시작된 세계적인 호텔 체인 두짓타니 괌 리조트에 자리 잡은 타이 레스토랑이다. 한국인들이 좋아하는 파파야 샐러드 솜탐, 진한 국물 맛이 일품인 똠양꿍 등 다채로운 타이 요리를 즐길 수 있다. 괌에서 가장 럭셔리한 호텔의 레스토랑이라는 점에 비해 가격이 합리적인 편이다. 두짓타니 괌 리조트 숙박객에게는 할인 쿠폰이 제공된다.

지도 P.32E

찾아가기 도보 T갤러리아 건너편 더 플라자 쇼핑몰 뒤편의 두짓타니 괌 리조트 3층 **주소** 3/F, Dusit Thani Guam Resort, 1227 Pale San Vitores Rd, Tumon **전화** 671-648-8000 **시간** 17:30~21:00 **휴무** 연중무휴 **가격** 솜탐 $18, 똠양꿍 $16 **홈페이지** www.dusit.com/dusitthani/guamresort/ko/dining/soi

12 니지 레스토랑
Niji Restaurant

일본식 초밥과 우동, 소바는 물론 다양한 철판요리를 선보이는 뷔페 레스토랑이다. 다른 뷔페 레스토랑에 비해 저렴한 가격이 장점. 특히 초밥과 회 종류가 풍성하다. 저렴한 런치가 인기 있으며 주말이나 성수기에는 예약 필수.

1권 P.119 지도 P.32E

찾아가기 도보 Pale San Vitores Rd 남서쪽으로 약 300m 이동 후 우회전해 하얏트 리젠시 괌으로 진입하면 G/F에 위치 **주소** G/F Hyatt Regency Guam, 1155 Pale San Vitores Rd, Tumon **전화** 671-647-1234 **시간** 런치 11:30~, 디너 18:00~ **휴무** 연중무휴 **가격** 런치 월~금요일 성인 $38+10%, 어린이 $19+10% 토·일요일 성인 $56+10%, 어린이 $25+10% 디너 월~목요일 성인 $50+10%, 어린이 $25+10% 금·토요일 성인 $60+10%, 어린이 $25+10% **홈페이지** http://guam.regency.hyatt.com/en/hotel/dining/Niji.html

13 롱혼 스테이크하우스
Longhorn Steakhouse

40년의 역사를 자랑하는 미국 본토 스테이크 하우스로 괌에도 지점을 오픈했다. 안심과 등심은 기본이고 포터 하우스, 립 아이, 플랫 아이언 등 취향대로 주문이 가능하다. 육즙 가득한 스테이크를 주문하면 샐러드와 사이드메뉴는 함께 제공된다.

1권 P.115 지도 P.33L

찾아가기 투몬 셔틀버스 T갤러리아 건너편에서 투몬 셔틀버스를 타고 괌 프리미어 아웃렛에서 하차 **주소** 199 Chalan San Antonio, Tamuning **전화** 671-969-5448 **시간** 11:00~22:00 **휴무** 부정기 **가격** 스타터 $11.59~+10%, 스테이크 $16.99~+10% **홈페이지** www.longhornsteakhouse.com

The Longhorn $51.99+10%

14 메스클라 도스 투몬 지점
Meskla DOS

괌 최고의 수제 버거인 메스클라 도스의 버거를 맛보기 위해 일부러 K마트까지 가야 했던 수고는 이제 그만. 투몬 중심에 분점이 오픈하면서 보다 쉽게 도스 버거를 맛볼 수 있게 되었다. 하지만 내부가 좁은 편이라 식사 시간대이면 기다림은 필수. 버거를 테이크아웃해 호텔이나 투몬 비치에서 즐기는 것을 추천한다.

1권 P.127 지도 P.32A

찾아가기 도보 T갤러리아를 등지고 오른쪽으로 290m 이동 **주소** 1317 Pale San Vitores Rd, Tamuning **전화** 671-647-6296 **시간** 11:00~22:00 **휴무** 연중무휴 **가격** 버거 $11~, 음료 $2.5~

15 애플비 그릴 & 바
Applebee's Grill & Bar
★★★★ 무료 주차

전 세계에 2천여 매장을 거느리고 있는 미국계 패밀리 레스토랑으로 익숙한 메뉴가 많고 우리 입맛에도 잘 맞는 편이다. 특히 멕시칸과 아메리칸 요리의 묘한 조화가 매력적인 케사디아 버거(Quesadilla Burger, $15.39+10%)가 대표 메뉴.

Quesadilla Burger $15.39+10%

🔖 1권 P.136 🗺 지도 P.33H
🚌 찾아가기 투몬 셔틀버스 T갤러리아 건너편에서 투몬 셔틀버스를 타고 괌 프리미어 아웃렛 하차 📍 주소 225, Chalan San Antonio, Tamuning ☎ 전화 671-648-2337 🕐 시간 월~수요일 11:00~20:00, 목~토요일 11:00~22:00, 일요일 11:00~21:00 🚫 휴무 부정기 💰 가격 샐러드 $15.89+10%~, 버거 $14.79+10%~, 메인 요리 $16.99+10%~ 🌐 홈페이지 www.applebees.com

16 론스타 스테이크하우스
Lone Star Steakhouse
★★★★ 무료 주차

Potato Skins $11+10%
New York Strip(14oz, 397g) $36+10%

미국 본토 정통 방식을 표방하는 스테이크하우스로 투몬 중심부에서 조금 떨어진 한적한 곳에 있다. 투박한 오두막 분위기가 서부 개척시대의 거친 이미지를 한껏 머금은 듯하다. 이곳의 스테이크와 립 등의 그릴 요리 2가지 모두 즐기고 싶다면 콤보(Combos, $30~65+10%)를 주문하자. 여러 그릴 메뉴 중에 2가지를 함께 주문할 수 있다. 이동이 걱정된다면 미리 무료 픽업을 예약할 것.

🔖 1권 P.114 🗺 지도 P.32J
🚌 찾아가기 렌터카 Pale San Vitores Rd 남서쪽으로 이동하다 왼쪽 14A번 도로로 한 블록 이동 후 1번 도로(Marine Corps Dr)를 따라 남서쪽으로 약 2.5km 이동, 오른편 First Hawaiian Bank 옆 📍 주소 615, S Marine Corps Dr, Tamuning ☎ 전화 671-646-6061 🕐 시간 11:00~22:00 🚫 휴무 부정기 💰 가격 스타터 $8.99+10%~, 샐러드 $10+10%~, 메인 요리 $24+10%~ 🌐 홈페이지 www.lonestarguam.com

17 피셔맨즈 코브
Fisherman's Cove
★★★★ 무료 주차

Mud Crab 시가
Shrimp Bucket $26+10%

괌에서 가장 신선한 해산물을 맛볼 수 있는 레스토랑이다. 머드 크랩, 로브스터, 가리비와 각종 생선들이 얼음 위에 차곡차곡 놓여 있는데 원하는 종류와 크기의 해산물을 고를 수 있는 것이 특징이다. 조리에 사용되는 소스와 조리 방법까지 내 맘대로 주문할 수 있다. 요일별로 로브스터, 립 등을 추가 할인해 주는 프로모션이 수시로 진행된다.

🔖 1권 P.247 🗺 지도 P.32F
🚌 찾아가기 투몬 셔틀버스 T갤러리아 건너편에서 투몬 셔틀버스를 타고 힐튼 괌 리조트 하차 렌터카 Pale San Vitores Rd 남서쪽으로 3km 이동 후 오른편 힐튼 괌 리조트 표지판을 따라 우회전, 약 8분 소요 📍 주소 202 Hilton Rd, Tamuning ☎ 전화 671-646-3463 🕐 시간 수~월요일 17:00~21:00 🚫 휴무 화요일 💰 가격 파스타 $25+10%~, 쉬림프 버킷 $23+10%

18 루비 튜즈데이
Ruby Tuesday
★★★★ 무료 주차

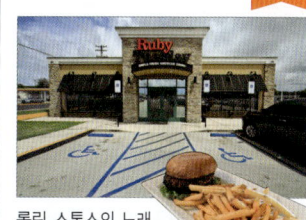

Ruby's Classic Burger $13.55+10%

롤링 스톤스의 노래에서 이름을 딴 패밀리 레스토랑. 미국 정통 방식의 버거나 스테이크 종류를 추천. 두꺼운 패티를 한입 크게 베어 물었을 때, 툭 터지듯 흘러나오는 육즙이 가히 일품이다. 매장 한편에 무제한 샐러드 바(Garden Bar, $17.99+10%)가 마련되어 있다.

🔖 1권 P.137 🗺 지도 P.33L
🚌 찾아가기 투몬 셔틀버스 T갤러리아 건너편에서 투몬 셔틀버스를 타고 괌 프리미어 아웃렛 하차 📍 주소 197, Chalan San Antonio, Tamuning ☎ 전화 671-647-7829 🕐 시간 11:00~22:00 🚫 휴무 부정기 💰 가격 애피타이저 $13.3+10%~, 가든 프레시(샐러드 바) $17.99+10%~, 메인 요리 $18.99+10%~ 🌐 홈페이지 www.rubytuesday.com

19 피카스 카페
Pika's Café

Benedict Chamorro $16+10%

현지인에게 사랑받는 브런치 카페로 이른 아침 영업을 시작해 오후 3시에 문을 닫는다. 에그 베네딕트나 스키니 스크램블 등 기본적인 브런치 요리에 차모로 퓨전 방식을 덧입힌 혁신적인 요리로 현지인들에게 좋은 평을 받고 있다. 차모로 스타일 소시지를 곁들인 베네딕트 차모로(Benedict Chamorro, $16+10%)가 대표 메뉴. 그 외에 김치와 불고기도 있어 한식이 그리울 때 방문하면 좋다.

📍 **지도** P.33H
🚶 **찾아가기** 렌터카 Pale San Vitores Rd 남서쪽으로 이동하다 왼쪽 14A번 도로로 한 블록 이동 후 1번 도로(Marine Corps Dr)로 좌회전해 500m 직진하면 오른쪽. 🏠 **주소** 888, Marine Corps Dr, Tamuning ☎ **전화** 671-647-7452 🕐 **시간** 07:30~15:00 🚫 **휴무** 연중무휴 💰 **가격** 브런치 $13+10%~

20 나나스 카페
Nana's Café

카페라는 이름이 붙긴 했지만 해산물을 전문으로 파는 레스토랑이다. 킹크랩 다리와 새우, 조개, 옥수수 등을 매콤한 소스에 버무려 먹는 크래킹 킹크랩(성인 $57+10%, 어린이 $10.5+10%)이 대표메뉴. 포크나 나이프 없이 맨손으로 먹는 재미도 있다. 현지인들도 많이 찾는다.

📍 **지도** P.32A
🚶 **찾아가기** 도보 T갤러리아를 등지고 길 건너 오른쪽으로 150m 이동 후 왼쪽 더 플라자와 괌 리프 호텔 사잇길로 100m 직진 🏠 **주소** 152 San Vitores Lane, Tumon ☎ **전화** 671-649-7760 🕐 **시간** 17:30~21:00 🚫 **휴무** 연중무휴 💰 **가격** 크래킹 킹크랩 성인 $47+10%, 어린이 $9.5+10% 🌐 **홈페이지** www.nanascafeguam.com

21 반 타이
Ban Thai

Prawn Pad Thai $17.5+10%

똠얌꿍, 팟타이, 솜탐 등 다양한 태국 요리를 맛볼 수 있는 레스토랑이다. 배틀트립 방송에 등장하면서 한국인들에게 큰 인기를 끌고 있다. 점심엔 뷔페로만 운영되는데 매운 음식이 대부분이라 아이와 방문하는 것은 추천하지 않는다. 단품 요리를 주문할 수 있는 저녁시간이 더 인기이다.

📍 **지도** P.33G
🚶 **찾아가기** 도보 T갤러리아를 등지고 Pale San Vitores Rd 왼쪽 방향으로 770m 이동하면 길 건너편 🏠 **주소** 971 Pale San Vitores Rd, Tamuning ☎ **전화** 671-649-2437 🕐 **시간** 수~월요일 11:00~14:00 1630~21:00, 금·토요일은 20:00까지 🚫 **휴무** 화요일 💰 **가격** 팟타이 $14.25+10%~, 똠얌꿍 $13+10%~ 🌐 **홈페이지** www.banthaiguam.com

22 추라스코 브라질리언 바비큐 & 샐러드 바
Churrasco Brazilian BBQ & Salad Bar

다양한 고기와 야채들을 꼬치에 꽂아 구운 브라질 전통 요리 추라스코 전문점이다. 원하는 만큼 무제한 즐길 수 있는 뷔페로 진짜 고기를 좋아하는 여행자라면 잊지 말고 꼭 방문해 보자. 매장 한쪽에 마련된 샐러드 바 역시 무료! 추라스코에 가기 전에는 배를 완전히 비울 것을 추천한다.

📖 **1권** P.124 📍 **지도** P.33G
🚶 **찾아가기** 도보 T갤러리아를 등지고 왼쪽으로 800m 이동하면 퍼시픽 베이 호텔 1층 🏠 **주소** 1000 Pale San Vitores Rd, Tumon ☎ **전화** 671-649-2727 🕐 **시간** 목~일요일 18:00~21:30 🚫 **휴무** 월~수요일 💰 **가격** 무제한 추라스코 성인 $59+10%~, 어린이 $29.5+10%~ 🌐 **홈페이지·예약** www.churrascoguam.com

23 서울정

LA갈비 콤보 $28+10%

한국인 셰프가 직접 만드는 다채로운 한식 메뉴가 준비되어 있다. 불고기, LA갈비, 돌솥비빔밥 등 메인 메뉴에 된장찌개, 김치찌개, 물냉면, 비빔냉면 등이 포함된 콤보 메뉴가 특히 인기.

📍 **지도** P.33G
🚶 **찾아가기** 투몬 셔틀버스 T갤러리아 건너편 정류장에서 투몬 셔틀버스를 타고 '홀리데이 리조트'에서 하차 홀리데이 리조트 2층 도보 T갤러리아를 등지고 길 건너 왼쪽 1.1km 지점의 홀리데이 리조트 2층, 도보 14분 🏠 **주소** Holiday Resort Guam, 881 Pale San Vitores Rd, Tumon ☎ **전화** 671-645-3230 🕐 **시간** 11:00~14:00, 17:30~22:00 🚫 **휴무** 연중무휴 💰 **가격** 콤보 메뉴 $20+10%

24 프로아 레스토랑
Proa Restaurant

포털 사이트에 괌 맛집을 검색하면 어김없이 등장하는 곳이다. 하와이에서 시작되어 괌에서도 큰 인기를 끌고 있다. 스테이크, 파스타, 바비큐 등 익숙한 메뉴이지만 대부분 차모로족의 특별한 조리법으로 만들어져 거부감 없는 퓨전 차모로 음식을 즐길 수 있다.

📖 **1권** P.144 📍 **지도** P.32F
🚶 **찾아가기** 투몬 셔틀버스 T갤러리아 건너편에서 투몬 셔틀버스를 타고 '이파오 비치/괌 관광청'에서 하차 렌터카 Pale San Vitores Rd 남서쪽으로 2.6km 이동하면 오른편 이파오 비치파크 입구에 위치, 약 6분 소요 🏠 **주소** Ypao Beach, 429, Pale San Vitores Rd, Tumon ☎ **전화** 671-646-7762 🕐 **시간** 11:00~14:00, 17:00~21:00 🚫 **휴무** 부정기 💰 **가격** 애피타이저 $10.95+10%~, 메인 요리 $21.95+10%~, 디저트 $6.95+10%~

25 햄브로스
Hambros
무료 주차

육즙 가득한 수제 버거 전문점으로 투몬 샌즈 플라자 옆 작은 골목에 위치하고 있다. 대표 메뉴는 베이컨 치즈 버거와 아보카도 와사비 버거로 모든 메뉴 주문 즉시 조리가 시작된다. 햄버거는 단품으로 제공되며 감자튀김이나 어니언 링 등의 사이드 메뉴를 음료와 함께 콤보 메뉴로 주문해야 한다. 버거와 잘 어울리는 다양한 맛과 향의 수제 맥주도 갖추고 있으니 함께 즐겨보는 것도 추천한다. 매장 내부가 그리 넓은 편이 아니다. 식사 시간에 맞춰 방문하면 기다리는 시간이 생길 수 있다는 것을 염두에 두자.

📖 1권 P.128 🗺 지도 P.33G
🚶 찾아가기 도보 T갤러리아를 등지고 왼쪽으로 500m 직진 후 골목으로 진입
📍 주소 1108 San Vitores Road Tumon 📞 전화 671-646-2767
🕐 시간 일·월·수·목요일 11:00~20:30 금·토요일 11:00~21:30 ❌ 휴무 화요일 💰 가격 버거 $10.5~, 감자 튀김 $6

Avocado Burger with Wasabi mayo $13.5

27 카프리초사
Capricciosa
무료 주차

괌에 몇 개 없는 이탈리안 레스토랑으로 맛도 좋지만 넉넉한 양으로 여행객들에게 큰 인기를 끌고 있다. 대부분의 메뉴는 2~3명이 먹어도 충분한 양이니 욕심내서 이것저것 주문하는 것은 금물. 피자와 오징어 먹물 파스타가 특히 인기가 있다.

📖 1권 P.135 🗺 지도 P.32A 🚶 찾아가기 도보 T갤러리아를 등지고 오른쪽으로 500m 이동하면 길 건너편 퍼시픽 플레이스 2층 📍 주소 1411 Pale San Vitores Rd, Tamuning 📞 전화 671-647-3746 🕐 시간 11:00~21:00 ❌ 휴무 부정기 💰 가격 피자 $15.25+10%~, 파스타 $19.75+10%~

Squid Ink Spaghetti $21.5+10%

28 에그스 앤 싱스
Eggs 'n Things
★★★

하와이에서 인기를 끌면서 괌에도 지점을 연 팬케이크 전문점으로 이른 아침 식사를 하려고 찾는 여행자들이 많다. 가장 인기 있는 메뉴는 휩 크림이 가득 올라간 팬케이크이다. 다양한 토핑이 들어간 오믈렛과 하와이안 스타일의 로코모코도 추천한다.

Strawberry Whipped Cream Pancakes $13.95+10%

📖 1권 P.153 🗺 지도 P.32A
🚶 찾아가기 도보 T갤러리아에서 길 건너 오른쪽으로 200m 이동하면 왼쪽 📍 주소 1317 Pale San Vitores Rd, Tumon 📞 전화 671-648-3447 🕐 시간 07:00~14:00 ❌ 휴무 연중무휴 💰 가격 팬케이크 $10.95+10%~, 오믈렛 $12.95+10%~, 커피 $3.95+10%~

26 리틀 피카스
Little Pika's
★★★ 무료 주차

괌 맛집으로 유명한 피카스 카페의 동생 격인 레스토랑. 피카스 카페의 인기를 등에 업고 투몬 중심 가장 좋은 자리에 오픈했다. 로코 모코는 물론이고 한국인들을 겨냥한듯한 김치와 불고기가 듬뿍 들어간 볶음밥, 코리안 불고기 바비큐 샌드위치 등의 메뉴도 있다. 한식이 그리운 여행자들에게 추천한다.

📖 1권 P.152 🗺 지도 P.32A
🚶 찾아가기 도보 T갤러리아를 등지고 Pale San Vitores Rd 따라 오른쪽으로 250m 📍 주소 1300 Pale San Vitores Rd, Tamuning 📞 전화 671-647-7522 🕐 시간 07:30~20:00 ❌ 휴무 연중무휴 💰 가격 로코모코 $17+10%, 김치 불고기 볶음밥 $17+10%

Loco Moco $17+10%

29 더 크랙드 에그
The Kracked Egg
★★★ 무료 주차

다채로운 달걀 요리를 즐길 수 있는 레스토랑으로 부담 없는 가격에 현지인들이 많이 찾는다. 대표 메뉴는 에그 베네딕트에 짭조름한 스팸을 넣은 차마오레 베네딕트(Chamaole Benedict, $12.95). 코로나로 인해 현재 아침과 점심 식사만 가능하다. 공식적인 휴무일은 없지만 비정기적으로 쉬는날은 공식 인스타그램에서 확인할 수 있다.

🗺 지도 P.33G
🚶 찾아가기 도보 T갤러리아를 등지고 Pale San Vitores Rd 따라 왼쪽으로 550m 이동하면 길 건너편 투몬 베이 센터 1층 📍 주소 1051 Pale San Vitores Rd, Tamuning 📞 전화 671-648-0881 🕐 시간 월~금요일 07:00~15:00 토·일요일 06:00~15:00 ❌ 휴무 부정기 💰 가격 팬케이크 $9.95, 와플 $8.95, 차마오레 베네딕트 $12.95 🏠 홈페이지 www.instagram.com/thekrackedegg

30 비치인 쉬림프 2호점
Beachin' Shrimp ★★★ 무료 주차

새우를 활용한 다양한 메뉴가 준비되어 있다. 식사 시간은 물론 오픈부터 마감 시간까지 빈 자리를 찾기 힘든 1호점과 달리 이곳 2호점은 매장도 크고 사람도 적어 여유롭게 식사를 즐길 수 있다. 그렇다고 해서 1호점 보다 맛이 없을 거란 생각은 금물! 메뉴도 같고 맛도 동일하다. 한국어 메뉴판이 준비되어 있어 주문도 어렵지 않다.

ⓘ **지도** P.33G
찾아가기 투몬 셔틀버스 T갤러리아 건너편 정류장에서 투몬 셔틀버스를 타고 PIC에서 하차하면 횡단보도 건너편 **주소** Flame Tree Plaza Tumon, 540 Pale San Vitores Rd, Tamuning **전화** 671-989-3224 **시간** 10:00~21:00 **휴무** 연중무휴 **가격** 캘리포니아 쉬림프 롤 $13.99+10%, 비치인 쉬림프 $21.99+10%~

31 라 카스카타
La Cascata ★★★ 무료 주차

리가 로얄 라구나 괌 리조트에 자리 잡은 뷔페 레스토랑이다. 조식메뉴는 인터네셔널 뷔페로 운영되며 매주 목요일에는 필리피노 브런치, 일요일에는 선데이 브런치로 특별한 테마의 뷔페를 맛볼 수 있다. 일부러 찾아가기 보다는 리가 로얄 라구나 리조트 투숙 중이라면 한번쯤 이용해 보는것도 좋다.

ⓘ **1권** P.234 ⓘ **지도** P.32I **찾아가기** 투몬 셔틀버스 T갤러리아 건너편에서 투몬 셔틀버스를 타고 리가 로얄 라구나 리조트에서 하차 **주소** RIHGA Royal Laguna Guam Resort, 470 Farenholt Ave, Tamuning **전화** 671-646-2222 **시간** 조식 06:30~10:00, 목·일요일 브런치 11:30~14:00 **휴무** 연중무휴 **가격** 조식 $30+10%~, 브런치 $49+10%~, 어린이(6~11세) 성인 요금의 절반 **홈페이지** https://rihga-guam.com/la-cascata

32 잇 스트리트 그릴
Eat Street Grill ★★★ 무료 주차

투몬 중심에서 만나게 되는 스테이크, 그릴 전문점으로 식사시간이면 늘 기다란 줄이 늘어서 있다. 합리적인 가격으로 스테이크와 립을 즐길 수 있으며 바비큐 메뉴를 주문하면 시저 샐러드와 사이드 메뉴가 함께 제공되어 든든한 한 끼가 가능하다. 추천 메뉴는 부드러운 베이비 백 립, 코코넛 가루를 입혀 튀긴 코코넛 새우튀김.

ⓘ **지도** P.32E **찾아가기** 도보 T갤러리아 건너편 더 플라자 P층 **주소** The Plaza, 1255 Pale San Vitores Rd, Tumon **전화** 671-989-7327 **시간** 11:00~21:00 **휴무** 연중무휴 **가격** 립 $22.99~+10%, 코코넛 새우 $20.99+10%

Medallions Steak + Coconut Shrimp $29.99+10%

33 자메이칸 그릴
Jamaican Grill ★★ 무료 주차

자메이카 사람들의 소울 푸드라 불리는 저크 치킨을 기본으로 다양한 바비큐 메뉴가 있다. 매운 고추에 향신료를 첨가해 만든 저크 소스는 한국 사람 입맛에 잘 맞고, 육류 요리와도 찰떡궁합. 차모로식 레드 라이스, 샐러드 혹은 수프가 함께 제공된다.

ⓘ **1권** P.125 ⓘ **지도** P.33G **찾아가기** 투몬 셔틀버스 T갤러리아 건너편 정류장에서 투몬 셔틀버스를 타고 PIC에서 하차 후 길 건너 왼쪽으로 80m **주소** 288 Pale San Vitores Rd, Tumon **전화** 671-647-3000 **시간** 10:00~21:00 **휴무** 연중무휴 **가격** 립 $16.95+10%~, 콤보 $16.95+10%~ **홈페이지·예약** www.jamaicangrill.com

"Jerk" Chicken & Ribs Combo $16.95+10%

34 트리 바
Tree Bar ★★ 무료 주차

수많은 풀사이드 바 중에 음식이 맛있고 분위기 좋은 곳으로 유명하다. 투몬 베이 끄트머리에 자리 잡고 있어 투몬 베이를 한눈에 담을 수 있다. 힐튼 괌 리조트 & 스파에 투숙하거나 근처를 지나가는 길에 한 번쯤 들러볼 만 하다.

ⓘ **지도** P.32F **찾아가기** 투몬 셔틀버스 T갤러리아 건너편에서 투몬 셔틀버스를 타고 힐튼 괌 리조트 & 스파에서 하차 **렌터카** Pale San Vitores Rd 남서쪽으로 3km 이동 오른편 힐튼 괌 리조트 & 스파 표지판을 따라 우회전, 약 8분 소요 **주소** 202 Hilton Rd, Tamuning **전화** 671-646-1835 **시간** 일~목요일 11:00~21:00, 금~토요일 11:00~22:00 **휴무** 연중무휴 **가격** 수제 버거 $16+10%

Classic American Burger $17+10%

35 후지 이치방 라멘
Fuji Ichiban Ramen ★★★ 무료 주차

일본의 유명 라멘 체인점으로 투몬에만 2개 지점을 운영하고 있다. 재료 본연의 맛을 내기 위해 최소한의 조미료만 사용하기 때문에 현지인들에게 인기가 있다. 간장으로 맛을 낸 쇼유 라멘과 돼지 뼈 육수를 사용한 돈코츠 라멘이 가장 인기. 주먹밥, 카레 등 아이들을 위한 메뉴도 있다. 늦은 시간까지 오픈하는 덕분에 야식이 그리운 여행자들이라면 꼭 한번 방문해 보는 것을 추천한다.

ⓘ **지도** P.33G **찾아가기** 도보 T갤러리아를 등지고 Pale San Vitores Rd 왼쪽 방향으로 800m 이동 **주소** 932 Pale San Vitores Rd, Tamuning **전화** 671-647-4555 **시간** 11:00~23:00 **휴무** 연중무휴 **가격** 라멘 $8.5+10%~

36 셜리스 레스토랑
Shirley's Restaurant 🍽 무료 주차

Chorizo with Hot Wings $16+10%

1983년 괌에서 처음 문을 연 이후 지금까지 30년 넘도록 현지인들에게 사랑받아 온 괌 스타일의 패밀리 레스토랑이다. 차로 전통 재료와 조리법을 도입해 브런치 메뉴를 선보인다. 볶음밥이나 샌드위치를 추천.

📍 지도 P.32J
🚗 찾아가기 렌터카 Pale San Vitores Rd 남서쪽으로 이동하다 왼쪽 14A번 도로로 한 블록 이동 후 1번 도로(Marine Corps Dr) 남서쪽으로 약 3.1km 지점에서 오른쪽 30번 도로 진입해 850m 직진 투몬 셔틀버스 T갤러리아 건너편에서 투몬 셔틀버스를 타고 호시노 리조트 리조나레 괌에서 하차 후 큰길로 나와서 오른쪽으로 350m 🏠 주소 388, Gov. Carlos G Camacho Rd, Tamuning ☎ 전화 671-649-6622 🕐 시간 07:30~21:00 휴무 연중무휴 💰 가격 $8.75+10%~ 🌐 홈페이지 www.shirleysguam.com

37 칠리스 그릴 & 바
Chili's Grill & Bar 🍽 무료 주차 ★★

Chicken Tacos $14.99+10

이름처럼 매콤한 감칠맛이 돋보이는 메뉴의 패밀리 레스토랑. 미국 남부 텍사스와 멕시코를 함께 이르는 '텍스멕스'풍 요리들이 주를 이룬다. 타코와 부리토, 케사디아 등 익숙한 멕시칸 요리를 만날 수 있다. 멕시코 음식의 대표 주자 타코와 부리토는 꼭 먹어봐야 하는 필수 메뉴. 텍사스 립과 치킨을 함께 즐길 수 있는 스모크 하우스 콤보 메뉴도 추천한다.

📖 1권 P.138 📍 지도 P.33G
🚗 찾아가기 투몬 셔틀버스 T갤러리아를 등지고 왼쪽으로 500m 직진하면 오른편 투몬 샌즈 플라자 2층 🏠 주소 1082 Pale San Vitores Rd, Tumon ☎ 전화 671-648-7377 🕐 시간 11:00~21:00 휴무 부정기 💰 가격 애피타이저 & 샐러드 $5.49+10%~, 버거 $13.99+10%~, 메인 요리 $19.99+10%~ 🌐 홈페이지 www.chilisguam.com

38 아이홉
IHOP 🍽 무료 주차 ★★

프렌치 토스트나 와플, 팬케이크 등 주로 달콤한 메뉴들을 갖춘 패밀리 레스토랑. '칼로리 폭탄' 휘핑크림과 시럽이 듬뿍 올라가 있다고 저하지 말자. 자연산 생과일도 그만큼 듬뿍 올라가 당신의 건강을 지켜줄 것이다.

📖 1권 P.134 📍 지도 P.32E
🚗 찾아가기 도보 T갤러리아 건너편 🏠 주소 345 Chalan San Antonio, Tamuning ☎ 전화 671-989-4467 🕐 시간 06:00~22:00 휴무 연중무휴 💰 가격 팬케이크 $7.49+10%~, 프렌치 토스트 $12.99+10%~, 와플 $12.99+10%~ 🌐 홈페이지 www.ihop.com

Strawberry Banana French Toast, $16.49+10%

39 킹스
King's 🍽 ★★

밋도 킹, 양도 킹, 가격도 킹! 24시간 배고픈 이들을 기다리는 캐주얼한 분위기의 패밀리 레스토랑. 괌의 '김밥천국'이라 할 만큼 다양한 메뉴들을 꽤 합리적인 가격에 내놓는다. 체사 플래터(Chesa Platter)를 주문하면 켈라구엔이나 차모로 스타일 육포 등 전통 음식을 다양하게 맛볼 수 있어 추천할 만하다.

📖 1권 P.132 📍 지도 P.33L 🚗 찾아가기 투몬 셔틀버스 T갤러리아 건너편에서 투몬 셔틀버스를 타고 괌 프리미어 아웃렛에서 하차 🏠 주소 199, Chalan San Antonio, Tamuning ☎ 전화 671-646-5930 🕐 시간 24시간 휴무 부정기 💰 가격 조식 $10.85~, 샐러드 $7.5~, 버거 $11.7~

Chesa Platter $18.4

40 웬디스
Wendy's 🍽 무료 주차 ★★

1990년대 우리나라에도 입점했던 미국의 패스트푸드점. 대표 버거인 데이브스(Dave's, $6.1~8.1)는 취향에 따라 1개부터 3개까지 패티 수를 선택할 수 있다. 육즙 가득한 버거의 참맛을 느껴보고자 한다면 데이브스 트리플(Dave's Triple)을 선택해 보자.

📍 지도 P.33L
🚗 찾아가기 투몬 셔틀버스 T갤러리아 건너편에서 투몬 셔틀버스를 타고 괌 프리미어 아웃렛에서 하차 🏠 주소 199, Chalan San Antonio, Suite 200, Tamuning ☎ 전화 671-647-0282 🕐 시간 06:00~02:00 휴무 연중무휴 💰 가격 버거 $6.1~

Dave's Double Cheeseburger $7.1
Bacon Fries $4.6

41 T.G.I. 프라이데이스
T.G.I. Friday's 🍽 무료 주차 ★

미국의 유명 패밀리 레스토랑 체인으로 한국에도 여러 개의 지점이 있다. 굳이 괌까지 와서 가야 하나 싶겠지만 투몬 한복판에 크게 자리 잡은 간판을 보면 나도 모르게 발길이 이끌린다. 메뉴와 맛, 가격까지 한국과 비슷한 수준. 모험을 싫어해 익숙한 맛을 찾는다면 한번쯤 방문해 보자. 대표 메뉴는 스테이크와 로브스터 그릴, 수제 버거 등이다.

📖 1권 P.139 📍 지도 P.32A
🚗 찾아가기 도보 T갤러리아를 등지고 Pale San Vitores Rd 따라 오른쪽으로 300m 🏠 주소 1328 Pale San Vitores Rd, Tamuning ☎ 전화 671-647-8443 🕐 시간 월~수요일 10:30~21:00, 목~토요일 10:30~22:00, 일요일 10:30~23:00 휴무 연중무휴 💰 가격 스테이크 $31.95+10%~, 샐러드 $13.25+10%~

42 호놀룰루 커피
Honolulu Coffee

무료 주차

세계 3대 커피 중 하나인 하와이언 코나 커피를 맛볼 수 있는 커피 전문점이다. 더 플라자 내에 있어 쇼핑 중간 잠시 쉬어 가기 좋다. 매장에서 판매하는 코나 커피 원두는 함유량에 따라 가격이 나뉘지는데 이왕이면 100% 코나 커피를 추천한다. 로고가 그려진 텀블러와 에코백 등 오리지널 굿즈도 다양하게 준비되어 있다.

ⓘ 1권 P.151 ⓜ 지도 P.32A
ⓕ **찾아가기** 도보 T갤러리아 건너편 더 플라자 L층 ⓐ **주소** The Plaza, 1255 Pale San Vitores Rd, Tumon Bay ⓣ **전화** 671-649-8870 ⓢ **시간** 09:00~18:30 ⓗ **휴무** 연중무휴 ⓟ **가격** 커피 $5.5~, 100% 코나 커피 원두(100g) $35~

43 커피 비너리
Coffee Beanery

무료 주차

1976년 미국에서 처음 시작된 커피 전문점으로 괌에 4개의 지점이 있다. 미국 커피 브랜드라고 하면 스타벅스와 커피빈만 떠올렸던 여행자들에게 조금 생소하겠지만 괌에서는 스타벅스의 인기를 능가한다. 커피뿐만 아니라 신선한 생과일을 넣어 만든 다양한 스무디도 맛볼 수 있다. CB 오리지널, CB 블렌디드 등 CB라는 이름으로 자체 블렌딩한 원두를 사용한 커피가 특히 인기다.

ⓘ 1권 P.149 ⓜ 지도 P.32A
ⓕ **찾아가기** 도보 T갤러리아를 등지고 오른쪽으로 500m 이동하면 길 건너편 퍼시픽 플레이스 1층 ⓐ **주소** Pacific Place, 1411 Pale San Vitores Rd, Tamuning ⓣ **전화** 671-647-0104 ⓢ **시간** 08:00~20:00 ⓗ **휴무** 연중무휴 ⓟ **가격** 커피 $3.85~, 스무디 $4.65~ ⓦ **홈페이지** https://coffeebeaneryguam.com

44 카페 굿차
Cafe GUDCHA

무료 주차

오가닉 티와 커피 메뉴를 다양하게 갖추고 있다. 카페 굿차의 가장 큰 장점은 취향에 맞는 원두를 선택해 주문할 수 있다는 것. 아몬드 밀크, 코코넛 밀크, 두유까지 라테 메뉴에 들어가는 우유 종류도 선택 가능하다. 민트 모히토, 베트남식 커피 등 특별한 시그니처 커피 메뉴도 있다. 베이글, 크루아상 등과 함께 즐겨보자.

ⓜ 지도 P.33G
ⓕ **찾아가기** 투몬 셔틀버스 T갤러리아 건너편 정류장에서 투몬 셔틀버스를 타고 PIC에 하차하면 횡단보도 건너편 ⓐ **주소** 518 Pale San Vitores Rd, Tamuning ⓣ **전화** 671-688-2526 ⓢ **시간** 화~금요일 07:00~15:00, 토·일요일 07:00~16:00 ⓗ **휴무** 월요일 ⓟ **가격** 커피 $5~, 베이글 $8

45 시나본
CINNABON

무료 주차

달콤 쌉싸름한 계피 향이 후각과 미각을 자극하는 시나몬 롤 전문점. 괌 프리미어 아웃렛에 들어서면 바로 눈앞에 팝업 스토어가 있어 그 누구도 쉽게 지나치지 못한다. 은은한 계피 향의 부드러운 롤 위에 설탕 시럽을 잔뜩 끼얹은 달콤한 시나몬 롤은 아메리카노와 찰떡궁합! 괌 프리미어 아웃렛의 수문장 시나본에서 시나몬 롤과 아메리카노 한 잔으로 당분과 카페인을 단번에 섭취해 보자.

ⓘ 1권 P.151 ⓜ 지도 P.33L
ⓕ **찾아가기** 투몬 셔틀버스 T갤러리아 건너편에서 투몬 셔틀버스를 타고 괌 프리미어 아웃렛에서 하차 ⓐ **주소** 1F, Guam Premier Outlet, 199, Chalan San Antonio, Suite 200, Tamuning ⓣ **전화** 671-646-2667 ⓢ **시간** 일~금요일 10:00~20:00, 토요일 06:00~24:00 ⓗ **휴무** 연중무휴 ⓟ **가격** 커피 $4~, 시나몬 롤 $5.5~

46 더 비치 레스토랑 & 바
The Beach Restaurant & Bar

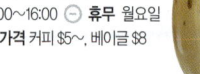
무료 주차

건 비치 한쪽에 마련된 아웃도어 바. 이름에 '비치'를 내건 만큼 숨 막히는 풍경을 자랑한다. 투박한 오두막 같은 커다란 목조 건물은 사방이 트여 주변 풍광을 감상하기에 더없이 좋다. 철썩거리는 파도 소리, 비치발리볼을 즐기는 청춘들의 파이팅 넘치는 고함 소리, 쏟아지는 주문에 연신 흔들어대는 칵테일 셰이커 소리와 삼삼오오 모여 이야기를 나누는 왁자지껄한 소리까지 한데 어우러져 이곳의 분위기를 만들어낸다. 더 비치 바가 가장 붐비는 시간은 당연히 해 질 무렵. 아스라이 물드는 하늘과 바다 빛깔을 보고 싶다면 일몰 시간을 공략하자. 버거, 샌드위치 등은 $19~26+10% 정도, 해변의 열기를 식혀줄 맥주($7+15%)와 클래식 칵테일($13+15%)도 판매한다.

ⓜ 지도 P.33C
ⓕ **찾아가기** 투몬 셔틀버스 T갤러리아 앞에서 투몬 셔틀버스를 타고 호텔 닛코 괌에서 하차 후 건 비치 로드로 이동 도보 Pale San Vitores Rd 북쪽으로 1.1km 이동, 도보 18분 ⓐ **주소** 96913 Gun Beach Rd, Tamuning ⓣ **전화** 671-646-8000 ⓢ **시간** 월~수요일 16:00~22:00, 목·금요일 16:00~01:00, 토요일 12:00~01:00, 일요일 12:00~22:00 ⓗ **휴무** 연중무휴 ⓟ **가격** $20~50+15% ⓦ **홈페이지** www.guambeachbar.com

47 더 포인트
The Point

리가 로얄 라구나 괌 리조트 로비에 위치한 로비 바. 푸른 바다와 인피니티 풀, 그 아래 라군까지 푸른 물빛의 삼중주를 바라보며 가벼운 음료와 스낵을 즐기기에 좋다. 스타벅스 매장이 없는 괌에서 유일하게 스타벅스 원두커피를 판매하고 있어 일부러 이곳까지 찾아오는 여행자도 많다. 해 질 즈음 달콤한 재즈 라이브와 함께 라군 너머의 석양을 감상하는 호사를 누려보는 것도 좋다.

ⓘ 1권 P.235 ⓘ 지도 P.32I ⓘ 찾아가기 투몬 셔틀버스 T갤러리아 건너편에서 투몬 셔틀버스를 타고 리가 로얄 라구나 괌 리조트에서 하차 ⓘ 주소 RIHGA Royal Laguna Guam Resort, 470 Farenholt Ave, Tamuning ⓘ 전화 671-646-2222 ⓘ 시간 11:00~21:00 ⓘ 휴무 연중무휴 ⓘ 가격 샌드위치 및 스낵 $8~12.5+10%, 커피 $3.5+10% ⓘ 홈페이지 https://rihga-guam.com/the-point

48 샴록스 스포츠 펍
Shamrocks Sports Pub

켈틱풍의 영국 선술집이 떠오르는 샴록스 스포츠 펍은 투몬의 중심 하얏트 리젠시 괌 맞은편에 있다. 흥겨운 분위기에서 다양한 칵테일과 스낵을 즐길 수 있다. 내부에는 스포츠 중계를 위한 대형 벽걸이 TV, 다트 과녁, 다양한 게임들이 곳곳에 자리하고 있어, 일행이 많든 적든 유쾌한 시간을 보낼 수 있다. 괌의 밤을 그냥 흘려 보내기 아쉬운 여행자들이라면 주목해야 할 곳.

ⓘ 지도 P.32E
ⓘ 찾아가기 도보 T갤러리아를 등지고 왼쪽으로 200m 이동하면 왼쪽 2층 ⓘ 주소 1160 Pale San Vitores Rd, Tamuning ⓘ 전화 671-648-7426 ⓘ 시간 18:00~02:00 ⓘ 휴무 연중무휴 ⓘ 가격 칵테일 $11+10%~, 맥주 $8+10%~

49 그린 리자드 티키 바
Green Lizzard Tiki Bar

입구에 화려한 그래피티 아트 덕분에 인증숏 명소로 더 유명하다. 천장엔 미러볼이 쉴 새 없이 돌아가고 시끄러운 음악소리가 끊이지 않는다. 북적거리는 분위기에서 흥겹게 하루를 마감하고 싶은 여행자들에게 추천한다. 나초, 치킨 윙 등의 가벼운 사이드 메뉴부터 든든하게 속을 채워줄 햄버거, 립, BBQ까지 다양한 메뉴를 갖추고 있다.

ⓘ 지도 P.32E
ⓘ 찾아가기 도보 T갤러리아를 등지고 왼쪽으로 150m ⓘ 주소 1206 Pale San Vitores Rd, Tamuning ⓘ 전화 671-922-5499 ⓘ 시간 19:00~02:00 ⓘ 휴무 부정기 ⓘ 가격 칵테일 $11+10%~, 맥주 $7+10%~, 치킨 윙 $9+10%~

Island Cocktails

50 뱀부 바
Bambu Bar

두짓비치 리조트 로비 힌쪽에 있는 작은 바이지만 커다란 창으로 바라보는 투몬 베이의 황홀한 전망 덕분에 두짓비치 리조트에 숙박하는 여행자라면 누구나 한 번쯤 들르는 곳이다. 목요일부터 토요일까지 오후 7시에 실력 있는 뮤지션들의 라이브 공연이 펼쳐지는데 꼭 이곳에 숙박하지 않아도 시간 여유가 된다면 들러보는 것도 좋다.

ⓘ 지도 P.32A
ⓘ 찾아가기 도보 T갤러리아 건너편 두짓비치 리조트 로비 ⓘ 주소 Dusit Beach Resort Guam, 1255 Pale San Vitores Rd, Tumon Bay ⓘ 전화 671-649-9000 ⓘ 시간 일~목요일 11:00~21:00, 금~토요일 11:00~22:00 ⓘ 휴무 연중무휴 ⓘ 가격 칵테일 $10+10%~

51 더블유
W

세 가지 서로 다른 콘셉트의 펍과 클럽을 한데 모아놓은 곳으로 늦은 밤 주체할 수 없는 흥을 제대로 발산하고 싶은 여행자들에게 추천한다. 세계 각국의 다양한 맥주를 마시고 신나는 댄스로 흥을 발산한 다음 차분히 포켓볼을 즐겨보자. 살짝 허기진 배는 간단한 스낵과 맥주로 마무리! 아침이 밝아오는 것이 야속할 정도로 길고 진한 밤을 보낼 수 있다.

ⓘ 지도 P.33G
ⓘ 찾아가기 도보 T갤러리아를 등지고 Pale San Vitores Rd 왼쪽 방향으로 810m 이동하면 길 건너편 서브웨이 옆 골목 ⓘ 주소 914 Blue Lagoon Plaza, Tumon ⓘ 전화 671-482-4342 ⓘ 시간 수·목·일요일 20:30~02:00, 금·토요일 22:00~02:00 ⓘ 휴무 부정기 ⓘ 가격 날짜에 따라 각기 다른 입장료

52 T갤러리아 바이 DFS 괌
T Galleria by DFS, Guam

투몬에서 가장 화려한 쇼핑몰로 럭셔리 명품부터 유명 화장품, 가볍게 선물하기 좋은 기념품까지 다양하다. 특히 베네피트, 크리닉, 키엘 등 미국 브랜드 화장품을 국내 면세점 가격보다 저렴하게 구입할 수 있고 한국에 들어오지 않은 한정 아이템들도 많다.(자세한 안내도는 P.52 참조)

ⓘ 1권 P.160 ⓘ 지도 P.32E
ⓘ 찾아가기 도보 투몬 중심 두짓비치 리조트 건너편 ⓘ 주소 1296 Pale San Vitores Rd, Tumon ⓘ 전화 671-646-9640 ⓘ 시간 월~금요일 12:00~19:00, 토·일요일 12:00~20:00 ⓘ 휴무 연중무휴 ⓘ 홈페이지 www.dfs.com/kr/guam

53 K마트
Kmart

무료 주차

괌에 간다는 말 대신 K마트에 간다고 할 만큼 괌을 찾는 한국 여행자들에게 큰 비중을 차지하는 괌 쇼핑 일번지. 1년 365일 24시간 쉬지 않고 운영하는 것은 물론 거대한 규모, 저렴한 가격, 끝도 없이 다양한 종류까지, 어느 하나 쇼핑족들의 사랑을 받지 못할 이유를 찾기 힘들 정도이다. 특히 한국행 심야 비행기 시간에 맞춰 공항으로 갈 채비를 하는 늦은 저녁 시간대에는 이곳이 우리나라 어느 마트인가 싶을 정도로 인파가 많다. 한국에 수입되지 않은 대용량 식료품이나 스노클링 장비 등 비치 용품, 각종 약품 등이 여행자들의 가방을 든든히 채운다. 각종 기념품도 저렴하게 구입할 수 있으며 매장 내 리틀 시저스(Little Caesars)에서는 피자와 파스타 등을 저렴하게 맛볼 수 있다.

📖 1권 P.172 🗺 지도 P.33G 🚗 찾아가기 렌터카 Pale San Vitores Rd 남서쪽으로 이동하다 왼쪽 14A번 도로로 진입 후 직진 오른쪽에 위치 📍 주소 404, N Marine Corps Dr, Tamuning 📞 전화 671-649-9878 🕐 시간 24시간 🚫 휴무 연중무휴 🌐 홈페이지 www.kmart.com

54 JP 슈퍼스토어
JP SuperStore

무료 주차

다른 쇼핑몰에 없는 유니크한 아이디어 상품과 무스너클, 디스퀘어드2 등 디자이너 브랜드를 갖추고 있는 편집 숍. 브랜드별로 매장이 있는 것이 아니라 테마에 맞게 여러 브랜드들이 한꺼번에 모여 있어 비교하며 쇼핑할 수 있다. 특히 아이 용품 코너가 대규모로 마련되어 있는데 태교 여행을 온 예비 부모들에게 큰 인기를 끌고 있다. 매장 규모가 큰 편이라 꼼꼼하게 둘러보다 보면 2~3시간이 금방 지나간다.(자세한 안내도는 P.53 참조)

📖 1권 P.161 🗺 지도 P.32A 🚗 찾아가기 도보 T갤러리아를 등지고 오른쪽으로 도보 2분 📍 주소 1328 Pale San Vitores Rd, Tamuning 📞 전화 671-646-7887 🕐 시간 월~목요일 11:00~20:00 금~일요일 11:00~21:00 🚫 휴무 연중무휴 🌐 홈페이지 www.jpshoppingguam.com

55 ABC 스토어
ABC Store

무료 주차

늦은 시간까지 불을 밝히는 편의점으로 식료품은 물론 수영복과 비치 웨어, 선물하기 좋은 기념품들을 다양하게 갖추고 있다. 특히 저렴한 가격으로 휴양지 분위기를 낼 수 있는 비치 원피스와 플립플랍이 인기. 여러 개를 한꺼번에 구입할 경우 추가 할인되는 프로모션이 수시로 진행된다.

📖 1권 P.174 🗺 지도 P.32A 🚗 찾아가기 도보 T갤러리아 건너편 더 플라자 P층(하드록 카페 건물) 📍 주소 1255 Pale San Vitores Rd, Tamuning 📞 전화 671-646-0911 🕐 시간 07:30~23:30 🚫 휴무 연중무휴

56 괌 프리미어 아웃렛
Guam Premier Outlets

무료 주차

쇼핑 천국 괌의 유일한 아웃렛으로 명품 브랜드보다 실속 있는 중저가 브랜드 매장으로 채워져 있다. 한국인들이 많이 찾는 대표적인 브랜드 캘빈 클라인과 타미 힐피거, 게스 등이 있고, 거의 1년 365일 상시 할인을 기본으로 브랜드별 할인과 타임 세일 등이 더해져 높은 할인율로 다양한 제품을 만나볼 수 있다. 여러 종류의 브랜드를 한데 모은 신발 편집 매장이나 향수 편집 매장 등도 있다. 의류는 물론 각종 소품과 인테리어 제품, 음식 등도 구입할 수 있는 초대형 아웃렛 매장 로스 드레스 포 레스(Ross Dress for Less) 또한 입점해 있다. 덕분에 쇼핑을 좋아하지 않는 여행자라도 한 번 들어가면 절대 빈손으로 나올 수 없는 곳이다. 오랜 시간 쇼핑으로 배가 고프다면 괌 프리미어 아웃렛의 보물과도 같은 푸드코트로 향해 보자. 10여 곳의 매장에서 한식을 비롯한 다양한 음식들을 저렴한 가격에 판매한다.

PLUS TIP 한 브랜드 매장에서 구매하면 다른 브랜드 매장의 할인 쿠폰을 함께 주기도 하니 잘 챙겨두었다가 다음 매장 쇼핑에 이용하자.

📖 1권 P.166 🗺 지도 P.33L 🚗 찾아가기 렌터카 Pale San Vitores Rd 남서쪽으로 약 3.5km 이동 후 동상이 있는 로터리에서 좌회전해 14번 도로(Chalan San Antonio)를 따라 약 1.5km 이동한 다음 우회전해 괌 프리미어 아웃렛 주차장 진입 투몬 셔틀버스 T갤러리아 건너편에서 투몬 셔틀버스를 타고 괌 프리미어 아웃렛에서 하차 📍 주소 Guam Premier Outlet, 199, Chalan San Antonio, Suite 200, Tamuning 📞 전화 671-647-4032 🕐 시간 10:00~21:00(매장에 따라 다름), 로스 드레스 포 레스 06:00~24:00 🚫 휴무 연중무휴 🌐 홈페이지 www.gpoguam.com

57 투몬 샌즈 플라자
Tumon Sands Plaza ★ 무료 주차

명품 전문 쇼핑몰이었지만 지금은 여러가지 사정으로 대부분의 브랜드가 문을 닫은 상태이다. 롤렉스를 포함한 럭셔리 시계 브랜드들이 함께 모여 있는 멀티숍과 아트 갤러리, 웨딩 스튜디오와 괌 웨딩의 전반적인 정보를 얻을 수 있는 플래너 샵만 그 자리를 지키고 있다. 투몬 중심에서 약 450m 정도 떨어져 있어 도보로 이동하는 것도 가능하다.

📖 1권 P.165 📍 지도 P.33G
🚶 찾아가기 도보 T갤러리아 등지고 왼쪽으로 500m 직진하면 왼쪽 🏠 주소 Tumon Sands Plaza, 1082 Pale San Vitores Rd, Barrigada 📞 전화 671-646-6802 ⏰ 시간 11:00~20:00 ❌ 휴무 연중무휴 🌐 홈페이지 www.tumonsandsplaza.com

58 더 플라자
The Plaza ★★★ 무료 주차

T갤러리아 바이 DFS 건너편에 자리잡고 있다. T갤러리아에 비해 다양한 브랜드를 보유하고 있지 않지만 합리적인 가격의 중저가 브랜드들이 많다. 게다가 괌에서 가장 큰 규모의 구찌 매장이 있어 관광객들이 많은 편이다. 이곳의 구찌 가격은 한국 입국 시 세금 신고를 해도 한국보다 더 저렴하다.

📖 1권 P.164 📍 지도 P.32A
🚶 찾아가기 도보 T갤러리아 건너편 🏠 주소 1225-1275 Pale San Vitores Rd, Tumon Bay 📞 전화 671-649-1275 ⏰ 시간 10:00~21:00 * 매장 별 상이 ❌ 휴무 연중무휴 🌐 홈페이지 www.theplazaguam.com

59 캘리포니아 마트
California Mart ★★ 무료 주차

괌을 대표하는 한인 마트로 늦은 시간까지 여행자들을 반긴다. 이곳이 한국인지 괌인지 헷갈릴 정도로 진열대마다 한국 상품들이 가득하다. 즉석 식품 코너에서는 완전 조리된 부침개나 잡채까지 판매하고 있어, 갑자기 고향의 맛이 그리운 여행자들에게 큰 즐거움이 되어 준다.

📖 1권 P.177 📍 지도 P.33H
🚶 찾아가기 렌터카 Pale San Vitores Rd 남서쪽으로 약 3.5km 이동 후 동상이 있는 로터리에서 좌회전해 14번 도로(Chalan San Antonio)를 따라 약 1.4km 이동하면 왼편 투몬 셔틀버스 T갤러리아 건너편에서 투몬 프리미엄 아웃렛으로 가서 하차해 길 건너 왼쪽으로 250m 🏠 주소 Chalan San Antonio, Tamuning 📞 전화 671-649-0521 ⏰ 시간 06:00~20:00 ❌ 휴무 연중무휴

60 코스트 유 레스
Cost U Less ★★ 무료 주차

이름은 물론 내부 구성마저 코스트코와 비슷한 창고형 대형 마트. 진열된 상품 가짓수도 적고 매장 규모도 작은 편이지만, 대용량 식료품의 경우 매우 '착한' 가격이니 필요한 것들을 알뜰하게 구매해 보자. 계산대 주변에는 할인 폭이 높은 상품이 진열되어 있다.

📖 1권 P.177 📍 지도 P.33H
🚶 찾아가기 렌터카 Pale San Vitores Rd 남서쪽으로 약 3.5km 이동 후 동상이 있는 로터리에서 좌회전해 14번 도로(Chalan San Antonio)를 따라 약 1.5km 이동한 다음 우회전해 괌 프리미어 아웃렛 주차장 진입 투몬 셔틀버스 T갤러리아 건너편에서 투몬 셔틀버스를 타고 괌 프리미어 아웃렛에서 하차 🏠 주소 265, Chalan San Antonio, Tamuning 📞 전화 671-649-4744 ⏰ 시간 07:00~22:00 ❌ 휴무 연중무휴 🌐 홈페이지 www.costuless.com/tamuning

61 타오타오 타시
Taotao Tasi ★★★★★ 무료 주차

괌에서 일몰이 가장 아름다운 건 비치의 특설 무대에서 즐기는 괌 최고, 최대의 차모로 전통 공연. 차모로 전통 춤과 불 쇼 등 화려한 볼거리가 풍부해 남녀노소 누구에게나 인기 많다. 한 번에 30명이 넘는 출연진이 무대에 오를 정도로 규모 또한 큰 편이다. 공연 시작 45분 전부터 즐길 수 있는 뷔페는 메뉴도 다양하고 새끼돼지 통구이 등 메인 요리 또한 수준급이다.

📖 1권 P.84 📍 지도 P.33C 🚶 찾아가기 투몬 셔틀버스 T갤러리아 앞에서 투몬 셔틀버스를 타고 호텔 닛코 괌에서 하차해 건 비치 로드로 이동 도보 Pale San Vitores Rd 북쪽으로 1.4km, 도보 20분 🏠 주소 Beach bar, Gun Beach Rd, Tamuning 📞 전화 671-646-8000 ⏰ 시간 월·화·목·금·토요일 바비큐 4~8월 18:10~, 9~3월 17:30~ / 공연 4~8월 19:10~20:10, 9~3월 18:45~19:45 ❌ 휴무 수·일요일 💰 가격 바비큐+공연 성인 $120 어린이(6~11세) $45, 공연(식사 및 픽업 & 드롭오프 서비스 제외) 성인 $80 어린이(6~11세) $25 🌐 홈페이지 http://bestguamtours.kr/shows/taotao-tasi

62 슈퍼 아메리칸 서커스
Super American Circus

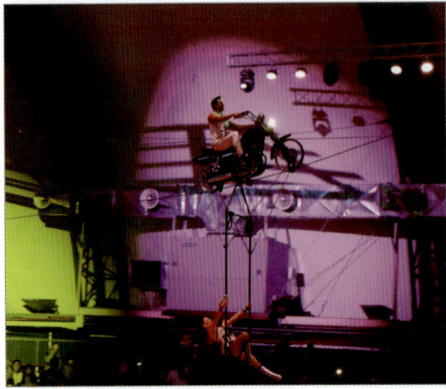

스릴 넘치는 공중 곡예와 아찔한 오토바이 퍼포먼스 등 정통 아메리칸 서커스를 직관할 수 있는 특별한 서커스 공연이다. 2022년 오픈하자마자 입소문을 타고 이미 괌 여행 필수 코스로 자리잡았다. PIC괌 리조트에서 운영하는 덕분에 골드카드 소지자는 사전 예약만 하면 무료 공연 관람이 가능하다. 투숙객이 아니더라도 홈페이지를 통해 예약할 수 있다. 공연 시간은 총 90분으로 15분의 휴식시간이 포함되어 있다.

ⓑ 1권 P.89 ⓜ 지도 P.33G ⓖ 찾아가기 투몬 셔틀버스 T갤러리아 건너편 정류장에서 투몬 셔틀버스를 타고 PIC에서 하차 ⓐ 주소 210 Pale San Vitores Road, Tumon Bay ⓟ 전화 671-864-9425 ⓣ 시간 목~화요일 19:30~ ⓧ 휴무 수요일 ⓦ 가격 성인 $66~ 어린이(3~12세) $33~ ⓗ 홈페이지 https://www.superamericancircus.com/guam-kor

63 라이드 더 덕
Ride the Duck

수륙 양용 자동차를 타고 괌 곳곳을 돌아보는 투어 버스. 한국어 안내 서비스를 제공하니 괌 주요 관광지를 둘러보고 싶은 여행자들에게 추천한다. 꽉꽉 소리를 내는 오리 부리 모양의 호루라기도 재미있다. 라이드 더 덕의 하이라이트는 육지를 달리던 자동차가 바닷속으로 미끄러져 들어갈 때! ※코로나로 임시 운영 중단

ⓑ 1권 P.200 ⓜ 지도 P.33C ⓖ 찾아가기 투몬 셔틀버스 T갤러리아 앞에서 투몬 셔틀버스를 타고 호텔 닛코 괌에서 하차 후 건 비치 로드로 이동 도보 Pale San Vitores Rd 북쪽으로 1.1km 이동, 도보 18분 ⓐ 주소 96913 Gun Beach Rd, Tamuning ⓟ 전화 671-646-8000 ⓣ 시간 월·목요일 13:30~15:00, 15:30~17:00 토요일 11:30~13:00, 13:30~15:00, 15:30~17:00 ⓧ 휴무 화·수·금·일요일 ⓦ 가격 성인 $49.5, 어린이(2~11세) $25 ⓗ 홈페이지 https://bestguamtours.kr/cruises/ride-the-duck

64 호시노 리조트 리조나레 괌
Hoshino Resorts RISONARE Guam

호시노 리조트 리조나레 괌에 자리 잡은 대규모 워터파크이다. 360미터의 유수 풀, 초대형 파도 풀과 함께 네 종류의 슬라이드가 있어 늘 즐거운 비명 소리로 가득하다. 12미터 높이에서 거의 수직으로 낙하하는 만타 슬라이드 또한 놓쳐서는 안 된다. 현지인들에게도 인기가 많고, 호시노 리조트 리조나레 괌 투숙객은 무료 이용 가능하다.

ⓜ 지도 P.32J ⓖ 찾아가기 투몬 셔틀버스 T갤러리아 건너편에서 투몬 셔틀버스를 타고 호시노 리조트 리조나레 괌에서 하차 ⓐ 주소 445 Gov Carlos G Camacho Rd, Tamuning ⓟ 전화 671-647-7777 ⓣ 시간 09:30~17:30, 마린 클럽 09:30~16:30 ⓧ 휴무 연중무휴 ⓦ 가격 성인 $55, 어린이(5~11세) $30, 5세 미만 무료 ⓗ 홈페이지 https://hoshinoresorts.com/ko/hotels/risonareguam/sp/waterpark/

65 알루팡 비치 클럽
Alupang Beach Club

패러세일링, 제트스키, 카누와 카약 등 다양한 해양 레포츠를 한꺼번에 즐길 수 있는 마린 패키지 프로그램을 운영하고 있는 일본계 비치 클럽. 투몬에서 하갓냐로 들어가는 길목의 하갓냐 베이 동쪽 해변에 자리 잡고 있다. 다양한 해양 레포츠 중 원하는 것들만 골라 나만의 패키지로 만들 수 있다. 대다수의 무료 레포츠가 기본적으로 제공되고, 패러세일링이나 제트스키 등을 체험하려면 추가 요금을 내야 한다. 호텔 셔틀 서비스는 물론 간단한 점심도 제공하므로 별다른 준비 없이 괌의 바다를 편하게 즐길 수 있으니 더없이 좋다.

TIP 주요 호텔 픽업 & 드롭오프 서비스 제공

ⓑ 1권 P.193 ⓜ 지도 P.32I ⓖ 찾아가기 렌터카 Pale San Vitores Rd 남서쪽으로 이동하다 왼쪽 14A번 도로로 한 블록 이동 후 1번 도로(Marine Corps Dr)를 따라 남서쪽으로 약 3.7km 지점 오른쪽 ⓐ 주소 997 Marine Corps Dr, Tamuning ⓟ 전화 671-649-5200 ⓣ 시간 08:00~17:00 ⓧ 휴무 토요일 ⓦ 가격 (액티비티 구성에 따라) 성인 $60~170, 어린이(6~11세) $30~50 ⓗ 홈페이지 www.abcguam.kr

66 시 트렉
Sea Trek

수영이나 스쿠버다이빙을 못해도 자유롭게 바닷속을 탐험할 수 있는 특별한 체험 프로그램. 자유롭게 호흡이 가능한 커다란 헬멧을 쓰고 전문 가이드의 도움을 받아 1시간 동안 아쿠아리움 속을 유유히 걸어 다닌다. 어깨 위로는 절대 물이 들어오지 않기 때문에 머리를 감을 필요도, 세수를 할 필요도 없다. 수영복 위에 다이빙 수트를 입고 들어가야 하니 수영복을 잊지 말고 챙기자. 만 8세 이상부터 체험 가능하다.

📖 1권 P.194 🗺 지도 P.32E
🚶 찾아가기 도보 T갤러리아 건너편 더 플라자 쇼핑몰 내에 위치한 언더워터 월드로 입장 📍 주소 The Plaza, 1255, Pale San Vitores Rd, Tumon ☎ 전화 671-649-9191 🕒 시간 토~일요일 10:00, 11:30, 13:00 🚫 휴무 월~금요일 💰 가격 성인 $99, 어린이 $89 🌐 홈페이지 www.uwwguam.com/activities/seatrek

67 샌드캐슬 카레라
SandCastle KÂRERA

괌을 대표하는 마술쇼를 선보였던 샌드캐슬에서 세계적 수준의 멀티미디어 장비와 특수 효과를 결합한 전혀 새로운 쇼를 탄생시켰다. 공연시간은 1시간 10분으로 공중 곡예와 코미디, 괌 전통 춤과 라이브 연주, 불 쇼 등 한시도 눈을 뗄 수 없는 다양한 퍼포먼스가 이어진다. 공연의 이름이자 메인 테마이기도 한 카레라는 항해, 여정이라는 의미를 담고 있다.

🗺 지도 P.32E
🚶 찾아가기 도보 T갤러리아를 등지고 길 건너 왼쪽으로 100m, 도보 2분 📍 주소 1199 Pale San Vitores Tumon ☎ 전화 671-646-8000 🕒 시간 월·화·목~토요일 20:00~21:10(입장 19:30~) 🚫 휴무 수·일요일 💰 가격 성인 $99~, 어린이(2~11세) $60~ 🌐 홈페이지·예약 https://bestguamtours.kr/shows/karera-guam

68 데바라나 스파
Devarana Spa

괌에서 가장 럭셔리한 호텔인 두짓타니 괌 리조트에 자리 잡은 스파. 태국식 마사지에 서양식 테라피 기법이 더해진 마사지를 제공하는 곳으로 유명하다. 명성에 걸맞게 다소 비싼 가격이지만 테라피스트의 실력 역시 세계 최고 수준을 자랑한다. 태국 스타일의 풀 보디 스크럽 마사지는 뜨거운 태양에 지친 피부를 진정시켜 주는데 효과적이며 커플 마사지도 인기 있다.

📖 1권 P.211 🗺 지도 P.32E
🚶 찾아가기 도보 T갤러리아 건너편 더 플라자 쇼핑몰 뒤편의 두짓타니 괌 리조트 G층 📍 주소 G/F, Dusit Thani Guam Resort, 1227 Pale San Vitores Rd, Tumon ☎ 전화 671-648-8064 🕒 시간 09:00~23:00 🚫 휴무 연중무휴 💰 가격 보디 마사지(60분) $140~ 🌐 홈페이지 www.devaranaspa.com/en/destination/guam

69 스파 아유알람
Spa Ayualam

일본의 스파 브랜드로 힐튼 괌 리조트 & 스파와 호텔 닛코 괌, 리가로얄 라구나 괌 리조트에 각각 지점이 있다. 자연 에너지로 신체 밸런스를 맞춰주는 마사지로 유명하다. 피로 회복과 긴장 완화에 도움을 주는 발리니즈 마사지와 근육 깊은 곳까지 자극하는 파워트리 마사지가 가장 인기. 임산부를 위한 마사지 프로그램도 있으며 두피를 시원하게 마사지 해주는 헤드 스파도 인기다. 힐튼 공식사이트를 통해 객실 예약 후 스파 아유알람 이용시 할인 혜택을 받을 수 있다.

📖 1권 P.211 🗺 지도 P.32F
🚶 찾아가기 투몬 셔틀버스 T갤러리아 건너편 정류장에서 투몬 셔틀버스를 타고 괌 힐튼에서 하차 렌터카 Pale San Vitores Rd 남서쪽으로 3km 이동 후 오른쪽으로 진입, 약 7분 소요 📍 주소 Hilton Guam Resort & Spa, 202 Hilton Rd, Tamuning ☎ 전화 671-646-5378 🕒 시간 10:00~22:00 🚫 휴무 연중무휴 💰 가격 보디 마사지(60분) $120~ 🌐 홈페이지 https://spaayualamguam.com

T갤러리아 바이 DFS 괌
T Galleria by DFS, Guam

JP 슈퍼스토어
JP SuperStore

괌 프리미어 아웃렛
Guam Premier Outlets

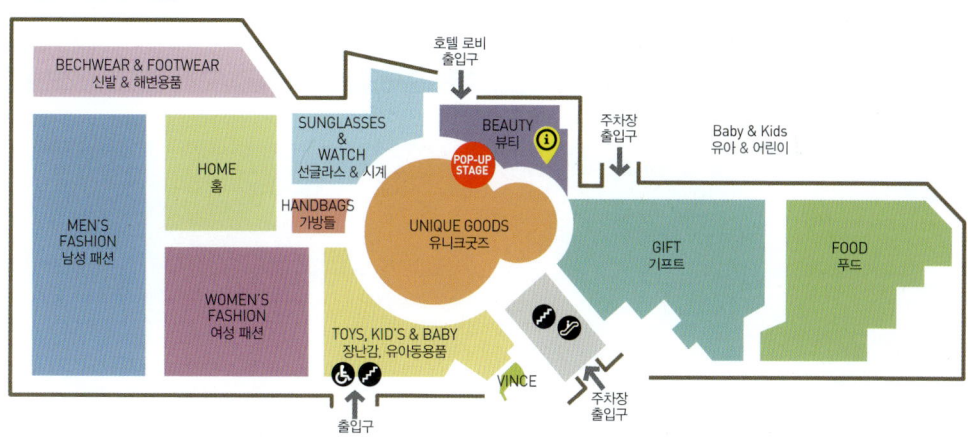

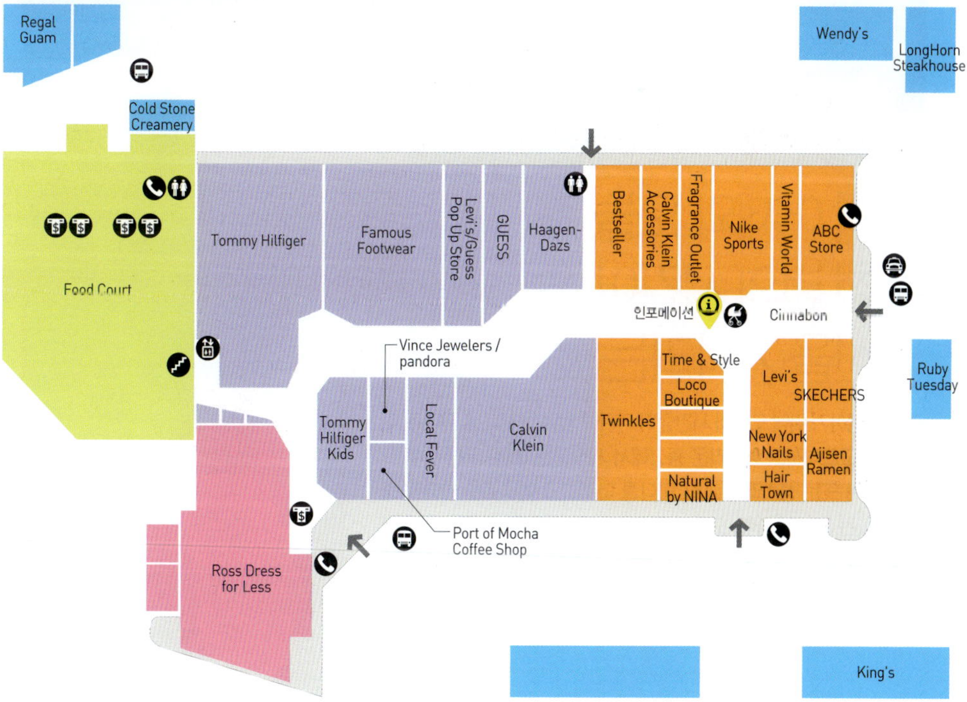

AREA 02
HAGATNA
[하갓냐]

괌의 어제와 오늘, 수천 년의 시간이 당신을 기다리는 곳

하갓냐, 면적은 얼마나 될까?
하갓냐(Hagatna, 옛 명칭 아가나Agana)는 괌 중부 지역으로 투몬 & 타무닝의 남서쪽에 연접해 있다. 남북으로 약 2킬로미터, 동서로 약 5킬로미터의 넓지 않은 지역이지만 수천 년 전부터 오늘날까지 괌 역사의 중심지로 다양한 세대의 유물을 고스란히 간직하고 있는 곳이다. 북쪽으로 바다를 마주한 하갓냐 베이와 남쪽의 아트막한 언덕이 어디서나 멋진 풍경을 선사한다.

괌의 옛이야기 위에 오늘의 시간들이 켜켜이 쌓인 하갓냐로 떠나자. 이른 아침 고즈넉하고 예스러운 광장에서 시작하는 여행, 아침 햇살 그득히 비쳐 드는 성스러운 교회, 바다를 마주하고 여유로운 한때를 보낼 수 있는 브런치 카페, 오후 여행을 시작하기 좋은 소박한 묘지, 옛 모습 그대로 간직한 돌다리, 뉘엿거리는 햇살에 물드는 공원과 언덕, 늦은 밤 축제의 장이 펼쳐지는 옛사람들의 마을이 당신을 기다린다.

055

MUST SEE 이것만은 꼭 보자!

Nº.1
하갓냐의 중심,
괌 최대의 성당
아가나 대성당

Nº.2
차모로 대추장부터
괌 주지사까지!
괌 지도자들의 동상

Nº.3
하갓냐 전경을
파노라믹하게 즐겨보자!
산타 아구에다 요새

MUST EAT 이것만은 꼭 먹자!

Nº.1
수요일 밤의 축제
**차모로 야시장의
차모로 전통 먹거리**

Nº.2
괌 맛집 콘테스트 1위에
빛나는 메스클라의
차모로 퓨전 요리

MUST BUY 이것만은 꼭 사자!

Nº.1
휴양지 분위기를 한껏 북돋울
차모로 야시장의 액세서리

MUST EXPERIENCE 이것만은 꼭 경험하자!

Nº.1
괌의 역사는 물론 하갓냐의
풍경까지 함께 누리는
헤리티지 워킹 트레일

투몬과는 또 다른 매력! 기대하지 못했던 휴양지 풍경을 만난다!
인기
★★★★☆

역사적인 볼거리들이 거리 곳곳에! 아이들과 함께라면 더 좋다.
관광지
★★★★★

쇼핑
변변한 쇼핑몰 하나 없지만 차모로 야시장이 백미!
쇼핑
★★☆☆☆

떡엄떡엄 수준급의 차모로 레스토랑을 만나볼 수 있다.
식도락
★★★☆☆

수요일 밤은 여기가 '하테핫테!' 신나는 야시장이 당신을 기다린다!
나이트라이프
★★★☆☆

널찍한 길이 바둑판 형식으로 뻗어 있어 복잡하지 않다.
복잡함
★★☆☆☆

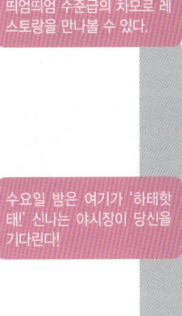
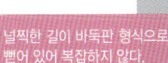

하갓냐 여행 & 교통편 한눈에 보기

하갓냐 이렇게 여행하자

예로부터 괌의 행정부 역할을 해온 하갓냐에는 수천 년을 아우르는 다양한 유물들이 곳곳에 자리 잡고 있다. 아이들과 함께 여행하거나 역사에 관심이 많다면 하갓냐의 문화유산들을 하나씩 밟아가는 방식으로 여행할 것을 추천한다. 하지만 문화유산보다 멋진 풍경과 식도락에 더 관심이 많은 사람들에게도 하갓냐는 충분히 매력적인 곳이다. 풍경이 좋은 몇몇 명소 위주로 둘러보면서 하갓냐의 숨은 맛집에 들러본다면 여유롭고 즐거운 여행이 될 것이다.

하갓냐 시내의 주요 명소들은 걸어갈 수 있는 거리에 밀집해 있지만, 멋진 풍광을 자랑하는 전망대나 편의 시설이 모여 있는 쇼핑센터는 자동차로 이동해야 한다. 하갓냐는 도보와 자동차 이동을 적절히 섞어가며 여행하는 것이 좋다. 레드 구아한의 하갓냐 차모로 셔틀버스나 레아레아 트롤리의 하갓냐 쇼핑센터 코스 노선으로 편안하게 투몬과 하갓냐를 오갈 수 있는데, 정류장과 운행 시간이 제한적이니 노선도와 시간표를 미리 숙지해 두는 것이 좋다.

하갓냐 이렇게 간다

1. 렌터카

하갓냐는 투몬 중심에서 자동차로 10여 분이면 도착할 수 있는 가까운 지역이다. 타무닝과 하갓냐를 오가는 셔틀버스가 여럿 있지만 하갓냐의 주요 명소들을 모두 방문하려면 렌터카를 이용하는 것이 가장 편리하다. 투몬의 K마트를 기점으로 1번 도로(Marine Corps Dr)를 따라 남서쪽으로 직진해 하갓냐의 주 교차로 파세오 루프(Paseo Loop)에서 각 방향으로 이동하면 된다. 하갓냐는 투몬에 비해 상대적으로 교통량이 많지 않고 차도도 널찍한 편이지만, 무턱대고 주차를 했다가는 주차 위반 스티커가 붙기 십상이다. 차모로 빌리지나 아가냐 쇼핑센터 등 무료 주차장을 이용하고 도보로 움직이는 것이 여러모로 안전하다.

2. 택시

호텔 컨시어지에서 호출할 수 있는 미카(miki) 택시나 SNS를 통해 예약하는 한인 택시를 이용해서 여행할 수도 있다. 하갓냐로 이동만 하는 것이 아니라 명소까지 둘러보고 싶다면 미키 택시에서 운영하는 택시 투어를 이용하는 것도 좋은 방법이다. 조금 비싼 편($100, 2시간)이지만 와이파이(Wi-Fi)와 생수 등 소소한 서비스를 제공하므로 충분히 매력적이다.

3. 트롤리 버스

레드 구아한과 레아레아 트롤리 버스가 투몬과 하갓냐를 연결해 알뜰한 여행자들을 위한 발이 되었었지만, 현재는 모든 노선이 코로나로 임시 운휴 중이다. 다행히 차모로 야시장을 위한 특별 노선은 여전히 운행 중이다. 수요일 저녁 차모로 야시장을 방문할 계획이라면 전용 버스 노선인 차모로 빌리지 나이트 셔틀을 이용하자. 출발편은 괌 프리미어 아웃렛에서 탑승하고, 도착편은 각 호텔에서 내릴 수 있다. 자세한 정보는 괌 시내 교통편 한눈에 보기 중 트롤리 버스(P.16) 참고.

차모로 시대와 스페인 점령 시대, 태평양전쟁과 전후 시대에 이르기까지 하갓냐 괌의 역사가 오롯이 살아 숨 쉬는 하나의 박물관이다.

노을 질 무렵에는 하갓냐 베이로 향하자. 이토록 찬란한 하늘빛이 당신을 기다린다.

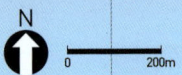

COURSE 1
하갓냐 역사 문화 탐방 코스

하갓냐 여행의 백미는 뭐니 뭐니 해도 곳곳에 숨겨진 수천 년 문화유산을 하나씩 찾아보는 것이다. 헤리티지 워킹 트레일 코스를 기반으로 괌의 소중한 문화유산들을 하나씩 발견해 나가자. 휴양도 쑥쑥, 지식도 쑥쑥, 여행의 풍성함까지 쑥쑥 커지는 경험을 하게 될 것이다.

1 미 해군 묘지
US Naval Cemetery

254명의 숭고한 넋이 잠든 미 해군 묘지에서 하갓냐의 역사 여행을 시작해보자. 예의를 갖추는 것은 여행자의 필수 덕목!

➡ Marine Corps Dr에서 바로 옆 → 파드레 팔로모 공원

DRIVE TIP 갓길 주차는 무조건 위헴! 주차 위반 스티커와 달리는 자동차의 위험으로부터 스스로를 지키자!

2 파드레 팔로모 공원
Padre Palomo Park

작은 공원이라고 무시하지 말 것! 괌 현지인들이 너무나도 존경하는 인물을 기리는 공원이니 그 의미를 함께 되새겨보자.

⏰ **시간** 07:00~20:00

➡ Marine Corps Dr 따라 약 350m → 추장 키푸하 동상

3 추장 키푸하 동상
Chief Quipuha Statue

엄친아 중의 엄친아, 8등신 근육질 몸매의 소유자! 차모로인들의 우상 키푸하 대추장과 인사를 나누자.

➡ Marine Corps Dr 따라 약 350m 이동 후 Aspinall Ave로 좌회전 진입 → 산 안토니오 브리지

PLUS TIP 자동차 통행이 많은 Paseo Loop를 건너야 동상을 만날 수 있다. 별도의 신호등이 없으니 주의할 것.

4 산 안토니오 브리지
San Antonio Bridge

수백 년 역사를 간직한 돌다리 위에서 인증 샷! 다리 아래서 인어 공주를 만나도 놀라지 말 것.

➡ West Soledad Ave 따라 약 150m 이동 → 스키너 광장

5 스키너 광장
Skinner Plaza

쭉쭉 뻗은 드넓은 광장, 멋진 조각상과 괌 박물관을 배경으로 포토제닉한 사진을 남겨보자.

➡ 광장 남쪽으로 이동 → 괌 박물관

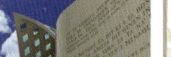

6 괌 박물관
Guam Museum

괌의 역사를 한눈에 살펴볼 수 있는 곳. 박물관은 지루하다는 편견은 잠시 접어두고 조금 더 깊이 괌의 어제를 들여다보자.

⏰ **시간** 10:00, 11:00, 12:00, 13:00, 14:00 사전 예약자에 한해 입장

🚫 **휴무** 부활절, 추수감사절, 성탄절

💰 **가격** 입장료 성인 $3, 5~17세 $2, 5세 미만, 55세 이상 무료

➡ 박물관 정문 앞 도로로 이동 → 교황 요한 바오로 2세 동상

061

7 교황 요한 바오로 2세 동상
Pope John Paul II Monument

익히 알고 있는 인자한 표정 그대로, '신의 육상 선수'로 불렸던 교황 요한 바오로 2세를 마주하자.

➡ 동상 건너편 광장 안쪽으로 진입 → 스페인 광장

8 스페인 광장
Plaza de España

연인끼리 '나 잡아봐라' 하기 딱 좋을 직한 평화로운 곳. 광장이라기보다 공원에 더 가까운 푸르름 속으로 들어가 쉼을 만끽해 보자.

➡ 광장 동측 대성당 정문으로 진입 → 아가냐 대성당

9 아가냐 대성당
Dulce Nombre de Maria Cathedral-Basilica

하갓냐에서 가장 포토제닉한 건축물! 스테인드글라스의 영롱한 매력에 흠뻑 젖어들자. 성당 한쪽에 숨겨진 유물 전시관과 눈물 흘리는 마리아 동상도 놓칠 수 없는 포인트!

⏰ **시간** 08:00~12:00, 13:30~16:00(일요일 미사 전후 입장 제한) 💲 **가격** 입장료(기부금) 성인 $3

➡ 교회의 동상 반대 방향으로 이동한 후 큰 교차로에서 4번 도로를 따라 우회전하면 쇼핑센터 주차장 → 아가냐 쇼핑센터

↓ START

1. **미 해군 묘지**
   90m, 도보 1분
2. **파드레 팔로모 공원**
   350m, 도보 4분
3. **추장 키푸하 동상**
   400m, 도보 5분
4. **산 안토니오 브리지**
   150m, 도보 2분
5. **스키너 광장**
   광장 바로 뒤편, 도보 1분
6. **괌 박물관**
   정문 바로 앞, 도보 1분
7. **교황 요한 바오로 2세 동상**
   길 건너편, 도보 1분
8. **스페인 광장**
   바로 옆, 도보 1분
9. **아가냐 대성당**
   750m, 자동차 4분

↓ 뒷면에 계속

Area 2 하갓냐
COURSE 1 여행 & 교통편 확인하기
COURSE 2
TRAVEL INFO

10 아가나 쇼핑센터
Agana Shopping Center

하갓냐의 대표적인 쇼핑몰 아가나 쇼핑센터에서 더위도 식히고 쇼핑도 즐기자! 생활 밀착형 상점들을 구경하며 현지인들의 삶을 엿볼 수 있다.

- 시간 10:00~20:00(일요일 18:00까지)
- ▶ 쇼핑센터 주차장으로 이동 → 카프리초사

11 카프리초사
Capricciosa

재료 본연의 맛과 넉넉한 양을 자랑하는 이탈리언 레스토랑. 피자와 파스타, 익숙한 음식을 맛보며 여행으로 지친 몸에 에너지를 충전하자.

- 시간 11:00~21:00
- ▶ 주차장에서 4번 도로로 나와 우측 교차로에서 33번 도로를 따라 좌회전해 270m → 라테 스톤 공원

⊕ BEST MENU

육류를 좋아하는 사람들을 위한 단 하나의 피자!
미트 러버스 피자 Meat Lover's Pizza $15.50+10%

짙은 오징어 먹물 향을 즐길 수 있는 **스퀴드 잉크 스파게티 Squid Ink Spaghetti $21.50+10%**

12 라테 스톤 공원
Latte Stone Park

차모로 유산의 대표 주자 라테 스톤을 만날 수 있는 공원. 생각보다 거대한 돌기둥 사이에 서면 그들의 주거 공간이 머릿속에 그려진다.

- 시간 24시간
- ▶ 공원을 나와 오른쪽 방향 33번 도로, 7번 도로를 따라 850m → 산타 아구에다 요새

13 산타 아구에다 요새
Fort Santa Agueda

하갓냐의 파노라믹한 풍경을 마주할 수 있는 언덕 위의 요새. 바다와 도시를 한눈에, 그리고 옛 역사가 스며든 대포까지 눈에 담자.

- 시간 24시간
- ▶ 길을 되돌아 Paseo Loop까지 이동한 다음 추장 키푸하 동상 뒤편으로 450m → 파세오 데 수사나 공원

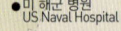

14 파세오 데 수사나 공원
Paseo de Susana Park

'미니' 자유의 여신상과 바다를 끼고 도는 아기자기한 산책로가 있는 공원. 일몰 풍경을 볼 수 있는 '매직 아워'에는 더없이 로맨틱한 하늘빛을 마주하게 된다.

- 시간 24시간
- ▶ 길을 되돌아 Paseo Loop를 따라 400m 이동 → 차모로 빌리지

PLUS TIP 일몰 전후 30분 하늘이 가장 아름다운 빛깔을 띠는 시간. 수천 수만 가지 하늘빛을 마주하려면 괌의 일몰 시각을 기억하자.

063

15 차모로 빌리지
Chamorro Village

수요일 밤, 축제에 버금가는 야시장이 열리는 곳! 남국의 분위기를 물씬 자아내는 소품과 기념품도 둘러보고, 둘이 먹다 하나가 죽어도 모를 차모로 스타일 꼬치구이도 한입 즐겨보자.
- 시간 월~토요일 10:00~18:00, 일요일 10:00~15:00(상점마다 다름). 야시장 수요일 17:30~21:30
- 차모로 빌리지 정면에서 투몬 방향으로 350m → 메스클라

16 메스클라
Meskla Chamoru Fusion Bistro

현지인들이 엄지를 치켜세우는 차모로 퓨전 레스토랑. 여행객보다 현지 사람들이 많이 찾는 곳으로 차분한 분위기에서 식사를 즐길 수 있다.
- 시간 월~토요일 11:00~14:00, 17:30~21:00, 일요일 10:00~14:00
- 휴무 부정기

⊕ BEST MENU

메인 요리를 먹기 전 입맛을 돋우기 좋은 큼지막한 왕새우 튀김 요리 **피카 프론스 Pika Prawns** $27.95+10%

BBQ 소스를 덧발라 우리 입맛에도 잘 맞는 **바비큐 쇼트 립스 BBQ Short Ribs** $24.95+10%

다양한 차모로 전통 음식을 한꺼번에 즐기는 **더 차모루 플래터 The Chamoru Platter** $29.95+10%

육류 요리의 느끼함을 날려버릴 상큼한 **칼라만시 레모네이드 Kalamansi Lemonade** $3.75+10%

CONTINUE

10. 아가나 쇼핑센터
건물 내 또는 주차장으로 이동, 도보 1분

11. 카프리초사
600m, 자동차 3분

12. 라테 스톤 공원
850m, 자동차 2분

13. 산타 아구에다 요새
2km, 자동차 7분

14. 파세오 데 수사나 공원
450m, 자동차 2분

15. 차모로 빌리지
350m, 자동차 1분

16. 메스클라

COURSE 2
하갓냐 유유자적 힐링 코스

역사라는 단어만 들어도 머리가 지끈거리기 시작하는 여행자를 위한 코스. 공부하듯 문화유산들을 하나씩 찾아가는 것이 아니라 여유롭게 하갓냐 지역을 둘러볼 수 있는 코스. 브런치를 즐기고 쇼핑몰을 구경하고 그림 같은 풍경이 펼쳐지는 몇몇 전망 포인트들을 점 찍듯 둘러본 다음 힙한 맛집에서 근사한 저녁 식사로 하갓냐 여행을 마무리하자.

1 투레 카페
Turé Café

현지인들도 즐겨 찾는 하갓냐 초입의 소박한 카페. 하갓냐 베이의 쪽빛 해안이 발아래 펼쳐지는 자그마한 테라스에서 여유롭게 브런치를 즐겨보자.
- 시간 07:00~19:00(토·일요일 15:00까지)
- ▶ 1번 도로(Marine Corps Dr)를 거쳐 4번 도로를 따라 1.5km → 아가나 쇼핑센터

BEST MENU
신선한 훈제 연어와 아보카도가 듬뿍 토핑된 **노바 록스 베이글 Nova Lox Bagel $11.5**

2 아가나 쇼핑센터
Agana Shopping Center

쇼핑할 거리가 있어도 좋고 없어도 좋다! 하갓냐의 여유로운 분위기를 그대로 담은 쇼핑몰 아가나 쇼핑센터에서 유유자적 시간을 보내자.
- 시간 10:00~20:00(일요일 18:00까지)
- ▶ 건물 내 이동 → 요거트랜드

3 요거트랜드
Yogurtland

내 마음대로 가득 담아 먹는 취향 저격 아이스크림! 원하는 만큼만 덜어 먹을 수 있으니 더없이 좋다!
- 시간 매일 11:00~20:00
- ▶ 4번 도로 따라 Paseo Loop까지 이동한 뒤 좌회전해 1번 도로(Marine Corps Dr) 따라 2.7km → 리카르도 보르달로 주 정부 청사

BEST MENU
내 맘대로 고르는 형형색색의 토핑과 10여 종의 **아이스크림 1oz(28.3g) $0.79**

4 리카르도 보르달로 주 정부 청사
Ricardo J. Bordallo Governor's Complex

남국의 분위기가 넘실대는 곳. 언덕 위, 위엄 넘치는 주 정부 청사 건물 앞에서 '인증 샷'을 남기자!
- 시간 월~금요일 08:00~17:00
- 휴무 토·일요일, 공휴일
- ▶ 주 정부 청사 뒤쪽 → 자유의 라테 전망대

5 자유의 라테 전망대
Latte of Freedom

괌에서 가장 거대한 라테 스톤 속에 올라 하갓냐 베이의 풍경을 바라보자. 전망대 주위로 펼쳐진 다이내믹한 해안선의 모습도 놓치지 말 것!
- 시간 코로나로 임시 휴관
- 휴무 부정기 / 가격 성인 $3, 어린이(6~12세) $1
- ▶ 1번 도로(Marine Corps Dr) 따라 왔던 길을 되돌아 2.2km, 차모로 빌리지 앞에서 우회전해 West Soledad Ave로 진입 → 스키너 광장

6 스키너 광장 Skinner Plaza

하갓냐 중심부에 있는 남북으로 길게 뻗은 장방형의 광장. 푸른 잔디 광장과 일렬로 늘어선 야자수 덕분에 휴양지 분위기가 가득 담긴 사진을 남길 수 있다.

➡ 광장 바로 옆 → 스택스

7 스택스 Stax

어느 곳보다 힙하고 어느 것보다 맛있는 수제버거가 여기에 있다. 진한 육즙과 풍미에 가득 빠져 보자!

- 시간 월~토요일 11:00~21:00
- 휴무 일요일

BEST MENU
매콤달콤 허니 치폴레 소스와 구운 양파로 풍미를 가득 끌어올린 궁극의 버거. 허니 치폴레 Honey Chipotle $9.25~14.75

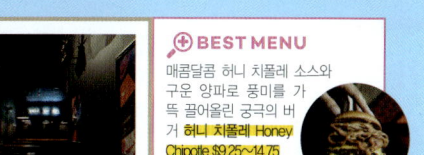

START

1. 투레 카페

   1.5m, 자동차 4분

2. 아가냐 쇼핑센터

   건물 내 이동, 도보 1분

3. 요거트랜드

   3.4km, 자동차 6분

4. 리카르도 보르달로 주 정부 청사

   100m, 도보 2분

5. 자유의 라테 전망대

   2.4km, 도보 2분+자동차 3분

6. 스키너 광장

   250m, 자동차 2분

7. 스택스

Travel INFO

여행 핵심 정보

- 현지 여행 패턴을 고려해 여행 중요도가 높은 별점 순서로 배열했습니다.
- 각 명소의 찾아가기 방법은 대부분 하갓냐의 주 교차로 '파세오 루프(Paseo Loop)'를 기준으로 추천 이동 수단을 소개했습니다.

1 아가냐 대성당
Dulce Nombre de Maria Cathedral-Basilica

하갓냐의 중심에서 500년 가까이 같은 자리를 지켜온 아가냐 대성당. 괌을 포함한 마리아나제도에서 가장 오래된 로마 가톨릭 양식의 성당이다. 차모로인 최초로 세례를 받은 대추장 키푸하가 봉헌한 땅 위에 건축된 아가냐 대성당은 로마 가톨릭 교회 양식을 따라 긴 십자가 형태의 내부 공간에 화려한 스테인드글라스가 따가운 햇살을 머금고 영롱한 빛을 내뿜는다. 짙은 목재로 마감된 천장이 남국의 휴양지 분위기를 물씬 자아낸다.

1권 P.97 지도 P.59G
찾아가기 렌터카 파세오 루프(Paseo Loop)에서 4번 도로로 진입해 약 260m 이동 후 Chalan Santo Papa Juan Pablo Dos 따라 오른쪽 방향으로 약 210m 이동 하갓냐 차모로 셔틀버스 코로나로 임시 운휴 **주소** 207 Archibishop FC Flores St, Hagatna **전화** 671-472-6201 **시간** 08:00~12:00, 13:30~16:00(일요일 미사 전후 입장 제한) **휴무** 부정기 **가격** 입장료(기부금) 성인 $3 **홈페이지** www.aganacathedral.org

2 차모로 빌리지
Chamorro Village

1991년 조성된 차모로 전통 시장. 과거 차모로인들의 실제 거주지를 보존하거나 복원한 것은 아니지만, 옛 모습을 본떠 과거 차모로인들의 마을 모습과 생활상을 간접적으로 상상해 볼 수 있다. 차모로 빌리지가 제대로 빛을 발하는 시간은 라이브 공연 및 다양한 이벤트와 함께 야시장이 열리는 매주 수요일 저녁이다. 이날은 차모로 수공예품이나 기념품 상점들도 빽빽이 들어서고, 꼬치구이나 레드 라이스 도시락 등 차모로 음식을 맛볼 수 있는 먹거리 장터도 성대하게 열린다.

PLUS TIP 차모로 야시장이 열리는 시간에는 주차장이 포화 상태에 이를 수 있으니, 개장 시간보다 조금 일찍 도착해 여유롭게 주차하는 것이 좋다.

1권 P.94, 179 지도 P.59G
찾아가기 렌터카 파세오 루프(Paseo Loop) 바로 뒤 하갓냐 차모로 셔틀버스 코로나로 임시 운휴 차모로 빌리지 야시장 셔틀버스 괌 프리미어 아웃렛 앞에서 탑승(수요일 17:30, 18:30) **주소** 153, Marine Corps Dr, Hagatna **전화** 671-475-0376 **시간** 월~토요일 10:00~18:00, 일요일 10:00~15:00(상점마다 다름), 야시장 수요일 17:30~21:30 **휴무** 부정기

3 산타 아구에다 요새
Fort Santa Agueda

스페인 점령 시대인 1800년대 하갓냐 남쪽의 언덕 위에 건설된 요새이다. 예로부터 괌 행정의 중심지였던 하갓냐를 방어하기 위한 목적으로 세워졌지만, 이 섬의 원래 주인이었던 차모로인들에게는 억압의 장소이기도 했다. 태평양전쟁 당시에는 여러 나라들 사이에 벌어진 각축전의 무대가 되기도 했다. 오늘날에는 평화로운 모습만 남아 하갓냐의 전경과 탁 트인 하갓냐 베이의 풍경을 한눈에 담을 수 있는 전망대로 여행자들을 기다린다. 일몰 풍경이 더없이 아름다운 곳이다.

1권 P.79, 99 지도 P.59K
찾아가기 렌터카 파세오 루프(Paseo Loop)에서 4번 도로로 약 500m 이동 후 우회전해 33번 도로를 따라가다 공원 앞에서 좌회전, 7번 도로를 따라가다 우회전해 Fort Court로 진입 **주소** Fort Santa Agueda, Agana Heights, Fort Ct, Hagatna **시간** 24시간 **휴무** 연중무휴

4 스페인 광장
Plaza de España

스페인 점령 시대의 총독 관저가 있던 곳이다. 옛 관저 일부가 폐허처럼 남아 있고, 드넓은 부지는 지금의 평화롭고 고즈넉한 광장으로 조성되었다. 광장 북쪽은 넓고 푸른 잔디밭에 아름드리 나무와 음악을 연주하던 커다란 정자가 서 있고, 알마센의 아치(Arches of the Almacen) 안쪽, 즉 광장 남쪽은 옛 총독 관저의 일부와 무기고 등이 아직까지 남아 있다. 화려한 광장의 모습에서 300년이 넘는 시간 동안 자신들의 터전을 빼앗겨야만 했던 차모로인들의 아픔을 되새겨보자.

📖 1권 P.97 🗺 지도 P.59K 🚗 찾아가기 렌터카 아가냐 대성당 바로 옆 하갓냐 차모로 셔틀버스 코로나로 임시 운휴 📍 주소 Saylor St, Hagatna

5 리카르도 보르달로 주 정부 청사
Ricardo J. Bordallo Governor's Complex

1970년대 괌 주지사였던 리카르도 보르달로의 이름을 딴 주 정부 청사로 하갓냐의 서쪽 아델럽 곶에 있다. 정부 청사의 역할을 다하고 현재는 다목적 문화 센터로 사용되고 있는데, 거대한 청사의 이국적인 모습 때문에 여행자들이 자주 찾는다. 청사 뒤쪽으로 자유의 라테 전망대가 있으며, 청사와 전망대 사이, 바다가 내려다보이는 뒷마당의 풍경이 특히 아름답다.

🗺 지도 P.58E

🚗 찾아가기 렌터카 파세오 루프(Paseo Loop)에서 1번 도로(Marine Corps Dr) 따라 서쪽으로 이동하다 6번 도로와 교차하는 삼거리 앞에서 우측 광장으로 진입 📍 주소 Ricardo J. Bordallo Governor's Complex, Marine Corps Dr, Hagatna ⏰ 시간 월~금요일 08:00~17:00 🚫 휴무 토~일요일, 공휴일

6 파세오 데 수사나 공원
Paseo de Susana Park

차모로 빌리지 뒤편, 바다 쪽으로 툭 튀어나온 해안선 끄트머리에 자리 잡은 공원이다. 자그마한 '미니' 자유의 여신상이 공원을 지키고 있다. 미국 본토의 동쪽 끝에 있는 뉴욕 자유의 여신상과 함께 미국의 최서단 괌에서도 자유를 수호하라는 의미로 세워진 것이다. '산책'이라는 뜻의 스페인어 '파세오(paseo)'라는 이름처럼 산책을 즐기기 좋은 공원이다. 산책로가 바다를 따라 이어져, 해 질 녘 잠시 들러 일몰 풍경을 바라보기에 더없이 좋다.

📖 1권 P.70, 94 🗺 지도 P.59G
🚗 찾아가기 렌터카 파세오 루프(Paseo Loop)의 추장 키푸하 동상 뒤쪽 도로를 따라 이동 하갓냐 차모로 셔틀버스 코로나로 임시 운휴 📍 주소 Paseo de Susana Park, Paseo Loop, Hagatna ⏰ 시간 24시간 🚫 휴무 연중무휴

7 시레나 공원
Sirena Park

옛 전설 속 인어로 변한 차모로 소녀 '시레나'의 이름을 딴 공원으로, 하갓냐의 중심부 스키너 광장과 인접한 소박한 공원이다. 예로부터 이곳은 하갓냐 강이 흐르던 곳이었지만 물길이 바뀌어 지금의 공원이 되었다. 공원 안에 있는 산 안토니오 브리지가 유명하다.

🗺 지도 P.59G
🚗 찾아가기 렌터카 파세오 루프(Paseo Loop)에서 차모로 빌리지를 지나 첫 교차로에서 좌측 Aspinall Ave로 진입 하갓냐 차모로 셔틀버스 코로나로 임시 운휴 📍 주소 Sirena Park, Aspinall Ave, Hagatna

8 추장 키푸하 동상
Chief Quipuha Statue

차모로인 최초로 가톨릭 세례를 받은 추장 키푸하는 1668년 괌에 상륙한 스페인 예수회 선교사들과 돈독한 관계를 유지하며, 스페인과 차모로족 사이의 긴장 관계를 완화해 대추장의 칭호를 얻었다. 1970년대 괌 주지사를 지낸 뒤 뇌물죄 혐의에 시달리던 리카르도 보르달로가 이곳에서 자살한 사건도 있었다. 당시 그는 억울함을 호소하며 사슬로 자신의 몸을 동상에 묶은 채 권총 자살했다.

📖 1권 P.93 🗺 지도 P.59G
🚗 찾아가기 렌터카 파세오 루프(Paseo Loop) 교차로 내에 위치 하갓냐 차모로 셔틀버스 코로나로 임시 운휴 📍 주소 Paseo Loop, Hagatna

9 스키너 광장(괌 골드스타 패밀리스 메모리얼)
Skinner Plaza(Guam Gold Star Families Memorial)

괌 최초의 민간 주지사였던 칼튼 스키너를 기리기 위한 광장으로 1961년 현재의 모습으로 조성되었다. 스키너는 전후 혼란기의 괌을 수습하고 괌 최초의 대학교를 설립하는 등 많은 업적을 남김으로써 지금까지 괌 현지인들에게 존경받는 대표적인 인물이다. 남북 길이가 240미터에 달하는 광장의 끝에 새로 문을 연 괌 박물관은 괌 역사 문화 교육의 큰 축이 되고 있다.

ⓑ 1권 P.95 ⓞ 지도 P.59G

찾아가기 렌터카 파세오 루프(Paseo Loop)에서 차모로 빌리지를 지나 첫 교차로에서 좌측 Aspinall Ave로 진입 후 다시 West Soledad Ave를 따라 좌회전 하갓냐 차모로 셔틀버스 코로나로 임시 운휴 주소 Skinner Plaza, West Soledad Ave, Hagatna

10 교황 요한 바오로 2세 동상
Pope John Paul II Monument

바티칸 교황청 역사상 처음으로 괌을 방문했던 교황 요한 바오로 2세의 동상으로 스키너 광장과 스페인 광장 사이의 찰란 산토 파파 후안 파블로 도스(Chalan Santo Papa Juan Pablo Dos) 거리 한복판에 홀로 서 있다. 1981년 교황 요한 바오로 2세는 바로 이 자리에서 야외 미사를 집전했다. 원래는 동상이 12시간에 한 바퀴씩 회전하도록 설계되었는데, 교황이 선종한 것처럼 이제 모터도 수명을 다해 지금은 한쪽 방향을 바라보고 그대로 멈춰 있다.

ⓑ 1권 P.96 ⓞ 지도 P.59G

찾아가기 렌터카 스페인 광장과 괌 박물관 사이에 위치 하갓냐 차모로 셔틀버스 코로나로 임시 운휴 주소 Pope John Paul II Monument, Chalan Santo Papa Juan Pablo Dos, Hagatna

11 괌 박물관
Guam Museum

2016년 11월 새롭게 문을 연 괌 박물관은 선사시대부터 20세기 후반에 이르기까지 괌을 비롯한 서태평양 연안 섬들에서 꽃피운 역사와 문화를 전시하고 있다. 옛 역사 유물은 물론 괌의 진짜 주인이었던 차모로인들에 대한 수많은 사진 자료와 기록들이 특히 흥미롭다. 박물관의 멋스러운 지붕과 널찍한 테라스는 더위를 피하기 위한 괌 전통 건축물의 공간 기법을 현대적으로 재해석한 것이다.

ⓑ 1권 P.96 ⓞ 지도 P.59G

찾아가기 렌터카 스페인 광장과 스키너 광장 사이에 위치 하갓냐 차모로 셔틀버스 코로나로 임시 운휴 주소 193, Chalan Santo Papa Juan Pablo Dos, Hagatna 전화 671-989-4455 시간 매일 10:00, 11:00, 12:00, 13:00, 14:00 사전 예약자에 한해 입장 휴무 부활절, 추수감사절, 성탄절 가격 입장료 성인 $3, 5~17세 $2, 5세 미만, 55세 이상 무료 홈페이지 www.guammuseumfoundation.com/Museum

12 라테 스톤 공원
Latte Stone Park

차모로 전통 주택의 주춧돌과 기둥 역할을 하는 버섯 모양의 라테 스톤. 사람 키를 훌쩍 넘는 네 쌍의 라테 스톤이 자리 잡고 있는 평화롭고 고즈넉한 공원이다. 이 라테 스톤 때문에 라테 스톤 공원이라는 약식 명칭으로 불리지만 공식 명칭은 '세너토 에인절 레온 구에레로 산토스 라테 스톤 메모리얼 파크(Senator Angel Leon Guerrero Santos Latte Stone Memorial Park)'이다. 이곳의 라테 스톤은 괌 남부의 유적지에 있던 것을 옮겨온 것이다. 공원 한쪽에 태평양전쟁 당시 일본군이 파놓은 땅굴 입구도 그대로 보존되어 있다.

ⓑ 1권 P.99 ⓞ 지도 P.59K

찾아가기 렌터카 파세오 루프(Paseo Loop)에서 4번 도로 따라 약 500m 이동 후 우회전해 33번 도로를 따라 약 260m 이동 하갓냐 차모로 셔틀버스 코로나로 임시 운휴 주소 West O'Brien Dr, Hagatna

13 자유의 라테 전망대
Latte of Freedom
무료 주차 ★★

괌에서 가장 거대한 높이 24미터의 라테 스톤이 있는 곳이다. 높이로는 괌 최고이지만 유물로서 가치는 전혀 없는 그저 '이미테이션'에 불과한 자유의 라테 전망대는 하갓냐 베이를 조망할 수 있도록 2004년에 문을 열었다. 1976년에 아파트 25층 높이에 달하는 전망대를 세우고자 했지만 막대한 공사비를 감당할 수 없어 중단되었다가, 2004년에 초라한(?) 크기의 전망대로 문을 열게 된 것이다. 크기에 상관없이 하갓냐 베이의 풍경만큼은 멋스럽다.

ⓑ 1권 P.72 ⓖ 지도 P.58E
ⓖ 찾아가기 렌터카 리카르도 보르달로 주 정부 청사 뒤편 ⓖ 주소 Latte of Freedom, Marine Corps Dr, Hagatna ⓖ 전화 671-475-4634 ⓖ 시간 코로나로 임시 휴관 ⓖ 휴무 부정기 ⓖ 가격 성인 $3, 어린이(6~12세) $1

14 미 해군 묘지
US Naval Cemetery
무료 주차 ★

스페인과 미국 간의 전쟁, 제1차·제2차 세계대전과 태평양전쟁, 또 한국전쟁의 희생자까지 모두 254명이 잠들어 있는 작은 묘지이다. 미 해군 병사들과 함께 독일 선원이나 어린아이들에 이르기까지 일반인들의 유해 또한 이곳에 묻혀 있다. 별다른 봉분이 없어 공원처럼 느껴지지만, 숭고한 희생이 깃든 곳이니 예의를 갖추고 방문해야 한다.

ⓑ 1권 P.92 ⓖ 지도 P.59H
ⓖ 찾아가기 렌터카 투몬 중심 Pale San Vitores Rd 남쪽으로 이동하다 왼쪽 14A번 도로로 한 블록 지나 1번 도로(Marine Corps Dr) 남쪽으로 약 5.4km(K마트에서 약 8분) 지나면 오른쪽 ⓖ 주소 US Naval Cemetery, Marine Corps Dr, Hagatna

15 파드레 팔로모 공원
Padre Palomo Park
무료 주차 ★

차모로인 최초의 가톨릭 신부 파드레 돈 호세 팔로모의 이름을 본뜬 아주 작은 공원으로 미 해군 묘지 바로 옆에 있다. 차모로인의 교육 증진과 복지 확대를 위해 일생을 바친 공로를 기리기 위한 곳으로, 규모는 작지만 바로 옆에 해안을 끼고 있어 잠시 쉬어 가기에 좋다.

ⓑ 1권 P.92 ⓖ 지도 P.59H
ⓖ 찾아가기 렌터카 투몬 중심 Pale San Vitores Rd 남쪽으로 이동하다 왼쪽 14A번 도로로 한 블록 지나 1번 도로(Marine Corps Dr) 남쪽으로 5.5km(K마트에서 약 8분) 이동하면 오른쪽 ⓖ 주소 Padre Palomo Park, Marine Corps Dr, Hagatna ⓖ 시간 07:00~20:00 ⓖ 휴무 연중무휴

16 산 안토니오 브리지
San Antonio Bridge
무료 주차

쇼키너 광장 바로 옆의 수박하고 아기자기한 시레나 공원 내에 자리 잡은 석조 아치로, 1800년대 완성된 것으로 추정되며, 1974년 미국 국가 유산에 등재되었다. 공원 한가운데 다리 하나만 생뚱맞게 놓인 것이 의아해 보이지만, 원래 이곳은 물길이 바뀌기 전 하갓냐 강이 흐르던 곳이었다. 다리 아래 인어로 변한 차모로 소녀 '시레나'의 동상도 만나볼 수 있다.

ⓑ 1권 P.95 ⓖ 지도 P.59G
ⓖ 찾아가기 렌터카 파세오 루프(Paseo Loop)에서 차모로 빌리지를 지나 첫 교차로에서 좌측 Aspinall Ave로 진입하면 시레나 공원 내에 위치 하갓냐 차모로 셔틀버스 코로나로 임시 운휴 ⓖ 주소 Sirena Park, Aspinall Ave, Hagatna

17 주지사 관저
Governor's House
무료 주차

라테 스톤 공원에서 산타 아구에다 요새로 가는 길목에 있는 주지사의 공식 관저로 언덕 위에 터를 잡아 전망이 좋기로 유명하다. 하갓냐 헤리티지 워킹 트레일 코스에 속한 유적지이지만, 지금도 여전히 관저로 쓰이고 있어 아쉽게도 내부를 관람할 수는 없다.

ⓖ 지도 P.59K
ⓖ 찾아가기 렌터카 파세오 루프(Paseo Loop)에서 4번 도로 따라 약 500m 이동 후 우회전해 33번 도로를 따라가다 공원 앞에서 좌회전, 7번 도로를 따라가다 우회전하면 우측 ⓖ 주소 Governor's House, Rt. 7, Hagatna

18 태평양전쟁 박물관
Pacific War Museum
무료 주차

태평양전쟁 당시의 유물이 전시된 민간 전쟁 박물관이다. '땅을 빼앗느냐 빼앗기느냐' 하는 문제가 국운을 좌우할 만큼 중요했던 시기. 그만큼 치열했던 미국과 일본 사이의 전쟁 유물들이 다수 전시되어 있다. 내부에는 전범기와 함께 전범들의 사진 자료들도 전시되어 있지만, 전쟁의 기록일 뿐 별다른 의미는 없다.

ⓖ 지도 P.58E
ⓖ 찾아가기 렌터카 파세오 루프(Paseo Loop)에서 1번 도로(Marine Corps Dr) 따라 서쪽으로 이동하다 6번 도로와 교차하는 삼거리에서 좌회전 ⓖ 주소 Pacific War Museum, Rt. 6, Hagatna ⓖ 전화 671-477-8355 ⓖ 시간 코로나로 임시 휴관 ⓖ 휴무 부정기 ⓖ 가격 입장료 성인 $3, 어린이(6~11세) $2

19 메스클라
Meskla Chamoru Fusion Bistro ★★★★★ 무료 주차

The Chamoru Platter $29.95+10%

괌 현지인들이 첫손으로 꼽는 차모루 퓨전 레스토랑. 괌 관광청에서 주최한 맛집 콘테스트에서 1~2위를 수상한 경력이 있는 자타 공인 '진짜' 맛집이다. 차모루 음식의 특징을 그대로 살린 현대적인 음식들을 맛볼 수 있다. 무난하게 육류를 선택하고자 한다면 바비큐 립스(Meskla's Award Winning BBQ Ribs, $26~38)가 우리 입맛에 잘 맞는다. 차모루 음식을 골고루 맛보고 싶다면 더 차모루 플래터(The Chamoru Platter, $29.95+10%)를 주문해 보자. 신선한 자리돔 튀김과 함께 레드 라이스, 켈라구엔, 쇠고기 육포 등 차모루 전통 메뉴를 모두 맛볼 수 있다.

📖 1권 P.146 🗺 지도 P.59G 🚗 찾아가기 렌터카 투몬 중심 Pale San Vitores Rd 남서쪽으로 이동하다 왼쪽 14A번 도로로 한 블록 지나 1번 도로(Marine Corps Dr) 남서쪽으로 5.7km(K마트에서 약 9분) 지나면 도로 왼편 📍 주소 130, Marine Corps Dr, Hagatna 📞 전화 671-479-2652 🕐 시간 월~토요일 11:00~14:00, 17:30~21:00, 일요일 10:00~14:00 🚫 휴무 부정기 💰 가격 스타터 $10.95+10%~, 메인 요리 $16.95+10%~ 🌐 홈페이지 www.mesklaguam.com

20 스택스
Stax ★★★★ 무료 주차

괌의 청년들이 창업한 조그마한 수제버거 집으로, 손색 없는 버거의 맛과 힙한 분위기로 젊은 여행자들과 미식가들을 불러모으는 곳이다. 다른 수제버거 집들보다 명성은 덜하지만, 맛에서는 오히려 더 낫다는 평이 자자하기도 한다. 구운 양파와 허니 치폴레 소스로 풍미를 더한 허니 치폴레 버거(Honey Chipotle, $9.25~14.75)는 궁극의 '맵단조합'을 자랑한다고. 프렌치 프라이도 취향에 따라 다양한 스타일을 선택할 수 있다.

Honey Chipotle $9.25~14.75

🗺 지도 P.59D 🚗 찾아가기 렌터카 파세오 루프(Paseo Loop)에서 차모루 빌리지를 지나 첫 교차로에서 좌측 Aspinall Ave로 진입해 West Soledad Ave를 따라가다 좌회전 후 350m 이동 📍 주소 110 West Soledad Ave, Hagatna 📞 전화 671-969-7829 🕐 시간 월~토요일 11:00~21:00 🚫 휴무 일요일 💰 가격 버거 $7.5~14.75 🌐 홈페이지 www.stax.wtf

21 카프리초사
Capricciosa ★★★ 무료 주차

'카프리초사'는 이탈리아어로 '기분을 들뜨게 한다'는 뜻이다. 재료 본연의 맛을 살린 데다 가격까지 '착한' 메뉴들로 사랑받고 있다. 더구나 메뉴 하나만 주문해도 성인 여성 둘이 배불리 먹을 만큼 넉넉한 양으로 인심도 좋다.

📖 1권 P.135 🗺 지도 P.59D 🚗 찾아가기 렌터카 아가나 쇼핑센터 내 위치 하갓냐 차모루 셔틀버스 코로나로 임시 운휴 📍 주소 Agana Shopping Center, 302 Rt. 4, Hagatna 📞 전화 671-472-1009 🕐 시간 11:00~21:00 🚫 휴무 부정기 💰 가격 피자 $15.25+10%~, 파스타 $19.75+10%~ 🌐 홈페이지 www.facebook.com/CapricciosaGuam

Squid Ink Spaghetti $21.5+10%

22 셜리스 커피숍
Shirley's Coffee Shop ★★ 무료 주차

괌을 대표하는 로컬 패밀리 레스토랑. 아가나 쇼핑센터 앞에서 이곳으로 자리를 옮겼다. 캐주얼하고 소박한 분위기로 부담 없이 한 끼 식사를 즐기기에 좋다. 셜리스 커피숍은 괌에서 '나고 자란' 패밀리 레스토랑이기에 괌 본연의 맛과 분위기를 만끽할 수 있는 곳이다. 실제로 괌 로컬 메뉴들을 다양하게 맛볼 수 있다.

📖 1권 P.133 🗺 지도 P.58F 🚗 찾아가기 렌터카 파세오 루프(Paseo Loop)에서 1번 도로(Marine Corps Dr) 따라 서쪽으로 이동하다 유턴하여 West Soledad Ave 진입 하갓냐 차모루 셔틀버스 코로나로 임시 운휴 📍 주소 470 W Soledad Ave Unit 105, Hagatna 📞 전화 671-472-8383 🕐 시간 07:30~21:00 🚫 휴무 부정기 💰 가격 샌드위치 $11.45~, 볶음밥 $11.95~, 스테이크 $24.95~

23 피셔맨즈 코업
Fishermen's Co-op ★ 무료 주차

엄밀히 말해 식당이라기보다 해산물 상점에 가까운 곳이다. 괌 연근해에서 갓 잡은 신선한 해산물과 원양으로 수입해 들어오는 냉동 해산물을 값싸게 판매한다. 원하는 무게(g) 단위로 구매할 수 있어서 가볍게 회 한 접시를 즐기고 싶은 현지인들과 여행자들이 종종 찾는다. 차모루 빌리지 서쪽 부둣가에 있다.

🗺 지도 P.59G 🚗 찾아가기 렌터카 파세오 루프(Paseo Loop)에서 차모루 빌리지를 지나 우측으로 진입 하갓냐 차모루 셔틀버스 코로나로 임시 운휴 📍 주소 Fishermen's Co-op, Paseo Loop, Hagatna 📞 전화 671-472-6323 🕐 시간 월~토요일 10:00~19:00 🚫 휴무 일요일 💰 가격 $10~

24 투레 카페
Turé Café

Nova Lox Bagel $11.5

타무닝에서 하갓냐로 들어가는 초입, 1번 도로(Marine Corps Dr) 우측 해변에 위치한 조그마한 카페. 아침 7시면 문을 열고 현지인들과 여행자들의 아침을 깨운다. 아기자기한 케이크와 베이글, 커피 한 잔으로 여유로운 브런치를 즐기기에 좋다. 현지인들도 많이 찾는 곳이어서 괌 사람들의 느긋한 한때를 '부러운 듯' 훔쳐보기에 더없이 좋다. 하갓냐 베이의 쪽빛 바다가 그림처럼 펼쳐진 테라스에서 '인생 사진'을 남겨보자.

📘 1권 P.153 🗺 지도 P.59H 🚗 찾아가기 렌터카 투몬 중심 Pale San Vitores Rd 남쪽으로 이동하다 왼쪽 14A번 도로 한 블록 지나 1번 도로(Marine Corps Dr) 남쪽으로 5.1km(K마트에서 약 7분) 이동하면 우측 레오레오 트롤리 하갓냐 쇼핑센터 코스 셔틀버스 코로나로 임시 운휴 📍 주소 Turé Café, 349 Marine Corps Dr, Hagatna ☎ 전화 671-479-8873 🕐 시간 07:00~19:00(토~일요일 15:00까지) 🚫 휴무 연중무휴 💰 가격 조식 $7.25~, 런치 $11.49~, 커피 $3.99~ 🌐 홈페이지 www.turecafe.com

25 요거트랜드
Yogurtland

괌 대표 아이스크림 전문점으로 디스펜서에서 원하는 맛과 향의 아이스크림을 내린 다음 젤리나 과일, 시리얼 등의 토핑을 내 마음대로 골라 나만의 아이스크림을 만들어 먹을 수 있다. 단, 전체 무게(g)로 계산하는 만큼 과욕은 금물! 테이스팅을 요청할 수도 있다.

🗺 지도 P.59H 🚗 찾아가기 렌터카 파세오 루프(Paseo Loop)에서 4번 도로 따라 약 700m 이동 후 좌회전해 아가냐 쇼핑센터 주차장으로 진입. 쇼핑센터 1층에 위치 하갓냐 차모로 셔틀버스 코로나로 임시 운휴 📍 주소 Yogurtland, Agana Shopping Center, 302 Rt. 4, Hagatna ☎ 전화 671-475-9595 🕐 시간 11:00~20:00 🚫 휴무 연중무휴 💰 가격 아이스크림 1oz(28.3g) $0.79 🌐 홈페이지 www.yogurt-land.com

26 아가냐 쇼핑센터
Agana Shopping Center

하갓냐를 대표하는 쇼핑센터로 현지인들이 많이 찾는 슈퍼마켓과 영화관, 식당과 상점들이 입점해 있다. 영양제와 보충제 등을 구입할 수 있는 비타민 월드, 저렴한 떨이 물건들을 '득템'할 수 있는 로스 드레스 포 레스, 합리적인 가격의 각종 맛집들도 있어 하갓냐 여행 중 필요한 물품을 구입하거나 잠시 들러 식사하기에 좋다.

🗺 지도 P.59D 🚗 찾아가기 렌터카 파세오 루프(Paseo Loop)에서 4번 도로 따라 약 700m 이동 후 좌회전해 아가냐 쇼핑센터 주차장으로 진입 하갓냐 차모로 셔틀버스 코로나로 임시 운휴 📍 주소 Agana Shopping Center, 302 Rt. 4, Hagatna ☎ 전화 671-472-5027 🕐 시간 10:00~20:00(일요일 18:00까지) 🚫 휴무 코로나로 주말 부정기 🌐 홈페이지 www.aganacenter.com

27 비타민 월드
Vitamin World

30년 역사를 자랑하는 비타민 및 영양제 리테일 숍으로 미국 전역에 60여 매장을 두고 있다. 다양한 종류의 비타민은 물론이고, 마그네슘이나 칼슘 등 성분별 영양제와 관절, 눈 등 부위별 영양제를 고루 갖추고 있다. 아이들을 위한 섹션도 따로 마련되어 있어 뻔하지 않은 지인 선물을 구하기에도 좋은 곳이다. 괌 프리미어 아웃렛과 마이크로네시아 몰에도 매장이 있다.

🗺 지도 P.59D 🚗 찾아가기 아가냐 쇼핑센터 내 1층 📍 주소 1st Floor, Agana Shopping Center, 302 Rt. 4, Hagatna ☎ 전화 671-472-2547 🕐 시간 10:00~20:00(일요일 18:00까지) 🚫 휴무 연중무휴 🌐 홈페이지 www.vitaminworld.com

AREA 03 SOUTH GUAM [남부]

해안도로를 달리며
만끽하는 아름다운 자연

화려한 호텔 수영장에서 편하게 휴식을 취하고 관광객들로 가득한 투몬의 호텔 로드를 거닐며 쇼핑을 즐기는 것만이 괌 여행의 전부는 아니다. 아름다운 자연 속에 숨겨진 진짜 괌을 만나고 싶다면 남부로 떠나보자. 곳곳에 마련된 전망대에 올라 끝없이 펼쳐진 바다를 바라보거나 천연 수영장에서 신나는 다이빙을 즐겨도 좋다. 필리핀해에서 남태평양으로 이어지는 해안도로를 따라 신나게 즐기는 특별한 여행. 자세히 봐야 더 아름다운 괌 남부로 지금부터 달려보자!

> **괌 남부, 면적은 얼마나 될까?**
> 차모로족의 후손들이 모여 사는 메리조와 우마탁 마을이 있는 지역으로, 남북으로 길게 늘어진 괌의 지형 때문에 편의상 괌 남부로 불린다. 동서 폭은 약 13킬로미터로 그리 넓진 않지만 남북 길이는 26킬로미터가 넘어 괌 전체 면적의 절반 정도를 차지한다. 시계 반대 방향으로 해안도로를 따라 드라이브할 경우 약 1시간 15분 소요된다.

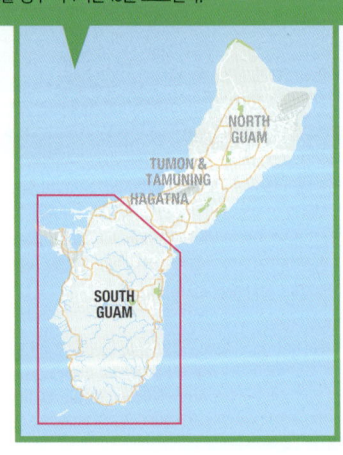

073

MUST SEE 이것만은 꼭 보자!

№. 1
괌에서 유일한
피시 아이 마린 파크의
해중 전망대

№. 2
인생 사진 명소
에메랄드 밸리

№. 3
전망대보다 더 아름다운
풍경을 볼 수 있는
솔레다드 요새

MUST EAT 이것만은 꼭 먹자!

№. 1
제프 아저씨의
해적 마크가 새겨진
제프스 파이러츠 코브의
홈메이드 치즈버거

MUST EXPERIENCE 이것만은 꼭 경험하자!

№. 1
자연이 만들어낸 수영장
이나라한 자연 풀장에서
짜릿한 다이빙 즐기기

№. 2
남태평양을 바라보며
라운딩 즐기기

아무리 짧은 여행이라도 하루는 무조건 괌 남부 투어에 양보하자!

인기
★★★★★

아름다운 전망대, 다이빙대가 설치된 수영장, 인생 사진을 남길 포토 스폿까지.

관광지
★★★★☆

쇼핑몰은커녕 그 흔한 슈퍼마켓조차 찾아보기 힘든 곳.

쇼핑
☆☆☆☆☆

남부로 향하기 전에는 꼭 든든하게 배를 채우자!

식도락
★★☆☆☆

가로등 하나 없는 도로에서 밤 운전은 위험!

나이트라이프
☆☆☆☆☆

교통체증이 뭐지? 시원한 드라이브로 스트레스, 안녕!

복잡함
★★☆☆☆

괌 남부 여행 & 교통편 한눈에 보기

괌 남부 이렇게 여행하자!

남부의 모든 주요 관광지를 둘러보는 데는 4~5시간이면 충분하지만 주요 관광 스폿에서 수영을 즐기거나 여유롭게 시간을 보내고 싶다면 아침 일찍 서두르는 것이 좋다. 갈색 전망대 표시가 있거나 주변에 차량이 주차되어 있다면 주요 관광 스폿이 가까이 있다는 뜻이다. 해가 지기 시작하면 급격히 어두워지니 오후 6시 전에는 관광을 마치도록 하자. 남부 투어 중간에는 이렇다 할 맛집이 거의 없으니 가볍게 도시락을 준비해 해변에서 특별한 피크닉을 즐겨보는 것도 좋다.

괌 남부 교통편 한눈에 보기

1. 렌터카

대중교통 이용은 불가능하므로 렌터카를 추천한다. 투몬 중심에서 이동할 경우 Pale San Vitores Rd 남서쪽으로 이동하다 14A 도로에서 왼쪽으로 한 블록 이동 후 1번 도로(Marine Corps Dr)를 따라 직진하면 괌 남부로 이어진다. 오른쪽에 티 스텔 뉴먼 방문자 센터(T. Stell Newman Visitor Center)가 보이면 2A 도로로 좌회전해 연결된 2번, 4번 도로를 따라 드라이브를 즐기자. 괌 렌터카 이용에 관한 자세한 정보는 1권 MANUAL 05 남부 투어(P.100) 참고.

2. 한인 택시

렌터카를 이용하기 어려운 경우에는 한인 택시로 주요 관광지를 둘러볼 수 있다. 한국인 기사님의 친절한 안내와 함께 관광지에 대한 정보를 얻을 수 있지만 비용이 조금 비싼 편이다. 출발 하루 전까지 한인 택시 업체에 예약하면 된다. 단독 투어 성인 4인 기준 $250~.

괌 남부 완전정복 코스

COURSE 1

괌 남부의 주요 스폿들을 꼼꼼히 둘러보는 코스로 오전 일찍 시작해야 해 지기 전에 투몬으로 돌아올 수 있다. 남부 지역에는 아침 식사를 할 만한 식당이 거의 없으니 숙소에서 든든하게 먹고 출발하는 것이 좋다. 아이스박스에 물과 음료수, 간단하게 먹을 간식이나 도시락을 준비해 물놀이 이후 허기진 배를 채우자.

START
1. 피티 베이 비치
   바로 앞
2. 피시 아이 마린 파크
   2.4km, 자동차 2분
3. 에메랄드 밸리
   13.6km, 자동차 14분
4. 탈리팍 다리
   4.7km, 자동차 5분
5. 세티 베이 전망대
   5.2km, 자동차 9분
6. 우마탁 마을
   1km, 자동차 2분
   ↓ 뒷면에 계속

1 피티 베이 비치 Piti Bay Beach

가볍게 해변을 산책하거나 스노클링을 즐겨보자. 운이 좋다면 바다거북을 만날 수도 있다.
PLUS TIP 스노클링 마스크는 미리 챙겨 갈 것을 추천.
➡ 바로 앞 → 피시 아이 마린 파크

2 피시 아이 마린 파크 Fish Eye Marine Park

스노클링이 힘든 어린아이 혹은 부모님과 함께라면 몸에 물 한 방울 묻히지 않고 괌의 아름다운 바닷속을 훤히 들여다볼 수 있는 해중 전망대를 추천한다.
⏰ **시간** 09:00~18:00
💲 **가격** 성인 $16, 어린이(6~11세) $8
➡ 1번 도로를 따라 1.7km 이동 후 11번 도로로 우회전 후 700m 이동 → 에메랄드 밸리

3 에메랄드 밸리 Emerald Valley

이름처럼 에메랄드 빛의 아름다운 물색을 가지고 있는 작은 계곡이다. 이른 시간에 방문해야 여유롭게 사진을 담을 수 있다. 괌에서 꼭 가봐야 하는 인생 사진 명소.
➡ 1번 도로로 돌아 나와 5km 이동 후 2A도로로 좌회전해 연결된 2번 도로를 따라 7.9km 이동하면 오른쪽 도로변 → 탈리팍 다리

4 탈리팍 다리 Talaifak Bridge

세월의 흔적이 그대로 느껴지는 역사적인 다리 위를 조심스럽게 거닐어 보자. 다리 위에서 기념사진은 필수.
PLUS TIP 바로 옆에 작은 마트가 있다.
➡ 2번 도로를 따라 4.7km 이동해 오른쪽 주차장으로 진입 → 세티 베이 전망대

5 세티 베이 전망대 Cetti Bay Overlook

괌 남부에서 가장 멋진 풍경을 볼 수 있는 전망대. 이정표가 작아 그냥 지나치기 쉬우니 주차된 차들이 보이면 주저하지 말고 차를 세우자.
➡ 2번 도로를 따라 5.2km 이동 → 우마탁 마을

6 우마탁 마을 Umatac Village

거대한 성벽 모양의 우마탁 다리와 함께 마젤란이 괌을 처음 발견한 것을 기념해 세운 마젤란 기념비, 스페인 선교단에서 지은 산 디오니시오 성당까지 꼼꼼하게 둘러보자.
➡ 2번 도로를 따라 850m 이동 후 오른쪽 도로 진입 → 솔레다드 요새

7 솔레다드 요새
Fort Nuestra Senora de la Soledad

침입자를 감시할 목적으로 지어진 만큼 탁 트인 뷰를 자랑한다. 작은 초소와 함께 3개의 대포가 아직도 그대로 남아 있다.

PLUS TIP 입구에 화장실이 있다.

➡ 2번 도로로 되돌아 나와 연결된 4번 도로를 따라 3.6km 이동 → 메리조 마을

8 메리조 마을
Merizo Village

괌의 최남단에 위치한 작은 마을로 괌의 수호성인 카말렌을 기리기 위해 세워진 공원과 괌에서 가장 오래된 건물인 메리조 콘벤토를 함께 둘러볼 수 있다.

➡ 4번 도로를 따라 10.8km 이동하면 오른쪽 도로변 → 곰 바위

9 곰 바위
Bear Rock

바다 앞에 서 있는 커다란 곰 모양 바위를 배경으로 재미있는 기념사진을 남겨보자.

➡ 4번 도로를 따라 1km 이동하면 오른쪽 → 이나라한 자연 풀장

10 이나라한 자연 풀장
Inarajan Natural Pool

괌 남부의 하이라이트라고 할 수 있는 곳이다. 천연 수영장에서 아름다운 풍경을 바라보며 느긋하게 수영과 스노클링을 즐길 수 있다.

PLUS TIP 커다란 타월을 미리 챙겨가면 유용하다.

➡ 4번 도로를 따라 5.2km 이동 후 왼쪽 Dandan Rd로 직진 후 2.3km 지점에서 다시 이정표를 따라 오른쪽으로 1.7km 직진 → 탈로포포 폭포 & 요코이 동굴

11 탈로포포 폭포 & 요코이 동굴
Talofofo Falls & Yokoi's Cave

다양한 탈것과 볼거리를 갖춘 이색적인 테마파크이다. 케이블카를 타고 폭포 아래로 내려온 스릴 넘치는 외나무다리를 건너보자. 아이들과 함께 방문하기에도 좋다.

⏰ **시간** 금~일요일 09:00~17:00
💰 **가격** 성인 $20, 어린이(4~11세) $8

PLUS TIP 모기가 많은 지역이니 모기 퇴치 스프레이를 챙겨가는 것이 좋다.

➡ 4번 도로로 되돌아 나와 좌회전 후 7.4km 이동하면 오른쪽 → 제프스 파이러츠 코브

12 제프스 파이러츠 코브
Jeff's Pirates Cove

독특한 해적 콘셉트의 내부 인테리어 덕분에 관광객들에게 인기 만점. 해적 마크가 찍힌 두툼한 패티의 치즈버거를 맛보자!

⏰ **시간** 월~목요일 10:00~18:00, 금~일요일 09:00~19:00

➡ 4번 도로를 따라 7.7km 이동하면 오른쪽 도로변 → 파고 베이 전망대

⊕ BEST MENU
1. 직접 만든 두툼한 패티가 일품인 **제프스 페이머스 홈메이드 하프 파운드 치즈버거** Jeff's Famous Homemade 1/2 lb Cheeseburger $18+10%
2. 매콤한 소스가 입맛을 돋우는 **치킨 윙** Chicken Wings(s) $14+10%

13 파고 베이 전망대
Pago Bay Overlook

괌 남부 여행의 마지막 지점이자 투몬으로 돌아가는 길목에 위치한 작은 전망대. 잠시 들러 북태평양의 아름다운 풍경을 감상해 보자.

↓ **CONTINUE**

7. 솔레다드 요새
3.8km, 자동차 7분

8. 메리조 마을
10.8km, 자동차 14분

9. 곰 바위
1km, 자동차 2분

10. 이나라한 자연 풀장
9.2km, 자동차 12분

11. 탈로포포 폭포 & 요코이 동굴
11.4km, 자동차 14분

12. 제프스 파이러츠 코브
7.7km, 자동차 8분

13. 파고 베이 전망대

괌 남부 평일 핵심 코스

COURSE 2

호텔에서 조식을 먹고 오전 11시 이후에 출발하는 코스로 남부의 핵심 스폿만 빠르게 둘러볼 수 있다. 괌 남부는 관광객들이 식사할 수 있는 레스토랑이 거의 없다. 투몬 주변의 음식점에서 메뉴를 테이크 아웃 하거나 도시락을 준비하는 것을 추천한다. 세티 베이 전망대에서 아름다운 전망을 바라보며 피크닉을 즐겨보자.

START

1. 세티 베이 전망대
   - 5.2km, 자동차 7분
2. 우마탁 마을
   - 1km, 자동차 2분
3. 솔레다드 요새
   - 15.6km, 자동차 22분
4. 이나라한 자연 풀장

---

1 세티 베이 전망대
Cetti Bay Overlook

괌 남부의 수많은 전망대 중에 딱 한 곳만 가야 한다면 단연 세티 베이 전망대. 환상적인 배경으로 인생 사진을 남기기에 더없이 좋은 곳이다.

➡ 2번 도로를 따라 5.2km 이동 → 우마탁 마을

2 우마탁 마을
Umatac Village

우마탁 베이를 따라 자리 잡은 작은 마을. 과거 스페인 점령 시대 괌의 주도였던 곳으로 마을 곳곳에 스페인 양식의 이색적인 건축물이 있다.

➡ 2번 도로를 따라 850m 이동 후 오른쪽 도로 진입 → 솔레다드 요새

3 솔레다드 요새
Fort Nuestra Senora de la Soledad

웬만한 전망대보다 더 멋진 전망을 자랑하는 곳이다. 넓은 잔디밭 곳곳에 테이블이 마련되어 멋진 풍광을 바라보며 가볍게 피크닉을 즐기기 좋다.

PLUS TIP 남부 여행을 시작하기 전 마트에 들러 간단한 도시락을 챙겨 가는 것이 좋다.

➡ 2번 도로로 되돌아 나와 연결된 4번 도로를 따라 15.4km 이동하면 오른쪽 → 이나라한 자연 풀장

4 이나라한 자연 풀장
Inarajan Natural Pool

과거 한국 드라마의 촬영 장소이기도 했던 괌 남부 제일의 명소. 샤워장과 화장실 등 편의 시설도 갖춰져 여유롭게 시간을 보낼 수 있다. 주말이면 가족과 함께 물놀이를 즐기러 나온 현지인들로 가득하다.

PLUS TIP 풀장 왼쪽에 3미터 높이의 다이빙대가 마련되어 있으니 주저하지 말고 도전해 보자.

Travel INFO

여행 핵심 정보

→

- 현지 여행 패턴을 고려해 여행 동선 순서로 배열하였습니다.
- 각 명소의 찾아가기 방법은 대부분 투몬 & 타무닝에서 남부로 가는 '1번 도로(Marine Corps Dr)'를 기준으로 추천 이동 수단을 소개합니다.

1 아산 비치 태평양전쟁 국립역사공원
Asan Beach War in the Pacific National Historical Park

 무료 주차

제2차 세계대전에 참전했던 사람들의 용기와 희생을 기리기 위해 조성된 공원으로 괌 곳곳에 자리 잡은 7개의 태평양전쟁 국립역사공원 중 한 곳이다. 제2차 세계대전 당시 실제로 전투가 벌어졌던 현장이며 드넓은 잔디밭 위로 거대한 여리가 자리 잡고 있다. 큰 볼거리를 자랑하는 곳은 아니니 가벼운 마음으로 들러 산책을 즐기거나 해안가를 둘러보자.

◎ 지도 P.75A·B
ⓕ 찾아가기 렌터카 1번 도로(Marine Corps Dr) 남서쪽으로 이동하면 오른쪽. 투몬 중심에서 13km, 약 20분 소요 ◉ 주소 Asan Beach War in the Pacific National Historical Park, Piti

2 아산 베이 전망대
Asan Bay Overlook

 무료 주차

산과 바다가 어우러진 풍광을 바라보는 전망대로 알려져 있지만 사실 제2차 세계대전에 참전해 목숨을 잃었거나 아픔을 겪은 사람들을 기리기 위한 공원이다. 1994년 괌 해방 50주년을 맞아 완공되었으며 제2차 세계대전의 사건들을 묘사한 기념 조각과 희생된 사람들의 이름이 적힌 기념 벽이 있다.

◎ 1권 P.75 ◎ 지도 P.75B
ⓕ 찾아가기 렌터카 1번 도로(Marine Corps Dr) 남서쪽으로 약 8.5km 지점에서 좌회전해 6번 도로를 따라 4.3km 지나면 우측에 주차장. 투몬 중심에서 14km, 약 22분 소요 ◉ 주소 Asan Bay Overlook, Hwy 6, Asan ☎ 전화 671-487-9333 ⏱ 시간 24시간 ⏸ 휴무 연중무휴 ◎ 홈페이지 www.nps.gov/wapa/planyourvisit/asan-bay-overlook.htm

3 피티 베이 비치
Piti Bay Beach

 무료 주차 ★★★

북적거리는 투몬 비치보다 훨씬 여유롭게 수영과 스노클링을 즐길 수 있다. 괌에서 바다거북을 볼 수 있는 몇 안 되는 비치 중 하나이며 다양한 해양 생물들이 서식하기 때문에 괌 현지 다이버들에게도 인기 만점. 구명조끼나 스노클링 마스크를 대여할 곳이 마땅치 않으니 필요한 물품은 챙겨 가야 하며 인명구조원이 상주하지 않으니 너무 깊은 곳에는 들어가지 않도록 주의하자.

◎ 1권 P.56 ◎ 지도 P.75A
ⓕ 찾아가기 렌터카 1번 도로(Marine Corps Dr)를 따라 11.4km 직진하면 오른쪽. 투몬 중심에서 13.6km, 약 20분 소요 ◉ 주소 Piti Bay Beach, Marine Corps Dr, Piti

4 피시 아이 마린 파크
Fish Eye Marine Park

 무료 주차 ★★★

괌 남부 투어에서 빼놓을 수 없는 필수 스폿 중 하나다. 좁고 긴 나선형 계단을 내려가면 바닷속 세상을 한눈에 볼 수 있는 해중 전망대가 있어서 스노클링에 익숙하지 않은 부모님이나 어린아이와 함께 방문하기에 좋다. 바다 한가운데 자리 잡은 에메랄드 빛 건물을 배경으로 기념사진을 남기는 것도 잊지 말자.

◎ 1권 P.104 ◎ 지도 P.75A
ⓕ 찾아가기 렌터카 1번 도로(Marine Corps Dr)를 따라 11.4km 직진하면 오른쪽. 투몬 중심에서 13.6km, 약 20분 소요 ◉ 주소 818 North, Marine Corps Dr, Piti ☎ 전화 671-475-7777 ⏱ 시간 09:00~18:00 ⏸ 휴무 연중무휴 💰 가격 성인 $16, 어린이(6~11세) $8 ◎ 홈페이지 www.fisheyeguam.com

5 에메랄드 밸리
Emerald Valley

 무료 주차 ★★★★

이름처럼 에메랄드빛의 환상적인 풍경을 만날 수 있다. 물이 어찌나 맑고 깨끗한지 가만히 내려다보기만 해도 자유롭게 헤엄치는 물고기를 육안으로 확인할 수 있을 정도. 인생 사진 명소로 유명해져 이른 오전에 방문해야 여유롭게 사진 촬영이 가능하다. 좁은 길을 따라 안쪽으로 깊숙이 들어가면 아름다운 필리핀해를 정면으로 마주할 수 있다. 아쉽지만 스노클링이나 수영은 불가능하다.

◎ 1권 P.104 ◎ 지도 P.75A
ⓕ 찾아가기 렌터카 1번 도로(Marine Corps Dr)를 따라 13.1km 직진 후 오른쪽 11번 도로를 따라 우회전. 투몬 중심에서 15.9km, 약 20분 소요 ◉ 주소 FM8P+C6M, Piti

6 아갓 마리나
Agat Marina 무료 주차

돌핀 크루즈, 선셋 디너 크루즈 등 괌에서 즐길 수 있는 다양한 투어 프로그램이 시작되는 항구로 요트가 줄지어 정박된 풍경이 이색적인 분위기를 자아내는 곳이다. 대부분의 투어 프로그램은 투숙하는 호텔에서 픽업 서비스를 제공하기 때문에 이곳에 찾아올 일이 거의 없지만 픽업 타임을 놓쳤거나 직접 이동하고자 하는 여행객이라면 이곳에 주차하고 투어 프로그램에 참여하면 된다.

◎ **지도** P.75C

◉ **찾아가기** 렌터카 1번 도로(Marine Corps Dr)를 따라 18km 직진, 오른쪽에 티 스텔 뉴먼 방문자 센터(T. Stell Newman Visitor Center)가 보이면 2A 도로로 좌회전해 연결된 2번 도로를 따라 7.1km 이동하면 오른쪽. 투몬 중심에서 27.3km, 약 35분 소요

◉ **주소** Agat Marina, Agat

7 탈라이팍 다리
Talaifak Bridge 무료 주차

스페인 점령 시대에 만들어진 가장 오래된 유물로 스페인 다리로 불리기도 한다. 탈라이팍 강이 바다로 흘러 나가는 지점에 있다. 다리 주변으로 무성한 나무들과 다리 위를 뒤덮은 초록의 이끼 때문에 특별한 분위기의 사진을 찍고 싶어 하는 여행자들이 일부러 찾아오는 포토 스폿이다. 다리 이외에 큰 볼거리가 있는 곳은 아니니 큰 기대는 하지 말고 가볍게 들러보자.

◎ **지도** P.75C

◉ **찾아가기** 렌터카 1번 도로(Marine Corps Dr)를 따라 18km 직진, 오른쪽에 티 스텔 뉴먼 방문자 센터(T. Stell Newman Visitor Center)가 보이면 2A 도로로 좌회전해 연결된 2번 도로를 따라 7.9km 이동하면 오른쪽. 투몬 중심에서 28.1km, 약 36분 소요

◉ **주소** Talaifak Bridge, Agat

8 셀라 베이 전망대
Sella Bay Overlook 무료 주차

정상이라고 할 것도 없이 계단 몇 개만 오르면 도착하는 야트막한 전망대이지만 높은 산이 없는 괌에서 우거진 나무 사이로 탁 트인 전망을 볼 수 있는 곳이다. 자세히 보지 않으면 그냥 지나치기 쉬운 위치이기도 하고, 멀지 않은 거리에 세티 베이 전망대가 있어서 많은 관광객들이 그냥 스쳐 지나간다. 시간 여유가 없다면 세티 베이 전망대를 추천한다.

◎ **1권** P.77 ◎ **지도** P.75C

◉ **찾아가기** 렌터카 1번 도로(Marine Corps Dr)를 따라 18km 직진, 오른쪽에 티 스텔 뉴먼 방문자 센터(T. Stell Newman Visitor Center)가 보이면 2A 도로로 좌회전해 연결된 2번 도로를 따라 11km 이동하면 오른쪽. 투몬 중심에서 31.4km, 약 40분 소요

◉ **주소** Sella Bay Overlook, Umatac

9 세티 베이 전망대
Cetti Bay Overlook ★★★★ 무료 주차

괌 남부의 수많은 전망대 중에서 관광객이 가장 많이 찾는 곳으로 남부 여행에서 꼭 들러야 하는 필수 스폿이다. 도로변에 늘 많은 차들이 주차되어 있어 쉽게 눈에 띈다. 가파른 계단을 몇 개 오르면 탁 트인 전망대가 나오는데, 봉긋하게 솟은 산맥들 뒤로 펼쳐지는 필리핀해의 풍경을 가장 멋지게 조망할 수 있는 곳이다.

◎ **1권** P.77, 104 ◎ **지도** P.75C

◉ **찾아가기** 렌터카 1번 도로(Marine Corps Dr)를 따라 18km 직진, 오른쪽에 티 스텔 뉴먼 방문자 센터(T. Stell Newman Visitor Center)가 보이면 2A 도로로 좌회전해 연결된 2번 도로를 따라 12.4km 이동하면 오른쪽. 투몬 중심에서 32.7km, 약 41분 소요

◉ **주소** Cetti Bay Overlook, 2, Umatac

10 파라 이 라라히타 기념공원
Para I Lalahi Ta Park ★★ 무료 주차

1971년 베트남전쟁에서 목숨을 잃은 괌 군인들을 기리기 위한 공원으로 희생된 군인들의 이름이 새겨진 기념비가 있다. 언덕 위에 자리 잡고 있어 다른 전망대 못지않은 아름다운 풍경을 자랑한다. 괌 남부의 전망대는 대부분 진행 방향의 오른쪽에 있는데 이곳은 왼쪽에 있어서 이정표를 잘 보고 찾아가야 한다.

◎ **1권** P.105 ◎ **지도** P.75E

◉ **찾아가기** 렌터카 1번 도로(Marine Corps Dr)를 따라 18km 직진, 오른쪽에 티 스텔 뉴먼 방문자 센터(T. Stell Newman Visitor Center)가 보이면 2A 도로로 좌회전해 연결된 2번 도로를 따라 16.1km 이동하면 왼쪽. 투몬 중심에서 36.4km, 약 45분 소요

◉ **주소** Para I Lalahi Ta Park, 2, Umatac

11 우마탁 마을
Umatac Village ★★★ 무료 주차

세계 일주를 하던 마젤란이 괌을 처음 발견하고 정박했던 곳으로 마을 한쪽에는 미젤란 상륙 기념비가 있다. 매년 3월 21일 마젤란이 처음 우마탁 마을에 도착했던 모습을 재현하는 퍼레이드가 열리기도 한다. 스페인 점령 시절 스페인 선교단이 지은 산 디오니시오 성당과 스페인 건축 양식의 우마탁 다리도 함께 둘러볼 수 있다.

◎ **1권** P.105 ◎ **지도** P.75E

◉ **찾아가기** 렌터카 1번 도로(Marine Corps Dr)를 따라 18km 직진, 오른쪽에 티 스텔 뉴먼 방문자 센터(T. Stell Newman Visitor Center)가 보이면 2A 도로로 좌회전해 연결된 2번 도로를 따라 17.7km 이동하면 오른쪽. 투몬 중심에서 38.1km, 약 48분 소요

◉ **주소** Umatac village, 2, Umatac

12 솔레다드 요새
Fort Nuestra Senora de la Soledad
무료 주차

우마탁 마을과 멀지 않은 언덕에 자리 잡은 요새로 스페인 점령 시절 괌으로 접근하는 해적들을 감시하기 위해 지었다. 제2차세계대전 당시 일본군에 의해 전쟁 요새로 사용되기도 했다. 19세기에 세워졌던 요새는 물론이고 바다를 향해 겨누고 있는 3개의 대포도 아직까지 보존되어 있으며 웬만한 전망대보다 멋진 뷰를 자랑한다.

📖 1권 P.80, 105 🗺 지도 P.75E
🚗 찾아가기 렌터카 1번 도로(Marine Corps Dr)를 따라 18km 직진, 오른쪽에 티 스텔 뉴먼 방문자 센터(T. Stell Newman Visitor Center)가 보이면 2A 도로로 좌회전해 연결된 2번 도로를 따라 18.6km 이동하면 오른쪽. 투몬 중심에서 38.9km, 약 50분 소요. 📍 주소 Nuestra Senora de la Soledad, 2, Umatac

13 메리조 마을
Merizo Village
갓길 무료 주차

괌의 최남단에 있는 마을로 주말이면 부두 공원으로 피크닉을 나오는 현지인들을 많이 볼 수 있다. 평화로운 지금 모습과는 달리 과거 차로모족의 대학살이 일어났던 가슴 아픈 역사를 간직한 곳이다. 괌의 수호성인 카말렌을 기리기 위해 세워진 공원과 함께 1858년에 지어진 건물로 괌에서 가장 오래된 메리조 콘벤토도 함께 둘러보자.

📖 1권 P.106 🗺 지도 P.75E
🚗 찾아가기 렌터카 1번 도로(Marine Corps Dr)를 따라 18km 직진, 오른쪽에 티 스텔 뉴먼 방문자 센터(T. Stell Newman Visitor Center)가 보이면 2A 도로로 좌회전해 연결된 2번, 4번 도로를 따라 21.8km 이동하면 오른쪽. 투몬 중심에서 42.2km, 약 55분 소요. 📍 주소 Merizo Pier, 4, Merizo

14 곰 바위
Bear Rock
무료 주차

북태평양 바다를 향해 서 있는 커다란 곰 모양의 바위가 있는 곳으로 기념 촬영을 즐기는 관광객들을 심심찮게 볼 수 있다. 인공적으로 만든 바위가 아닌 바람과 파도에 의해 다듬어져 지금의 모습이 되었다고 한다. 별다른 이정표가 없어 지나치기 쉬우니 지도를 잘 보면서 찾아가야 한다. 망망대해에 덩그러니 서 있는 바위가 전부이지만 남부의 특별한 볼거리 중 하나로 기념사진은 필수.

📖 1권 P.106 🗺 지도 P.75F
🚗 찾아가기 렌터카 1번 도로(Marine Corps Dr)를 따라 18km 직진, 오른쪽에 티 스텔 뉴먼 방문자 센터(T. Stell Newman Visitor Center)가 보이면 2A 도로로 좌회전해 연결된 2번, 4번 도로를 따라 33km 이동하면 오른쪽. 투몬 중심에서 53.4km, 약 1시간 10분 소요. 📍 주소 Bear Rock, 4, Inarajan

15 이나라한 자연 풀장
Inarajan Natural Pool
★★★★★

괌 남부에서 꼭 들러야 하는 최고의 관광 명소이다. 화산활동에 의해 바닷물이 막혀 자연적으로 형성된 풀장으로 파도가 없이 잔잔해 수영을 즐기기 더없이 좋다. 다이빙대가 설치되어 있지만 수심이 깊은 편이라 수영에 자신이 없다면 섣부른 도전은 금물. 구명조끼를 챙겨 오는 것도 추천한다. 입장료 없이 샤워 시설과 화장실을 이용할 수 있기 때문에 현지인들도 많이 찾는다.

📖 1권 P.106 🗺 지도 P.75F
🚗 찾아가기 렌터카 1번 도로(Marine Corps Dr)를 따라 18km 직진, 오른쪽에 티 스텔 뉴먼 방문자 센터(T. Stell Newman Visitor Center)가 보이면 2A 도로로 좌회전해 연결된 2번, 4번 도로를 따라 34km 이동하면 오른쪽. 투몬 중심에서 54.4km, 약 1시간 12분 소요. 📍 주소 Inarajan Natural Pool, 4, Inarajan

16 탈로포포 폭포 & 요코이 동굴
Talofofo Falls & Yokoi's Cave
★★

미니 기차와 귀신의 집, 케이블카가 운행되는 것을 보면 아이들을 위한 놀이공원 같기도 하지만 제2차세계대전 당시의 역사적 현장이 공존하는 조금은 생소하고 엉뚱한 테마파크이다. 제2차세계대전 당시 일본 군인이었던 요코이가 28년간 숨어 지냈다던 좁은 동굴을 관람할 수 있다.

📖 1권 P.107 🗺 지도 P.75D
🚗 찾아가기 렌터카 1번 도로를 따라 18km 직진, 오른쪽에 티 스텔 뉴먼 방문자 센터가 보이면 2A 도로로 좌회전해 연결된 2번, 4번 도로를 따라 39.2km 이동 후 이정표를 따라 좌회전. 투몬 중심에서 63.5km, 약 1시간 25분 소요. 📍 주소 Talofofo Falls Park, Inarajan ☎ 전화 671-828-1150 🕐 시간 금~일요일 09:00~17:00 🚫 휴무 월~목요일 💵 가격 성인 $20, 어린이(4~11세) $8 🌐 홈페이지 www.guamtalofofo.co.kr

17 어드벤처 리버 크루즈
ADVENTURE RIVER CRUISE
★★★ 무료 주차

탈로포포 강을 거슬러 오르며 차모로 사람들의 문화를 직접 체험해 보는 프로그램이다. 투어 시간이 다소 길고 중간에 숲을 걷는 구간이 있어 편안한 신발을 착용하고 가는 것이 좋다. 괌 토종 물소인 카라바오를 타보는 체험도 진행된다. 차모로 전통 점심 식사가 포함되어 있으며 픽업 서비스는 별도로 예약해야 한다.

📖 1권 P.208 🗺 지도 P.75D
🚗 찾아가기 렌터카 1번 도로(Marine Corps Dr)를 따라 18km직진, 오른쪽에 티 스텔 뉴먼 방문자 센터가 보이면 2A 도로로 좌회전해 연결된 2번, 4번 도로를 따라 42.8km 이동하면 왼쪽. 투몬 중심에서 63.2km, 약 1시간 15분 소요. 📍 주소 Valley of the Latte Park, Route 4, Talofofo ☎ 전화 671-789-3342 🕐 시간 화~일요일 10:00~ 🚫 휴무 월요일 💵 가격 성인 $110 어린이(5~11세) $80 픽업 1인 $15 🌐 홈페이지·예약 www.valleyofthelatte.com

18 이판 비치파크
Ipan Beach Park

넓은 잔디밭은 물론 셀프 바비큐 테이블과 화장실, 깨끗한 해변까지 두루 갖춰져 괌 현지인들의 주말 나들이 장소로 인기 있는 곳이다. 관광객들에게는 많이 알려지지 않아 평일에 여유롭게 스노클링을 즐길 수 있으니 진정한 휴양을 원하는 여행자라면 이판 비치파크를 추천한다. 괌 남부 여행 코스의 맨 마지막 지점이지만 반대 방향으로 괌 남부를 여행할 경우에는 맨 먼저 거쳐 가는 코스다. 여유롭게 바다 수영을 즐기고 싶다면 시계 반대 방향이 아닌 이판 비치 파크부터 시작하는 색다른 남부 투어를 즐겨보는 것도 추천한다.

📖 1권 P.107 ⊙ 지도 P.75D
⊙ 찾아가기 렌터카 1번 도로(Marine Corps Dr)를 따라 18km 직진, 오른쪽에 티 스텔 뉴먼 방문자 센터(T. Stell Newman Visitor Center)가 보이면 2A 도로로 좌회전해 연결된 2번, 4번 도로를 따라 44.9km 이동하면 오른쪽. 투몬 중심에서 66.5km, 약 1시간 23분 소요. ⊙ 주소 Ipan Beach, Talofofo

19 파고 베이 전망대
Pago Bay Overlook

주의 깊게 살펴보지 않으면 그냥 지나치기 쉬운 전망대이지만 괌 남부의 다양한 전망대 중에서 유일하게 북태평양을 바라볼 수 있다. 전망대라고 하기에도 애매할 정도로 10여 개의 계단이 전부이니 큰 기대는 하지 말고 가벼운 마음으로 들러보자. 물론 못 보고 지나쳤다고 너무 아쉬워할 필요도 없다. 급 커브 이후 보이기 때문에 전망대 앞에서 급정거하는 차량이 많다. 사고 위험이 잦은 곳으로 운전 시 특히 주의해야 한다. 별다른 주차 시설 없이 갓길에 주차해야 하는 어려움도 있다.

📖 1권 P.107 ⊙ 지도 P.75B
⊙ 찾아가기 렌터카 1번 도로(Marine Corps Dr)를 따라 18km 직진, 오른쪽에 티 스텔 뉴먼 방문자 센터(T. Stell Newman Visitor Center)가 보이면 2A 도로로 좌회전해 연결된 2번, 4번 도로를 따라 54.4km 이동 후 왼쪽 Mobile 주유소 지나 왼쪽으로 꺾인 길을 돌아가자마자 오른쪽. 투몬 중심에서 74.7km, 약 1시간 35분 소요. ⊙ 주소 pago bay overlook, Yona

20 제프스 파이러츠 코브
Jeff's Pirates Cove

맛도 맛이지만 독특한 해적 콘셉트로 관광객들 사이에서 큰 사랑을 받고 있는 두툼한 패티의 수제 버거 전문점이다. 시계 반대 방향으로 괌 남부를 여행할 경우 주요 관광 스폿을 모두 돌아보고 배가 출출할 즈음 도착하는 위치에 있다. 추천 메뉴는 홈메이드 치즈 버거로 두툼한 패티 덕분에 하나만 먹어도 든든하다. 이판 비치를 바라보는 야외 테이블이 명당이다.

📖 1권 P.107, 129 ⊙ 지도 P.75D
⊙ 찾아가기 렌터카 1번 도로(Marine Corps Dr)를 따라 18km 직진, 오른쪽에 티 스텔 뉴먼 방문자 센터(T. Stell Newman Visitor Center)가 보이면 2A 도로로 좌회전해 연결된 2번, 4번 도로를 따라 46.7km 이동하면 오른쪽. 투몬 중심에서 67km, 약 1시간 25분 소요. ⊙ 주소 Jeff's Pirates Cove, 4, Talofofo ⊙ 전화 671-789-8646 ⊙ 시간 월~목요일 10:00~18:00, 금~일요일 09:00~19:00 ⊙ 휴무 연중무휴 ⊙ 가격 치즈버거 $18+10%, 치킨 윙(S)$14+10% ⊙ 홈페이지 www.jeffspiratescove.com

Jeff's Famous Homemade 1/2 lb Cheeseburger $18+10%

21 이나라한 마켓
Inarajan Market

괌 남부 투어의 필수 코스라 할 수 있는 이나라한 자연 풀장 맞은편에 위치한 슈퍼마켓이다. 음료나 스낵은 기본이고 김밥, 불고기 덮밥 등의 도시락 메뉴도 판매하고 있다. 이나라한 자연 풀장에서 물놀이를 즐긴다면 이곳에 잠시 들러 허기진 배를 채우기 안성맞춤이다. 물총, 튜브, 스노클링 장비 등 물놀이 용품도 구입할 수 있다. 카드 계산도 가능하지만 $10 이하의 소액은 현금으로 결제해야 한다.

⊙ 지도 P.75F
⊙ 찾아가기 렌터카 1번 도로(Marine Corps Dr)를 따라 18km 직진, 오른쪽에 티 스텔 뉴먼 방문자 센터(T. Stell Newman Visitor Center)가 보이면 2A 도로로 좌회전해 연결된 2번, 4번 도로를 따라 34km이동하면 오른쪽. 투몬 중심에서 54.4km, 약 1시간 12분 소요. ⊙ 주소 124 Pale Duenas, Inarajan ⊙ 전화 671-828-5501 ⊙ 시간 05:30~22:00 ⊙ 휴무 연중무휴

22 온워드 탈로포포 골프 클럽
Onward Talofofo Golf Club ★★★ 무료 주차

전설의 유명 골퍼 9명의 감수를 거쳐 만들어진 골프장이다. 탈로포포 지역의 자연을 배경으로 코스를 설계해 장애물이 많고 페어웨이가 좁은 편이지만 아름다운 풍경 덕분에 인기가 많다. 주니어 골프 요금도 책정되어 있다.

📖 1권 P.214 📍 지도 P.75D
🚗 **찾아가기 렌터카** 1번 도로(Marine Corps Dr)를 따라 약 5.8km 직진, 하갓냐 중심부에서 4번 도로 진입해 14.2km 이동 후 오른쪽 17번 도로로 진입. 투몬 중심에서 28.3km, 약 40분 소요 📍 **주소** Onward Talofofo Golf Club, 825 Route 4A, Talofofo ☎ **전화** 671-734-1111 🕐 **시간** 06:00~17:00 🚫 **휴무** 연중무휴 💲 **가격** 그린피 $160~, 클럽 대여 $40
🌐 **홈페이지** www.talofofoguam.com/ko

23 컨트리 클럽 오브 더 퍼시픽
Country Club of the Pacific ★★ 무료 주차

대부분의 홀에서 태평양 바다가 내려다보이는 환상적인 뷰를 자랑하는 골프장으로 괌의 다른 골프장에 비해 그린피가 저렴해 현지인들이 자주 찾는다. 수시로 다양한 프로모션을 진행하고 있으니 미리 홈페이지를 꼼꼼히 살펴볼 것을 추천한다. 시간 여유가 없는 관광객들은 9홀만 플레이할 수도 있다.

📖 1권 P.215 📍 지도 P.75D
🚗 **찾아가기 렌터카** 1번 도로(Marine Corps Dr)를 따라 약 5.8km 직진, 하갓냐 중심부에서 4번 도로 진입해 16km 이동. 투몬 중심에서 24km, 약 33분 소요 📍 **주소** 215 CCP Lane Yona, Yona ☎ **전화** 671-789-1361 🕐 **시간** 07:00~18:00 🚫 **휴무** 연중무휴 💲 **가격** 그린피 $140~, 온라인 예약 시 클럽 대여 무료 🌐 **홈페이지** http://ccp-guam.com/kr

24 레오팰리스 리조트 컨트리 클럽
LeoPalace Resort Country Club ★★ 무료 주차

괌에서 가장 큰 규모를 자랑하는 골프장으로 아놀드 파머와 잭 니클라우스가 공동으로 설계했다. 조금 어렵고 난해한 코스들이 많아 한국에서는 경험하기 힘든 다양한 라운딩을 즐기고 싶은 여행자들에게 추천한다. 특히 클럽하우스는 환상적인 전망을 자랑한다.

📖 1권 P.215 📍 지도 P.75B · D
🚗 **찾아가기 렌터카** 1번 도로(Marine Corps Dr)를 따라 약 5.8km 직진, 하갓냐 중심부에서 4번 도로로 진입해 3.6km 직진 후 오른쪽 Dero Rd 따라 이동. 투몬 중심에서 18.2km, 약 30분 소요 📍 **주소** Leopalace Resort Country Club, 221 Lake View Dr, Yona ☎ **전화** 671-471-0001 🕐 **시간** 06:30~17:30 🚫 **휴무** 연중무휴 💲 **가격** 그린피 $160~, 클럽 대여 $40
🌐 **홈페이지** www.leopalaceresortguam.com/ko/golf.html

화산활동에 의해 바닷물이 막혀 자연적으로 만들어진 이나라한 자연 풀장. 바다인데도 파도가 없이 잔잔해 수영을 즐기기 좋다.

메리조 마을에는 괌의 수호 성인 카말렌을 기리기 위한 동상이 세워져 있다.

AREA 04 NORTH GUAM
[북부]

옛이야기가 담긴 절벽과 비밀스런 해변을 찾아서

그 누가 별 볼일 없다고 했던가. 그 누가 그저 스쳐 지나가도 된다 했던가. 투몬에서 휴양지의 흥겨움을 만끽하고, 하갓냐에서 괌의 옛이야기에 귀를 기울였다면, 이제 괌 북부를 여행할 차례다. 결코 놓쳐서는 안 될 괌 최고의 전망대와 절대 잊어서는 안 될 괌 최고의 해변이 바로 북부에 숨겨져 있다. 이른 새벽 벼룩시장부터 저녁 무렵 노을 지는 절벽까지, 하루 종일 형형색색의 매력을 뿜어내는 북쪽 끝으로 달려보자.

> **괌 북부, 면적은 얼마나 될까?**
> 괌 북부라고 하면 일반적으로 북쪽 끝부터 차례로 자리 잡은 이고(Yigo), 데데도(Dededo), 망길라오(Mangilao), 바리가다(Barrigada) 등의 지역을 일컫는다. 투몬 & 타무닝의 동북부를 말하며 남북으로 약 20킬로미터, 동서로 약 15킬로미터에 다다른다. 괌 북부 초입의 마이크로네시아 몰부터 섬 북쪽 끝에 위치한 리티디안 비치까지 자동차로 약 30분 소요된다.

MUST SEE 이것만은 꼭 보자!

№. 1
깎아지른 자연 절벽 위,
괌의 역사가 고스란히 담긴
사랑의 절벽

№. 2
괌에서도 가장 맑고 투명한
바닷물을 자랑하는
리티디안 비치

MUST EAT 이것만은 꼭 먹자!

№. 1
저렴하고 맛 좋은
세계 음식이 한가득!
**마이크로네시아 몰의
피에스타 푸드코트**

MUST BUY 이것만은 꼭 사자!

№. 1
아웃렛만큼 저렴한
마이크로네시아 몰 내
메이시스 백화점의
미국 스타일 잇 아이템

№. 2
실용성 Good! 인테리어도 Ok!
**마이크로네시아 몰
기념품 숍의
재기 발랄한 선물**

№. 3
괌 여행 인증!
**데데도 벼룩시장의
로컬 스타일 기념품**

MUST EXPERIENCE 이것만은 꼭 경험하자!

№. 1
절절한 러브 스토리가 담긴
**사랑의 절벽 전망대에서
커플 자물쇠 매달기**

№. 2
괌의 태곳적 자연에서
경험하는 다양한
투어 & 레포츠

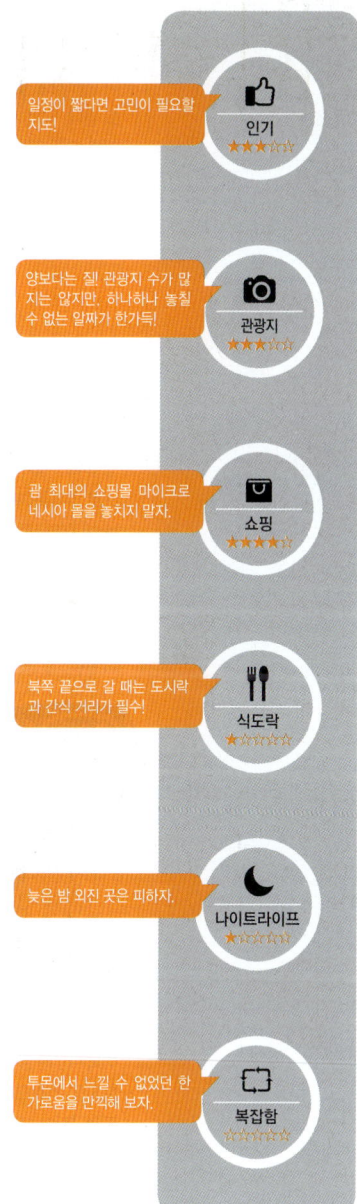

괌 북부 여행 & 교통편 한눈에 보기

괌 북부 이렇게 여행하자

명소가 많지는 않지만 무심히 툭툭 던져놓은 듯 빼어난 해변과 전망대가 여기저기 숨어 있어 결코 가볍게 지나칠 수 없는 곳이 바로 괌 북부다. 대부분의 장소가 넓은 지역 전체에 띄엄띄엄 분포되어 있으니 렌터카를 이용해 추천 경로를 따라 여행하는 것이 가장 효율적이다. 부득이 렌터카를 이용할 수 없다면 트롤리 버스를 타고 중요 포인트만 점을 찍듯이 여행하는 것도 좋다. 막차 시간을 미리 확인해 두는 것은 필수!

여행 포인트가 많지는 않지만 시간 계획을 잘 세워두는 것이 무엇보다 중요하다. 데데도 벼룩시장은 주말 이른 아침에만 열리고, 리티디안 비치는 생각보다 빨리 폐장(16:00)된다는 점을 꼭 기억해 두자. 사랑의 절벽이나 건 비치는 한낮보다 노을 질 무렵 훨씬 매력적이라는 것도 염두에 두고 여행하자.

괌 북부 이렇게 간다

1. 렌터카

투몬과 가까운 주요 여행지는 레드 구아한 셔틀이 운행되지만 북부를 제대로 여행하기에는 트롤리 버스로 역부족이다! 넓은 지역을 효율적으로 돌아보는 데 렌터카만 한 것이 없다. 투몬에서 Pale San Vitores Rd를 따라 북쪽 방향으로 이동하다가 더 웨스틴 리조트 앞에서 우회전해 괌 전체를 남북으로 잇는 1번 도로(Marine Corps Dr)를 따라 북쪽으로 달리면서 여행이 시작된다. 북부 지역 초입에 위치한 마이크로네시아 몰이 괌 북부 여행의 기점이 된다.

2. 택시

렌터카를 이용할 수 없는 상황이라면 현지 택시가 좋은 대안이 된다. 길거리에서 흔히 마주칠 수 있는 미키(miki) 택시는 호텔 컨시어지에서 호출하는 것이 좋고, 언어 장벽까지 해결해 주는 한인 택시는 SNS로 업체에 연락하면 된다. 한인 택시를 이용할 경우 여행지에서 투몬으로 돌아오는 것까지 미리 예약하는 것이 좋다.

3. 트롤리 버스

알뜰한 여행자들을 위한 최고의 발, 트롤리 버스를 이용해 괌 북부 지역 일부를 돌아볼 수 있다. 단, 사랑의 절벽이나 마이크로네시아 몰 등 투몬과 가까운 일부만 버스가 운행된다는 것을 잊지 말자. 주말 아침에 데데도 벼룩시장을 방문할 계획이라면 벼룩시장 셔틀버스, 차오 벼룩시장 익스프레스 등 시간 한정 노선을 이용하면 편리하지만, 코로나 이후 운휴 노선이 많으니 사전 확인은 필수다. 자세한 정보는 괌 시내 교통편 한눈에 보기 중 트롤리 버스 (P.16) 참고.

COURSE 1

괌 북부 완전정복 원데이 코스

해 뜰 무렵 벼룩시장의 활기부터 최고의 해변에서 누리는 여유로운 한때, 해 질 녘 사랑의 절벽의 낭만까지 하루 동안 만끽할 수 있는 완전정복 코스를 따라 괌 북부를 여행해 보자! 섬 곳곳을 속속들이 들여다보며 괌의 숨겨진 매력들을 하나씩 발견한다면 미션 성공!

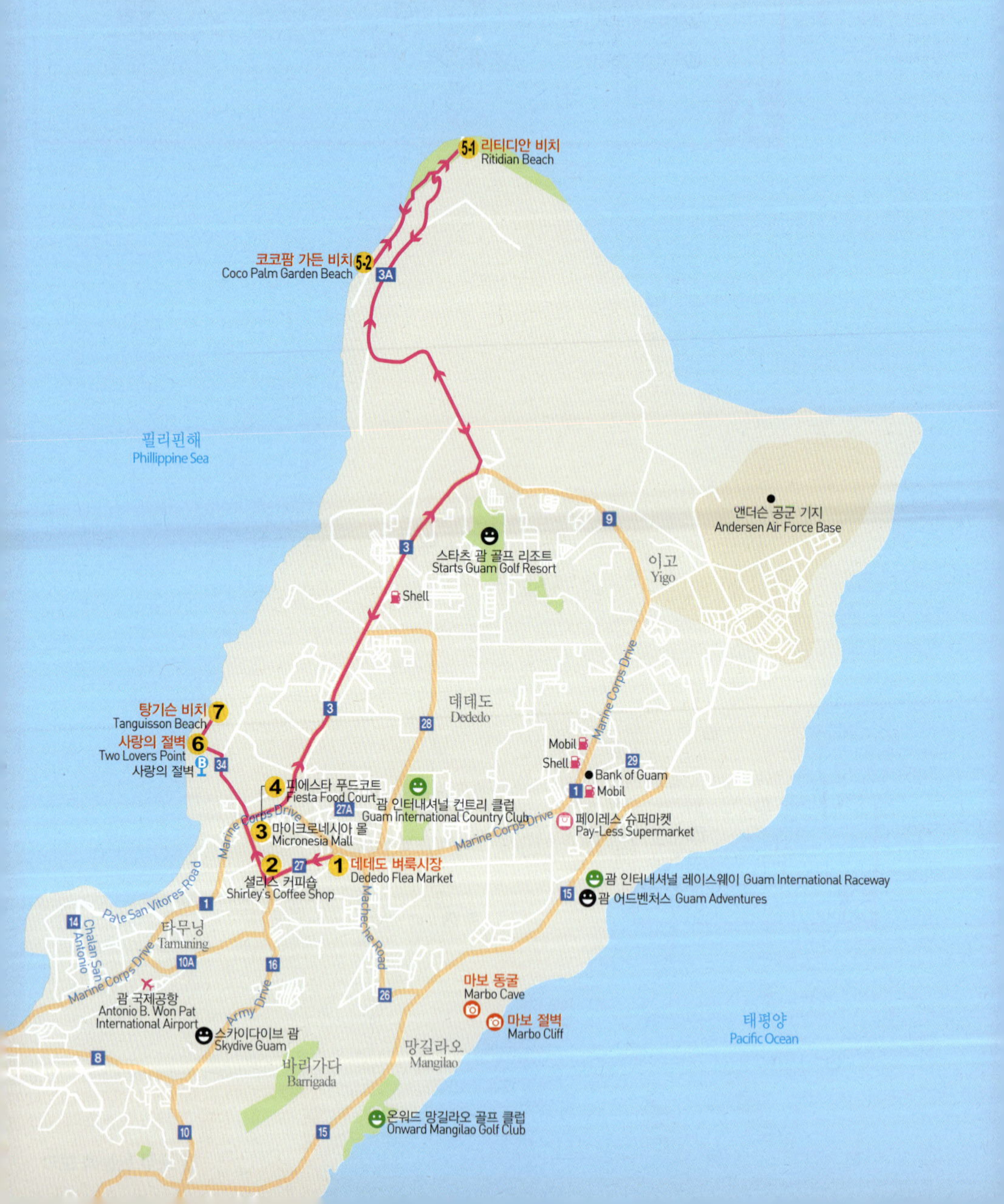

START

1. 데데도 벼룩시장
   - 2km, 자동차 5분
2. 셜리스 커피숍
   - 1.5km, 자동차 5분
3. 마이크로네시아 몰
   - 건물 내 이동
4. 피에스타 푸드코트
   - 20km, 자동차 30분
5. 리티디안 비치
   - 22km, 자동차 35분
6. 사랑의 절벽
   - 3.1km, 자동차 5분
7. 탕기슨 비치

1 데데도 벼룩시장
Dededo Flea Market

주말 아침 새벽 시장의 활기로 하루를 시작해 보자! 별 볼일 없는 물건들 사이에서 눈에 띄는 물건을 마주하는 재미가 쏠쏠하다.
- 시간 토~일요일 06:00~10:00
- 휴무 월~금요일
- ➡ 127번 도로를 따라 차로 약 2km 지점 도로 우측 → 셜리스 커피숍

DRIVE TIP 남들 따라 길가에 주차했다가는 큰 낭패를 볼 수 있으니, 꼭 주변 쇼핑몰의 주차장을 이용하자!

2 셜리스 커피숍
Shirley's Coffee Shop

괌 로컬 스타일로 든든하게 배를 채워보자! 다양한 조리법의 볶음밥은 셜리스 커피숍의 자랑거리로 우리 입맛에도 무난히 잘 맞는다.
- 시간 월~토요일 07:30~20:30, 일요일 07:30~14:00
- 가격 식사 $15~
- ➡ 16번 도로를 따라 차로 약 1.5km 지점 도로 우측에 주차장 → 마이크로네시아 몰

+ BEST MENU
스페인식 돼지고기의 풍미에 핫윙까지 함께 즐기는 볶음밥 메뉴 **포크 토시노 위드 핫 윙 Pork Tocino with Hot Wings $16.75**

3 마이크로네시아 몰
Micronesia Mall

괌 최대 쇼핑몰에서 다양한 쇼핑의 즐거움을 누려보자. 미국 본토 스타일의 백화점부터 소소한 기념품들을 '득템'할 수 있는 기념품 숍까지, '지름신' 강림에 주의할 것.
- 시간 일~목요일 10:00~20:00, 금~토요일 10:00~21:00
- ➡ 건물 내 이동 → 피에스타 푸드코트

4 피에스타 푸드코트
Fiesta Food Court

233개의 레스토랑과 750석 규모의 방대한 푸드코트에서 내 입에 꼭 맞는 세계 음식을 선택해 쇼핑으로 텅 빈 배를 채우자. 너무 많은 메뉴에 '선택 장애'가 올지도 모른다.
- 시간 10:00~21:00
- 가격 단품 메뉴 $15~
- ➡ 1번, 3번, 3A번 도로를 차례로 20km 이동 → 리티디안 비치/코코팜 가든 비치

5-1 리티디안 비치
Ritidian Beach

괌 북쪽 끝을 향해 달려 괌에서 가장 깨끗하고 맑고 투명한 바닷물 속에 풍덩, 몸을 담가보자.
- 시간 수~일요일 07:30~16:00
- 휴무 월~화요일, 미국 법정 공휴일
- ➡ 길을 되돌아가 마이크로네시아 몰 앞에서 우회전해 34번 도로로 진입 → 사랑의 절벽

PLUS TIP 리티디안 비치는 강력한 제재를 가하는 야생동물 보호구역이 인접해 있어 이렇다 할 편의 시설이 없다. 빈 물통에 수돗물을 담아 해수욕 후 남은 모래들을 간단하게 털어내자.

5-2 코코팜 가든 비치
Coco Palm Garden Beach

괌을 대표하는 마린 클럽, 코코팜 가든 비치에서 다양한 해양 레포츠를 만끽하자. 프라이빗 비치의 여유와 편안함은 덤이다.
- 시간 코로나로 임시 휴업
- 휴무 화요일
- 가격 (액티비티 구성에 따라) 성인 $90~250, 어린이(3~11세) $45~125
- ➡ 길을 되돌아가 마이크로네시아 몰 앞에서 우회전해 34번 도로로 진입 → 사랑의 절벽

6 사랑의 절벽
Two Lovers Point

연인들의 애틋한 사랑 이야기가 담긴 자연 절벽 위 전망대에서 필리핀해의 노을 풍경을 두 눈에 담아보자.
- 시간 07:00~19:00
- 가격 입장료 $3(6세 이하 무료)
- ➡ 34번 도로를 빠져나와 마이크로네시아 몰 앞에서 우회전, 다시 16번 도로를 따라 남쪽으로 이동 후 공항 방면 10A번 도로로 진입하면 우측 → 탕기슨 비치

7 탕기슨 비치
Tanguisson Beach

로컬들의 휴식처, 탕기슨 비치를 찾아가 포토제닉한 버섯 바위를 만나 보자. 해가 떨어진 이후에는 안전에 유의할 것!

🔍 Travel INFO

여행 핵심 정보

- 현지 여행 패턴을 고려해 여행 동선 순서로 배열하였습니다.
- 각 명소의 찾아가기 방법은 대부분 북부의 초입에 있는 '마이크로네시아 몰'을 기준으로 추천 이동 수단을 소개했습니다.

1 사랑의 절벽
Two Lovers Point

수천 년의 시간 동안 파도와 바람이 만들어낸 120미터의 깎아지른 절벽, 350년 전 그 아래로 몸을 던진 차모로 연인의 비극적인 사랑 이야기가 담긴 절벽 끄트머리에 아슬아슬 매달리듯 2층 전망대가 자리 잡고 있다. 파노라마처럼 펼쳐진 투몬의 풍경을 오롯이 감상할 수 있으며, 해 질 무렵 붉게 물드는 서쪽 하늘과 필리핀해의 풍경이 특히 아름답다. 전망대 뒤편 공원과 옛 연인의 모습을 추상적으로 표현한 동상도 멋스럽다.

PLUS TIP 사랑의 절벽 셔틀 요금(왕복 $10)에는 전망대 입장료가 포함되어 있다.

📖 1권 P.65 📍지도 P.91E ⓘ **찾아가기** 렌터카 마이크로네시아 몰 앞에서 34번 도로(북측에서만 진입 가능)로 진입 사랑의 절벽 셔틀버스 T갤러리아 앞에서 탑승 ◉ **주소** Two Lovers Point, Route 34, Tamuning ☎ **전화** 671-647-4107 ⏰ **시간** 10:00~19:00 ❌ **휴무** 연중무휴 💰 **가격** 입장료 $3(6세 이하 무료) 🌐 **홈페이지** www.puntandosamantes.com

2 리티디안 비치
Ritidian Beach

괌 북쪽 끝 야생동물 보호구역에 인접한 비밀스런 해변으로 괌의 그 어느 곳과도 비교할 수 없을 만큼 맑고 투명한 바다 빛깔로 유명하다. 야생동물과 환경 보호를 위한 강력한 조치로 태곳적 신비로움을 그대로 간직하고 있다. 인명구조요원은 물론 이렇다 할 편의 시설도 없어서 불편하지만 푸르디푸른 에메랄드 빛 바다에서 즐기는 해수욕은 그 모든 것을 감수하고도 남을 만큼 멋진 경험을 선사한다.

📖 1권 P.46 📍지도 P.91A ⓘ **찾아가기** 렌터카 마이크로네시아 몰에서 1번(Marine Corps Dr), 3번, 3A번 도로 따라 북쪽 끝까지 이동. 투몬 중심에서 22km, 약 40분 소요 ◉ **주소** Ritidian Point, Yigo ⏰ **시간** 수~일요일 07:30~16:00 ❌ **휴무** 월~화요일, 미국 법정 공휴일

3 코코팜 가든 비치
Coco Palm Garden Beach

리티디안 비치와 인접한 곳으로 일본인이 운영하는 마린 클럽 소유의 프라이빗 비치이다. 이름처럼 남국의 분위기를 물씬 풍기는 야자수가 해변을 따라 죽 뻗어 있다. 스노클링, 카누 등 간단한 해양 레포츠를 즐길 수 있으며, 입장료에 바비큐와 런치 뷔페가 포함되어 있다.

📖 1권 P.49 📍지도 P.91C ⓘ **찾아가기** 렌터카 마이크로네시아 몰에서 1번(Marine Corps Dr), 3번, 3A번 도로 따라 북쪽 끝까지 이동하면 리티디안 비치 초입에서 왼쪽. 투몬 중심에서 24km, 약 45분 소요 셔틀버스 각 호텔 및 리조트 앞에서 탑승(홈페이지 참고) ◉ **주소** Coco Palm Garden Beach, Dededo ☎ **전화** 671-477-4166 ⏰ **시간** 코로나로 임시 휴업 ❌ **휴무** 화요일 💰 **가격** (액티비티 구성에 따라) 성인 $60~250, 어린이(3~11세) $30~125 🌐 **홈페이지** www.cocopalm-guam.com

4 데데도 벼룩시장
Dededo Flea Market

현지인들의 생활 터전을 보여주는 소박한 새벽 시장이다. 화려한 패턴의 원피스, 각종 과일과 채소들, 수십 년은 족히 넘었을 것 같은 다양한 골동품들을 보는 재미가 쏠쏠해 현지인뿐만 아니라 많은 여행자들이 찾는다. 너무 늦은 시간에 도착하면 파장 분위기를 마주할 수밖에 없을 테니 최대한 일찍 서둘러 하루를 시작해 보자.

📍지도 P.91B ⓘ **찾아가기** 렌터카 마이크로네시아 몰에서 1번 도로(Marine Corps Dr) 따라 데데도 시가지까지 이동. 투몬 중심에서 4.5km, 약 10분 소요 벼룩시장 셔틀버스 코로나로 임시 운휴 ◉ **주소** Dededo Flea Market, Marine Corps Dr, Dededo ☎ **전화** 671-977-1469 ⏰ **시간** 토~일요일 06:00~10:00 ❌ **휴무** 월~금요일

5 마보 동굴
Marbo Cave ★★★ 무료 주차

괌 동쪽 끝 비포장도로로 '조상이 보고 있는 신성한 동굴이니 쓰레기 금지'를 한참 달려야 마주할 수 있는 천연 침식 동굴로 옛 차모로 시대 이전에 발견된 것이다. 거대한 지하실처럼 지면 아래 숨은 동굴에는 짙푸른 코발트 빛 담수가 영롱하게 빛난다. 물이 맑아 수면 아래 바닥까지 훤히 들여다보이지만 수심이 3미터가 훌쩍 넘는 곳도 있다. 로컬 투어를 통해 방문하는 것이 안전한데, 현재는 주변 공사로 인한 수질 오염으로 임시 폐쇄되었다.

⊙ **지도** P.91E
ⓐ **찾아가기** 렌터카 마이크로네시아 몰에서 1번 도로(Marine Corps Dr) 따라 데데도 시가지까지 이동한 후 오른쪽 26번 도로(Macheche Rd) 끝까지 이동. 투몬 중심에서 10.5km, 약 20분 소요 ⓐ **주소** Marbo Cave, Mangilao ⓒ **시간** 공사로 인한 오염으로 임시 폐쇄

6 마보 절벽
Marbo Cliff ★ 무료 주차

괌 동쪽에서 '진짜' 태평양을 마주할 수 있는 곳. 해안을 따라 하얗게 빛나는 백사장 대신 깎아지른 자연 절벽이 이어져 다이내믹한 풍경을 선사한다. 산호가 가득해 에메랄드 빛을 띤 투몬 비치와 달리 짙푸른 코발트 빛깔의 바다를 볼 수 있다. 마보 동굴과 함께 투어로 방문하는 것이 좋다.

⊙ **지도** P.91E
ⓐ **찾아가기** 렌터카 마이크로네시아 몰에서 1번 도로(Marine Corps Dr) 따라 데데도 시가지까지 이동한 후 오른쪽 26번 도로(Macheche Rd) 끝까지 이동. 투몬 중심에서 10.5km, 약 20분 소요 ⓐ **주소** Marbo Cliff, Mangilao

7 탕기슨 비치
Tanguisson Beach ★ 무료 주차

사랑의 절벽과 인접한 해변으로 여행자들에게는 거의 알려지지 않았지만 현지인들이 여유로운 주말 한때를 보내는 곳으로 유명하다. 해변을 따라 오른쪽 방향으로 더 들어가면 버섯 모양으로 서 있는 한 쌍의 기암괴석을 볼 수 있는데, 가는 길은 험하지만 고생 끝에 마주하는 풍경은 제법 훌륭하다고.

⊙ **지도** P.91E
ⓐ **찾아가기** 렌터카 마이크로네시아 몰 앞에서 34번 도로(북측에서만 진입 가능)로 진입해 도로 끝까지 이동 ⓐ **주소** Tanguisson Beach, Dededo

8 비치인 쉬림프
Beachin' Shrimp ★★★ 무료 주차

Coconut Shrimp($19.99+10%)

오직 새우에서 시작해 새우로 끝나는 새우 요리 전문점으로, 특유의 쾌활하고 캐주얼한 분위기가 매력적인 곳이다. 투몬의 1호점, 2호점에 이은 제 3호점으로 마이크로네시아 몰에 입점해 있어 쇼핑하다 들르기 좋다. 대기가 많은 1호점에 비해 좌석수도 많고 여러모로 여유로운 것도 장점. 코코넛 튀김옷을 입혀 특유의 바삭함을 자랑하는 코코넛 쉬림프(Coconut Shrimp $19.99+10%)는 누구나 다 아는 맛이지만 그럼에도 불구하고 비치인 쉬림프에서 빼놓을 수 없는 메뉴라고. 3호점까지 생긴 만큼 맛은 이미 검증되고도 남은 곳이다.

⊙ **지도** P.91B ⓐ **찾아가기** 렌터카 투몬 중심 Pale San Vitores Rd와 1번 도로(Marine Corps Dr)를 따라 북쪽으로 2.2km 이동. 약 6분 소요 투몬 셔틀버스 각 호텔 및 T갤러리아 앞에서 탑승 쇼핑몰 셔틀버스 코로나로 임시 운휴 ⓐ **주소** Micronesia Mall, Suite C-132 1088 W, Marine Corps Dr, Dededo ⓒ **전화** 671-989-3226 ⓒ **시간** 11:00~20:00 ⓒ **휴무** 연중무휴 ⓒ **가격** 메인 $14.99+10%~

California Shrimp Rolls($12.99+10%)

9 셜리스 커피숍
Shirley's Coffee Shop ★★ 무료 주차

1983년 처음 하갓냐에 문을 열어 현재는 괌과 사이판 전역에 매장을 두고 있는 괌 스타일의 패밀리 레스토랑. 괌의 '김밥천국'이라 할 만큼 다양한 메뉴를 보유하고 있으며, 맛도 기본 이상이고 가격 또한 저렴한 편이다. 'Home of the best fried rice'라는 슬로건처럼 다양한 볶음밥($11.95~18.45)이 대표 메뉴다.

ⓐ **1권** P.133 ⊙ **지도** P.91B ⓐ **찾아가기** 렌터카 마이크로네시아 몰 앞에서 16번 도로 따라 남쪽으로 이동 후 27번 도로로 좌회전하면 좌측 ⓐ **주소** 655, Rt. 27, Dededo ⓒ **전화** 671-637-1788 ⓒ **시간** 월~토요일 07:30~20:30, 일요일 07:30~14:00 ⓒ **휴무** 연중무휴 ⓒ **가격** 식사 $15~

BLT Sandwich $12.75

10 마이크로네시아 몰
Micronesia Mall

괌에서 가장 큰 규모의 쇼핑몰로 투몬에서 괌 북부 지역으로 이동하는 초입에 있어 북부 여행의 기점이 된다. 다양한 아이템을 취급하는 작은 상점들은 물론, 미국 본토 스타일의 메이시스(Macy's) 백화점, 페이레스 슈퍼마켓(Pay-Less Supermarket), 괌을 대표하는 아웃렛 매장 로스 드레스 포 레스(Ross Dress for Less)와 멀티플렉스까지 살 거리와 즐길 거리 또한 괌 최대라고 할 수 있다. 작은 테마파크 펀타스틱 파크에서는 아이들이 놀기에도 좋고 피에스타 푸드코트에서는 쇼핑을 하느라 지치고 주린 배를 간단히 채울 수 있다. 폴로 랄프 로렌, 에스티로더 등이 입점한 메이시스 백화점의 경우, 공식 어플리케이션을 통해 상시 할인 혜택을 받을 수 있다는 점도 잊지 말자.(자세한 안내도는 P.97 참조)

1권 P.162 지도 P.91B 찾아가기 렌터카 투몬 중심 Pale San Vitores Rd와 1번 도로(Marine Corps Dr)를 따라 북쪽으로 2.2km 이동. 약 6분 소요 투몬 셔틀버스 각 호텔 및 T갤러리아 앞에서 탑승 쇼핑몰 셔틀버스 코로나로 임시 운휴 주소 1088, Marine Corps Dr, Dededo 전화 671-632-8881 시간 일~목요일 10:00~20:00, 금~토요일 10:00~21:00, 매장 및 시설에 따라 다름 휴무 연중무휴 홈페이지 www.micronesiamall.com

11 페이레스 슈퍼마켓
Pay-Less Supermarket

괌에서 가장 쉽게 볼 수 있는 대형 슈퍼마켓으로 1950년 처음 문을 열어 지금은 총 8개의 지점을 두고 있다. 괌을 대표하는 슈퍼마켓 K마트만큼 물건 종류가 많거나 저렴하지는 않지만, 농산물이나 수산물, 식품 종류가 많고 신선도가 높은 편이다. 괌 북부 지역에는 마이크로네시아 몰 내, 데데도, 이고에 지점이 있다.

【데데도 지점】
1권 P.176 지도 P.91B 찾아가기 렌터카 마이크로네시아 몰에서 1번 도로(Marine Corps Dr)를 따라 2.5km 주소 214, Marine Corps Dr, Dededo 전화 671-632-9419 시간 24시간 휴무 연중무휴 홈페이지 www.paylessmarkets.com

【이고 지점】
1권 P.176 지도 P.91F 찾아가기 렌터카 마이크로네시아 몰에서 1번 도로(Marine Corps Dr)를 따라 7.7km 주소 525, Chalan Ramon Haya, Yigo 전화 671-653-5410 시간 06:00~24:00 휴무 연중무휴 홈페이지 www.paylessmarkets.com

12 온워드 망길라오 골프 클럽
Onward Mangilao Golf Club

미국 골프 다이제스트 선정 '세계 베스트 골프 코스 100'에 꼽힌 명성 있는 골프 클럽으로, 태평양을 향해 티샷을 날릴 수 있는 12번 홀이 특히 유명하다. 클럽 하우스에서의 숨이 멎을 듯한 풍경도 장관. 온워드 비치 리조트의 조식 쿠폰을 사용할 수 있고, 2박 이상 이용하는 투숙객의 경우 그린피 할인 혜택도 받을 수 있다.

1권 P.214 지도 P.91E
찾아가기 렌터카 마이크로네시아 몰에서 1번 도로(Marine Corps Dr) 따라 데데도 시가지까지 이동한 후 26번(Macheche Rd), 15번 도로 경유. 투몬 중심에서 12km, 약 20분 소요 주소 Mangilao Golf Club, Rt. 15, Mangilao 전화 671-734-1111 시간 07:00~12:00 티오프 휴무 연중무휴 가격 그린피 $200~ 홈페이지 www.mangilaoguam.com/kr

13 괌 인터내셔널 컨트리 클럽
Guam International Country Club

미국골프협회가 인정한 18홀의 골프장으로 장기간의 리노베이션을 마치고 2016년 깔끔한 모습으로 다시 문을 열었다. 투몬에서 가장 가까운 골프장이라는 이름값에 걸맞게 차로 10분이면 닿을 수 있으며, 투몬의 주요 호텔과 공항으로부터 무료 셔틀버스도 운행하고 있다. 파3의 쇼트 코스를 운영하고 있어, 초보 골퍼들이 본격적인 라운딩 전에 몸풀기 경기를 즐기기에 좋다.

1권 P.215 지도 P.91E
찾아가기 렌터카 마이크로네시아 몰에서 1번 도로(Marine Corps Dr) 따라 데데도 시가지까지 이동한 후 왼쪽 Battulo St로 진입. 투몬 중심에서 7.8km, 약 14분 소요 주소 495, Battulo St, Dededo 전화 671-632-4422 시간 07:00~15:00 티오프 휴무 연중무휴 가격 그린피 9홀 $69~, 18홀 $109~ 홈페이지 www.giccguam.com/kr

14 괌 인터내셔널 레이스웨이
Guam International Raceway

괌 동북부 망길라오 해안에 위치한 국제 규격의 레이스웨이. 흔히 알고 있는 루프형 레이스웨이가 아닌 직선형 레이스웨이로 게임에서만 보던 드래그 레이싱이나 드리프팅이 자주 열린다. 여행자들은 슈퍼 카나 고 카트를 체험해 볼 수 있다. 자세한 정보는 1권의 MANUAL 18 지상 액티비티 & 투어(P.196).

지도 P.91F
찾아가기 렌터카 마이크로네시아 몰에서 1번 도로(Marine Corps Dr) 따라 북쪽으로 29번과 15번 도로 경유. 투몬 중심에서 약 25분 소요 주소 Guam International Raceway, Rt. 15, Yigo 전화 671-727-5381 시간 행사에 따라 다름 휴무 행사에 따라 다름 홈페이지 www.guamraceway.com

마이크로네시아 몰
Micronesia Mall

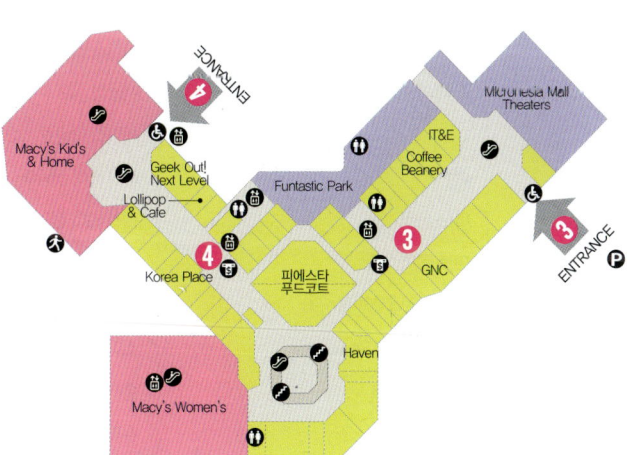

INDEX

A
ABC 스토어 _48
JP 슈퍼스토어 _48
K마트 _48
T.G.I. 프라이데이스 _45
T갤러리아 바이 DFS _47

ㄱ
건 비치 _38
곰 바위 _84
괌 박물관 _68
괌 인터내셔널 레이스웨이 _96
괌 인터내셔널 컨트리 클럽 _96
괌 프리미어 아웃렛 _48
교황 요한 바오로 2세 동상 _68
그린 리자드 티키 바 _47

ㄴ
나나스 카페 _42
니지 레스토랑 _40

ㄷ
더 비치 레스토랑 & 바 _46
더 크랙드 에그 _43
더 포인트 _47
더 플라자 _49
더블유 _47
데데도 벼룩시장 _94
데바라나 스파 _51

ㄹ
라 카스카타 _44
라이드 더 덕 _50
라테 스톤 공원 _68
레오팰리스 리조트 컨트리 클럽 _86
론스타 스테이크하우스 _41
롱혼 스테이크하우스 _40
루비 튜즈데이 _41
리카르도 보르달로 주 정부 청사 _67
리틀 피카스 _43
리티디안 비치 _94

ㅁ
마보 동굴 _95
마보 절벽 _95
마이크로네시아 몰 _96
메리조 마을 _84
메스클라 _70
메스클라 도스 _39
메스클라 도스 투몬 지점 _40
미 해군 묘지 _69

ㅂ
반 타이 _42
뱀부 바 _47
비치인 쉬림프 _39, 95
비치인 쉬림프 2호점 _44
비타민 월드 _71

ㅅ
사랑의 절벽 _94
산 안토니오 브리지 _69
산타 아구에다 요새 _66
샌드캐슬 카레라 _51
샴록스 스포츠 펍 _47
서울정 _42
세일즈 바비큐 _38
세티 베이 전망대 _83
셀라 베이 전망대 _83
셜리스 레스토랑 _45
셜리스 커피숍 _70, 95
소이 _40
솔레다드 요새 _84
슈퍼 아메리칸 서커스 _50
스키너 광장(괌 골드스타 패밀리스

98

메모리얼) _68
스탁스 _70
스파 아유알람 _51
스페인 광장 _67
시 트렉 _51
시나본 _46
시레나 공원 _67

ㅇ
아가냐 대성당 _66
아가냐 쇼핑센터 _71
아갓 마리나 _83
아산 베이 전망대 _82
아산 비치 태평양전쟁 국립역사공원 _82
아이홉 _45
아쿠아 _40
알루팡 비치 클럽 _50
애플비 그릴 & 바 _41
어드벤처 리버 크루즈 _84
언더워터 월드 _38
에그스 앤 싱스 _43
에메랄드 밸리 _82
온워드 망길라오 골프 클럽 _96
온워드 탈로포포 골프 클럽 _86
요거트랜드 _71

우마탁 마을 _83
웬디스 _45
이나라한 마켓 _85
이나라한 자연 풀장 _84
이파오 비치파크 _38
이판 비치파크 _85
잇 스트리트 그릴 _44

ㅈ
자메이칸 그릴 _44
자유의 라테 전망대 _69
제프스 파이러츠 코브 _85
조이너스 레스토랑 케야키 _39
주지사 관저 _69

ㅊ
차모로 빌리지 _66
추라스코 브라질리언 바비큐 & 샐러드 바 _42
추장 키푸하 동상 _67
칠리스 그릴 & 바 _45

ㅋ
카페 굿차 _46
카프리초사 _43, 70

캘리포니아 마트 _49
커피 비너리 _46
컨트리 클럽 오브 더 퍼시픽 _86
코스트 유 레스 _49
코코팜 가든 비치 _94
킹스 _45

ㅌ
타오타오 타시 _49
탈로포포 폭포 & 요코이 동굴 _84
탈리팍 다리 _83
탕기슨 비치 _95
태평양전쟁 박물관 _69
투레 카페 _71
투몬 비치 _38
투몬 샌즈 플라자 _49
트리 바 _44

ㅍ
파고 베이 전망대 _85
파드레 팔로모 공원 _69
파라 이 라라히타 기념공원 _83
파세오 데 수사나 공원 _67
페이레스 슈퍼마켓 _96
프로아 레스토랑 _42

피셔맨즈 코브 _41
피셔맨즈 코옵 _70
피시 아이 마린 파크 _82
피카스 카페 _42

피티 베이 비치 _82

🏨

하드록 카페 괌 _39

햄브로스 _43
호놀룰루 커피 _46
호시노 리조트 리조나레 괌 워터파크 _50
후지 이치방 라멘 _44

사진 제공
무작정 따라하기 1단계
비행기 : Patrick Horton / Shutterstock.com
괌 국제공항 : RaksyBH / Shutterstock.com

무작정 따라하기 3단계
엔터프라이즈 렌터카 : Ken Wolter / Shutterstock.com

무작정 따라하기 4단계
호텔셔틀버스 : nitinut380 / Shutterstock.com

Area 2 하갓냐
렌터카 : Sarunyu L / Shutterstock.com

Area 4 북부
괌 인터내셔널 레이스웨이 : Tumar / Shutterstock.com

INDEX

Ⓐ
ABC 스토어 P.174
JP 슈퍼스토어 P.161
K마트 P.172
T.G.I. 프라이데이스 P.139
T갤러리아 바이 DFS 괌 P.160

ㄱ
건 비치 P.52
곰 바위 P.106
괌 드림 다이브 P.195
괌 리프 호텔 P.252
괌 박물관 P.96
괌 인터내셔널 컨트리 클럽 P.215
괌 프리미어 아웃렛 P.166
괌 플라자 리조트 & 스파 P.254
교황 요한 바오로 2세 동상 P.96

ㄴ
니지 레스토랑 P.119
닛코 선셋 비치 바비큐 P.87

ㄷ
더 웨스틴 리조트 괌 P.230
더 츠바키 타워 P.226
더 플라자 P.164
두짓 비치 리조트 괌 P.244
데바라나 스파 괌 P.211
두짓타니 괌 리조트 P.223
디너 언더 더 시 P.117

ㄹ
라이드 더 덕 P.200
라테 스톤 공원 P.99
레오팰리스 리조트 괌 P.250
레오팰리스 리조트 컨트리 클럽 P.215
로열 오키드 호텔 P.249
론스타 스테이크하우스 P.114

롯데 호텔 괌 P.236
롱혼 스테이크하우스 P.115
루비 튜즈데이 P.137
리가 로얄 라구나 괌 리조트 P.232
리틀 피카스 P.152
리티디안 비치 P.46

ㅁ
마이크로네시아 몰 P.162
메리조 마을 P.106
메스클라 P.146
메스클라 도스 P.127
미 해군 묘지 P.92

ㅂ
브리지스 선셋 바비큐 P.86
비키니 아일랜드 클럽 P.193

ㅅ
사랑의 절벽 P.65
산 안토니오 브리지 P.95
산타 아구에다 요새 P.79, P.99
세일즈 바비큐 P.123
세티 베이 전망대 P.77, P.104
셀라 베이 전망대 P.77
셜리스 레트로랑 P.133
셜리스 커피숍 P.133
솔레다드 요새 P.81, P.105
슈퍼 아메리칸 서커스 P.89
스키너 광장
(괌 골드스타 패밀리스 메모리얼) P.95
스파 아유알람 P.211
스페인 광장 P.98
시 그릴 레스토랑 P.116
시나본 P.151

ㅇ
아가냐 대성당 P.97

아산 베이 전망대 P.75
아웃백스테이크하우스 P.139
아이홉 P.134
아일랜드 디너쇼 P.88
아쿠아 P.118
알루팡 비치 클럽 P.193
애비뉴 스테이크 & 로브스터 P.113
애플비 그릴 & 바 P.136
어드벤처 리버 크루즈 P.208
에그스 앤 싱스 P.153
에메랄드 밸리 P.104
온워드 망길라오 골프 클럽 P.214
온워드 탈로포포 골프 클럽 P.214
우마탁 마을 P.105
이나라한 자연 풀장 P.106
이판 비치파크 P.107

ㅈ
자메이칸 그릴 P.125
자유의 라테 전망대 P.72
제프스 파이러츠 코브 P.107, P.129
조이너스 레스토랑 케야키 P.122

ㅊ
차모로 빌리지 P.94
차모로 빌리지 야시장 P.178
추라스코 브라질리언
바비큐 & 샐러드 바 P.124
추장 키푸하 동상 P.93
칠리스 그릴 & 바 P.138

ㅋ
카프리초사 P.135
캘리포니아 마트 P.177
커피 비너리 P.149
컨트리 클럽 오브 더 퍼시픽 P.215
코스트 유 레스 P.177
코코팜 가든 비치 P.193

킹스 P.132

ⓔ
타오타오 타시 P.84
탈로포포 폭포 & 요코이 동굴 P.107
토니 로마스 P.139
투레 카페 P.153
투몬 비치 P.42
투몬 샌즈 플라자 P.165

ⓟ
파고 베이 전망대 P.107
파드레 팔로모 공원 P.92
파라 이 라라히타 기념공원 P.105
파세오 데 수사나 공원 P.70, P.94
퍼시픽 아일랜즈 클럽 괌 P.240
페이레스 슈퍼마켓 P.176
포트 오브 모카 P.150
프로아 레스토랑 P.144
피시 아이 마린 파크 P.104
피자헛 P.139
피티 베이 비치 P.56

ⓗ
하얏트 리전시 괌 P.228
하드록 카페 괌 P.129
햄브로스 P.128
호놀룰루 커피 P.151
호시노 리조트 리조나레 괌 P.239
호텔 닛코 괌 P.243
홀리데이 리조트 & 스파 괌 P.255
힐튼 괌 리조트 & 스파 P.246

사진 제공
STORY
차모로인 조각상 : RaksyBH / Shutterstock.com
폭격기 : Sergey Kohl / Shutterstock.com
티파니 상자 : AlesiaKan / Shutterstock.com
기념일 퍼레이드 : Pamela Au / Shutterstock.com
Manual 09 패밀리 레스토랑
토니로마스, 아웃백, TGI : Ken Wolter / Shutterstock.com
피자헛 : Jonathan Weiss / Shutterstock.com
Manual 10 차모로&로컬 푸드
차모로인 : wizdata / Shutterstock.com
Manual 11 카페
스타벅스 : Lenscap Photography / Shutterstock.com
Manual 18 지상 액티비티 & 투어
포르쉐 : Max Earey / Shutterstock.com, Roman.S-Photographer / Shutterstock.com
ATV : THANANAN PANYAWACHIROPAS / Shutterstock.com
Part 3 쇼핑
속표지 : 괌정부관광청